以知为力　识见乃远

一件商代形制的青铜礼器，器形为斝

The Birth of China

A Survey of the Formative Period of Chinese Civilization

中国文明的形成期

[美] 顾立雅 著

Herrlee Glessner Creel

于歆砚 译

中国出版集团 东方出版中心

图书在版编目（CIP）数据

中国之诞生：中国文明的形成期 / （美）顾立雅著；于歆砚译. -- 上海：东方出版中心, 2025. 5. -- ISBN 978-7-5473-2564-3

Ⅰ. K223.07

中国国家版本馆CIP数据核字第2025D7T070号

Herrlee Glessner Creel
THE BIRTH OF CHINA
A Survey of the Formative Period of Chinese Civilization
Frederick Ungar Publishing Co., 1937
据美国弗雷德里克·昂加尔出版公司1937年版译出

中国之诞生：中国文明的形成期

著　　者	[美]顾立雅（Herrlee Glessner Creel）
译　　者	于歆砚
责任编辑	朱宝元
助理编辑	陆　珺
封扉设计	安克晨

出 版 人	陈义望
出版发行	东方出版中心
地　　址	上海市仙霞路345号
邮政编码	200336
电　　话	021-62417400
印 刷 者	山东韵杰文化科技有限公司
开　　本	890mm×1240mm 1/32
印　　张	16.5
插　　页	2
字　　数	370千字
版　　次	2025年6月第1版
印　　次	2025年6月第1次印刷
定　　价	98.00元

版权所有　侵权必究

如图书有印装质量问题，请寄回本社出版部调换或拨打021-62597596联系。

顾立雅（Herrlee Glessner Creel，1905—1994）
（照片来源：芝加哥大学图书馆 Hanna Holborn Gray Special Collections Research Center。签名由钱孝文先生提供）

1934年春,殷墟第九次发掘,侯家庄南地发掘工作中合影。前排右起:石璋如、刘燿、顾立雅、董作宾、方策、张蕡、苏孔章。

1935年5月2日，殷墟第十一次发掘，西北冈第二次发掘，顾立雅与夫人顾乐贞（Lorraine Johnson Creel）、梁思永在HPKM1002号大墓内合影。

1948年，芝加哥大学中文教授参加王济远画展合影。右起：邓嗣禹、柯睿格（Edward Kracke）、柯睿格夫人、顾乐贞、顾立雅、王济远、钱存训、德瑞斯科（Lucy Driscoll）、来宾（姓名不详）。

（由钱孝岳［Mary Dunkel Tsien］女士提供）

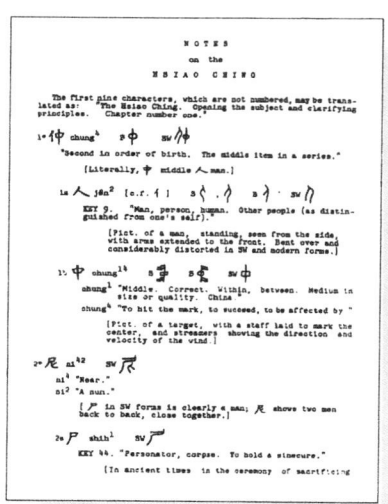

顾立雅编制《归纳法中文文言课本》（*Literary Chinese by Inductive Method*，Ⅰ—Ⅲ，Chicago，1938—1948）中《孝经》"开宗明义章"字汇注释

1947年3月,顾立雅与钱存训合影。
（由钱孝岳[Mary Dunkel Tsien]女士提供）

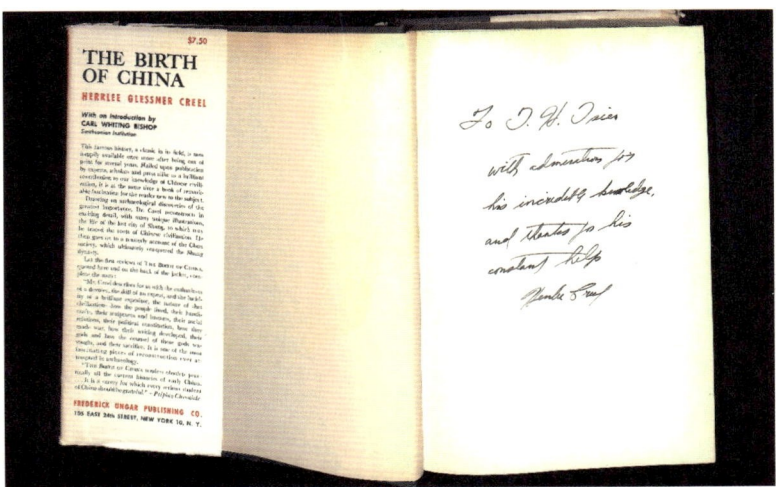

顾立雅签赠钱存训的英文版《中国之诞生》。赠语释文为："To T. H. Tsien: With admiration for his incredible knowledge and thanks for his constant help. Herrlee Creel"。
（照片由钱孝岳[Mary Dunkel Tsien]女士提供，释文由钱孝文先生提供）

Ferrara, Italy
August 4, 1957

Dear Mr. and Mrs. Tsien:

We think of you often on our trip, and wish you were here so that we could see things together. We especially thought of you at Pompeii, where an ancient civilization still seems almost alive. We wonder if you have ever seen it. It is really most fascinating. And many things seem possibly to show some Chinese influence.

We have been having wonderful weather, and hope it is as pleasant for you there. It will be good to see you again in the fall.

With all good wishes,

Lorraine
Herzler

1957年8月4日，顾立雅于意大利费拉拉致钱存训的信。
（由钱孝岳［Mary Dunkel Tsien］女士提供）

Athens, Greece
17 May, 1961

Dear Mr. and Mrs. Tsien:
 Thank you for your letter of April 14th. We are ashamed of not replying sooner, but travelling is rather tiring.
 I wonder if you know, Ambassador Wen Yuan-ning here in Athens. He was formerly editor of T'ien Hsia. We met him and Madame Wen at the home of an old friend who is in the American Embassy here, and we liked both of them very much. Tonight we are to have dinner at the Chinese Embassy.
 Athens is really quite wonderful. Even all the pictures one has seen of the Acropolis and Parthenon, etc, do not really do them justice. And the earlier things, Mycenean etc., which have been recently discovered, are comparable 蓋 to the Shang in their splendor.
 Tomorrow morning we fly to Crete, then to Istanboul. We are having a good trip, pleasant and profitable, but we will be glad to get back home to our friends, too. We hope you are both well and not working too hard. We are very happy to hear that the thesis is moving toward publication.

As ever,
Lorraine and Herrlee

1961年5月17日，顾乐贞于希腊雅典致钱存训的信。
（由钱孝岳［Mary Dunkel Tsien］女士提供）

Ferrara, Italy
August 4, 1957

Dear Mr. and Mrs. Tsien:

We think of you often on our trip and wish you were here so that we could see things together. We especially thought of you at Pompeii, where an ancientcivilization still seems almost alive. We wonder if you have ever seen it. It is really most fascinating, and many things seem possibly to show some Chinese influence.

We have been having wonderful weather, and hope it is as pleasant for you there. It will be good to see you again in the fall.

With all good wishes.

Lorraine
Herrlee

Athens, Greece
17 May, 1961

Dear Mr. and Mrs. Tsien:

Thank you for your letter of April 14th. We are ashamed of not replying sooner, but traveling is rather tiring.

I wonder if you know Ambassador Wen Yuan-ning here in Athens. He was formerly editor of *T'ien Hsia*. We met him and Madame Wen at the home of an old friend who is in the American Embassy here, and we liked both of them very much. Tonight we are to have dinner at the Chinese Embassy, Athens is really quite wonderful. Even all the pictures one has seen of the Acropolis and Parthenon, etc., do not really do them justice. And the earlier thing, Mycenean etc., which have been recently discovered, are comparable to the Shang in their splendor.

Tomorrow morning we fly to Crete, then to Istamboul. We are having a good trip, pleasant and profitable, but we will be glad to get back home to our friends, too. We hope you are both well and not working too hard. We are very happy to hear that the thesis is moving toward publication.

As ever,
Lorraine and Herrle

（两信释文由钱孝文先生提供）

目 录

顾立雅与我：《中国之诞生》中译本序 夏含夷 *1*
推荐序 中国上古史写作新范式之诞生 徐 坚 *13*
推荐序 一部跨时代的汉学经典 郑 威 *19*

导言 毕安祺 *1*
自序 顾立雅 *5*

上编 最新发现

第一章 甲骨文 *3*
第二章 考古发掘 *10*
第三章 中国文明的起源 *23*

中编 商　代

第四章 大邑商 *41*
第五章 生活状况 *57*

第六章　手工制品　*80*

第七章　雕刻与青铜器　*91*

第八章　商代社会　*112*

第九章　商代国家　*119*

第十章　战　争　*128*

第十一章　书写系统　*145*

第十二章　商代神祇　*162*

第十三章　卜　筮　*174*

第十四章　祭　祀　*186*

下编　周　代

第十五章　周人是谁？　*209*

第十六章　周的征服　*217*

第十七章　政治演进　*229*

第十八章　考　古　*238*

第十九章　文　学　*246*

第二十章　周代社会　*269*

第二十一章　婚　姻　*282*

第二十二章　家庭制度　*294*

第二十三章　生　计　*303*

第二十四章　娱　乐　*312*

第二十五章　宗　教　*326*

第二十六章　法　律　*341*

第二十七章　官僚阶层　351

第二十八章　天　命　360

附　录

《中国之诞生》的诞生　顾立雅　375

释天　顾立雅　381

原道字与彝字之哲学意义　顾立雅　395

　　附录一：顾立雅论中国之宇宙观　吴宓　述　400

　　附录二：孔诞小言　吴宓　述　404

梅迪生——君子儒　顾立雅　407

在顾立雅教授追思会上的发言　夏含夷等　410

记美国汉学家顾立雅教授　钱存训　430

孔子与芝加哥大学：神话与人　夏含夷　440

选定参考书目　451

索引　457

译后记　467

出版后记　475

插 图 目 录

图版1：商代甲骨文　5

图版2：在现代村庄的屋檐下发掘一座3000年前的古都　18

图版3：中国最为古老的雕塑之一，由史语所发掘于商都安阳遗址　51

图版4：史语所在安阳发掘出的典型商代陶器　88

图版5：白色大理石雕成的商代饕餮，高十英寸半　92

图版6：商代奠酒用青铜器——爵　101

图版7：商代手工品例样　115

图版8：一件显然属于商代的骨雕纪念品　157

图版9：一件商代祭祀用的饮器——觚，高约十二英寸　172

图版10：一把仪式用青铜斧，可能在安阳用于斩首人牲　197

图版11：一件历史时期为周代的簋形青铜器　226

图版12：三件商代兵器　243

图版13：一件商代形制的方形青铜器　284

图版14：可能属于商代的青铜战车配件　317

图版15：一件器形为鼎的青铜礼器，铸造于周代中期　337

图1：安阳出土的最大建筑的地基平面图　47

图2：占卜技巧图解　178

顾立雅与我

《中国之诞生》中译本序

夏含夷（Edward L. Shaughnessy）[*]

人们往往有一个误会，即我是顾立雅的学生。这或许情有可原，但实际上当顾立雅教授1974年从芝加哥大学退休时，我还在圣母大学攻读本科，刚开始对中国产生兴趣。直到1984年，我已经在斯坦福大学完成了我的博士学位后，才第一次见到顾立雅。我们第一次见面是在芝加哥大学雷根斯坦图书馆的复印机旁，时间非常短暂，印象并不太好，不过这是另一个故事了。不久后，我受聘为芝加哥大学的助理教授，关于这次聘任也同样有一个误解：大家都以为我接任的是顾立雅的教职，但其实在那些年里，芝加哥大学的远东语言与文明系（Department for Far Eastern Languages and Civilizations）——现称东亚语言与文明系（Department of East Asian Languages and Civilizations）——有两个传统中国领域的职位：一个是思想史方面的，另一个则是制度史方面的。顾立雅曾经担任的职位是前者，而我受聘的是后

---

[*] 夏含夷，芝加哥大学东亚语言与文明系顾立雅伉俪早期中国研究杰出贡献教授（Herrlee G. and Lorraine J. Creel Distinguished Service Professor of Early China Studies）。

者——这一教职之前长期由研究中国唐代的历史学家柯睿格教授（Edward Kracke，1908—1976）担任。

  我开始在大学任教后，顾立雅仍会定期来校园用图书馆，并去当时远东系所在教学楼二楼的办公室拜访他的前同事芮效卫教授（David T. Roy，1933—2016）。顾立雅还会经常爬楼梯上到阁楼间我的办公室和我聊天，内容大体是关于1930年代他在北京的日子。在他生命的最后十年里，我们的谈话大约隔几个月进行一次，一开始是在我办公室里，后来当他无法再开车时便通过电话进行。我最后一次当面见到他，是在1989年一场举办于大卫与阿尔弗雷德·斯马特画廊（David and Alfred Smart Gallery）——现称大卫与阿尔弗雷德·斯马特艺术博物馆（David and Alfred Smart Museum of Art）——的特展开幕式上，展览的主题为"礼仪与崇敬：芝加哥大学所藏中国艺术品"（Ritual and Reverence: Chinese Art at the University of Chicago）。顾立雅将其个人藏品捐赠给了博物馆，包括商代骨甲、商周青铜器及武器，还有一些骨制饰品。所有这些藏品都著录于展览目录，其中大多都是首次刊登。[1]

  顾立雅1905年出生于芝加哥。除了在坎布里奇（Cambridge，

---

[1] Robert J. Poor, Edward L. Shaughnessy, and Harrie A. Vanderstappen SVD, with an Introduction by Richard A. Born, edited by Harrie A. Vanderstappen SVD, Richard A. Born, and Sue Taylor (Chicago: The David and Alfred Smart Gallery, 1989). 青铜及骨器物见于目录第42—67页，骨甲见于第73—90页。顾立雅的著作《中国之诞生》里曾出版过六件骨甲、一件青铜爵以及"商代手工品例样"的照片，当时被标注为"私人收藏品，引用图像前已征得相关方慷慨应允"。参见 Herrlee Glessner Creel, *The Birth of China: A Survey of the Formative Period of Chinese Civilization* (London: Jonathan Cape, 1936), facing pp. 22, 114 and 128。

MA)、北平以及华盛顿特区等地短暂任职外，他的一生都在芝加哥度过。顾立雅整个高中以后的教育都在芝加哥大学完成：1926年，他取得哲学学士学位，并在接下来的三年中连续获得了三个不同的研究生学位。第一个学位是1927年他在教会史系获得的文学硕士学位，论文题为《保禄的耶稣复活教义论》("Paul's Doctrine of the Resurrection of Jesus")。1928年，他的兴趣从基督教教会史转向中国宗教与文化，便在基督教神学与伦理学系攻读神学学士学位，论文题为《〈论衡〉所见之中国卜筮》("Chinese Divination as Indicated by the *Lun Heng*")。1929年，他从比较宗教学系获得博士学位，论文于同年出版，题为《中华主义：中国世界观的演变》。[2] 在这篇论文里，顾立雅将他对在硕士论文中研究过的《论衡》的兴趣扩展到了其他许多章节，包括中华主义的起源——此处他指的是后来普遍被称为关联性思维（correlative thoughts）[3]的概念、孔子和儒家、老子和

---

[2] Herrlee G. Creel, *Sinism: A Study of the Evolution of the Chinese World-View* (Chicago: The Open Court Publishing Co., 1929).

[3] "关联性思维"的概念最早由法国汉学家葛兰言（Marcel Granet）于1934年提出，又经过李约瑟（Joseph Needham）等学者深入论述，现为中西方学界广泛接受，并常被拿来描述中西方文明的区别。《劳特利奇哲学百科全书》(*Routledge Encyclopedia of Philosophy*)解释如下："基于分析、辩证和类比论证的理性或逻辑思维，强调的是物理因果关系的解释能力。相比之下，中国思维依赖的是一种可以被称为'关联性思维'的类比方式。关联性思维……涉及到图像或概念群的联想，这些图像或概念群之间的关联基于的是有意义的排列而非物理的因果关系。对应性思维是一种基于临时非正式类比过程的自发性思维，对关联和区分做出预设。这种思维方式中的调节元素是文化和传统的共享模式，而不是关于因果必然性的共同假设。" David L. Hall and Roger T. Ames, The Dominance of Correlative Thinking. Chinese Philosophy, 1998. *Routledge Encyclopedia of Philosophy*, Taylor and Francis, https://www.rep.routledge.com/articles/overview/chinese-philosophy/v-1/sections/the-dominance-of-correlative-thinking.——译者注

道家（Lao Tse and Taoism，*sic*）、墨子和民间宗教。尽管对中国宗教很感兴趣，但顾立雅当时几乎不懂中文；在书中的致谢部分，他感谢了一位名叫S. Y. Chan（陈受颐，1899—1978），"如今在岭南大学"的中文导师。[4]他还对芝加哥菲尔德博物馆的伟大汉学家贝特霍尔德·劳费尔（Berthold Laufer，1874—1934）博士提供的帮助表达了谢意——他从后者那里得以借阅到一些书籍。[5]

从芝加哥大学毕业后，顾立雅先是在芝加哥郊区的隆巴德学院（Lombard College）教了一年书，随后获得当时新成立的美国学术团体理事会的资助——劳费尔是该理事会的第一任主席[6]——前往哈佛大学。在那里，他师从梅光迪（1890—1945）

---

[4] 陈受颐于1928年在芝加哥大学获得博士学位，毕业论文研究主题为18世纪英语文学里的中国。有关芝加哥那个年代的简短介绍，参见Theodore N. Foss, "Chinese Studies at Chicago: A Brief History of the Origin of Chinese Studies at the University of Chicago," *Tableau* 5, https://ceas.uchicago.edu/sites/ceas.uchicago.edu/files/uploads/Ted_Foss_Article.pdf［访问日期2024.02.20］。此外，也可参见 Edward L. Shaughnessy, "A Brief History of the Department of East Asian Languages and Civilizations at the University of Chicago," 2016.10.28, https://humanities-web.s3.us-east-2.amazonaws.com/ealc/prod/2022-03/A%20BRIEF%20HISTORY%20of%20EALC.pdf［访问日期2024.02.20］。

[5] 在回忆《中国之诞生》的创作经历时，顾立雅提到他与劳费尔的第一次会面并不是很鼓舞人心。顾立雅当时前往菲尔德博物馆，希望向劳费尔寻求建议，却发现"他花了五分钟就把我打发走了，说：'喏，你是个学生，你难道没有老师吗？我可不打算浪费我的时间'"。Herrlee G. Creel, "On the Birth of *The Birth of China*," *Early China* 12（1985-1987）.

[6] 此处疑为夏含夷先生笔误。美国学术团体理事会成立于1919年，第一任主席为中世纪史学家查尔斯·霍默·哈斯金斯（Charles Homer Haskins），任期为1920年至1926年，之后一直到1947年理事会工作都由历史学家沃尔多·吉福德·利兰德（Waldo Gifford Leland）负责主持。根据顾氏回忆，劳费尔当时仅仅是在理事会下属新成立的中国研究委员会担任主席。详情可参见本书所附顾氏《〈中国之诞生〉的诞生》一文。——译者注

开始研修中文。梅光迪1919年获得哈佛大学博士学位，自1924年起在哈佛任教。顾立雅在哈佛度过了两年时间，后来他回忆道："那两年里，我们快速而广泛地涉猎了大量的文献。这样的节奏没有把我整崩溃。"[7] 在这段经历结束后，凭借着基本的中文知识，在哈佛燕京学社的资助下，或许最重要的是，带着梅光迪写给许多中国朋友和同事的介绍信，顾立雅启程前往中国：在那里，他将度过1932年至1936年四年间的大部分时光。

在北京（或者说按当年的叫法，北平）期间，顾立雅继续研习，定期与北平图书馆金石部主任刘节（1901—1977）会面。顾立雅主要随刘节学习研读青铜器铭文。除了这些定期的辅导外，在他后来的描述中起了同样甚至更为重要作用的，是他与当时住在京城的大学者们的接触。这些学人的名字堪称一份早期中国研究领域的名人录：徐中舒（1898—1991）、陈寅恪（1890—1969）、顾颉刚（1893—1980）、容庚（1894—1983）、孙海波（1911—1972）、唐兰（1901—1979）、汤用彤（1893—1964）和袁同礼（1895—1965）。他与顾颉刚会面尤为频繁，顾颉刚的日记里记录了他们之间的几次往来。在日记中，顾颉刚提到阅读顾立雅用中文写的一篇论文，题为《释天》，并就此致函顾立雅。[8] 值得注意的是，这是顾立雅个人保存下来的为数不多的信件之一（除了他捐赠给芝加哥大学雷根斯坦图书馆档案的信件之外）。有一次，顾立雅向我坦陈，这篇《释天》是他最为自豪的论著之一，甚至在其晚年的著作《中国治国之道的起源·卷

---

7 Creel, "On the Birth of *The Birth of China*," 2.
8 顾颉刚：《顾颉刚日记》，台北：联经出版事业股份有限公司，2007年，第312页，1935年2月26日。顾立雅的论文发表于《燕京学报》第18期，1935年12月，第59—71页。

一：西周帝国》中也提及过它。[9]

顾立雅也曾深情地回忆起同其他住在北京的学者的交往。他后来描述了当年跟他们在每周的午餐或晚餐上持续四个小时的"疾如烈火"的交谈：

> 这些晚餐通常持续约四个小时。八名——很少超过十二名——学者围坐在一张大桌边，其中有历史学家、考古学家、古文字学家、艺术专家、文献学家，甚至偶尔还会有诗人。实际上，这些晚餐就像是重要的研讨会，但外面听的人可能只注意到频繁的笑声。交谈从家长里短开始，然后四处发散：最近出土的青铜器、对经籍中某段的新解读、女性（也许是某位特定的女性）、某人为什么要发表那篇毁掉自己声誉的最新论文，甚至偶尔也会提到政治，不过不常有——他们对此兴趣不大，以及总是有绍兴酒这种最为温和的佳酿润和着交流。[10]

顾立雅承认起初他并不理解这些对话中的大部分内容。[11] 然而，他充分利用了在这些社交场合建立起的人脉。他提到，如果对某个古史话题有疑问，只需骑着自行车去到某个朋友家中，而这些

9　Herrlee G. Creel, *Origins of Statecraft in China*, *Volume One: The Western Chou Empire*(Chicago: The University of Chicago Press, 1970), 516.
10　Creel, "On the Birth of *The Birth of China*," 3.
11　顾立雅在这段回忆中提道："我依然记得自己有一次在谈话中还算精妙并显然成功地使用了一个双关语时的情景，当时仿佛有一道电流传过桌子周围，绕场整整一圈。"1994年顾立雅去世后，另一位当时也居住在北京的美国汉学家卜德（Dirk Bodde, 1909—2003）回忆说，那次聚会他也在场。据卜德称，顾立雅在那次谈话中的切入点与用筷子进食的效用有关，但却并不像顾立雅记忆中那样有成效。

朋友们会腾出一切必要的时间为他答疑解惑。

在北京的日子快要结束时，顾立雅开始着手整理出版其研究成果。1936年，顾立雅在两份西方顶尖期刊上发表了两篇关于青铜器铭文的文章：《作为历史文献的西周铜器铭文》和《高本汉教授中国铜器断代系统的注解》。[12] 顾立雅在第一篇文章里重点指出，青铜器铭文基于的是周朝王廷在册封仪式上给予器主的"命书"，因此应当被视为二手历史文献。在后一篇文章里，年轻的顾立雅竟敢于批评高本汉（1889—1978）在中国古代青铜器断代中使用的一些方法，这立刻招致了这位学术巨匠的敌意。[13] 后来的发现表明，这两篇文章都颇有远见，而顾立雅之后的职业生涯也证明了高本汉对他的驳斥是错误的。

同样在1936年，顾立雅在权威期刊《通报》（*T'oung Pao*）上还发表了一篇更具争议性的文章：《关于中国表意文字的性质》。[14] 次年，另一位年轻的汉学家卜弼德（Peter A. Boodberg，1903—1972）在新创刊的《哈佛亚洲研究期刊》（*Harvard Journal of Asiatic Studies*）上刊登了一篇名为《简论古代汉语的

---

12 Herrlee G. Creel, "Bronze Inscriptions of the Western Chou Dynasty as Historical Documents," *Journal of the American Oriental Society* 56（1936）: 335-349; "Notes on Professor Karlgren's System for Dating Chinese Bronzes," *Journal of the Royal Asiatic Society*（1936）: 463-473.

13 高本汉在随后的那一年里用一篇短文回应了顾立雅的文章，驳回了后者的所有批评；Bernhard Karlgren, "The Dating of Chinese Bronzes," *Journal of the Royal Asiatic Society* 1937: 33-39。有关这场辩论的更多细节，请见夏含夷，《西观汉记：西方汉学出土文献研究概要》，上海：上海古籍出版社，2016年，第24—31页；Edward L. Shaughnessy, *Chinese Annals in the Western Observatory: An Outline of Western Studies of Chinese Unearthed Documents*（Mouton: De Gruyer, 2017）, 26-35.

14 Herrlee Glessner Creel, "On the Nature of Chinese Ideography," *T'oung Pao* 32（1936）: 85-161.

演变》的论文,对其提出尖锐质疑。[15] 学界经常引用这两篇文章来概述关于汉字性质两种截然不同的观点:顾立雅凭借其对甲骨文和青铜器铭文的了解,主张汉字的象形起源,而卜弼德则认为所有的文字都必然是语音性的。顾立雅和卜弼德在随后的一年里又你来我往各自发表了一篇文章,直到伟大的伯希和(Paul Pelliot,1878—1945)叫停了这场辩论。[16] 语言学家通常认为卜弼德对顾立雅的批评已使这一问题盖棺论定,但古文字学家对此仍不敢断言。[17]

在北京生活期间,顾立雅曾至少两次前往安阳,观摩当地正在进行的对商朝最后一座都城遗址的考古发掘工作。在访问过程中,顾立雅结识了在那里工作的考古学家们:傅斯年(1896—1950)、董作宾(1895—1963)、李济(1896—1979)、梁思永(1904—1954)和郭宝钧(1893—1971),他们都是中央研究院历史语言

---

15 Peter A. Boodberg, "Some Proleptical Remarks on the Evolution of Archaic Chinese," *Harvard Journal of Asiatic Studies* 2 (1937): 329–372.

16 Herrlee Glessner Creel, "On the Ideographic Element in Ancient Chinese," *T'oung Pao* 34 (1938): 265–294; Peter A. Boodberg, "'Ideography' or Iconolatry?" *T'oung Pao* 35 (1940): 266-288.伯希和的评论见 Paul Pelliot, "Brèves remarques sur le phonétisme dan l'écriture chinoise," *T'oung Pao* 32 (1936): 163-165。

17 有关语言学家的立场,可以参见例如 John DeFrancis, *The Chinese Language: Fact and Fantasy* (Honolulu: University of Hawaii Press, 1984), p.111; J. Marshall Unger, "Communication to the Editors," *Journal of Asian Studies* 52.4 (1993): 949; William G. Boltz, *The Origin and Early Development of the Chinese Writing System*, American Oriental Series 78 (New Haven, CT: American Oriental Society, 1994), *passim*。有关Boltz的著作提出的批评,参见 Françoise Bottéro, "Review of William G. Boltz, *The Origin and Early Development of the Chinese Writing System*," *Journal of the American Oriental Society* 116.3 (1996): 574-577。对于这场辩论更深入的回顾,参见 Edward L. Shaughnessy, "Once Again on Ideographs and Iconolatry," *The International Journal of Chinese Character Studies* 2.1 (2016): 1-32;夏含夷:《再论表意文字与象形信仰》,《甲骨文与殷商史》第7辑,上海:上海古籍出版社,2017年,第62—77页。

研究所的成员，深入参与了发掘工作。顾立雅的第一次访问似乎是在1934年春；中央研究院的档案里有一张照片，拍摄于侯家庄南地第九次发掘现场，照片里顾立雅站在董作宾旁边（见书前插图2），边上还有其他几名考古学家。顾立雅与董作宾的友情尤为深厚；后来在1947年到1949年的两年间里，顾立雅在芝加哥大学招待了董作宾。[18] 顾立雅第二次访问安阳是在1935年5月，当时对位于西北冈的HPKM1002号大墓展开再次发掘；在一张览之尤为令人伤怀往事的照片里，顾立雅与他的夫人顾乐贞（Lorraine Johnson Creel，1915—1995），还有梁思永一起站在墓葬坑中（见书前插图3）。这些对安阳的访问也奠定了顾立雅《中国之诞生》的基础，而此书的中译本也终于在近九十年后得以面世。

在一篇名为《〈中国之诞生〉的诞生》的短文里——这篇短文同时也是一篇演讲稿，发表于纪念这部伟大作品出版五十周年的会议上——顾立雅提到，自己在第二次访问安阳时收到了来自时任芝加哥大学校长罗伯特·梅纳德·哈钦斯（Robert Maynard Hutchins，1899—1977）的电报，邀请他回到母校建设中国研究的学科项目。当时，除了上面提到过的学术文章外，顾立雅还在撰写一系列研究文章，打算将其出版为一本名为《中国早期文化研究》的书，[19] 内容主要是有关古文字学和文本历史的考订性讨论。在《〈中国之诞生〉的诞生》中，他回忆道，当他把这本书的稿件拿给北京的朋友们看时，他们对他说："这无疑有学术

---

18 董作宾于1947年应顾立雅之邀，前往芝加哥大学担任访问学者与客座教授。——译者注
19 这本书后来于1937年出版：Herrlee G. Creel，*Studies in Early Chinese Culture*（Baltimore: Waverly, 1937）。

价值，但没人读得下去。"[20] 他还回忆起自己少年时曾担任记者，并"在报纸上发表过洋洋数百万言"的经历。顾立雅并没有因朋友们对他学术写作的否定而感到气馁，而是决定回归自己新闻写作的根基，并开始描述正在安阳开展的发掘工作。这就是《中国之诞生》。他说这本书从他的脑海中"喷涌而出"泄诸纸端，六周内就完成了。它的出版也同样迅速，首版1936年便面世，[21] 而顾立雅当时只有31岁。

同年，顾立雅开始担任芝加哥大学的"中国历史与语言讲师"（Instructor in Chinese History and Language）一职；除了在第二次世界大战期间服役的几年外，他一直留在大学工作，直至以马丁·A. 瑞尔森[22]杰出贡献名誉教授（Martin A. Ryerson Distinguished Service Professor Emeritus）的身份从远东语言与文明系及历史系退休。他的确成功地完成了中国研究的学科建设，芝加哥大学后来也成为西方世界该领域的重镇之一。战后回到大学，他的研究越来越侧重于中国思想史。他在短时间内连续出版了两本在当时颇具影响力的书：1949年出版的《孔子：其人与神话》，[23] 以及1953年出版的《中国思想：从孔子到毛泽东》。[24] 不过，在职业生涯晚期，他重拾早年对青铜器铭文的兴

---

20 Creel，"The Birth of *The Birth of China*，" 4.
21 Herrlee Glessner Creel，*The Birth of China: A Survey of the Formative Period of Chinese Civilization*（London: Jonathan Cape，1936）.
22 马丁·A. 瑞尔森（1856—1932），美国律师、商人、慈善家以及艺术收藏家，36岁时成为芝加哥首富，长期以来担任芝加哥大学的信托人，为大学的校园建设作出了巨大贡献。——译者注
23 Herrlee Glessner Creel，*Confucius, the Man and the Myth*（New York: John Day Co.，1949）.
24 Herrlee Glessner Creel，*Chinese Thought from Confucius to Mao Tsê-tung*（Chicago: University of Chicago Press，1953）.

趣，出版了研究西周时期官僚制度的《中国治国之道的起源》。该书当年荣获戈登·J.莱恩[25]奖（Gordon J. Laing Award），该奖旨在表彰芝加哥大学出版社的优秀图书。

顾立雅只在1939年回过一次北京。在洛克菲勒基金会（Rockefeller Foundation）的慷慨资助下，他在那里度过了一年时光，为芝加哥大学图书馆购置了约75 000册书籍。在接下来的几年里，他继续从好友顾子刚（1899—1984）[26]处购买书籍，顾子刚是大同书店和《图书季刊》的创始人。在1945年11月25日给顾子刚的一封信中，顾立雅写道："我现在看北平，就如同一名虔诚的基督徒看天堂一样——那是一个我可能永远也看不到，但心怀渴望向往着未来可以到达的地方。"[27]

顾立雅于1994年6月1日在芝加哥郊区帕洛斯公园（Palos Park）的家中去世。同年11月3日，我在芝加哥大学邦德礼拜堂（Bond Chapel）主持了一场追悼会向他致敬。追悼会上，我，顾立雅的前同事余国藩（1938—2015），顾立雅的学生、长期担任芝加哥大学东亚图书馆馆长的钱存训（1910—2015），顾立雅的另一位学生西德尼·罗森（Sydney Rosen，1925—2006），加州大学伯克利分校历史系教授、《早期中国》（Early China）期刊

---

25 戈登·J.莱恩（1896—1945），美国古典学家，从1908年开始任芝加哥大学出版社总编。——译者注
26 此处卒年为译者补充。顾子刚于1929年至1949年间任职于国立北平图书馆，抗战期间留守北平，为保存文献作出了极大贡献，而他本人也因曾协助美国各图书馆大量购书而在太平洋战争爆发后被日军抓捕审问。新中国成立后继续在北京图书馆任职，直到1973年退休，一生中捐赠了大量古籍补充馆藏。——译者注
27 Letter of Creel to T. K. Koo 顾子刚, 25 November 1945; Papers: Creel, Herrlee Glessner, 1905—1994, Joseph Regenstein Library, at: https://pi.lib.uchicago.edu/1001/cat/bib/2725647.

创始人吉德炜（David N. Keightley，1932—2017），还有剑桥大学中文讲师鲁惟一（Michael Loewe）发表了致辞。[28] 我在追悼会结束时，引用了顾立雅钟爱的《论语》中的一句名言：

> 子曰："父在，观其志；父没，观其行；三年无改于父之道，可谓孝矣。"
>
> ——《论语·学而》

正如我在本序开篇所言，我并不是顾立雅的学生，因此甚至无法以"一日为师，终身为父"自称嫡传。然而，如今我在芝加哥大学担任教授已近四十年，时间上甚至已超过了顾立雅三十八年的教职，[29] 而且在近三十年里，我的学术头衔里一直带有他的名字。我想在某种意义上，我可以称顾立雅为"学术继父"（scholarly stepfather）。无论我在努力光大芝加哥大学的中国研究领域中成就有多少，我希望至少能称得上是一名"孝顺继子"（filial stepson）。

2024年2月

---

28 他们的致辞可参见 *A Service in Memory of Herrlee G. Creel, 1905-1994*，3 November 1994。
29 1995年顾乐贞夫人去世时，顾立雅伉俪将几乎全部的遗产都捐赠给了芝加哥大学，"以支持对汉代以前中国的研究"。1996年，大学以顾立雅伉俪的名义设立了一个讲席职位（endowed chair），我被任命为该职位的首位担任者。2005年，在顾立雅教授诞辰100周年之际，我们利用顾立雅伉俪遗赠的另一部分资金设立了顾立雅中国古文字学中心（Creel Center for Chinese Paleography），为芝加哥大学与中国学者之间的稳定交流提供了大力支持。

推荐序
中国上古史写作新范式之诞生

徐 坚[*]

一本面世于近百年前的书，今天还有重新出版的价值吗？就在将近五十年前，作者借用莎士比亚"无事生非"一语表明心迹，希望大家忘却此书；又一个五十年快到了，作者不再、已不能无论是笑迎还是冷拒，那么读者或者编者该如何思考呢？

《中国之诞生》写作于顾立雅即将结束1932—1936年在华研学生涯，返回芝加哥大学开创东亚研究和汉学传统之际，既是刚过而立之年的作者的成名之作，也是西方汉学的奠基作品之一。与其他同时期乃至更为晚近的汉学著述显著不同的是，《中国之诞生》中，"中国"与其说是写作的对象和范畴，不如说是方法和情境。顾立雅在华五年，正是中国新史学即将瓜熟蒂落之际。由于在哈佛求学期间导师梅光迪的热心引介，顾立雅成功地进入北平学术群体，他的记忆中宛如"重要的研讨会"的晚餐的参与

---

[*] 徐坚，考古学与博物馆学博士，上海大学文化遗产与信息管理学院副院长、教授、博士生导师，具备中华人民共和国考古发掘负责人资质。兼任中国考古学会理事、上海人类学会理事、贵州人类学会顾问、吴文化博物馆学术委员会委员、上海交通大学神话研究院学术委员。研究领域包括考古学、艺术史、博物馆学、物质文化研究和文化遗产研究。

者正是中国新史学的代表性学者们。无论是他随后的研究,还是《中国之诞生》的写作,都极大地受惠于接下来的数年中骑车穿行于学者们家中的问学。因此,《中国之诞生》其实是中国新史学的成果,而不是从外部视角探索中国的产物。

顾立雅通过致谢和引用表明了自身和《中国之诞生》的知识谱系。在《自序》中,顾立雅特别向劳费尔和毕安祺两人表达了谢意,虽然两人都与初生的中国考古学或者艺术史有关联,但是劳费尔的推荐使顾立雅有机会求学于哈佛,毕安祺提供了《中国之诞生》的序言,劳费尔关于中国文明的基本观点也被频频引用,但是他们的德奥历史语言学传统和基于博物馆收藏的艺术史学术传统都没有对顾立雅形成实质性影响。对于顾立雅的中国关联而言,梅光迪是更加重要的中介。彼时执教于中央大学的梅光迪为顾立雅介绍了游走于北平知识界的饭局、客厅和书房的契机。顾立雅恰当地总结了《中国之诞生》的三类基础。首先是甲骨学的成熟。虽然甲骨早在1899年就出现在古物市场上,但直到20世纪20年代才最终诞生文字学和历史学意义上的成果。其次是古史辨运动。最早于1926年集结的古史辨运动到30年代超越了单纯的疑经辨古,开启全新的以考古学、民俗学和历史地理学新材料重写中国史的新阶段。其三,也是最为重要的是考古学。20世纪20年代,中国出现严格意义上的考古学,尤其是自1928年开始,历史语言研究所在安阳殷墟连续地展开发掘,以安阳为中心,以复原古史为目的的中国考古学已经形成一定积累。

更具体而言,《中国之诞生》的内容显示出顾立雅的早期中国知识来源的三条脉络,分别是文字学、古物学和考古学。在文字和文献一端,顾立雅主要受到北平图书馆刘节、北京大学和清华大学唐兰的影响，而在甲骨文上，顾立雅则特别依赖于历史语言研究所董作宾。和早期西方汉学作者一样，顾立雅也深受中国艺术收藏的国际热潮、洋庄影响下的全球范围早期中国艺术收藏的影响，除了以瑞典远东古物博物馆卡尔伯克和堪萨斯柔克义纳尔逊美术馆史克门为代表的西方博物馆学者之外，顾立雅特别提及北京尊古斋黄伯川。后者与刘节、容庚、商承祚等皆很熟络，也可能就是由他们介绍，并且为顾立雅的写作提供了诸多材料。《中国之诞生》中，方罍、觚、戈等器物都来自尊古斋收藏，也多出现在《邺中片羽》中。更为得天独厚的知识来源是新生的中国考古学。顾立雅主要得到李济、梁思永、郭宝钧、董作宾的帮助，得以进入到正在发掘之中的安阳殷墟现场，发掘者们也毫无保留地提供了他们的见解。1934—1935年，在李济的安排下，顾立雅观摩了安阳第九季和第十季发掘，这是安阳考古学在小屯经历多年磨炼之后，转向西北冈王陵区的时刻，表明前八季的考古发掘已经积累起对晚商社会和历史的基本认识。除顾立雅外，西方世界尚有伯希和、韩思复、卡尔伯克等人观摩过安阳殷墟考古，不过，此时安阳考古资料尚未及时整理，中国田野考古报告的编辑也还在计划之中，顾立雅成为使安阳举世皆知的最早的学者之一。由于他的信息来源审慎可靠，他对安阳的解释基本都经受住了时间的考验。更为有趣的是，安阳并不是当时的中国考古学的全部，在殷墟之外，20世纪30年代初期同样重要的考古工作是由郭宝钧主持，与河南古迹研究会联合开展的豫北地区一系列年代在两周时期的遗址的发掘。此时，浚县辛村已被揭露和发掘，而汲县山彪镇和辉县琉璃阁即将开始调查。顾立雅已经关注到前者，除了前往开封观摩出土器物之外，还得到与郭宝钧深入探讨的机会。辛村成为《中国之诞生》西周史写作的主要素材。

《中国之诞生》的另一种新史学特质体现在以"历史学"而非"汉学"的方式写作中国上古史上。顾立雅熟知中国传统文献，但是有意规避了《殷本纪》确立的叙事体系，而更多地依靠《诗经》等非正史文献、新见甲骨和金文文献以及考古发掘材料。商代部分以核心遗址大邑商破题，渐次展开生产、生活、社会、权力、战争、书写、信仰等内容。西周部分则按照政治、文学、社会、婚姻、家庭、生计、娱乐、宗教、法律等部分描述。在商史上，直到三十余年之后，殷墟发掘的领导者李济在西雅图华盛顿大学讲学时才形成类似作品，以考古开始，继而分门别类讨论经济、装饰艺术、谱系和亲属关系、祭祀及体质人类学，而西周史的新史学范式写作出现得更晚。顾立雅可能面临材料不足的问题，也会夹杂学术草创时期常见的错漏，但即使在李济《安阳》或者许倬云《西周史》中也不可避免，而《中国之诞生》的开创之功不可否认。在顾立雅的笔下，"中国"不是特殊而孤立的文明形态，而是世界上重要的文明类型之一，是西方世界需要理解而且可以理解的。这在全书终章"天命"中表现得尤其淋漓尽致。这也使得《中国之诞生》频频被第二次世界大战之后兴起的全球史写作，以及晚至崔格尔的《理解早期文明》等比较研究征引。

最后一点，《中国之诞生》能让今天的读者读起来仍然甘之若饴得益于作者的写法。这是作者投入到更学术的《中国早期文明研究》的写作中的副产品，却具有超越汉学的影响力。写作《中国之诞生》时，以及在随后的学术生涯中，顾立雅对思想史和治理史更感兴趣，《孔子：其人与神话》《中国治国之术的起源：西周》和《申不害：中国公元前4世纪的政治哲学家》可以看到梅光迪的更多影响，而在《中国之诞生》里，他则更受与学衡派针锋相对的学者群体的影响和帮助，甚至可以说，这就是新史学最好的作品之一。

2025 年 3 月

推荐序
一部跨时代的汉学经典

郑 威[*]

1936年，美国芝加哥大学顾立雅教授的《中国之诞生：中国文明的形成期》问世，成为西方汉学界系统研究中国上古史的首部综合性著作。这部作品诞生于中国现代考古学初兴之际，亦处于西方学界对"中国文化西来说"争论不休的背景下。顾立雅以其深厚的文献功底和敏锐的考古嗅觉，首次将商周文明置于全球文明史的框架中讨论，试图解答"中国何以成为中国"这一根本问题。近九十年后的今天，尽管中国早期文明研究已发生范式性变革，重读此书仍能感受到其开创性的视野。

《中国之诞生》全书结构明晰，涵盖考古发现、商代、周代三个方面内容，系统论述了中国文明的起源和早期发展历程。在起始部分，顾立雅开宗明义，点明研究中国文化起源和早期历史的重要意义，强调这一时期的历史线索和实物证据对理解中国后续历史进程和文化传统的关键作用。考古发现部分是全书的基石，顾立雅详细介绍了当时中国考古学的前沿成果，尤其是安阳

---

[*] 郑威，武汉大学历史学院教授、博士生导师、副院长，中国史学会第十届理事会理事，湖北省历史学会秘书长。专业研究方向为中国历史地理、先秦秦汉史等。

殷墟的发掘情况。他通过实地考察和与考古学者的密切交流，获取了珍贵的第一手资料，并将其巧妙融入书中，为读者勾勒出一幅鲜活的早期中国图景，也为后续对商周文明的讨论提供了坚实的实物依据。在商代和周代部分，顾立雅分别从政治、经济、社会、文化、艺术等多个维度展开全面而深入的介绍。在描述商代时，涉及商人的生活状况、手工技艺、雕刻与青铜器、社会与国家、战争情况、书写系统、信仰神祇、卜筮祭祀以及商代的种族和文化问题，提出诸多独到见解，生动展现了商代社会的繁荣与复杂。关于周代，从周人的起源、周克商的政治变革，到考古新发现、文学成就、社会制度（社会结构、婚姻和家庭制度等）、生计、娱乐、宗教、法律、官僚阶层以及周代天命观等多个方面，全方位呈现了周代社会的多样性及历史变迁过程。

顾立雅在书中构建了一套较为完整的学术框架，确立了此后西方学界中国史研究的取向，具有开创之功。其一，对19世纪末兴起的"中国文化西来说"予以驳斥，强调中国文明在黄河流域的独立起源、自主演化，通过对商周彝器、文字、社会结构独特性的梳理，有力捍卫了中国文明的本土性。如在文字系统方面，他指出汉字与古埃及象形文字是完全独立的书写体系；青铜技术上，强调商代青铜器采用的复合范铸造法与西方的失蜡法存在显著差异；政治结构上，说明商周国家形态与西方存在明显的不同之处，充分凸显出中国早期国家的独特性。这些论证为后来苏秉琦提出"满天星斗说"奠定了跨文明比较的基础，也促使西方学界重新审视中国文明的原生性。

其二，将商周鼎革视为中国文明发展的关键转折点。顾立雅对商周变革的阐释影响深远，他将商周鼎革看作是中国文明基因的重大突变。如在宗教层面，认为商代对"上帝"的崇高信仰为西周的

"天命观"取代,神权从王族垄断逐渐走向道德化、普世化,强调天命与道德的关联;文化层面,主要服务于占卜的甲骨文系统逐渐让位于《诗经》《尚书》所代表的史诗传统,理性叙事开始萌芽并发展。这一分析框架具有很强的前瞻性,为后世学者提出"殷周革命论"所继承,进一步证明了他对商周变革理解的深刻性。

其三,开创考古与文献互证的研究范式,首次综合分析殷墟甲骨、青铜器铭文与《尚书》《诗经》等传世文献,为西方汉学研究中国上古史开辟了新路径。在20世纪30年代,中国现代考古学尚处于萌芽阶段,殷墟科学发掘仅仅开展八年,顾立雅便极具前瞻性地意识到"地下的中国"与"文献的中国"相互印证的重要性。他大量引用董作宾、梁思永、郭宝钧等考古学家的发掘报告,运用"二重证据法"分析中华早期文明,直接影响了西方学者的学术视野和研究方法。

从《中国之诞生》能够读出,顾立雅非常重视实地考察和资料收集。在中国留学期间,多次前往安阳等地进行实地考察,与考古学者进行深入交流,获取了第一手资料,并对各种原始文献和考古资料进行了详细的考订和阐释。在研究中,除了考古学资料,他还广泛涉猎历史学、文学、哲学等多个领域,通过将不同学科的知识和方法相结合,对中国文明的起源和早期发展进行了全面而深入的探讨。同时,该书注重用简洁明了的语言和生动的例子来解释学术问题,具有很强的可读性和趣味性。

毋庸置疑的是,该书出版之时,中国考古学尚在起步阶段,这使得顾立雅的研究存在一定的局限性。在空间视野上,他将商文明的范围局限于安阳殷墟,未能预见郑州商城、三星堆等遗址所揭示的多元文化网络。在论述过程中,以黄河流域为中心,对长江流域、四川盆地等地的文明进程关注甚少。比如,近年来的研究表明，商代在青铜、玉器原料来源等方面已形成跨区域的交换体系，这与以中原为中心的简单图景已有很大不同。同时，受考古发掘和时代所限，顾立雅将夏朝归入传说时代，对西方学界产生了一定程度的影响。随着二里头等遗址考古学研究的深入，尽管学界对于二里头是否对应夏朝仍存在争议，但普遍承认公元前2000年左右中原地区已出现广域王权国家。

尽管《中国之诞生》存在一定的时代局限性，但顾立雅开创的问题意识至今仍是学界研究的焦点。例如，中国文明如何从多元区域文化中凝聚出统一性？商周鼎革究竟是文明发展的断裂还是延续？随着学术研究的不断深入，对这些问题的回答已从早期的单线进化模式逐渐转向网络模型。张光直提出的"相互作用圈"理论，强调新石器时代晚期各文化区通过玉器、陶器等物品的交换形成了紧密的共同体，凸显了区域文化之间的互动与交流对中国文明形成的重要作用。近年来，学者们更多地关注青铜器、甲骨、玉器等物质的流动如何塑造古代社会的权力网络，从长时段结构的视角，为理解中国文明的发展提供了新的思路。

在当代学术语境下重读《中国之诞生》，其价值不仅仅体现在具体的研究结论上，更在于它为我们示范了如何以全球史的眼光审视中国文明。该书对文献的审慎考辨、对考古材料的融会贯通、对文明特性的归纳，至今仍具启发性。在中华早期文明研究中，"何以中国"已成为公众热议的话题。此时，回顾以顾立雅为代表的中外学术先驱者的研究，显得尤为重要。他们的困惑与洞见，构成了当今学术成长的基石。经典的意义不在于提供终极答案，而在于不断启发新的思考，推动学术研究持续向前发展。

2025年2月

导　言

顾立雅博士对于早期中国文明研究的突出重要性已在专家和学者间得到了广泛认可。如今，他的最新著作《中国之诞生：中国文明的形成期》使得他在这个领域的努力成果也能够为大众读者所知。

不久之前，我们的新闻工作者们都还常常在说："中国的新闻算不上新闻。"我们都知道，在当今社会，新闻媒体非常忠实地反映了其读者的兴趣和感受。因此，我们几乎可以毫不费力地证明（如果确实需要证明的话），以前大多数人对中国持有类似的漠视态度。

如今，这一切都变了。中国现在是所有人都感兴趣的话题。最近出版的关于中国的书籍已成为"畅销书"。她的历史、文明、语言——实际上，与她有关的一切——都在我们的大学院校和高中里受到越来越多的关注。我们发现在我们所有大城市以及许多小城市里都有中国艺术的收藏展。华盛顿的国会图书馆是世界上最为重要的中国书籍收藏地之一。简言之，我们不再把中国人想象成稀奇古怪的、与其他文明人有所不同的一群人，也不再认为他们做所有事都顺序颠倒，礼仪习俗如同一潭死水，呆板教条，永远不会改变。相反，我们开始意识到中国的发展与地球上任何其他国家一样充满大事、富含变化，且极具画面感。

过去我们常常问自己：中国人从何处而来？关于这个问题，最近的研究和发掘为我们带来了大量新的线索。我们现在知道，中国人并不是带着现成的文明从其他地方移民到中国的；相反，他们已在自己如今所在的地区生活了几千年——实际上，他们的历史悠久到我们尚未能完全追溯到其起源。在中国本土，他们慢慢地从原始的野蛮状态中发展起来，经历了与所有文明人类相同的连续发展阶段。例如，他们像我们一样，也经历了旧石器时代和新石器时代，然后进入青铜器时代，最后进入铁器时代。

对于中国人的旧石器时代，我们目前所了解的信息相对较少，尽管我们知道它的确存在。而对于他们的新石器时代，我们已经了解到了更多信息。我们发现他们在新石器时代期间的生活方式与哥伦布时代前大西洋沿岸的美洲印第安人相比稍微更先进一点。然而直到学会使用青铜，中国人的历史才真正开始。顾立雅博士在本书中栩栩如生描绘的正是他们青铜时代的早期——正是在这段色彩斑斓、仍然半野蛮的时期里，中国人奠定了后来为世界所熟知的中国伟大历史文明之基础。

中国古代文化与兴起于幼发拉底河和底格里斯河流域以及印度河和尼罗河流域的其他古代伟大河谷文明共享许多基本元素。它们都有一些共同的基本特征，正是这些特征的逐渐发展才使它们从野蛮状态中崛起。这些特征包括文字书写的概念、城镇的建造、青铜器的铸造、车轮在交通中的使用、对家畜的圈养，以及在真正意义上对农业的大规模实践。

然而，尽管与西方古代文明存在种种相似之处——这些相似之处无疑指向两者在史前时期某种程度上的接触——但大约三千年前在黄河流域存在的文化类型是典型且特征显著的中国文化类型。无论什么来自外部的思想、发明和技术,都已在文字记载的历史开始之前完全融入了这片新的环境。因此,中国逐渐成为一个文化传播的中心,其功能在某种程度上与更早的时候在近东地区形成的另一个中心类似。在文明的传播过程中,中国在东南亚地区扮演的角色与巴比伦、埃及、希腊和罗马在西方地区所扮演的角色相当。这一事实,即在古代世界存在着不止一个而是两个进步中心,是顾立雅博士在他的新书中所明确阐述的诸多有趣观点之一。

正如先前所提到的,直到最近,我们对于历史上中国文明形成的最初阶段仍知之甚少。然而,在过去的几年里,许多新的发现已得见天日。人们已经了解到了不少关于那个遥远时期宗教信仰、社会组织、战争方式、建筑和艺术等方面的信息。然而,这些最近发现的有趣成果几乎只以中文出版,因此对我们大多数西方人来说仍然不易获知,这也使得我们对它们整体上了解不多。

因此,非常幸运的是,我们有一位如顾立雅博士这样在各个方面都真正内行的学者,愿意让全世界的英语读者都能够了解到这些体量巨大的新知识。在完成这项任务的过程中,他充分利用了所有可能的信息来源,包括中国古代典籍,新近以中文和其他语言出版的科学出版物,青铜器、龟甲和兽骨上的古老铭文,从古代遗址中发掘出来的物品,以及对遗址本身的详细个人考察。顾立雅博士以极致的敏锐与细心将从中获知的事实进行整理、分析和相互关联,然后详细地与其他研究者讨论这些事实——这些研究者主要来自中国,但也包括在欧洲和美国的学者。如今,在这本引人入胜的书中,他将所有这些研究成果都展示给了我们。在迄今为止出版的有关中国人悠久历史的最初阶段的著述中,《中国之诞生》是最出色、最全面也最愉悦可读的一本。它必定会实至名归地受到广泛欢迎。

毕安祺（Carl Whiting Bishop）
美国史密森尼学会佛利尔美术馆
华盛顿哥伦比亚特区
1937年2月12日

自　序

　　这本书并非为专业人士所写。它并不要求读者了解汉语，甚至了解中国历史。我写这本书的目标，是让它对聪颖的大众读者而言具有可读性，并尽可能地有趣。从这个意义上说，它具有"通俗"书籍的性质。

　　然而，"通俗"这个词有时会带有的某些暗示并不适用于本书。这本书并非匆忙写成，也绝非由二手资料整理而来。它总结了我对约公元前1400年至前600年这一时期中国文化史的全面而集中的研究，这一研究耗时四年。我研究了那个时期几乎所有的文献资料，包括成千上万件甲骨文和几百份以前从未在这类研究中被使用过的青铜器铭文。所有对这些文献的研究都是在它们现存最原始形式下进行的；铭文以原件或影印件的形式进行研究，而传世文献，如"四书五经"（the Classics）等，则以现存最古老且完善的版本——例如目前保存下来的熹平石经和其他类似文本——进行研究。我阅读了所有的考古发掘报告——它们主要以中文写成——以及中国学者不断完成的大量评论著述中的很大一部分。我访察了所有主要的考古遗址，包括周人征服的和其他类似事件所涉及的地区，并亲自触摸和检视了近年来发掘出的成千上万件来自这一时期的物品。在考古现场和其他地方，我与发掘者以及许多其他中国学者进行了无数次涉及各种问题的讨论。

在写作过程中，我把准确性视为最重要的。这并不表示这本书没有错误——如此声称是荒谬的——但的确意味着它不会包含草率而粗心的概括。我在写作这本书时所注入的心血，与为学术期刊撰写记述最为精细的技术性文章时无异。每当我提到一份甲骨文或青铜器铭文时，原件的复制品都摆在我面前的桌子上。引用中文书籍时，我会查阅现存的中文善本。平均下来，这本书的每一页背后都包含着约25个我笔记中的单独条目，在写作时我都会查阅它们。

我的研究并不基于译本。但当我想在本书中引用中文著作时，我会引用已有的权威英文译本，前提是我的理解与译者一致。如果不一致，我会完全自己进行翻译或修改所引用的译文。为了方便那些想要识别我的引用的读者，我在注释中提供了权威英文译本中所引用段落的位置。然而，需要注意的是，虽然在大多数情况下我只是对译文稍作修改，但对它的引用并不一定意味着完全复制了译本的表达方式。我没有花时间在注释中引用没有权威译本的作品，因为它们只对汉学家才有用处。

选定的参考书目中包括一些涵盖了石器时代内容的英文著作，因为该时期很多基础考古工作由西方学者完成。对于稍晚的时期，除了少数翻译著作外，我只列出了中文著作。不过，近年来已有许多文章得以发表，尤其是关于商代考古发现的文章，其中既有通俗的也有严肃的。但这些文章并没有列在参考书目之内，原因有两点：首先，本书背后所倚赖的研究并未基于这些文章；其次，过去一年来的革命性发现需要我们对商文化的观念进行彻底的重新定位，这使得所有以前以西方语言发表的文章，包括我的作品，都或多或少变得有些过时了。

在写这样一本书时，要在每个观点上都给出完整的证据和证明而不令大众读者感到绝望、厌烦是不可能的。故此，在很多情况下，我不得不以随意陈述的方式呈现一些论点，这些论点在该领域的专家眼中可能是令人震惊，甚至是不正确且无法证明的。例如，在讨论人祭时，我同时提到了"羌"部落的名字和一个周朝贵族的姓氏"姜"，就好像它们是相同的字。事实上，从青铜器铭文和文献证据来看，它们是同一个字的两种写法。但是，详细讨论这些证据将十分乏味，大多数读者会对此兴趣索然。那些希望了解本书所处理材料背后的充分证据和详细文献记载的专家们，可以参见我的专著《早期中国文化研究》(Studies in Early Chinese Culture)。第一卷业已完成，目前正在出版过程中。

本书所给出的有关周人的征服及其后续事件的解释，与中国和西方历史学家传统的观点相比，大相径庭。部分观点与当代中国历史学家的解释相符，另一部分则是由我本人独创。这些解释很大程度上基于文献批评，而这些批评则有赖于我自己对甲骨文、青铜器铭文与传世文献进行的对比研究。这项研究的细节将见诸上面我提到的专著中。

哪怕只提及所有对这项研究有实质性帮助的人，也是不可能的。致谢中记录了我的妻子在完成本书过程中所作的贡献。我无法不提到已故的贝特霍尔德·劳费尔博士，尽管出于种种原因他在这项具体的工作中未能提供帮助和批评意见，但正是由于他的慷慨，我才得到了进行这项研究的机会。毕安祺先生在许多方面对我提供了帮助，尤其是他当面以及通过信件提出的指导与批评。

如果没有许多中国学者的慷慨帮助，我肯定只能完成这项研究中的一小部分，在这些年里，是他们使得这项研究成为可能。这里应特别提及梅光迪教授和刘节教授，因为他们在过去两年里都不求回报地花费了大量时间帮助我解决了许多问题。对于 Chang Tsung-ch'ien[1]先生，我的感激之情也难以言表。

史语所的人员在许多方面都给予我支持。我想特别感谢傅斯年博士、李济博士、董作宾先生、梁思永先生、郭宝钧先生和徐中舒先生的帮助。

其他许多中国学者也对我提供了极具实质性的帮助，他们包括陕西考古委员会委员长张鹏一先生、国立清华大学的陈寅恪教授、国立中央大学的胡光炜教授、燕京大学的容庚教授和顾颉刚教授、河南省博物馆馆长关百益先生、国立中央大学的李翊灼教授、江苏省立国学图书馆馆长柳诒徵先生、陕西考古委员会的Lo Mou-te[2]先生、国立中央大学的缪凤林教授、金陵大学的商承祚教授、《甲骨文编》的作者孙海波先生、国立北京大学和国立清华大学的唐兰教授、国立北京大学的汤用彤教授、中国地质调查局的杨钟健博士，以及国立北平图书馆馆长袁同礼先生。

对于各种帮助，我还要感谢柏林和北平的奥托·布查德（Otto Burchard）博士、美国学术团体理事会（American Council of Learned Societies）的莫蒂默·格雷夫斯（Mortimer Graves）先生、北京尊古斋的黄伯川先生、斯德哥尔摩东亚博物馆（Museum of Far Eastern Antiquities）的奥瓦尔·卡尔贝克（Orvar Karlbeck）先生、瑞典王储收藏品（H. R. H. the Crown Prince of Sweden's Collections）管理员尼尔斯·帕姆格伦（Nils Palmgren）博士、堪萨斯城柔克义纳尔逊艺术博物馆（William Rockhill Nelson Gallery of Art）远东艺术部主任史克门（Laurence C. S. Sickman）先生，以及德国驻华大使陶德曼（Oskar Paul Trautmann）博士。

1、2 中文姓名，不详。——译者注

自　序

向嘉乐恒（W. J. Calhoun）夫人、达格尼·卡特（Dagny Carter）夫人、沃尔特·斯科特·德赖斯代尔（Walter Scott Drysdale）上校及夫人、维尔特·斯图尔特·邓厄姆（Wirth Stewart Dunham）夫人、美国驻华大使纳尔逊·特鲁斯勒·詹森（Nelson Trusler Johnson）先生，以及欧文·拉铁摩尔（Owen Lattimore）先生致以我的谢意，感谢他们好心地阅读手稿，并从不同角度提出批评。

感谢美国学术团体理事会和哈佛燕京学社授予我研究奖学金，使得这项研究得以实现。

顾立雅
北平
1935年8月16日

上　编

最新发现

第一章

甲骨文

  三千多年前，在中国北部的平原上，一个世界上最引人注目且最为重要的族群已繁荣昌盛起来。与同时期世界上的其他族群相比，这一族群的文明在许多方面都可以等量齐观，甚至在某些方面更加优颖。他们是远东大多数地区文明的祖先，也是全人类约四分之一人口的祖先。

  这群人使用的大多数器物，如果留存至今都可作为他们文化的证据，但不幸的是，它们都很容易朽烂。他们的大庙用木柱建成，书籍写于木牍竹简之上。在中国潮湿的气候下，这些材料极易朽坏。甚至他们精妙绝伦的石刻雕像，即使保存完好，也被深埋在三十至四十英尺的古墓中，以至于直到1934年都鲜有人揣想过有这样的工艺存在。由于这些原因，我们曾经不得不主要依赖传统与传说来了解这群人，但传统和传说并不总是可信。直到过去的七年，我们才开始接触到关于他们的确切历史记载以及使用过的实物。这使我们第一次能够基于史实而非臆测，描绘他们生活的详实图景以及讲述他们的历史。确切地说，一些最重要的事实为人知晓的时间还不过六个月。

所有关于这个古老文明的新证据，都来源于一座城市的遗址。正如许多伟大的考古发现一样，这个遗址的发掘也是由极其偶然的事件引发的，它们微不足道，甚至几近荒谬。事实上，若非现代中国人对于医药的一些独特兴趣，这些发现可能永远都不会得见天日。

这座古城遗址位于小屯，一个坐落于现今河南省安阳地区的小村庄。遗址位于黄河以北约八十英里、大海以西约三百英里，纬度与直布罗陀相当。当地的农民注意到村庄正北洹河岸边的田地里，常有一种奇特的骨头会在大雨或耕地过后露出地面。这些骨头大多都已成碎片，但有些骨片的边缘呈现出不同寻常的刮平磨光。一些骨片的表面被打磨得如同玻璃般光亮，而绝大多数骨片的背面都有奇特的椭圆凹痕和T型裂痕。一位精打细算的李姓农民认为这些骨片一定是龙骨，因为龙骨作为一种中医药材价值不菲。他便收集了尽可能多的骨片，然后拿到市场上售卖。

这些骨片里的一小部分，大约十分之一左右，上面甚至会有些神秘的记号——一排排的几何图案和小图像。在药师们看来，哪怕是最为神奇怪诞的龙的骨头上也不会出现这些东西，于是他们在将骨片售出前预先刮掉这些图案。这个过程持续了数十年，在此期间传统老式的中医药师们会开出包含一点骨片的药方，随之将骨片研磨成粉，喂给病人——人们当时认为这样的疗法对治疗神经紊乱大有裨益。但在1899年，一部分仍然带有记号的骨片流入古物收藏家的手中，这些古物收藏家精通传世的古文汉字，他们意识到这些骨片上的记号一定是某种更早的中文书写系统。

这一事件开启了我们理解远东人类历史的新纪元。这些骨质残片是我们目前拥有的关于东亚最古老书面记录的唯一遗物。人们常说中国的历史有四千年，但实际上在这些骨片被发现之前，

第一章 甲骨文

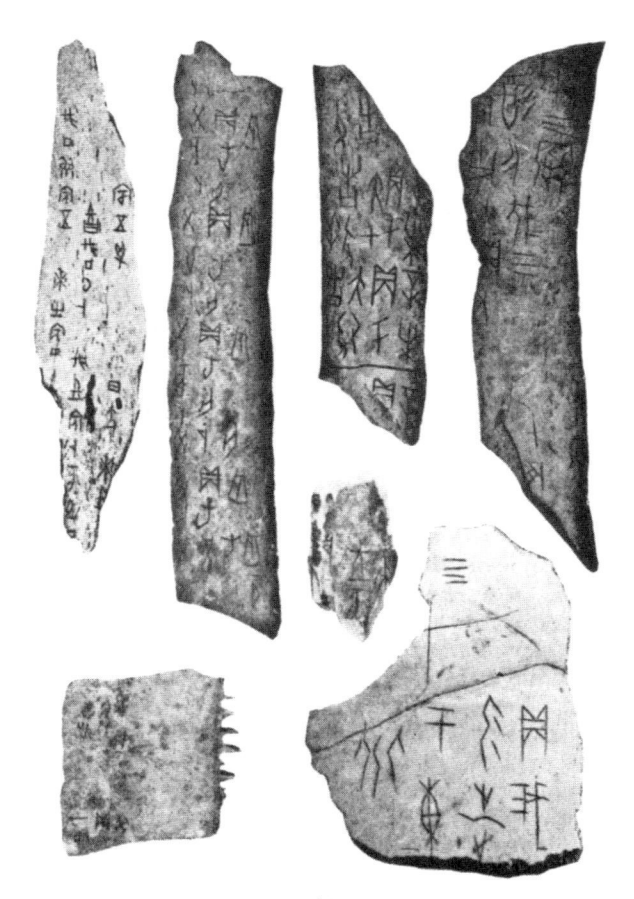

图版1
商代甲骨文

　　成千上万片刻辞兽骨与龟甲中的样本，通过它们，我们可以重建商代社会生活的许多方面。左上角是一份伪造的甲骨文样本，以期卖给粗心的买家。右上角的刻辞显然与三名人牲有关。右下角的一件目前属于塞勒斯·皮克博士的收藏，其余的则属于一个私人收藏。*

---

* 原文为"the remainder in a private collection"，并未指明是谁的私人收藏。之后经查证，这六片甲骨实际上是顾氏本人在北平时所收集甲骨的一部分。——译者注

我们对公元前1122年以前的历史时期知之甚少，而它们彻底改变了我们对于古代中国的整体认知。

这些甲骨文残片属于商朝后期（有时也被称为殷代）王室档案的一部分；中国传统认为此朝代存在于公元前1765年至前1123年之间。这一事实本身就使甲骨文成为宝贵的历史材料。然而这些甲骨文残片非常简短：最长的仅有六十余字，其余大多数则不超过十到十二字。倘若它们仅仅是普通文件，例如贸易记录或债务备忘，那么甲骨文可能无法告诉我们有关其创作者的太多信息。所幸的是，甲骨文的性质远比普通文件更具启发性。

这些甲骨文残片记载了当时人们向祖先和神灵的问询。商朝人使用这些骨甲的方式类似于古希腊人使用德尔斐神谕，只不过商人寻求指引更加频繁，方式也更加随意。毋庸置疑，最初商人也仅仅只就最重大的事件征询祖先和神灵的意见。然而到了之后我们所了解到的时期，他们已开始就一些鸡毛蒜皮的小事进行占卜，一如现在某些人会通过使用通灵板或每天与灵媒商议以寻求超自然的指引。他们有充分的理由这样做：商人相信神灵能够以强大的力量帮助人们，但倘若人们使其不悦，神灵也会降下可怕的灾害，例如使敌人毫无预警地突然袭击并对族人进行奴役与杀戮，或是引发疾病与瘟疫，或是以鬼魂的形式出现在一个人的梦中令他感到恐惧。有鉴于此，商人认为在采取任何可能具有一定重要性的行动之前，最好都先询问神灵的看法，并定期向神灵祭祀其喜爱之物：了解怎样能让神灵最为满意，也是人们占卜的问题之一。

为了解神灵的意志，商人使用牛的肩胛骨、腿骨或龟壳进行占卜。他们将腿骨劈开，制成扁平或略带圆滑的骨片。龟壳似乎是在庄严繁复的仪式下精心制备的，并在制备完成后小心地储存起来以供需要时使用。占卜过程本身可能在宗庙中进行。占卜者[1]会提出问题，例如"某某人生病了；如果将这件事告知祖父丁的魂灵（他会帮助病人康复吗？）"。[2] 接下来，甲骨的背面会被加热，使其表面出现T形裂痕。卜者通过这道裂痕来判断神灵给出的回答是吉是凶，再将结果告知商王或委托他占卜的其他人。

在多数情况下——尽管并不总是如此——卜者写下问题，并将其用某种刻笔刻在骨上给出答案的裂纹旁。这些问题涉及的主题范围十分宽泛，为我们提供了一类并不常见的考古资料。它们使我们能够构建出一幅有关提问者的画面，而不具备如此丰富细节的材料是无法做到这一点的。必须指出的是，这些卜辞具有历史书写及许多其他类别的铭文所不具备的可靠性，因为甲骨文并不属于历史书写，也不是为供后人——抑或除了创作者及其同僚以外的任何人——阅读而作，故此夸大其词毫无意义。因此当我们在甲骨文上读到为了某场战争"有人问：'是否应征集一支五千人的军队？'"[3]这样的问题时，很可能当时实际上参战的人数就在这个数字左右。作为对比，据一件铸造于几个世纪后的青铜器铭文记载，某位将军在对某西方野蛮部族的征伐中活捉了13 081人，而这还没算上敌方被杀戮的人数。[4] 这样的数字令

---

1 也被称为"贞人"。——译者注
2 如《甲骨文合集》（下文简称《合集》）13853："贞告疒（疾）于祖丁。"——译者注
3 如《合集》06540："贞：今者王伐甹方，〔登〕人五千乎〔旋〕"。与征兵（甲骨文中称"登人"或"收人"）相关的类似内容，亦可参考《合集》06167、06409、06410、06539、06541、06639、06835等。——译者注
4 见周康王/昭王时期青铜器小盂鼎铭文（原器已佚失），其上记载了贵族"盂"率领周朝军队对当时西边鬼方所进行的军事行动。——译者注

人难以置信，因为在当时，这位将军的整支军队都不太可能达到如此规模，至于俘虏这么多战俘就更不现实了。然而这件青铜器是为了赞颂将军的英勇而铸造，以供其后人敬仰。我们理应预料到他会在这样的铭文中标榜自己的功绩。这样的物件作为历史证据，其历史价值自然无法与甲骨文相提并论。

我们不应认为甲骨文在传到学者手中后，其内容就能够轻易被破解。起初，即便是中国的金石学家也只能解读出零散的几个字，而甲骨文的实际性质与用途在当时也仍是一个谜团。直到今天，这些甲骨文仍然存在许多疑问有待解答，不过它们内容的主体框架已被揭示出来。这些成就背后是许多学者三十五年来的持续努力，而在过去两年间研究者们已经有了一些最为重要的发现。这项学术探险激动人心，其成果在许多方面与解读古埃及象形文字一样引人注目。个别外国人也对此作出了贡献，只不过他们的人数寥寥无几。这项工作主要是由不会说他国语言且未接受过任何西方学术训练的中国学者完成的。

这些甲骨文在学术界一直鲜为人知，直到一些学者开始对其真实性提出质疑。至今仍有个别中国学者与西方汉学家认为甲骨文没有一片是真实的。他们的确有充分的理由持怀疑态度。中国人是古董伪造方面的大师；几乎在一得知考古学家愿意花钱收购这些刻着字的骨片后，人们就开始了伪造工作。如今，数千份赝品已然浮现于世，其中大多数都出现在真品被发掘的地方附近。伪造者使用普通兽骨制造赝品，这些兽骨本身不带文字，故此实际上毫无价值（百分之九十已发现的赝品均是如此），不过有些赝品的伪造水平的确十分高超。

这些赝品有一部分被运至国外，有些甚至被当作真品得到重视。有时人们会听到这样的谬论，即在首次发现甲骨文后的几年内所购得的骨甲必定是真实的。然而实际情况很可能正好相反，因为当时还没有进行太多的发掘工作，甲骨文真品极为罕见。故此，彼时甲骨文的市场价值极高，并且很少有人能够辨其真伪。作为为数不多的几位为解读甲骨文作出贡献的外国人之一，明义士（James M. Menzies）先生当时就居住在安阳遗址附近几英里的地方；他所收藏的甲骨文恰恰是从发现这些骨甲的田地里购得的。然而他写道，他早期购买的所有大型完好的骨版后来都被证明是赝品。[5] 如今人们很少能找到带有完整刻辞的大型真品骨版出售。我近期去过北平的一家古玩店，知道店里有一些甲骨，于是便要求看看。店家向我展示了相当数量的刻辞骨甲，然而在经过简单的检查后，我颇为愤怒地告诉老板每一件都是假货。

"被您说中了。"老板说，"您想看点儿真货吗？我们把那些都藏在里屋了。"

然而，中国学者在研究中使用的绝大多数甲骨文无疑都是真品。其中许多骨版上的雕槽中都含有只有在土壤里深埋多年才能形成的矿物沉积，并且安阳遗址的发掘为甲骨文的历史真实性提供了最终证明。科学家们在地下数英尺深且未经翻动的土壤中发现了成千上万块这样的刻字骨片以及其他商代文物。这些骨片上的文字与之前通过其他手段被确定为真品的甲骨文完全相同。

目前，有超过十万件刻字甲骨为收藏家所拥有。将近一万五千件甲骨文的摹本——其中涵括了几乎所有较大较为重要的骨版——已经出版，使得这些材料整体上可供研究使用。

5　Ⅲ Menzies, p.4.（书名请见参考书目。罗马数字表示此书在参考书目的第几部分。）

第二章

考古发掘

如果殷商甲骨文是在欧美被发现的，那么对其发现地点的科考挖掘很可能会在同年内就得以开展。然而在中国，这项工作直到1928年秋才开始，而当时距离最初的发现时间已有将近30年。这一事实在很大程度上解释了我们为何对中国古代历史所知甚少。

中国人普遍对考古发掘乃至任何形式的大规模挖掘抱有一种根深蒂固的反对态度。他们认为随意破土会扰乱风水。除此之外，在中国，任何严肃而大规模的考古发掘几乎都意味着会不可避免地破坏一些坟墓。中国人一般不像我们一样在公墓里埋葬死者，尽管同一家族的成员可能会被葬在一起。在选择坟地或家族墓葬的位置时，中国人需要先进行繁复的考察，以确定不同地点所存在的风水影响。一个风水好的埋葬地点可以为整个家族带来繁荣，而一个风水坏的位置则会迅速带来灾厄。同时，对于某位死者而言的好位置并不一定适用于另一位死者。因此，我们可以在中国乡间的各种地方看到坟地。它们散布于田地间，被覆盖在精心堆成的直径数英尺的小土丘之下。然而这些坟地不应被惊扰：这样做是对死者的大不敬，会激怒死者的魂灵，并且可能会破坏风水的微妙平衡，从而给整个家族带来不幸。这样的观念也使中国的铁路修建者们深受其扰。

人们对于自家祖坟被惊扰的反感合乎人性，对此我们完全可以理解与同情。然而在中国，对祖先的崇拜把这种反感提升到了一种其他地方所达不到的程度。我们在中国历史中读到过一次围城的经历：被围困的城池四面楚歌，没有外援，断粮缺水，人们只能被迫啖食人肉。对于他们而言，除了投降或灭亡之外别无选择。城中守将知道他的手下里混进了敌军的间谍，于是他对其中一名间谍说："我只希望敌人不会想着去挖掘我们祖先的坟墓。那样的话我们将不得不投降。"当晚，这个消息被偷偷传出了城。第二天，敌人便开始在城墙前众目睽睽之下，公然掘坟。见此情景，城里的人们万众一心，如发狂的狮子一样冲破城门，向进犯的敌军发起进攻，将对方打得铩羽而归。[1]

这种对祖先与祖坟的情感甚至可以延伸到非常古老的坟墓。目前，中央研究院历史语言研究所[2]正以政府官方机构的身份在多个地点进行考古发掘工作。然而，1934年4月，作为政府最高级别官员之一，中华民国考试院院长向多位领导发出电报，敦促

---

[1] 此处顾氏所指应是公元前284年至前279年间的齐燕即墨之战。见《史记·田单列传》："单又纵反间曰：'吾惧燕人掘吾城外冢墓，僇先人，可为寒心。'燕军尽掘垄墓，烧死人。即墨人从城上望见，皆涕泣，俱欲出战，怒自十倍。"然而即墨之围并未见啖食人肉的记载。——译者注

[2] 中央研究院英文名为 Academia Sinica，由第一任院长蔡元培从其师马相伯的一篇手稿中选取。民国时期的考古工作，包括文中讨论的安阳遗址发掘，均由中研院下辖的历史语言研究所负责，英文全称 Institute of History and Philology, Academia Sinica。然而顾氏在本书中并未使用 Academia Sinica 的称谓，而是采取了对名称的直译。此处原文 "National Research Institute of History and Philology"，明显 institute 专指"史语所"，但后文中又常提到 National Research Institute，institute 又可理解为更上一级的"中研院"。为了一致，之后 National Research Institute 均统一译作"史语所"。——译者注

政府应立即禁止对古墓的发掘。他指出，盗墓曾是一项受到严厉惩罚的罪行，盗墓者会被凌迟处死，并从而问道，为什么那些从事这种犯罪行为的人仅仅因自称为"科学家"就能免于惩罚，甚至还能够由政府支付工资呢？[3]

当然，正如世界其他地方一样，中国的坟墓也饱受盗掘之苦。为了防止这种对祖先的亵渎，世界各地的人们尝试过各式各样的手段，例如设立最为严厉的惩罚，在墓穴中暗藏陷阱和毒药，在棺椁上写下令人胆寒的诅咒等。然而这些手段鲜有成效。几乎在每一个埋藏有珍宝的地方，都会有人以极大的决心冒着风险挖掘它们。

这份对过去的崇敬在令中国人反对发掘古墓的同时，也给予了他们对收藏古董文物的巨大热情，而这份热情恰好能被在古董店（在北平被称为古玩行）出售战利品的盗墓者们满足。这让我们在中国面临着一个悖论：我们发现了大量古代文物，却几乎无

---

[3] 有关此事，可见时任考试院院长戴季陶于1934年4月11日向彼时在上海的中央研究院院长蔡元培、南京政府行政院长汪精卫、教育部部长王世杰以及正在江西的军事委员会委员长蒋介石的电文："近年以来，研究国学科学诸家，忽起发掘古墓、寻取学术材料之风，在学术界中或多视若当然。而在爱国爱民者，则痛心疾首，呼吁无声，哭泣无泪。中国今日弱极矣！学术教育败坏极矣！应作之事，不知其几千万，何必发墓，然后为学？民德之薄，至今而极，此心不改，灭亡可待。掘墓之事，明明为刑律严禁。古代于自掘祖墓者，处以凌迟。现今各省亦有以死刑处之者。今诸君子何心，而自埋民族全体所应共爱共敬之古人坟墓，以自伤其祖先之德，败其同胞之行，而引后世子孙以不正之趋向耶。我总理首倡民族主义，而以培植民德为本。蒋总司令于千辛万苦、焦头烂额之中，确知非培植民德，不足救亡，彼专家诸君子之心行，果有合于斯道耶。于人民之私掘小小无名坟墓者，轻则处以五年禁锢，重则处以枪决。而于彼公然掘墓，掘墓之结果，复大倡其破弃民族历史、毁灭民族精神之偏见者，反公然以国家之力而保护之，岂我国民政府所应取之道哉？伏祈一面通令全国，凡一切公然发墓取物者，无论何种理由，一律依刑律专条办理，庶几足以正民心，而平民怨；一面苦劝诸君子，改其无益之行，变其无用之心，致力于救国救民之学，以培国本，而厚国力，不胜至诚祈祷之至。"（此文在多份报纸杂志上刊登，参见《大公报》1934年4月13日3版。）——译者注

法得知任何关于它们来源的信息。盗墓者们自然不会将自己的名字附在所卖出的文物上,而经销商则往往只对盈利感兴趣,故此他们经常会为文物编造出一个历史故事,以增加其价值。

这种情况对于受西方学术训练的考古学家们而言非常棘手,因为他们已经习惯于不去信任那些没有在科学条件下且不是由他们所认识并敬重的人所发掘出的材料。可是在处理中国的文物时,保持这样的学术态度是不可能的。当一名考古学家看到一件精美有趣的青铜器时,他会问:"它来自哪里?"然而他得到的回答却常常只有:"谁知道呢?我从北平的市场上搞到的。"面对这样的情况,拒绝进一步研究这个物件没有任何意义。我们所能做的只有对它进行最严格的分析,并且在可能的情况下将其与通过科学方法发掘出的类似物件进行比较。但是这样可供比较的材料却异常稀缺。

在这样的背景下,商代都城安阳的发掘就具有难以低估的重要性,因为它在提供了丰富的比较材料的同时,也为理解中国古代文明带来了大量全新的启示。这项工作的开展与美国考古学界紧密相关。美国史密森尼学会佛利尔美术馆的副馆长毕安祺先生早在能够做出相关必要的安排之前就已经有了发掘安阳遗址的意向。负责该项发掘工作的李济博士毕业于哈佛大学人类学系,他在1930年之前一直与佛利尔美术馆保持着密切联系。1928年秋天,史语所对安阳遗址开展了为期17天的小规模初步发掘工作。1929年,该项目由佛利尔美术馆和史语所的联合资助,于春季和秋季各开展了为期两个月更大规模的作业。1930年,内战[4]导致挖掘工作无法继续进行。从1931年开始,这项工作便主

---

4 此处指1930年蒋介石与阎锡山、李宗仁、冯玉祥等军阀之间展开的中原大战。——译者注

要由中国的机构组织开展，其间鲜有中断。目前已有四篇安阳遗址的发掘报告发表问世，[5]其中除了卡朋特爵士（Sir H. C. H. Carpenter）撰写的一篇有关用显微镜分析青铜器的简短论文之外，其他内容全部用中文写就。[6]

除了中国人骨子里反对开掘坟墓这件事之外，还有其他许多难题困扰着考古工作者。酷暑与寒冬使发掘作业不得不在春秋两季进行，但春季和秋季又都多有大风，很多时候尘土飞扬，能见度甚至不到二十英尺。当一个人站在一个三十英尺深的挖掘坑边缘时，大风能将他吹到几乎站不稳甚至跌进坑底。1935年，八名学者就是在这样的条件下，戴着护目镜指导着约三百余名工人开展挖掘工作，并进行详细的考古记录。这绝非易事。

来自土匪的威胁使考古学家们必须格外注意保护他们的考古发现以及自身安全。这方面形势在安阳一带尤为糟糕。位于安阳西部山区另一边的山西省几乎难闻匪情，但是在河南省，尤其是安阳地区，很多贫困穷苦的农民都随时准备好了在走投无路时加入土匪。他们手持粗糙的土制手枪，这些手枪可以用地方货币三元钱[7]的价格购得，相当于一美元多一点。农民中一小部分人

---

5 II《安阳发掘报告》。
6 Ibid., pp.677–680.
7 此处原文"three dollars local currency"，并未说明具体是哪种地方货币。民国时期，由于军阀割据，战乱不断，各地流通着各式各样不同的货币，包括民间俗称的"孙小头""袁大头""鹰洋""龙洋""站人洋"等。顾氏撰写此书时，中华民国正处于财政改革的一个重要节点。1935年11月初，南京国民政府由财政部长孔祥熙宣布实行币制改革，由中央银行、中国银行、交通银行集中发行钞票，并将其定为法币，同时宣布原来流通的各种银币禁止使用，白银不再流通，所有现银必须兑换为法币。1936年5月，中美签订《中美白银协定》后，100法币约等值30美元，大致与顾氏所言3∶1的汇率相吻合。故此可能此处所指的即为彼时刚发行不久的中华民国法币。——译者注

通过挖掘该地区丰富的古董大赚了一笔；这些可怜的富人们为了自己的性命担惊受怕，因为土匪随时可能将他们绑架后索要一笔天文数字的赎金。近来有一次，土匪为一名这样的人质开出了五十万元赎金的价码，而这个数字可能是该地区所有农民出售所有古董所得总和的两倍以上。

相比土匪，私人盗掘对考古学家工作的干扰更为严重，因为它会对考古人员尚未发掘到的文物造成严重毁坏。为了防止这种情况，士兵与警察开始着手处理此事，史语所也派了一名人手全年在现场巡查。然而需要监管的区域十分广阔，因为最为完好的青铜器和其他文物都埋藏在墓中，而这些墓葬看上去零星地分布于整个乡间。据史语所的工作人员称，由于政府禁止盗掘，盗墓者们现在已经发展出了一种夜间作业的方法。阻止他们在白天勘察潜在的目标几乎是不可能的。当盗墓者们用一种类似于挖洞钳（post-hole digger）的工具[8]挖出来一种特殊的"夯土"（pounded earth）时，他们就知道已经找到了一座古代墓葬。为了准备继续挖掘，他们会秘密召集五六十个对此次行动守口如瓶的人。夜幕降临后，这个所有人都持带枪械的团伙便前往选定的地点。其中几个人进行挖掘，其余人则利用自然掩护或采取一些基本的保护措施围成一个武装圈，以保护作业现场。他们疯狂地挖掘，在清晨前将整座墓葬彻底掘空。与他们的赤贫相比，每个参与这个计划的农民都可以捞到一桶金。如果有任何干扰他们作业的企图，他们便会以最顽固的态度开枪反抗，甚至不惜取人性命。在这种情况下，阻止盗掘几乎是天方夜谭，除非有人能事先了解到何时何地有盗掘计划，在得到这些信息后还能调遣大量士兵或警察，

---

8 也就是我们所说的"洛阳铲"。——译者注

32 同时这些兵警还能心甘情愿地走入危机四伏的夜色中，并且随时准备好面对一群荷枪实弹的亡命之徒。

在如此艰难的条件下，任何防止盗掘的进展都会令人感到惊讶。不过，如果从出现在北平市场上文物数量的减少以及安阳地区农民的怨恨来判断，打击盗掘的努力其实已经取得了一定的成功。史语所以每英亩每年一百八十鹰洋（Mexican dollars）[9]的价格租用其挖掘的田地；这比农民在这块土地上种植作物所能获得的收益要多得多。然而人们还是对此怀恨在心，因为他们觉得自己被剥夺了合法的收入来源。据说他们已经组成了一个防卫协会，目的是暗杀发掘行动的主管负责人。

这类来自农民的威胁尚未造成太大的实际影响，但私人盗掘却已经造成了不可挽回的巨大损失。据估计，每年仅在北平的市场上就有多达五十件品相完好的商代青铜器出现，这还没有包括那些流往别处的青铜器，以及刻字甲骨与饰物等其他物品。这些文物很大一部分流入海外的博物馆与私人收藏家手中。诚然，从科学研究的意义上讲它们并未消失，因为它们仍然可供人研究，不过对于中国学者而言，不得不出国研究本国的文物似乎有些不太公平。但更为严重的是，在挖掘这些物品的过程中，盗墓者无意间毁坏了那些最有价值且无法替代的考古证据。战车附件就那样附带着木制结构出现在市场上：如果它们是由训练有素的考古学家挖掘出土的，那么战车上已腐烂的木制部分或许本可用虫胶漆（shellac）或其他类似的东西加固一下，以使商代战车能在很大程度上保留其原始形态。然而盗墓者只是卸下能卖出价钱的青

---

[9] 墨西哥银元，也称"墨银"，民国时期因其上鹰纹图案而被称为"鹰洋"。——译者注

16

铜部分，然后将木制部分丢弃。直到1934年秋天，考古学家们都没能找到任何可以确定为商代的人骨，也未能系统地科学发掘任何一座能被毫无疑义地断代至商朝的墓葬。然而我们知道的是，许多（或许有几百座）商代墓葬里的青铜器以及其他有价值的物品都已被掳走。这些盗墓者故意毁坏他们发现的人骨，并将其四散丢弃，以防死者报复。

人们很容易将这种对历史材料的破坏归咎于外国人对中国青铜器的购买兴趣，但这样的观点有失偏颇。早在外国人开始购买这些古代文物之前，中国的收藏家们就已经在鼓励这种做法，尽管当时的文物价格还没有高到现在这个地步。这是个复杂的问题。根据民国法律，所有从地下挖出的古代物品都属于国家，而非对土地拥有所有权的个人。这个裁决的公正性饱受争议，但它符合民国法律的既定原则，而且一个在对文物存在不知情的情况下购得一块土地的人也很难去声称自己对三千年前埋在地下的物品拥有所有权。然而从另一个角度来说，无论现行法律多么公正，严格地执行也几乎是不可能的。它们使任何遵纪守法地研究古代中国文化的外国学生都几乎无法获得哪怕一丁点研究材料。

理想情况下，民国政府应该加强监管，外国政府也应禁止其国民参与这种非法交易。民国政府应该从严执法，禁止除了有资质的考古学家以外的任何人挖掘古物；同时，从实际考量出发，可以向那些由于考古挖掘原因而被迁离的土地所有者提供相应的奖励。然后，民国政府可以将一些中国的博物馆所不需要的文物出售或交换给外国政府、博物馆及文化组织：这施行起来并不困难。甚至政府可以考虑为合法商家和私人收藏家的权益提供保障，因为这些文物数量众多；倘使它们是在相关考古记录得以保存的前提下得以发掘，同时又有大量相似文物出土，那么不会有

中国之诞生：中国文明的形成期

图版 2
在现代村庄的屋檐下发掘一座 3000 年前的古都

史语所的考古学家们正在在小屯村——一座坐落在古都遗址上的村庄——发掘殷商甲骨文与其他文物。由于该地区土匪猖獗，如此照片所示，挖掘人员始终都在武装守卫的保护下进行作业。在中央研究院历史语言研究所考古组组长李济博士的慷慨应允下复印自自己影像。

18

人反对出售这些文物。倘若这样的措施得以施行，最大的输家将会是那些到头来抢占农民钱财的盗墓者们，而对科学的贡献将是巨大的。然而这些举措不会实行。想要让所有相关国家都达成一致是不可能的，而且不管是在中国还是其他国家，从现状中获利的人都实在是太多且太有权势了。

发掘出来的遗址中，零零星星散布着私人盗掘所留下的大约三英尺见方的坑洞。在更大规模的挖掘坑壁上，这些坑洞清晰可见，因为大约每十英尺就会出现一个土壤松散的竖井。在1934年春季发现的一个重要的小规模附属性居住遗址中，考古学家们找到了七块大型完整的刻字龟甲，而在这些龟甲发现处以北六英寸的地方就是一名农民挖的盗掘坑。这些甲骨为该遗址中的几座建筑物提供了年代证明，显示了这座新发现的遗址的性质，并增加了我们在多个方面的知识；如果农民当时把坑再往南挖六英寸，那么这些甲骨与这座遗址间的关联将永远无法为人所知。

多年来，这种频繁发生的、对考古证据造成巨大破坏的私人盗掘行为使我们面临着一种危险，即我们可能永远错失获取有关商人重要信息的机会。甲骨文为我们研究商人提供了许多线索，对安阳古都遗址的仔细发掘也大大增加了我们对他们的了解。但直到1934年秋天都还没有任何一个可以确定为商代的墓葬被挖掘出来。相应的后果中最微不足道的一个就是我们对商代丧葬习俗知之甚少，故此也缺少这些习俗本可以揭示的宗教方面的信息。此外，没有任何一件商代青铜礼器是在令人满意的条件下用科学手段发掘出土的。这意味着对于所有那些由盗墓者挖出来的精美青铜器，尽管出于各种理由我们相信它们的确来自商代，但我们缺少一个不容置疑的"样品"可供比较。最重要的是，我们几乎没有任何关于商人人种特征的可靠数据。数百具可精准确定年代的人骨已被无情摧毁，一具也没有保存下来。使用青铜器的商朝贵族属于蒙古人种，还是中国东北部地区新石器时代居民的后代？还是说他们像有些人认为的那样，是来自西方的外族入侵者？对此，我们无法确定。盗墓者的首领们已发出通牒，称虽然他们已对商代居址的发掘活动（这类遗址里很少有能卖出价钱的东西）持容忍态度，但倘若考古工作者们试图跨越这条界限转向发掘墓葬，那么每个负责指导考古作业的学者都将在背后暗中吃一枚枪子儿。

此类情况被史语所的官员们汇报给了国家领导人，后者迅速采取行动，并颇见成效。1934年初秋，蒋介石和汪精卫签署了一份措辞强硬的电报发给安阳地方政府，要求当局必须采取一切必要措施严禁私人盗掘，并给予考古学家充分保护。这一命令效果显著：进入北平市场的安阳文物数量立即缩水许多。

在这样的政策支持下，考古发掘者们发现了一块大型墓地。工作人数增加到了三百名劳工；他们以前所未有的规模开始了发掘作业。作业成果令人难以置信，哪怕对于我们这些已密切关注此项工作多年并成功预测到一部分近期发现的人来说，也同样如此。截至1935年6月发掘结束时，[10] 已有一千一百多块可以确定年代的商代人骨出土，其中许多保存得十分完好。三百多座商代墓葬得到了科学的发掘，其中有四座无疑是巨大的王陵。它们提

---

10 此处指民国时期史语所对安阳遗址的第十一次发掘，时间为1935年3月10日至同年6月15日，持续了92天。李济后来在《安阳》一书中评价："1935年春的第十一次安阳发掘是我们田野工作的高潮。虽然经费开支大，但重要的是收获丰富。这次发掘是最完善的组织工作和最高的行政效率的典范。特别是对一般公众来说，这些成就有力地证实科学考古不仅能促进书本知识的发展，而且能提供一个找到埋葬的珍品的可行方法，并对之给以法律保护。"——译者注

供了有关商文化多个方面的新数据。许多精美的青铜礼器得见天日，大量出土的大理石雕件向我们揭示了商代雕刻艺术出人意料的高超水准，令人叹为观止。

*

从下一章开始，我将或多或少地以时间顺序来讲述早期中国文化的发展。故此，我们不得不先提及一下历史年代这个令人有些烦恼的话题。

有关中国古代的相对年代记录异常清晰完整，也就是说在事件的先后顺序和君王的统治顺序方面，人们极少存在分歧。然而年代的绝对准确性却很低。因此，传统纪年法将商朝定代于公元前1765年至前1123年，但另一套断代系统[11]却认为是公元前1558年至前1051年。对于公元前841年后的历史，两种纪年法的意见是一致的。

传统纪年法很可能存在一定程度的误差，但另一种纪年法则是基于一部被学者们普遍认为是伪造的著作。这并不意味着该纪年法一定是错误的，只是除非有其他外部证据对其予以进一步证明，它的真实性无疑偏低。新的发现，包括甲骨文与考古发掘，都未能给我们提供绝对年代层面的证据。

就目前而言，我们面临着两种选择。我们可以出于实际考虑保留传统纪年法，并坦率地承认它可能的确存在一定误差。如果这样做，我们将能够利用传统数据精心制成的年表提供出一份历史事件的相对年代。抑或我们也可以不顾所有这些信息，转而采用一种更接近真相的纪年法，尽管其准确性很难得到保证。如

---

11 即《竹书纪年》。有关此纪年系统，见 Carl Whiting Bishop, "The Chronology of Ancient China," in *Journal of the American Oriental Society*（1932），52, pp.232–247。

果这样做，我们就必须承担起通过计算来推算次要事件日期的重任。这将花费大量时间，并且难免总是会涉及推测与猜想。

在这两种方案之间，我毫不犹豫地选择了前者。本书会尽可能少地提及日期，但在提及日期时我将以传统纪年法作为参考。这种选择仅仅是出于便捷的考虑，以帮助读者保持对历史事件年代顺序的把握。但请记住，对于公元前841年前发生的事件，我所给出的日期可能会包含或多或少将近一个世纪的误差，也就是说，这些事件的实际发生日期可能比我所给出的日期晚了约一个世纪左右。

第三章

中国文明的起源*

自从外国人开始真正关注中国以来,中国文明的起源这一话题就一直充满争议。对于持有传统思想的中国人来说,这个问题的答案毋庸置疑:他们的文明是过去伟大圣人们的杰作。而对于那些坚持维护白人种族优越性的外国人来说,这个问题的答案也毫无疑问:中国文明中任何真正有价值的东西一定都是西方的舶来品。

这两种观点均不科学,但后者已对大多数西方人就这个话题的讨论产生了巨大影响。因此,一整套学说已然形成;此学说提出了各种各样的地方——主要是古埃及和古巴比伦——作为中国人或其文明迁移到中国前的发源地。这些学者们在对书写系统进行比较后得出结论,中国的书写系统肯定要么来源于古埃及,要么来源于古巴比伦。不幸的是,绝大多数进行这些比较的人都对汉字缺乏完整的理解,对古巴比伦与古埃及文字也难称精通。尽管如此,此类著作在19世纪后半叶仍广受欢迎。

---

* 相较于本书的其他部分,本章不可避免地更具专业技术性;对史前时期中国文化不感兴趣的读者可以忽略本章,因为它对于理解后续内容并非不可或缺。

在与一位古埃及学专家的合作中，我已经指出了汉字和埃及象形文字书写结构之间一些非常有趣的相似之处。然而尽管这些相似之处非常有启示性，它们并没有超出两个完全独立的、以表意为主的书写系统之间所可能具有的共同性的合理范畴。时至今日，令人欣慰的是，试图在草率概括的基础上证明中国文化具有古埃及或美索不达米亚背景的理论已不再流行。当然，这并不意味着未来就一定不会有人基于深入仔细的研究证明两者间的密切关系，但目前还没有此类研究成果问世，而随着我们在早期中国文明中发现越来越多的独特之处，这样的可能性似乎已经越来越小了。

中国文化的起源是什么？这个问题的问法本身就是不恰当的。没有哪个文明的起源是单一的。没有哪个族群是在与其他族群没有任何接触的孤立状态下形成的。意图展现白人种族先天优越性的作家们曾一度尝试去证明中国文化的一切开端都是借鉴而来的，以体现黄种人一直以来都是缺乏原创性的次等种族。这种想法暴露了对文化发展本质的误解。历史表明，无论我们在何处发现一个高度发达的文明，它都很有可能是几种文化之间接触与交流的产物。美索不达米亚、巴勒斯坦、小亚细亚、希腊都属于这类案例。

相较于询问中国文明的起源是什么，我们更应探究在中国文明的发展过程中，那些各式各样最为突出的文化要素的起源是什么。虽然我们仍无法追溯其中个别要素的起源，但是近期的发掘与研究已使我们大为接近最终的答案。

曾经人们习惯于想当然地认为中国人是从其他早期的家乡——大概率在西边——迁徙到黄河下游流域地区的。这种观点至今仍未绝迹；仍然有人一本正经地认为中国传统中记载的迁徙正好支持此理论。然而二十年前资深的学者们就已经指出,真正早期的中国文献或铭文中并没有提及这样的传统叙事,[1] 而领导此类迁徙的神话人物黄帝的故事只出现在相对晚期的、带有推测性质的文献中。然而直到大约十五年前迁徙理论的支持者们仍可以说,即使在新石器时代早期中国的土地上也没有人类居住的确凿证据,更早的时期就更不用提了。但最近的考古发掘改变了这一切。

我们所知的中国地区最早的类人居民是北京人,又名北京猿人(Sinanthropus pekinensis)。中国地质调查局的古生物学家们在安特生(J. G. Andersson)的总指导下,于北平西南约30英里处的周口店洞穴中发现了大量这种早期人类近亲的骨骼遗骸。[2] 他们于1927年获得了最早的确切发现。在周口店发现的几具遗骸被推断为生活于早更新世(early Pleistocene)时期,代表了人类进化树上比直立猿人(Pithecanthropus erectus)更晚、更接近人类,又比尼安德特人更早的一个分支。同这些骨骼一起被发现的还有一些石器:步日耶神父[3]与其他权威均认为这些粗糙的石器是被有意打磨成形的。故此,在有类人生物居住的古老程度上,中国并不亚于世界上任何其他地区。

早期研究者们认为北京猿人是现代人种分化之前人类祖先主干的一个分支,因此他们并不认为北京猿人是现代人的祖先之一。然而中国地质调查局新生代研究实验室的弗朗茨·维登雷希

---

[1] 见 Berthold Laufer, "Some Fundamental Ideas of Chinese Culture," in *The Journal of Race Development*(1914), Vol. 5, p.161。

[2] I Andersson, 1, pp.94–126.

[3] 亨利·步日耶,全名 Henri Édouard Prosper Breuil,在西方学界也被称为 Abbe Breuil。法国天主教神父,同时也是考古学家、人类学家和地理学家。——译者注

教授（Professor Franz Weidenreich）在对这些材料进行长期研究后，宣称"没有任何证据能表明北京猿人不是现代人类直系祖先中的一支"。更重要的是，他指出，北京猿人下颌骨奇特的增厚和牙齿的构造表明其"与现代蒙古人种之间存在直接的遗传关系"。的确如此，北京猿人似乎不仅与蒙古人种有关，还尤其与中国人有关。[4] 维登雷希称，他从自己"手头上的中国人的头骨中观察到了一些特殊的特征；这些特征在史前（铜石并用，aeneolithic）时期以及现代的中国人下颌骨中都能发现，并且从形态与变异程度上与北京猿人完全相同。"[5]

这项发现对于中国文化史意义巨大。本书将在之后的部分经常指出，中国文化在许多方面都是独一无二的；这些方面似乎代表了一种在中国地区发展起来且独具地域特色的文化传统。倘若像通常认为的那样，中国人是在一个较晚的时期、当文化已经发展到了与今天相接近的程度时才迁徙到他们现在的家园的，那么这种独特的文化传统就一定会显得格格不入。但如果进一步的调查能够证实现代中国人的祖先在五十多万年前的早更新世时期就已经在中国生活，那么他们文化的这种强烈个性与本土性特质就是完全自然的。

关于自北京猿人起至今，中国是否一直都有类人生物或人类

---

[4] 此处顾氏参照的应该是18世纪德国科学家约翰·弗里德里希·布卢门巴赫（Johann Friedrich Blumenbach）的人种分类法。布卢门巴赫以比较解剖学的方法，将人类种族分为五类：蒙古人种（Mongolian）、埃塞俄比亚人种（Ethiopian，也称尼格罗人种）、高加索人种（Caucasian）、马来人种（Malayan）与美洲人种（American）。在此分类系统下，中国人属于亚洲蒙古人种中的东亚支系，而直到20世纪60年代，人种划分的科学性才开始受到国际学界的质疑，故此，顾氏于20世纪30年代写作此书时会有此言论。——译者注

[5] I Weidenreich，pp.436-440.

栖息，这个问题目前没有绝对确定的答案。维登雷希教授相信答案是肯定的。但由于缺少确凿的证据，许多人认为中国在很长时间里无人居住。这种否定性的论证在中国几乎站不住脚。对这类问题的研究即使在欧洲也仅仅只是过去一百年内发生的事，在中国则几乎还没开始。在欧美，考古发掘非常普遍，人们对这类问题也很感兴趣，甚至在普通大众中也存在着一种热切的愿望，希望能向科学家们提供不寻常的发现；而在中国，这两个条件直到最近几十年才开始具备。即使已经有很多新石器时代的遗址被发掘出来，人们仍认为中国在旧石器时代没有人类居住。现在人们已认识到北京猿人本身就代表着一种早期的旧石器文化。法国与中国的学者们于1922年至1929年间的多次勘探表明，不仅西北的鄂尔多斯地区，现今陕西与山西之间的黄河流域也曾有旧石器时代的人类居住。学者们发现了这群古人类的武器——这些武器与欧洲旧石器时代的武器相似——以及营火的残留。但是除了一颗可能属于旧石器时代人类的牙齿之外，这些遗址并没有留下任何骨骸遗骸。

但是，1933年和1934年，北京人居住的洞穴旁的另一个洞穴里发现了一些旧石器时代的人类骨骸。从一起出土的工具和装饰品中可以推断出这些人类来自一种旧石器时代晚期文化。然而这时又出现了一个难题，令中国的考古学有趣如斯。因为尽管据称北京猿人拥有明显的蒙古人种特征，但这群在北京猿人之后栖息于同一地点的旧石器时代晚期人类，从生理特征上来看并不是蒙古人种，反而更像是旧石器时代的欧洲人。维登雷希认为，他们可能是一支正前往海边的游牧部落。我们知道中国人的人种构成非常复杂，其他族群也曾多次进入中国并被本地人吸纳；而这些可能是从外地来到北京地区的人类则表明，这个吸纳过程在旧石器时代就已经开始了。

旧石器时代之后，我们的记录出现了另一个空白期。在华北地区已经发现了许多新石器时代的遗址，其中数十个已得到发掘，但它们全部都属于新石器时代晚期。中国在新石器时代的早期与中期是否无人居住，抑或我们只是尚未发现人类的痕迹，这个尚存争议的问题必须交给时间与今后的研究来解答。

对新石器时代材料的第一次发掘工作，是于1921年在安特生指导下由中国地质调查局开展的。地质调查局在接下来的几年中又相继发掘了大量其他遗址。这项工作的资金大部分来自一个由瑞典王储[6]领导的瑞典组织。其中一个遗址是由佛利尔美术馆和清华大学联合发掘的，另外一些则由河南古迹研究会[7]和史语所发掘。

最为笼统地讲，我们可以将中国北方的新石器晚期文化分为三种类型。其中，第一种类型与新石器文明基本类型——这一基本型神秘而广泛地散布于包括美洲和欧亚大陆在内的大部分已知世界——相比几乎没有什么不同。这个文明的人们也捕鱼狩猎，但他们主要是农业人口。他们种植粟黍以及一些其他可能的谷物与蔬菜。他们使用"磨石"（mealing-stones）研磨面粉。他们饲养大量的猪和狗——仅有的两种他们在早期知道的家畜——以供

---

[6] 古斯塔夫六世·阿道夫（Gustaf Ⅵ Adolf），于1907至1950年间为瑞典王储，1950至1973年间为瑞典国王。古斯塔夫六世同时也是一名业余考古学家，对中国艺术兴趣浓厚，并于1926年到访中国北京、山西、上海等地。——译者注

[7] 河南古迹研究会成立于1932年2月8日，会址设在开封。当时，由于史语所与河南省有关单位在一些考古发掘问题上发生争议，经中研院与河南省政府协商，合组该会负责河南地区的考古工作，研究会委员由双方分任，费用共同承担。1932年浚县大赉店史前遗址的发掘，1933年至1934年浚县刘庄、巩县塌坡和马峪沟、广武青台等史前遗址的发掘均由该组织负责。——译者注

食用。与其他地区新石器时代的人类一样，他们制作工具和武器，主要是用表面磨光的石头制成的刀和斧头。他们使用弓箭，编制篮子和衣物，并使用骨针缝纫。他们制作了大量的陶器。大部分早期陶器都质量较差，颜色灰暗；他们常将花纹压印于潮湿的陶土中，其中有些花纹的设计不乏美感。

即便是在这一中国新石器文化已知的最初阶段，我们也可以看到极为重要的地区性差异的最早迹象。相对较为知名的新石器时代遗址出土地区，包括现在位于中国西北的甘肃省，以及处于东部、位置略偏北的河南省与山东省。在陕西、山西和奉天也有一些发掘。在河南，发掘主要集中于该省北部。正如我们将看到的那样，河南和山东地区构成了某种文化单元。这些省份位于中国北方，并且显然处于东部。就中国文明的重要历史舞台而言，它们占据了一个东北方的位置。故此，当后文提及"东北文化区域"时，我们应理解为它指的是河南—山东这一地区，而不是更为东北的热河、奉天、吉林与黑龙江省。

我们于东北地区发现了一种中国文化在其新石器时代已知最早阶段的独特产物：鬲（*li* tripod）。图版4顶部给出了两个这种器皿的样本。安特生认为，它起源于当时人们将三个底部尖锐的锅斜靠在一起加热，然后有人就想到可以把它们做成一个整体。[8] 凸出的三条腿使锅中的食物能与热源紧密接触。据目前所知，这种器形及其发展出的其他器形都是典型的中国风格，均不见于世界其他任何地区。鬲的一位近亲是甗（*hsien* steamer）。[9]

---

8 I Andersson, 4, pp.46–47.
9 "甗"字在现代汉语里一般读作 *yǎn*，仅在韵书中有 *xiǎn*、*xiàn* 音。然而此处顾氏原文，包括其参照的安特生于20世纪20年代发表的考古报告，均称"甗"为 *hsien*。——译者注

这种器皿由在鬲的上方加上一个底部有孔的滤器式容器组成。水盛放在甑的下部，被加热后形成蒸汽通过孔洞上升以烹饪放在上层的食物。在新石器时代最早阶段的东北地区，鬲和甑这两种器皿的精美实例均有出土，但它们在同时期西部的甘肃地区就踪迹全无。另一方面，在甘肃，主要出土的是单色陶器，一同出土的还有很少量彩陶，然而这些彩陶并未见于东北地区。

接下来是属于彩陶的时代。这个新石器文化以位于河南西北部的仰韶遗址命名，被称为仰韶文化。仰韶文化的陶器属于一种全新的类型，其质地更加精良，并绘有各种鲜艳美丽的图案。这些制造于甘肃与河南的器皿中最为优良的作品，据说能跻身全世界范围内最精美的新石器时代艺术品之一。

我们已经看到，这种艺术在中国西北部的甘肃出现的时间比在东北地区要早一些。不仅如此，它在甘肃的持续时间也比在东北地区要长得多。安特生将他在甘肃发掘的遗址区分为六个阶段。[10] 即使在仰韶时期之前的第一个阶段就已经有一些彩陶存在了，而且一直延续到铁器时代末期[11]遗址——安特生初步将其年代定位于公元前600年至前100年间。[12]然而根据我们目前掌握的证据，在东北地区，只有到了第二个阶段——也就是仰韶时期——人们才开始制作彩陶。我们也发掘了大量之后的新石器时代遗址，然而不仅这些遗址缺乏彩陶技术，而且这种技术的影响似乎也消弭无踪。那些美丽的图案以及彩陶艺术的核心本质在仰韶末期的东北地区消失了，并且直至今天也再未出现于该地区的

---

10 I Andersson, 4, p.23.
11 试比较 I Palmgren, p.4。
12 Andersson, "Der Weg liber die Steppen," in *Bulletin of the Museum of Far Eastern Antiquities*, Stockholm (1929), 1, pp.152-153.

艺术形式中。为什么呢？

人类学有一条公理：一种技术通常会像水滴落入池塘引起的涟漪一样向外扩散，并会最早出现于离其发源地最近的地方，这个地方也会受其影响最深。因此，很有可能东北地区相较于甘肃距离彩陶技术起源地更远。此理论得到了进一步的支持，因为据说这种彩陶与中国以西地区——有些甚至远至近东——的陶器非常相似。这样的话，说彩陶技术是从西方传入的似乎也不无道理。然而它究竟来自多远的西方还不得而知；我们甚至可以称它起源于中国更为偏远的西北地区。但这件事目前还尚无定论。

似乎还有另一个原因导致彩陶技术如此早地在东北地区消失。人们常常认为，近代文明完全诞生自一个单一中心（很可能是在美索不达米亚）所产生的脉冲式辐射，将其影响散布至整个欧亚大陆和北非。但最近的发现清晰地表明，至少还存在着另一个位于太平洋地区某处的创造性中心产生了属于自己的文化脉冲。这个中心完全有可能位于中国的东北地区。我们最引人注目的证据就是高度发达、具有极强原创性的中国商代文化，但我们可以在比商代更早的时期找到这一文化的痕迹，并在中国境外发现其产生的同样普遍的影响。它最重要的一些方面可能是无形的，如宗教思想和社会组织，但我们必须通过一些更实在，或许不那么有趣的线索来追溯它。

人类学家普遍认同美洲印第安人是在上一个冰河纪时期结束后不久从亚洲迁徙而来的这一观点。在美洲的发掘中，我们通过"铲状门牙"（shovel-shaped incisors）区分印第安人种的头骨，就像在中国区分蒙古人种的头骨一样。一些学者已经发表了一些初步的比较研究，将美洲印第安语言、社会组织、神话和艺术与亚洲相比较，以确立相似之处。有一种时而矩形、时而半月形

（half-moon shaped,'semi-lunar'）的石刀在中国所有新石器时代和商代文化中都可以找到，并且一直延续到今天中国的铁器样例中。据说这样的刀并未出现于近东或欧洲。但它们在北亚部落和爱斯基摩人中很常见；安特生甚至建议应当将史前南美洲的刀具也归入同一群组中。[13] "复合型"弓（composite bow）和被人类学家称为"量身定做式衣物"（tailored clothing）的带袖衣着在古代中国和一些美洲土著居民中都很常见。很多人认为，古代中国、一些太平洋岛屿和一些美洲印第安人——特别是阿兹特克人和玛雅人——的艺术之间有很强的相似之处。如稍后将详细介绍的那样，我已经能够指出商代设计和某些北美印第安人的装饰艺术之间存在着明确而密切的相似之处。

点出一些太平洋地区不同文化之间的模糊相似之处，并从中得出亮眼的概括性结论并非难事。但是，如果要使这样的比较具有科学价值，那么它们必须经过极其谨慎的研究，并由具备每种文化专业知识的人进行。由于我并非研究大洋洲和美洲文化的专家，因此我无法从上述事实中得出任何确凿的结论。但是可以这样说：在太平洋地区很可能曾存在过一个中心，从该中心辐射出的文化影响覆盖了该地区很大一部分。这个中心很可能位于太平洋的亚洲一侧，因为如果位于其他任何地方，它都几乎不可能触及所有似乎受到其影响的区域。

中国东北部曾存在过一个文化中心是可证明的事实，但这个中心是否与更广阔的太平洋文化区有任何关系尚不明朗。不过无论如何，中国东北地区以彩陶为代表的西方影响消失的原因之一，有很大可能是它与这种东方文化类型发生了冲突。

13　I Andersson，1，p.209.

我们已经知道,彩陶时期以前鬲仅在东北地区的遗址中被发现。相同的情况也同样发生于彩陶时期。事实上,直到六个时期中的第五个,鬲才在甘肃的遗址中出现,而这已经是彩陶从东北消失很久以后的事了。有两个遗址——一个在河南西北部,一个在山西西南部——很好地说明了这种情况。河南的遗址比彩陶时期更早,而山西的遗址则有大量的彩陶沉积。山西的遗址肯定比河南的晚了几个世纪,而两者相距仅四十英里。然而,在河南的遗址中非常常见的鬲根本没有在山西的遗址中出现,就像有人在河南—山东地区周围画了一个魔法圈,禁止鬲离开。彩陶确实入侵过鬲的领土,两者并存于一些遗址中,但时间并不长久。最终,鬲所代表的文化取得了胜利。当然,未来的发现可能会在一定程度上改变这幅图景,但总的来说,这似乎是对情况的一个真实描绘。

在新石器时代的第三个也是最后一个重要阶段,鬲完全占据了东北地区,而彩陶则已经消失。最晚的新石器文化同时也是最近被发现的,其代表性遗址——位于山东济南以东的城子崖——由史语所于1930年和1931年进行发掘。这种文化被称为"黑陶文化",得名于一种独特的、厚度有时不到一毫米的光滑黑色轮制陶器。从这个意义上来说,很明显并不是每种出产黑色陶器的新石器文化都是"黑陶文化"。

不同文化遗址残留文物的清晰分层证明了这种文化晚于彩陶文化而早于殷商文化。这群制造黑陶的人相对先进,他们的文化包括许多在中国其他新石器遗迹中并未发现的成分。他们在城子崖的城市被一英里长的"夯土"城墙所包围,这些城墙部分地方至今仍高达十英尺以上,底部宽度超过三十英尺;这说明它们在当时肯定还要更高。正如新石器时代东北地区的所有居民一样,他们似乎比西边的邻居更好战。在新石器时代人类还完全没有牛和马的时候，黑陶文化遗址中就发现了这两种动物的骨骼。牛很可能已被驯化；它们显然与之后商人饲养的牛属于同一物种。我们无法从马的骨骼中确定它们是否已被驯化，但我们有理由相信答案是肯定的；我们没有发现任何交通工具，但它们无论如何也都会腐烂，因为这些人当时尚未掌握冶炼，故此交通工具将完全由木头制成。这群人还用瓷土制造出了一种白色陶器，并进行"甲骨占卜"（scapulomancy），即通过炙烤动物的肩胛骨所产生的裂纹来占卜。尽管黑陶文明可能起源于东北地区，但它似乎也向西渗透到了陕西地区。

从历史层面和考古层面上讲，我们所知最早的、在文化意义上可被称为"中国"的文明，属于公元前14世纪生活在安阳的商人。中国历史最为重要的问题之一便是：商这一中国历史文化与在其之前存在于中国东北地区的新石器文化之间究竟是什么关系？

在西方学者——甚至一些中国学者——之中，有一种明显的趋势认为中国青铜时代的文化与之前的新石器文化没有直接联系。有些人甚至构想，曾有一群来自西方的入侵者带着青铜、牛马、战车，以及一种全新的文化进入中国，以统治者的身份在当地定居并奴役新石器文化人口，最终成为历史上的中国贵族阶层。这幅图景无疑十分生动有趣，但我们所知的事实并不支持这种观点。

最基础的青铜生产铸造工艺可能是从西方传入中国的，但它在中国的东北地区得到了极大改良——这一点将在之后的讨论中展现。商代青铜祭器以鬲及相关器形为原型铸造，并在商代宗教中占据了重要地位。宗教通常是保守的，中国的宗教尤甚。如果认为商朝贵族是入侵者，那么我们就必须得相信他们带来青铜制造工艺的同时，却又以那些他们奴役的新石器时代居民所用的烹饪锅为样式，铸造祭祀神灵的器皿。此外，他们还用未见于中国以外任何地方的复杂花纹图案装饰这些祭器。根据我们对入侵印度以及其他地方的征服者的了解，这种行为是难以想象的。

我们目前所有的证据都倾向于反驳这一中国文化西来说。关于黑陶文化的数据材料直到1935年6月才被公布；当这些数据材料广为人知后，"侵略理论"很可能就会被置之一旁，因为黑陶文化填补了更早的新石器文化与后来的中国文明之间缺失的环节。鬲是此文化最为常见的陶器类型，并且整个文化明显属于东北地区。它与商文化高度相似：夯土墙、马、牛、用瓷土制成的白陶、卜骨——所有这些黑陶文化与其他新石器文化不共享的方面，均见于商文化。它们的牛很可能属于同一物种。在卜骨的制备与使用所涉及的一系列复杂步骤上，黑陶文化和商文化是相同的；后者只是将其精细化到了一个更高层面。最为重要的是受训于哈佛大学的陶器专家梁思永先生的说法，他对两种文化的陶器进行了大量详细研究，认为商代的陶器技术无疑是黑陶文化陶器技术的延续。

对骨骼材料的检查研究也无法证明中国文化是由入侵或迁徙的群体带来的。对于黑陶文化这边的情况，我们的证据存在令人遗憾的空缺，但对于彩陶时期的东北地区和同期及以后的甘肃，我们有着丰富的材料。在仔细研究了所有这些材料后，已故的步达生（Davidson Black），这一领域的顶级权威，得出结论："（中国的）史前人口在身体特征上基本属于是东方人种。此外，这些史前人口与现代华北人口之间的相似之处似乎足以让我们合理地称前者为'原始中国人'（proto-Chinese）。"[14] 截至目前，我们很遗憾没有发掘出任何属于黑陶文化人口的骨骼。在过去的十个月里，超过1 100具商代骸骨已被科学地发掘出来，然而学者们还没有足够的时间对它们进行仔细研究。不过梁思永先生热心地向我介绍了一小部分挑选出来相对最具代表性的颅骨检查结果。在被检查的个体中，每颗颅骨都有明显的"铲状门牙"：这说明他们都属于人类里的蒙古人种分支。其中一些颅骨无疑属于商代贵族。因此我们可以得出结论，迄今为止所有可用的证据都表明，从新石器时代到现在，中国北方的居民都属于同一个人种类型，也没有任何骨骼上的证据能证明该地区曾被其他类别的人种入侵过。

中国文明并非完全从西方引进，也不完全是东方孤立发展的产物。实际上，它的起源比这个简短概述所描绘的要复杂得多，因为它的一些元素，比如稻米，很显然来自南方的另一个文化中心。它的某些基本技术——可以说是文明的原材料——的确曾不时从西方渗透进来，随之而来的可能还有一些很快就被同化进中国整体人口内的人群。而其余的一些基本要素则完全是在东亚发展起来的。这样产生的文明既非西方的亦非太平洋的，而是中国的文明。

必须强调的是，这样形成的中国文化并不仅仅是从东方、西方和南方所汇集来的各种元素的杂糅。正如一朵百合不仅仅是水分、土壤和肥料的混合物，这一产物具有其原材料所不具备的特征。当我们从中国文明的物质方面转向其文化的非物质方面时，这一点就更加明显。中国的艺术、宗教、政治理论与实践、哲

---

14 I Black, 3, p.81.

学——这些都是中国独有的，并非从世界上任何其他地方舶来，也不与世界上任何其他东西相像。

*

根据传统说法，中国的历史始于第一个朝代建立前在位的一些统治者。他们中的部分人被描绘为亲自发明了农业和其他基本技术并将其传授给人民的文化英雄。这些统治者的数量和顺序在不同的记载中有所不同：这本身就让我们怀疑他们纯粹属于传说——这一点十分明显。尧与舜也在此列；他们没有将王位传给自己的儿子，而是选择了整个帝国[15]内最有能力的人来接替他们。顾颉刚教授指出，这些统治者在最早的文献中很少或根本没有被提及，但在由开始推测早期历史的人所编写的后来著作中，有关他们的传统变得越来越重要且详细。当然，这些后来的著作很多也都被错误地认为成书于早期。

然而所谓的夏朝——传统上而言中国的第一个朝代——并不能完全被视为子虚乌有。它并未统治我们现在所知的中国所有——或者哪怕大部分——领土：从这个意义上来说，它自然算不上一个王朝。但商朝很可能也不是。而且有关夏朝的传统曾在周朝早期被大幅度修饰，以用于刻意的政治宣传。事实上，整个夏朝君主世系以及相关传统中每一个为我们所知的细节都很有可能来自后世的篡改。但是，同样明显的是在早期中国有一个名为夏的国家。它很可能拥有相对较高的文化水平，并且可能是北方

---

15 很多早期的西方汉学家都用 empire 一词来形容先秦时期（尤其是周朝）中国的政治体制。只有到了 20 世纪后期专门的帝国史（imperial history）研究开始在西方史学界兴起之后，学者们才开始以全新视角重新审视中国古代史。现在大多数西方学者均不认为秦以前的中国构成任何严格意义上的领土型帝国（territorial empire）。——译者注

地区的文化——即便不是政治——领袖,就像后来的商朝一样。然而目前还没有发现任何一丝有关夏人的考古证据。许多人试图将夏人与出土的新石器时代遗址联系起来,但迄今均未成功。从考古学和科学的角度看,中国历史的帷幕拉开于公元前14世纪生活在安阳的商人。

中 编

商 代

第四章

大邑商

一项已得到考古学证实的传统告诉我们,在公元前1400年后不久,一位强大的统治者盘庚将他的子民迁至安阳,并在洹河边建造了一座城市。这座城市被称作"大邑商"。这群人是历史上已知最早的中国人;他们从这个地方所统治的王国被中国人称为商朝。

然而,盘庚并不是像一位"号令一出,四海之内,莫敢不从"的皇帝一样将他的臣民及其牲畜与财物迁移到这个地区的。他更像是一个王,以其军事威望使周围其他的王和平共处甚至臣服于他,直到这些王感到已强大到足以攻击他。

一种不太可靠的传统告诉我们,这群人在来到安阳前的四个世纪中曾五次迁都。因此,有人认为他们是游牧民族,跟随着自己的牛羊进行迁徙。但这几乎不太可能,因为我们知道他们有建造复杂的长久性房屋的习惯。虽然他们中一些人的确逐水草而居,但整体上他们是城镇居民与农业生产者。如果这些记载的迁都真的在历史上发生过,那它们更有可能是敌人袭击所致——我们知道这种袭击频繁发生。在一个不利的地理位置遭受过几次灾难性攻击后，人们很快就能意识到寻找一个更具战略优势地点的必要性。

从当时人的角度来看，安阳的地理位置一定十分理想。首先，那里的土壤是黄土：这种颗粒细腻的黄色土壤对耕种而言是最为肥沃的土壤之一。如今，当人们穿行于这片土地时，他们眼前会看到一望无际的平原上绿意盎然：这似乎是一个尤为葱郁繁茂的地区。这片平原上的树木数量不多，所以人们可能并不需要清理土地来种植庄稼。在他们打算耕种的区域之外是广阔的牧场，其上的河流可为他们的牛羊提供水源。

在中国这个地区，一定还有很多地方具备同样的优势。但安阳还有其得天独厚的条件。商朝都城所在的位置易于防守：洹河在此处的弯折形成了一个犄角，使得城市在北面、东面和西面的一部分拥有天然的护城河。西面的剩余部分以及南面可能由土墙守卫，尽管我们尚未发现任何相关遗迹。这一大片区域很难受到来自西边的大规模攻击（商人的一些主要敌人就来自西边），因为城市西面的群山向北绵延约一百英里，向南延伸超过五十英里。这些山峦并非完全无法通过，但它们确实提供了一些保护。

从甲骨文记载来看，似乎商人担心的主要是突然袭击。围攻一座城市需要一支庞大的军队、后勤组织，以及对交通通信线路的控制：这对商人自己而言也很困难。对于他们的敌人，要在商朝控制的领土上进行这样的行动往往不太可能。另一方面，由高度机动的小型部队进行的快速袭击则屡见不鲜。这样的袭击要想成功就得倚赖出其不意。在像安阳所处的这种广阔平原上，人们可以眺望数英里之外，商朝战车也可以轻松发挥威力。这无疑让进犯者们很难靠奇袭击败他们，甚至想全身而退也绝非易事。商人还有许多外围的定居点，能让他们时刻提防接近的敌人。

第四章 大邑商

然而还有另外一个因素造就了安阳的地理优势。安阳坐落于一片平原之上，这十分必要；同时，它距离一座向东凸出的山脉的山脚也仅有17英里，这一情况也高度理想。他们的建筑主要使用木材，而平原几乎无法提供足够的大梁与支柱；这些东西必须得从山上运来。此外，商人是伟大的猎手，他们捕猎的许多野生动物都更多见于山区而非平原。故此，在安阳，商人可以居住在一座易于守卫的城市里，周围围绕着肥沃的土地和富饶的牧场，有河流提供水源并协助防御，同时驾驶战车短时间就能进入山区采伐木材或进行狩猎。在炎热潮湿的夏天，商王与贵族无疑会到这些山里避暑，就像后来的皇帝和现在北平的居民前往西山一样。

商人并非第一个意识到此处地理优势的族群。就像大多数值得拥有的东西一样，这个地方很可能被争夺过不止一次。在商朝主要遗址的东南两英里处，洹河再次拐弯，形成了一个类似但更小的犄角。在第一批商人到来的数个世纪前，新石器时代彩陶文化的人类就选择在这里建造村庄。正如我们所见，他们的文明与西部关系密切，并留下了一些相对原始的彩陶。在他们迁走后，这个地方有一段时间无人居住。之后，更具东部特色的新石器时代黑陶文化来到这里建立了一个更大的聚落。这群人建造了一道宏伟的防御墙——他们很可能意识到了这个地理位置是一份值得争夺的战利品；如果可能的话，其他人会从他们手中夺走它。考古发掘发现这道墙在基底处起码有十二英尺宽，故此它必定有相当的高度，在墙脚下积聚的箭头则讲述着当年守卫它的故事。

在商人来临之际，这群最后的新石器时代定居者们可能仍占领着这片土地。他们可能进行过抵抗，结果却败下阵来，也有可能直接不战而降了。无论如何，他们无疑会被贬至实质上奴隶的地位，并被迫尽力从事建造新城市的工作。

当商人到来时，此处就存在由新石器时代的定居者所建造的房屋，它们属于一种新石器时代人类在中国北部地区广泛使用的类型。这些房屋是挖在地下的蜂窝状窑穴，直径约十英尺，深度约有一人高或者更深。它们的屋顶用木材搭建，覆盖着草皮或茅草，入口在顶部的门洞处。此种房屋结构颇为可行，应当特别归功于黄土在垂直墙壁里不易倒塌的特殊性质。在当今中国，通过在立式土堤中水平挖掘以在黄土里挖建住宅仍是一种普遍的做法。我曾在河南、陕西和山西见过无数个这样的住所；想必有数以百万计的人在这样的窑洞式的住所中度过了一生。其中一些住家非常精致，装有可以锁上的合适洞门。

然而，新石器时代居民所挖的窑穴式住所却令人惊讶地粗糙简陋。它们的形状甚至不是规则的正方形或矩形；更糟糕的是，它们的地面往往不平整。我们很难理解为什么武器与陶器都颇为精良的新石器时代人类不为自己打造更加舒适的居所——这对他们而言应该易如反掌。安特生认为，这些窑穴只是用作储藏；或许只有在最寒冷的天气里它们才被用作居所。一些商朝的研究者则认为，新到来的中国人在占领此地后多年仍居住在这些窑穴式住所里，但这似乎有些太令人不可思议了。一个拥有高度发达的书写系统、文献与装饰艺术的族群，一个技艺精良到能制造战车并懂得如何建造复杂建筑物的族群——这样一个族群绝不可能满足于凄惨地生活在这些窑穴中，除非他们只是将其作为正式住所建成前的一个临时遮风避雨之处。商人在历史上的确曾将这些窑穴用于储存，就像我们使用地窖一样；人们曾发现过一个装有五千多件物品的"宝藏坑"(treasure-pit)。有些人认为商人将这些窑穴用作地牢，囚禁战俘和其他不幸的人。毫无疑问，它们是奴隶、仆从和商人中地位最低者的住所，而有地位的人则居住在完全不同的房屋中。

　　这种房屋的有趣之处在于，从主要的结构性细节方面，它们几乎与现今的中国房屋完全相同——事实上，本书就是在这样的房屋里创作的。现代的典型房屋往往建在一个凸起的平台或土台上，台面用砖头砌成。商代没有砖头，台面便是夯实的泥土。当时的人打造出一种像混凝土模具一样的木板框架，用来从两侧固定泥土；散土被倒入其中并一层层夯实，直到达到所需的高度。

　　我们已经见到这种夯土技术曾被用于新石器时代的黑陶文化中；在中国，这样的技术今天仍在被使用。在商邑遗址上有一座村庄，村庄周围的墙就是用这种方法建造的；运用这种方法，他们使两英尺厚的泥墙可以高达十一或十二英尺。唯一的区别在于工艺的质量：现代墙壁的寿命无法超过几十年，而商人的夯筑台已经承受了三千年的雨水冲刷。有些他们夯实的黄土至今仍然十分坚硬，在敲击时几乎可以发出声响。

　　夯筑台比建成的房屋轮廓稍大一些。有时在门的位置前面会做一个小小的凸出部分，作为某种阶梯或扩展式门槛（见图1）。房子建立在夯筑台上；本质上它就是一个由三排柱子支撑的山形尖顶屋顶。显然，泥土无论夯实得有多结实，也无法在常年狂风骤雨的冲刷下经受住这些柱子末端施加的持续压力和磨损。因此必须准备一个基座，以防柱子陷入地基中。通常这个基座不过是一块被水冲刷打磨过的岩石，[1] 看起来就像一颗超大的鸵鸟蛋，被埋入柱子下面的夯筑台中。但在少数情况下，柱子的基座用的是巨大的圆顶形青铜盘。

1　即中国古代建筑学中的柱础石。据李济在《安阳》一书中引石璋如记载，除了房柱础石外，当时还出土了一些栏杆柱础石和门础石。——译者注

这些夯筑台、柱基和一根烧焦了的柱子残根是这座古城留给我们的全部。它可能在商人最终被征服时毁于敌手，其所剩的任何东西都已经被时间和中国不利于保存历史文物的气候所抹消。然而尽管破坏者做出了这一系列行为，我们仍然可以很容易地看出商人是如何建造他们的房屋的。学者们在甲骨文中发现的一个字符是會；[2] 我们并不清楚它的确切含义，但从它的使用方式来看，我们可以很确定它是一个代表商朝大型建筑的象形符文——或许是一座从侧面角度看的庙宇。这个直观简洁的图像向我们展示了承载建筑物的夯筑台、建筑物本身的侧墙和山形的尖屋顶。从柱基的排列方式（见图1），我们得知一共有三排柱子，屋檐下的两侧各一排，还有一排在中央的屋脊[3]之下。中间一排柱子的间隔比两侧更大，为的是尽可能留出中央的空间。在现代中国建筑中，中间的一排柱子没有了——现在它们不直接下到地面，而是改为由房屋两侧柱子支撑的水平横梁。这或许是三千年来唯一的重大结构变化。现代中国房屋的墙壁——就像古代房屋的一样——只是置于柱子之间用各种材料做成的遮挡；它们并不起支撑屋顶的作用。不像现在的砖墙，这些当时的墙壁可能是用夯土搭建的。

这些房屋的屋顶有很大概率与现在的屋顶非常相似。首先，需要从房檐到屋脊安上轻质的木杆。木杆上面可能放有芦苇垫，垫子毫无疑问会涂抹上泥巴，就像今天人们在北京所做的那样。

---

2 此字为"亯"，是现在享、亨、烹三字的原型。清人段玉裁《说文解字注》："亯，献也。下进上之词也。"又引《孝经》曰："祭则鬼亯之。"由此可见，"亯"字与祭祀鬼神有着密切的联系，其甲骨文也如建在台基上的宗庙之形，为鬼神歆享之地。故此，顾氏在此处的推断颇为正确。——译者注
3 此处，包括后文，除非另行说明，否则均指房屋的正脊，而非其他垂脊、角脊等。——译者注

第四章 大邑商

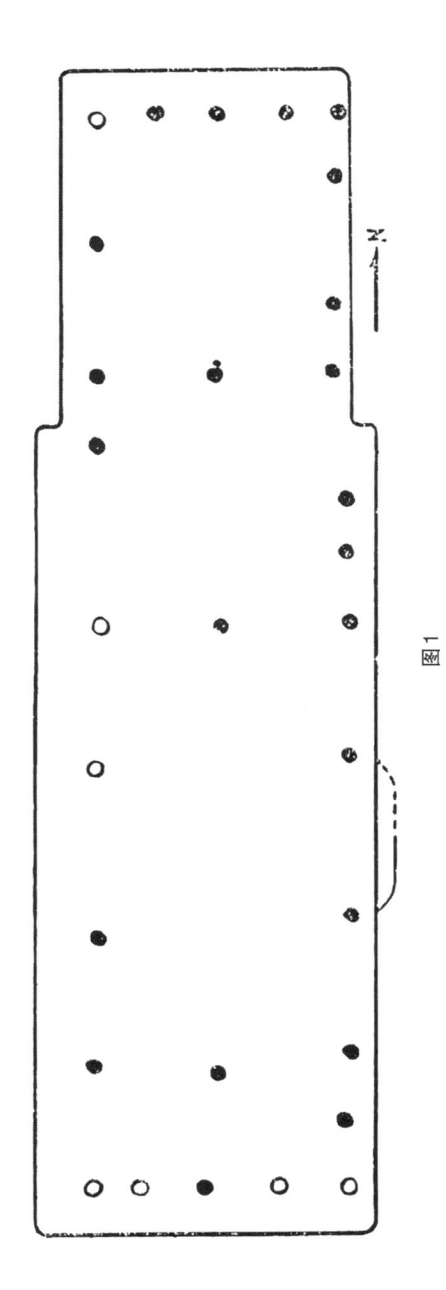

图1

在安阳出土的最大建筑的地基平面图,长九十二英尺,宽二十六英尺。黑色圆圈表示柱础石的放置位置;空心圆圈表示此处发现了柱础石的痕迹,但不见础石本身。三千年间,土壤的一些运动似乎将这些石头略微向东移动了一些。以上信息基于史语所发布的报告。

47

在这之上，今天的北京人通常会铺上瓦片，但在商代遗址中并没有发现瓦片或砖块，当时的人可能会用茅草作为替代品。一部在商朝灭亡后不久写就的书就提到："若作室家，既勤垣墉，惟其涂塈茨。"[4]

《诗经》中有一篇对建造一座城镇——这座城镇与大邑商并无不同——作出了描述。虽然这首诗成诗时间晚于商代，但它被认为是在描写与商人同时期的一个族群所建立的定居点：

> 迺慰迺止，迺左迺右，
> 迺疆迺理，迺宣迺亩。
> 自西徂东，周爰执事。
> 乃召司空，乃召司徒，俾立室家。
> 其绳则直，缩版以载，作庙翼翼。
> 救之陾陾，度之薨薨，
> 筑之登登，削屡冯冯。
> 百堵皆兴，鼛鼓弗胜。[5]

还有一段描写修建宫殿的文字——同样来自之后的时期——告诉我们：

> 秩秩斯干，幽幽南山。
> 如竹苞矣，如松茂矣。

---

[4] 《尚书·梓材》。顾氏原文引注理雅各（James Legge）*The Chinese Classics*译本，此处还原为中文便直接引中文出处，原脚标不再列出。后文碰到类似情况也一并按此处理，不再另行说明。——译者注
[5] 《诗经·大雅·绵》。

>……
>似续妣祖，筑室百堵，西南其户。
>爰居爰处，爰笑爰语。
>约之阁阁，椓之橐橐。
>风雨攸除，鸟鼠攸去，君子攸芋。
>……
>殖殖其庭，有觉其楹。
>哙哙其正，哕哕其冥，君子攸宁。[6]

这些建筑即使在商代也规模不小。人们到目前为止发现的最大的厅堂宽达二十六英尺，长达九十二英尺。从其柱子的排列方式（见图1），我们可以看出，中间空旷区域上方的屋脊想必是由一整根长约三十二英尺的木梁制成。

上文提到，这样的梁木和支撑它们的柱子很可能都是从附近的山区运到商邑的。另一首收录在《诗经》里的诗证实了这一点；诗的作者是商朝灭亡后，在宋国延续血脉的商人后代：

>陟彼景山，松柏丸丸。
>是断是迁，方斫是虔。
>松桷有梴，旅楹有闲，寝成孔安。[7]

"松桷有梴，旅楹有闲"里所蕴含的自豪感在现代中国建筑设计中并未消失。中国建筑拥有一种鲜明的"结构型"设计风

---

6 《诗经·小雅·斯干》。
7 《诗经·商颂·殷武》。

格：它们自豪于展示巨大的横梁和外形精美的柱子，也就是建筑的实际框架。尤其是房屋外部的梁柱上会雕有颜色鲜艳的各种图案，比如花卉、书籍、古董花瓶和青铜器、蝙蝠和蟠桃、山水，等等。有些人可能会认为这样看起来很俗气，但实际上营造出来的效果却非常庄严且令人愉悦。我们很难设想商朝时人们所使用的装饰类型与如今完全相同，不过我们知道的是，他们至少有用多彩的涂绘装饰墙壁。我们有证据表明，到了孔子生活的年代，[8] 横梁和柱子上已经装饰有图案，而在孔子之前的时代，人们也已对梁柱的外观予以相当的重视。

　　至于这些建筑的内部装潢，我们则没有什么直接的相关证据。但即便如此，我们也可以颇为自信地推断，商代青铜器和雕刻品的创造者们不会让他们的宫殿和庙宇缺少适当的装饰。我们无法确定他们的雕刻品是否就是为了这类装饰性目的而制造的。一小块发现于古城废墟中的人物雕塑碎片被认为是某块柱础石的一部分，但如果雕刻品的确被广泛使用，那么当时人们在遗弃这个地方时肯定也会将它们一起带走。从发现于墓穴中的图画来看，商朝房屋的墙壁很有可能以类似的方式进行了装饰。如果想知道这些装饰可能会是什么样，我们只需要看看商代青铜器的图像，并想象一下将它们身上的图案放大许多倍后用多彩的壁画呈现出来的样子。从墓穴中异常精美的木雕来看，我们也可以相当确信，房屋中的木制品同样是以颇为类似的方式装饰的。墓中的一些木雕还镶嵌有野猪牙雕刻成的小物件——安阳遗址中已经发现了许多这样的物品。总而言之，商代宫殿内部可能是颇值一看的场景。

---

8 《论语・公冶长》："子曰：'臧文仲居蔡，山节藻棁，何如其知也？'"

第四章 大邑商

图版3
中国最为古老的雕塑之一,由史语所发掘于商都安阳遗址

　　这几张图从左到右、从上到下分别展示了该雕塑的右侧、左侧、正面和背面。请注意每支前臂上都有的竖直中国式眼睛——这个图案非常普遍。详细描述请见第91页。

　　在李济博士的慷慨应允下复印自史语所官方照片。

51

我们之前已经提到，介这个字符是一座商代建筑的侧视图。将其与典型的古希腊神庙的正面进行比较可以展现出两者间一些有趣的相似之处。中国庙宇的土质夯筑台与古希腊神庙的石质平台相对应。两类建筑都拥有山形的尖屋顶乃至三角形楣饰（pediment）。如图1所示，建筑平台北端略微变窄，意味着商代庙宇可能像古希腊神庙一样有一个开放的门廊。当然，我并非在表示古希腊神庙是由商代庙宇借鉴而来的；我仅仅是想指出中国人和希腊人在解决一些建筑学上的问题时采取了相似的方法。

古希腊和中国建筑之间一个显而易见的区别在于，我们所知的古希腊建筑由石头造就，而中国古代的人则根本不使用这种材料，现今的中国本土建筑也极少使用。其原因尚不明朗。石材明显是可以获取的；它被用于铺路、碑文、雕像、栏杆等，却极少用于建筑房屋。一位中国建筑学的权威曾表示，中国人从未真正理解过石头的结构性用途；相反，石材对于他们就像另一种木材，被用于（如果他们的确使用石材的话）榫接和其他——考虑到石头极低的抗拉强度——不太适宜的建筑方式。显然，中国人从未想到过用石头来建造他们的公共建筑——就像欧洲人在中国人发明印刷术很久之后才想到用它取代手抄一样。

商邑中房屋和公共建筑的布局是一个目前我们还所知甚少的话题。但很确定的是，建筑物无论大小，都是在相互关联的基础上根据明确的计划建成的，而不是像在某些现代西方城市那样任其随意建设。发掘者指出，所有的大型建筑都与磁北方向一致，由此可以推断商人可能知道磁石并将其用作指南针。长久以来，人们一直知道这一发明是在中国创造的，但并没有设想过它会如此古老。我并不清楚过去三千年来磁北方向的变化程度，以及这种变化对这一可能性会有何影响。商人在建筑物周围可能建有庭院,就像现代中国的"院落"那样。我们知道这样的庭院式布局存在于商代末期,而商邑内发现的一道三英尺厚、八英尺高的墙壁也暗示着此类庭院的存在。

一块面积约为16英亩的发掘区域被完全覆盖于规模相当大的建筑物地基之下。一些人认为这可能是王宫所在地。毗邻的一个区域似乎专门用于各类工匠作业,他们的产品可能专供王室。该区域的一个部分出土了大量青铜器生产的副产品——炉灰、矿渣、矿石碎片、木炭和破碎的铸型模具。在这个"青铜区"发现了至少一座几乎完全由这些废料构成的房屋地基:我们由此可以对这个区域的生产规模有一定概念。该生产区域的另一个部分则专注于石工、制作刀具和其他器具,并以淡水珍珠母贝、各种石头和不同种类的玉石为原材料制作具有艺术价值的物品。还有一个部分生产骨制用具;箭头、柶(ladles)、[9]发笄和其他雕刻精美的骨制品皆出于此。

发掘工作者认为,他们已经在安阳遗址的另一个地方找到了商王的宝藏。当然,最有价值的物品很可能已经被掠夺城市的征服者或者商人自己带走了。我们不知道他们在地上的宝库是什么样子,但很显然他们——像现代银行一样——意识到了在地下建造金库的便捷。有一个宝藏坑出土了5 801件物品,包括陶器、骨头、珍珠母贝、玳瑁壳、海贝(很可能是贝币)、青铜器、黄金和各式玉器。有证据表明包括丝绸在内的织物也曾存放于此,尽管它们早已腐烂。

尽管尚未找到环绕城市的防御墙,但它肯定存在过。发掘工作更多集中在城市中心区域,而我们应该在边缘处寻找城墙。即

---

9 一种匙状食具。——译者注

使这堵墙永远找不到，也无法证明它不存在，因为绕城的围墙不需要像房屋的地基那样坚硬——后者经常有人行走其上，并且需要支撑建筑物的重量。因此，城墙可能是由相对松散的泥土堆砌而成，就像今天该地区的村墙一样。这样的墙不太需要承受攻城槌的冲击或抵御围城战，因为正如我们所见，实际上正儿八经的围攻不太可能发生。所需的仅仅是一道壁垒，以阻止来自突袭的战车和士兵的第一波冲击。一堵完全可以满足此目的的墙可能已经消失在了岁月中，只留下了极少的存在痕迹。它也可能是被最终的征服者夷为了平地。

然而，我相信以前环绕着这座城市的是一道非常坚固的夯土墙；它仍然存在，并正等待着被发掘出来。我们已经见到，黑陶文化的人类曾在山东建造过一堵巨大的这种类型的墙，而一群来自同样文化背景的人又在安阳建造了一堵同类型的墙，这堵墙在商人入主安阳时肯定是清晰可见的。我们同时知道，这种墙在周朝初期是中国文化的标准特征。因此，商人没有建造这样一道墙来保护他们的首都是难以置信的。

在现代汉语里，代表"都城"的汉字是"京"。北京（北方都城）和南京（南方都城）里的"京"字就是它。在殷商甲骨文中，我们发现这个词以 倉 的形式出现。对于它的起源，有各种解释。在我看来，它似乎很明显画的是一座城墙上的一道门；门分两扇，其上是一座塔楼。这个古汉字与现在中国能看到的一些小门有惊人的相似之处；要说它是直接照着北平城里所谓"中国城"（Chinese City）[10]城墙上的一些门绘制而来，也无不可。这

---

10 即北京外城。当时很多外国地图将北京分成四个部分：中国城（Chinese City，即外城）、鞑靼城（Tartar City，即内城）、皇城（Imperial City）和紫禁城（Forbidden City）。——译者注

些城门塔楼是中国风景里最具风情的特色之一，然而它们最初并不是为了美观而建造的。它们的用途显而易见。首先，它们提供了一座瞭望塔以观察是否有敌袭，从而让守城者可以在敌军到达前很久就关闭城门对其进行抵御。如果敌军对城门——城墙上最薄弱的环节——发起进攻，那么塔楼就提供了一个受保护的位置，守军从那里向敌人发射箭矢以及投掷石头和其他投射物。上文提到的代表"都城"的字，似乎曾被商人用来指代至少一座除了他们自己的城市以外的其他城市；在那个时代，它或许仅仅代表着指"一座带城墙的、规模足够大到城门上有塔楼的城市"。这样来说的话，安阳的商邑就不是当时中国那个地区唯一有城墙的城市。商人在谈论起他们自己的城市时使用最多的字是邑。这个字符的上半部分代表一个封闭的区域，下半部分则是一个跪坐着的人，放在一起的意思就是"有人居住的封闭区域"，也就是城市（邑）。

有一份来自公元前598年的记载，讲述了使用夯土法在黄河以南建造一座城墙的过程。我们读到："使封人虑事，以授司徒，量功命日，分财用，平板干，称畚筑，程土物，议远迩，略基趾，具糇粮，度有司，事三旬而成，不愆于素。"[11] 商邑在没有河流保护的侧面是否挖有护城河尚未可知，但是护城河在大约成书于商朝末期的一本书中有被提到过。

发掘工作还揭示了商人在其城市附近的几个外围定居点。其中，1934年发现的一个定居点尤其引人关注。它位于主要遗址西北边的洹河对岸，离最近发现的一批商代墓穴不远。在那里考古学家们发现了建筑物的地基和七块占卜用的大型刻字龟甲骨

---

11 《左传·宣公十一年》。

版。这些占卜是为了商王而进行的,并与狩猎相关,因此这个定居点可能是一处王室狩猎场所的所在地,抑或城市外围防御的一部分。

第五章

生活状况

大邑商的男性人口主要依靠农业为生。他们饲养家畜并进行狩猎，但这些活动产生的更多是奢侈品，而非基本的生存必需品。毕安祺称，即使在新石器时代的中国北部地区，"相对于种植，狩猎和捕鱼的角色也非常次要"。其他权威人士对此也持有相同的观点。

狩捕的确提供了一种非常实用的物品，即用于制作大衣的毛皮。安阳的夏季十分炎热，但冬季又异常寒冷，因此这样的衣物是必需的。通过狩猎获得的野生动物无疑以一种令人欣喜——以及在某些情况下必要——的方式补充了人们的饮食。但出猎也带有很大一部分运动娱乐的元素。我们在《诗经》中读到：

> 叔于田，乘乘马。
> 执辔如组，两骖如舞。
> 叔在薮，火烈具举。
> 袒裼暴虎，献于公所。

> 将叔无狃，戒其伤女。[1]

诗中提到的"火"指的是为了将动物从藏身之处逼出来而点燃野草所产生的火焰。

组织狩猎队伍同时也被当作一次检阅以及训练军队的机会。《诗经》为我们提供了不止一篇有关王室出猎的记载，尽管它们都发生在商朝以后的时期。以下就是一个很好的例子：

> 我车既攻，我马既同。
> 四牡庞庞，驾言徂东。
> ……
> 驾彼四牡，四牡奕奕。
> 赤芾金舄，会同有绎。
> 决拾既佽，弓矢既调。
> 射夫既同，助我举柴。
> 四黄既驾，两骖不猗。
> 不失其驰，舍矢如破。[2]

此处采用的是理雅各的译文。在这份译文里，理雅各并没有像往常那样成功地完成艰巨的任务，用英文如实表达出中文原诗的形式与精髓。[3] 四字一行的中文原诗喷薄出一种战斗精神，如同一匹迫不及待的骏马在寒冷的早晨从鼻孔中喷出阵阵雾气；在它铿锵的节奏中，你仿佛可以清晰地听到战马奔腾的踏踏声。以

---

[1] 《诗经·郑风·大叔于田》。
[2] 《诗经·小雅·车攻》。
[3] 有关中文典籍的原文与英译问题，见第四章注4。——译者注

下是同书中的另一首狩猎诗：

> 吉日庚午，既差我马。
> 兽之所同，麀鹿麌麌。
> 漆沮之从，天子之所。
> ……
> 既张我弓，既挟我矢。
> 发彼小豝，殪此大兕。
> 以御宾客，且以酌醴。[4]

商人并不称他们的王为"天子"；除此之外，这些诗几乎可以拿来形容周朝以前的早期狩猎。从甲骨文中，我们得知商王经常狩猎。很有可能在某些祭祀活动中，商王需要供奉自己猎得的动物；我们发现这种习俗之后仍得以保留。

商朝狩获清单中所枚举的动物确实称得上"柴"。[5] 一块甲骨的刻辞告诉我们，人们在一次狩猎中共捕获了348只动物。另一份清单则包括162只鹿、114只其他种类动物、10只野猪和1只兔子。野鸡常常被当作狩猎目标之一。马也有被捕获，但可能是为了驯养而活捉的。极少数情况下，我们还可以在狩获清单中发现大象。

这一发现令人讶异，因为当今中国这个地区并没有野生大象栖息。人们会认为无论如何，安阳这么北的地方的气候对于大象而言过于寒冷。但有一些迹象表明，古代中国的气候比今天要

---

4 《诗经·小雅·吉日》。
5 即上文《车攻》诗中提到的"助我举柴"中的"柴"（音zì），意为堆积的兽尸。——译者注

温暖一些，因为我们发现竹子、水牛及某些野生动物当时正蓬勃生长于远比它们如今的栖息地靠北得多的地方。史语所的一名学者已经证明，事实上一直到最近两百年，大象还都生活在北至中国长江的地区。甚至在最后一个朝代的初期，它们仍处于野生状态：有记录记载了当时对它们的猎捕，而被驯服的大象则组成了中华帝国军队（Imperial Chinese army）[6]的一部分。这并不意味着大象仅仅是在较晚的时期短暂闯入到中国，因为纵观整个中国历史，关于大象的记载不断出现。据称，云南省现今仍有野生大象。

安阳已有象骨出土。它们数量不多，但显然来自多头大象。我们并不确定商人是否驯服了大象，但在甲骨文中发现的一个字强有力地指向肯定的答案。这个字在当今汉语里代表动词"是"的意思，因此也是如今书面语里使用频率最高的汉字之一。[7] 其字形——[8]——很明显是一个人的手正放在一头大象的鼻子上引导它。（据说为了做到这一点必须用到某种"象钩"，但我们不能指望象形文字呈现出如此完整的细节。）对于这个词究竟如何有了"是"和"做"的意思，我们只能进行猜测。但毫无疑问，在一个没有机器的年代，一个能够利用大象的人能以无与伦比的速度"做"很多事情。如果商人将他们的建筑物建得很高——这不无可能——那么大象在搬运用作柱子的巨大木材上所能提供的帮助将很有价值。无论商人是否驯服了大象，我们都可

---

6 明末清初，清军在西南边陲与南明军的作战中曾面对过抗清将领李定国、白文选等人率领的象兵，也有记载提及南明失败后战象为清军所获，但清军本身使用战象作战的记录却并不多见。——译者注

7 即"为"字。——译者注

8 《甲骨文字编》《甲骨文字集释》《甲骨文字诂林》等书中，"象"的字形为 。——译者注

以颇为笃定,在中国古代有一些人对这种生物十分了解。因为我们发现了以大象为造型铸造的青铜器,同时上面装饰有栩栩如生的大象图案。

德日进(Pierre Teilhard de Chardin)和杨钟健博士已在安阳发掘中识别出以下动物的骨骼:狗(两种)、熊(两种)、獾、老虎、豹、鲸鱼、褐鼠、竹鼠、野兔、貘、马、猪(两种)、鹿(两种)、羊、山羊、牛、水牛、大象和猴子。他们认为其中以下动物当时已被驯化:狗、猪、羊、山羊,可能还包括鹿的一种、牛、水牛和猴子。鲸骨肯定是要么通过掠夺要么通过交易的方式,从在海边生活的部落处得来。至于根据骨骼残余而得出的"牛可能也被驯化了"这一结论,甲骨文提供的证据可以对其进行进一步补充,以证明情况的确如此。

德日进和杨钟健没有将马列入他们的家畜列表中,因为他们尚未接触到最新的发现。从这些发现以及甲骨文来看,商人当时绝对饲养了大量马匹,并用它们驾驶战车。

我们只能证明马在商代有被当成一种役畜使用。但整体而言,对于大多数在欧亚大陆上生活的早期人类来说,马和战车都主要是一种战争工具。《易经》——一部关于占卜的书,大约创作于商朝末年——提到过用牛拉的车,[9]很可能商人曾用牛和水牛进行重型运输。

商朝食用的家畜包括牛、猪、羊、狗和鸡。毕安祺认为:"新石器时代的中国没有家禽出现的迹象,尽管它们当时可能已存在于南方。"[10] 甲骨文中明显有对禽类的刻画,同时安阳也出

---

9 《易经·睽》:"见舆曳,其牛掣。"
10 I Bishop,2,p.396.

土了鸡骨，但数量并不多。这样看来，家禽对于商人而言似乎是新近所获，而不久后，它们就开始在中国古代经济中持续占据重要地位。

某种狗的骨骼曾与北京人遗骸一同被发现；它与其他被认为属于早更新世甚至更遥远时期的动物骨骼之间有一定关联。在新石器时代中国，狗和猪是最为重要的食用动物。在安阳，狗的重要性不如猪，但仍然被人们大量食用并当作祭品。在中国古代稍晚的时期，我们发现狗肉曾作为礼宴上的主菜出现。直至今天，中国的某些地区仍然经常食用狗肉。大多数西方人对于食用狗肉有偏见可能主要出于两个原因。首先，西方人把狗当成宠物，并且对食用宠物感到反感。这无疑也是西方人对吃马肉抱有偏见的原因，尽管有传言称高级酒店里最好的牛排都是马里脊肉。其次，西方人通常不吃食肉动物，而狗往往是食肉的。

一系列贬义性观念都围绕着狗展开，"异教徒的狗"（dog of an infidel）和"脏狗"（dirty dog）等这类短语皆为此证。然而事实是，狗至少从表面上来说比猪更加干净，并且它还被——颇为矛盾地——当成忠心耿耿的典范。商代的中国人显然对狗并无偏见，因为我们发现了一位名为"犬侯"的贵族，[11] 要么是商人的盟友，要么是他们的附庸。我们发现中国人在后来的历史时期对野蛮人的称呼往往包含"犬"字，但这究竟是一种鄙夷的表达还是一个包含着"凶猛"意味的绰号尚不明确。至于说狗是食肉动物，这一结论对于生活在现代中国的许多狗而言都不成立。在北京，它们通常被饲以粟黍或其他谷物，一年到头都吃不到肉。

我们很难确定狗在商代除了作为食物外，是否被用于狩猎

---

11 如《合集》06813："贞：令多子族眔犬侯寇周叶王事。"——译者注

或其他目的。《左传》告诉我们，公元前605年，为了摆脱掉一位令人伤脑筋的大臣，晋国的国君在宫廷里布下了埋伏。当整个计划就要失败之时，晋侯放出了一只由他本人养在宫廷里的大型猛犬攻击那位大臣。[12] 显然这只狗是因其凶猛而被豢养的，它无疑也有被用于狩猎。我们还在青铜器上的狩猎场景中看到过对狗的刻画，尽管我认为这些青铜器的制造时间并没有这个故事那么早。《左传》的这段文字是我所知的关于狗被用于此类用途的最早资料，然而这并不意味着在商代狗就没有被这样使用。

我们仍不清楚羊是否在新石器时代中国就已被驯养，然而已有一些看起来能指向肯定性答案的骨头出土。在安阳遗址中，学者们发现了一些羊骨，尽管它们从数量上不及牛骨和猪骨。羊经常作为一种祭品在甲骨文中被提及。学者们也发掘出了山羊的骨骼；我们目前还不知道它们是家养还是野生的，但我尚未发现任何山羊被列为狩猎战利品的例子。

甲骨文中代表牛和羊的字符各有两种。无论是牛还是羊，两种字符间的不同之处在于其中一个是动物的简单象形图，而另一个显示出的则是一座建筑物或围栏里的动物。我们可能会认为后者代表驯养的动物，而前者则代表野生物种。但是，由于牛羊均未作为猎物被提及，这种猜想就显得不太可能。故此我们无法确定这些字符变体形式的含义。

在新石器时代的华北地区，猪是人们的主要肉食来源。正如大家所知，猪在史前时代的欧洲也被广泛饲养。新石器时代的人类用猪的骨头和獠牙制作箭头、雕饰吊坠和各种其他小物品。在

---

12 《左传·宣公二年》："秋九月，晋侯饮赵盾酒，伏甲将攻之。其右提弥明知之，趋登曰：'臣侍君宴，过三爵，非礼也。'遂扶以下。公嗾夫獒焉。"

商人的饮食中,猪的重要性仅次于牛。但有趣的是,尽管在新石器时代的华北地区,人们饲养的是一种北方品种的猪,即野猪（*Sus scrofa*）,安阳最常见的猪却是马来猪（*Sus vittatus*[13]）:据称这一源自南方的品种是复杂选育的产物。在安阳,大量猪被用于祭祀。考古证据和甲骨文记载都显示,被供奉给神灵的既有野猪也有家猪。

山东和安阳的新石器时代黑陶文化遗址都出土了牛的骨骼。新石器时代的牛是否已被驯化还不确定,然而,杨钟健博士表示,它们很可能与商代的牛属于同一物种。在商代,牛是最重要的一种家畜。在甲骨文记录中,它们作为祭祀品的数量比其他任何动物都要多,出现的频率也更高;在考古发掘中,它们的骨骼数量也是出土最多的。

我们对于古代放牛的方法知之甚少。最常见的表示"放牛"的字形是由一头牛和一只持棍棒的手组成的。有时这根棍棒会在末端弯曲,就像牧羊人的鞭子。[14] 有时我们也会发现这个带有鞭子的字形里的牛被一只羊代替了,这种情况下它可能表示"放羊"。在甲骨文中找到的一种代表"放牛"的字形颇为奇怪:它具备牛和手的元素,但手里拿的不是棍棒,而是一把刷子。刷子旁边有几个点;有人提出这些点是水滴,因此整个字形体现了给牛洗澡和梳理毛发的过程。但显然对于普通牧民而言,表现出对这方面的关注是异乎寻常的。毕安祺先生曾向我指出,这个字形中的点可能代表苍蝇,刷子则是用来赶走苍蝇的拍子。

有人提出,商人将比耕地更远离城市定居点的偏远土地当作

---

13 原文 *Sus vittatut*,疑为作者误。——译者注
14 见甲骨文中"牧"字字形: 、 等。——译者注

牧场使用。由于栅栏在当时无疑很少见或是尚未出现，这些牧地不可避免地会成为与其接壤的族群之间争夺的对象，而每个族群都会声称对这片土地拥有独占权。来自商王武丁统治时期（公元前1324年至前1266年）的甲骨文记载了这类争端。边远驻地传来消息称："土国攻击了我们东部边境的两座城镇；X（这个名字尚未被破译）国也在我们西部边境的土地上放牧。"[15] 或者又有人"宣告：'土国有十个人正在我们的土地上放牧。'"[16] 这显然意味着，一个由十人看管的牛群正在侵犯商朝认为属于自己的领土。我们并不清楚这类有关牧地的争端本身是否足以引发战争，但我们知道的是，在同一时期，商朝和这些放牧困难的国家之间发生过旷日持久的重要战事。

对于商代遗迹中水牛的鉴别一直饱受争议，但根据杨钟健博士的说法，三角形角心（horn-corn）和独特掌骨的出土已为这个话题盖棺论定。发掘出来的水牛骨比家养牛骨要少得多。甲骨文中没有任何记载告知我们商人拥有过这种动物。可能两种牛都用同一个名称来称呼；现代中国人就把水牛（water-buffalo）简单地称作"水里的牛"（water-ox）。我们无法确定这种动物是被当成肉食还是劳力，抑或两者兼有。

几年前，劳费尔指出过一个有趣的事实：尽管数千年来中国人都拥有牛及其他产奶类动物，尽管他们也一直与蒙古人及其他饮用牛奶的民族保持接触，但他们从来没有食用过牛奶或奶制品，甚至不知道如何为他们的动物挤奶。劳费尔认为，这种不吃牛奶的奇特现象将整个欧亚大陆分为东方和西方两个阵营。中国

15　见《合集》06057正："沚馘告曰：'土方征于我東啚，〔戋〕二邑。舌方亦牧我西啚田。'"——译者注

16　见《合集》06057反："虬妻笎告曰：'土方牧我田十人。'"——译者注

人、韩国人、日本人、印度支那[17]人和所有马来人都不食用乳制品，而所有印欧人，例如闪米特人、斯基泰人、突厥人、蒙古人、藏人等，从很早的时期就开始经常食用牛奶。其背后的原因并不清楚。中国人有时声称，他们不食用乳制品是因为剥夺小牛崽的母乳是残忍的，但这只是一种可以随时被编出来的"好理由"，以解释基于长期习俗的行为，毕竟中国人对待动物的态度大体上并不比其他民族更加友好。劳费尔博士观察到了一个有趣的现象，即史诗在大多数食用牛奶的民族中都有出现，却不见于那些不食用牛奶的民族。他并没有尝试去解释这一现象。[18]

近年来，受到生活在中国的外国人影响，一些中国人也开始食用奶制品。冰淇淋尤受欢迎。但是，许多中国人仍然对牛奶及其所有相关产品深恶痛绝，这一点在最近发生的一件事中得以体现。一名在蒙古地区边境生活了多年的中国人来到北京，由于会说蒙古语，又了解蒙古风俗，因此他觉得自己假冒成一位蒙古王子将十分有趣。一切都进行得非常顺利，他受到了盛情款待。然而，一些中国人开始怀疑他的真实身份，于是他们决定对他做个测试。他们设宴邀请他参加，但桌子上摆放的却并不是他一直以来大快朵颐的中国美食，而是牛奶、黄油和奶酪等蒙古人的心头好。这名假冒者见状后，便惊慌失措地逃之夭夭了。无论可能面临着何等代价，那些食物对他而言都无法下咽。

一些研究商文化的中国权威认为，商人是游牧民族，直到较晚的时期——也就是我们发现的安阳遗址所呈现的时期——才开始从事农业。在他们看来，农业对于商人的重要性仍然显著低

17　即现今中南半岛。——译者注
18　Berthold Laufer, "Some Fundamental Ideas of Chinese Culture," in *The Journal of Race Development*（1914）, Vol. 5, pp.167-170.

于畜牧业。对于这一结论我无法苟同。首先，商文化明显是从发现于中国北部的新石器文化发展而来，而研究新石器时代华北地区的权威人士一致同意，那个时候的人们主要依靠农业生存。他们饲养了大量的猪，并居住在固定的住所。诚然，安特生发现的一处遗址是个例外。那个遗址里猪的痕迹很少，占主导地位的是牛和野生动物的骨头。[19] 安特生合理地推断，我们在这个遗址中发现的是一个或多或少更加游牧并依赖畜牧业的族群，野味在他们的饮食中占据了重要的地位。然而要注意的是：首先，这个遗址位置极西，位于青藏高原的边缘；其次，学者们认为，它展现的是我们所知范围内中国新石器时代的最早阶段。因此，这一遗址并没有改变这样一个事实，即，至少从现在我们掌握的信息来看，在商代之前的许多个世纪里，华北地区本身都居住有完全从事农业的人口。

第二个让我不相信商人主要以畜牧业为生的原因是，那个代表复杂建筑物侧视图的字符——我在上一章中两次引用该字符——出现于商人首次迁到安阳后不久刻制的甲骨文上。这个字符所呈现出的夯筑台以及精致的屋顶，清晰地证明了商人对于复杂建筑物的了解。如果商人是游牧人口，他们就没有获得这类知识的机会，因为我们无法假设他们会仅仅为了短暂使用几天而建造这样的建筑。另一方面，我们也没有任何理由认为，在这个地区有比商人文化程度更高的族群可以教授他们建造技术。

中国人从未食用过牛奶和乳制品这一事实，也可以作为证据来反驳他们曾有一段时间完全以畜牧业为生的观点，但此论证或许还有待商榷。

19　I Andersson，1，pp.242-243.

那些相信中国历史中存在游牧阶段的人所必须面对的一个情况是，中国的文学作品对这一理论所提供的支撑惊人地少。其他以畜牧业为生的民族的文学作品中充满了相关的譬喻。在定居巴勒斯坦之后，希伯来人很大程度上变成了农民，但《圣经》中与畜牧相关的元素是如此之多而又如此令人熟悉，以至于我不需过多阐述。《诗篇》第二十三篇开篇便说："耶和华是我的牧者——"而耶稣则被称为"天主的羔羊"。耶稣本人并不是一名牧羊人，而是一名木匠，但他传讲关于羊和山羊的寓言，并做了许多有关放牧的譬喻。这样的例子不胜枚举。然而，对于中国文学而言，情况却截然不同。在颇为认真地阅读过所有最早的中国文学作品后，我想不起任何一个与畜牧相关的隐喻或例子：这类譬喻显然并不常见。另一方面，我们经常发现从农业中得出的譬喻。在《大诰》（写于商朝灭亡后不久）中，我们读到："厥父菑，厥子乃弗肯播，矧肯获？"接下来又说："天惟丧殷，若穑夫，予曷敢不终朕亩？"[20] 甚至建筑房屋也是这类比喻的灵感来源，唯独畜牧不是。

《诗经》被广泛认为是有关中国古代平民百姓的最佳资料来源。虽然人们仍未就其内容的写作时间完全达成共识，但无论如何，这些诗篇的年代都不会比周朝初年或商朝末年晚太多个世纪。倘使当时中国人的生活中的确有游牧民自由不羁的漫游传统，我们就应当在《诗经》中发现一些有关这方面的痕迹。但事实上，这本书中对牛羊的引用极少，而仅有的引用则明确地表明，当时人们仅仅把家畜当成农业附属品和祭祀牺牲品进行少量饲养。三百多首诗中只有一首诗提到了羊群或牛群。这首诗向我

---

20 《尚书·大诰》。

们提及了一个有三百只羊的羊群和一个有九十头牛的牛群，但即使对于这些牛羊，诗中也明确说明了它们是为祭祀而饲养的。[21]

哪怕是最狂热的"商朝畜牧论"提倡者，也承认甲骨文很少提及关于放养牛羊的内容。我们发现了大量占卜的案例，问卜当年的谷麦粟黍或者酒饮会不会丰产，可是即使是这位"畜牧论"的权威也未能援引哪怕一个类似的问题是有关牛羊数量增长的。不过，他对此的解释是，牲畜的增长已经隐含在了有关"今年的收成"的占卜中。这很可能是真的。但巧的是，意为"今年的收成"的词是一根麦秆的象形文字。[22] 当一根麦秆可以被用来象征一整年的产出时，这似乎就已经表明了农业扮演的绝对主导性角色。

我们手头的证据远非完整，但就目前掌握的信息来看，大多数中国人的祖先在历史上从未经历过游牧的阶段。当我们第一次获取有关他们的记录时，他们已经是一个农业族群，饲养猪狗作为家畜，并长期生活在村庄中。没有任何迹象表明，这种经济模式曾中断过一段时间，导致大多数人开始过饲养牛羊的游牧生活。相反，牛羊似乎更像是附属品，被引入在它们到来前就已经建立得颇为完善的农业生活中。中国北部的牛羊是否从野生兽群中捕获，并在当地独立驯化，或者说，当时人们是否有从别处连同驯养技术一起引入其他家养的牛羊品种，这是一个未曾引起研究者们足够关注的问题。希望我们将来会有更多关于这一点的信息。

---

21 《诗经·小雅·无羊》："谁谓尔无羊，三百维群。谁谓尔无牛，九十其犉。……三十维物，尔牲则具。"——译者注

22 即"年"字，商朝时为"收成"之意，字形为🧍。甲骨文中常见商王卜问能否"受年"，即问今年能否有好收成。——译者注

在商朝每年的第二个和第三个月，也就是春季，人们会就当年的农作物收成进行占卜。他们会专门向特定的祖先祭祀，祈求丰收。商王本人会定期出巡，视察农作物。雨水对于农作物来说尤为重要。中国北部的气候在秋冬季以及春季大部分时间里都非常干燥，因此我们可以发现一些甲骨文问道："雨水对于粟黍的生长是否会充足？"[23] 或者"天帝是否会给这一年带来充足的雨水？"[24] 或者简单地提出："我们请求降下雨水。"[25] 然而每年在夏季都会有一个定期的雨季，在此期间暴雨可能会淹没庄稼，甚至冲走种植庄稼的土壤。这也许是为什么有时商人也会询问："会出现带来灾害的雨水吗？"[26]

　　小麦在甲骨文中有被提及。历史上，这种作物在中国经济中扮演了重要角色，但据毕安祺称，中国新石器时代遗址中尚未发现小麦存在的痕迹。这导致有人推测，小麦的出现意味着发生过一次可能来自西方的文化入侵。

　　中国新石器时代遗址中倒是发现过粟黍，这种作物在甲骨文中也经常被提起。从新石器时代到现在，粟米一直在中国人的饮食中占据着重要地位。在今天的华北地区，它仍然是大多数人的主食，因为稻米更多属于城市居民和富人的食品。古代文字字形上的细微区别似乎表明商人种植了钉形粟（spiked millet）和穗形黍（panicled millet）两种作物，尽管过度倚赖这种区别以做出判断可能存在一定危险。[27] 代表穗形黍的字，其字形中包含

23　如《合集》10137正："贞黍年屮（有）足雨。"——译者注
24　如《合集》10139："帝令雨足年。"——译者注
25　如《合集》12865："求雨。"——译者注
26　如《合集》12885反："贞兹〔雨〕隹灾。"——译者注
27　关于西方粟黍类作物学名相应的中文译名，另可参考胡先骕《经济植物学》一书。——译者注

了象征"水"的符号,[28] 这一元素在现代汉字"黍"中仍然得以保留。这样的字形构成有时被解释为黍当时被用来制作酒精饮料。这种可能类似于啤酒的酒精饮料在古代中国宗教和各类仪式中扮演的角色非常重要,不过我们对于它的制造流程和特性知之甚少。

"米"字在甲骨文中显然是作为一种耕作物出现。不过,商人是否种植稻类仍然是一个有争议的问题。安阳的地理位置位于今天水稻最常见也最容易种植的区域的北部。但另一方面,满洲地区也有稻类,其生长区域一直延伸到西伯利亚边境,尽管这类稻谷中至少有一部分是无须灌溉种植的高地品种。我们之前已经提到,商朝时期安阳的气候可能比现在更温和,而商人曾在那里饲养水牛则似乎表明了当时存在适合稻米种植的土壤。近来,瑞典的植物学家们已将在仰韶文化时期陶器上发现的印记确认为稻谷栽种的痕迹。这一发现增加了该地区新石器文明的继承者也种植稻类的可能性。[29]

稻米引出了一系列关于灌溉的问题。如今,在安阳遗址周围耕作的农民并不会对地势略高的洹河南岸进行灌溉,但他们会灌溉洹河北岸,因为那里地下水离地表更近。井水被人们用桶打上来,或者用一头遮住眼睛的驴拉动水车抽上来。在所有甲骨文中,我只知道有两处明确表明了灌溉。代表"田地"的字符是一个被两条交叉线划分的矩形;这些线被认为可能是边界线也可能是灌溉渠,所以在这里我们并没有实质性的证据。但是在一块甲骨残片上出现了一个由代表"水"或"流水"的符号和代表"田

---

28 甲骨文中字形为 ⿰. 也有一些写法中并无右侧水的元素存在, 如 ⿰. ——译者注

29 I Andersson, 1, pp.335–336.

地"的符号一起组成的字符。由于这块骨甲的其余部分均已失落,因此我们无法确定上下文。这个单字本身强烈地指向灌溉,并且它也对应后来表示该含义的一个词。另一残缺不全的甲骨刻辞,在上下文再次失落的情况下,则包含相连出现的两个字:"水米"。[30] 这类残缺证据的价值,读者需自行判断。

古代中国人是否修建了水坝是一个有趣的问题,但似乎没有受到太多关注。神话传说中,有一个故事讲述了一位大臣[31]试图通过修建水坝来堵住令当时的人们深受其扰的洪水。然而,这位大臣的行为却遭到了皇帝[32]——在这个神话里,这位皇帝在远古时期就已统治整个中国——最严厉的惩罚,罪名是修建水坝"干扰了自然力量的自由流动"。大臣的儿子禹被任命继续这项工作。禹采用了更好的方案,把河道挖得更深,并让河水自由流入大海。禹的巨大成功使他被任命为王位的继承人,并成为夏朝——商之前的第一个世袭王朝——的创立者。这是最常见的故事版本。但有时我们也会发现,那位修筑水坝的大臣被当成人类的造福者受到称赞,而非作为罪人被谴责。当然这个故事很大一部分都纯粹是神话,旨在解释穿山而过的峡谷以及类似的自然现象,但是它背后或许存在过一些和水坝相关的灾难性经历。中国的降雨季节性如此之强,以至于有些时候像小溪般的河水在另一些时候就会变成汹涌的洪波,这使得人们需要建造非常坚固的水坝才

---

30 甲骨文中究竟是否有"稻"字,众说纷纭。叶玉森主张有,也有学者认为甲骨文中并无"稻"字。《甲骨文字编》录𥠇为"䅮",胡厚宣、唐兰以其为"稻"字初形,然则于省吾释其为"菽",陈梦家释其为"秬",郭沫若释其为"酉",杨树达释其为"糕",并无定论。——译者注

31 即鲧。——译者注

32 顾氏此处原文用emperor形容帝舜。如今学术界对于秦始皇之后中国历代的皇帝才用emperor,三皇五帝传说中的帝则多用thearch一词专指。——译者注

能控制住它们。而水坝这样一种被认为是造福人类的建造，也很容易成为灾祸的源头，因为当它决堤，堵住的水流释放出来时，本就糟糕的汛情就会变得更加严重。故此，当人们看到翻腾的水流摧毁一切时，他们便会认为是自己堵塞河水的愚蠢尝试激怒了河水，并引发了报复——这样的想法倒也合乎情理。

考古学家相信，早在新石器时代的华北地区，人们就已经开始种植一些纺织作物。在安阳出土的物品中，发掘者们鉴别出了某种麻类纤维，这可能意味着这种植物当时被广泛种植。我们不应认为之前已经提到过的作物就是商人种植的全部。在通常状况下，植物乃至种子很快就会腐烂，它们所能留下的痕迹少之又少。对于甲骨文，我们只能指望它们提及最重要的粮食作物以及那些在宗教行为中出现的植物。毕安祺认为，"和他们如今的后代一样，新石器时代的中国人肯定也种植叶类和块根类作物；因为人类对这类植物的种植一定早于任何谷物"。[33]

对于商代实际的农业生产过程，我们知道的并不多。黄土平原是否曾被树木覆盖存在争议；一些人认为答案是否定的，因此耕种前并不需要清理土地。然而，杂草和其他植物必须清除，并且据说让新土地适宜耕种需要花费三年时间。安阳遗址没有出土任何发掘者认为是农业工具的物品，这让人们相信所有当时这类工具都是木制的。据说，由动物拉的犁在相对较晚的周朝才出现；远古时期的中国人并不使用它。当时取而代之的是铲子或铲叉。

与世界上许多族群不同的是，中国人从未将田间劳动视为女人的主要工作。男人负责到田地里劳作，而女人则负责准备食物

33　I Bishop，2，p.395.

并送给男人。最常见的表示"男性"的字是一个代表田间劳动的象形字符。另一方面,从最早在文献中出现开始,丝绸纺织就被当成是女人的工作。代表"丝绸"的字符被认为有出现于甲骨文中,但对此我们无法完全确定。人们在新石器时代的遗址中发现了一个蚕茧:在一些人看来,这个蚕茧很明显被人剪成了两半,其他人则对此表示怀疑。安阳的发掘者们相信,他们已发现了丝绸纤维,可以确凿地证明当时人对丝线的使用。略晚于商代的一些墓葬中则出土了玉制的蚕雕。除此之外,丝绸在周朝初期文献中屡被提及,并且在中国文化中占据着根深蒂固的位置,使我们很难想象它仅仅是一种近代的创新。据一件可以追溯到公元前9世纪或前10世纪的青铜器上的铭文记载,丝绸曾用于交易购买五名奴隶。[34]

《诗经》中的一首诗为我们描述了当时的丝文化:

> 春日载阳,有鸣仓庚。
> 女执懿筐,遵彼微行,爰求柔桑。
> ……
> 蚕月条桑,取彼斧斨。
> 以伐远扬,猗彼女桑。
> 七月鸣鵙,八月载绩。
> 载玄载黄,我朱孔阳,为公子裳。[35]

对于商代经济而言,财富的生产或获取主要通过三种手段,

---

34 见周恭王时期青铜器曶鼎上的铭文。原器已佚失,现仅存铭文拓本。见《积古斋钟鼎彝器款识》卷四。——译者注
35 《诗经·豳风·七月》。

即农业、畜牧业和狩猎。或许我们还应加上战争：作为掠夺的来源，它可能也同等重要。一定程度上的贸易毫无疑问是存在的，但就实际生活必需品而言，社群必须在很大程度上自给自足。相较于社群之间存在更完整的相互依赖来说，这种情况反过来又使在一个大的领土范围内实行绝对政治控制变得更加困难。欧洲真正君主制的崛起，一部分就是因为货币使用的增多加强了经济联系，并促进了来自单一中心的经济控制。商人在当时有可供交换的商品：牛马以及相对少量的谷物均在此列。然而任何基于这类商品的经济系统都不可能具备真正的货币系统所拥有的那种流动性。

就我们目前手头的证据来看，商人所拥有的唯一货币形式是贝币。严格来说，我们无法证明这些贝壳在商朝是被当作货币使用的，不过我们在甲骨文中发现了些许证据支持这一结论，并且在周朝早期青铜器铭文中，我们也常常发现贝壳与这方面的关联。仅仅在一个商代宝藏坑中，就出土了163个较小、品种较珍贵的贝壳。考虑到这种贝壳曾在世界上许多地方都被当成货币，我们对于商人也同样如此使用它们的假设就显得完全合理。

螺贝是一种小型海洋软体动物，其甲壳在世界各地都被用于装饰及宗教用途，并被当成一种交易媒介。已有人试图根据贝壳的一侧与女性生殖器外形有些相似这一事实，来解释其在不同地方和不同族群中的多种用途。据说这使得它因被认为具有促进生育的魔力而受到珍视，从而令人们将其当成护身符，或出于其他装饰性目的佩戴。这些用途让贝壳成为一种有价值的物品，最终导致它被用作货币。故此，贝壳与女性生殖器外形的相似之处，应该可以解释它为什么会被发现埋藏于中国新石器时代的墓葬里，为什么在阿萨姆和瑞典会被用作装饰品，以及为什么在中国和非洲会被当成货币。

不过，过分注重这种解释倒也无其必要。在魔法和宗教层面，性理论的应用或许是正确的。但事实是，即使对于那些不了解它更加深奥的关联的人来说，贝壳耐用美观的特点也足以使其成为装饰品的选择。起码对于古代中国来说，即使不诉诸生理学，贝壳被当成货币使用也很容易解释。交易媒介需具有三个必要的品质。首先，它必须至少相对而言较耐磨损。就其壳而言，螺贝是异常耐用的。其次，它必须易于运输。螺贝，特别是串成串后，无疑符合条件。最后，它必须足够稀缺且难以获得，即使过度供给也不会抹去它的价值。在商代，螺贝在这方面也符合要求。贝壳学家们对于在安阳出土的小型黄宝螺（*Cypraea moneta*）是从何处流入的存有争议。有人认为它们生活在长江入海口以南的太平洋中，有人则提出新加坡以东的地区并未发现过此物种。但无论如何，在到达安阳前，这些贝壳——要么通过贸易，要么通过运输——必须经过至少长达500英里、居住着凶悍野蛮人的土地，并跨越汹涌的河流，穿过满是狰狞猛兽的森林：这足以确保不会有大量贝壳涌入市场。

在周朝初期的青铜器铭文中，我们看到了从使用贝币到使用金属货币的逐渐转变。我们还发现了一些对沿海地区野蛮人军事"征伐"的记录，其中包含着对带回大量螺贝壳作为战利品的夸耀。这一点，加上改进的交流，无疑降低了贝壳的价值，并加速了其作为货币被废弃的过程。不过需要注意的是，螺贝在中国拥有一种金属货币不一定具备的特质。真正理想的货币应当具有标准而明确的价值——一元钱就应该是一元钱。但如果一元钱的价值取决于它的重量——也就意味着每次交易时都必须用天平称重——那么它就不是一元钱了。同样地，如果它的价值随着金属纯度而波动，导致对金属纯度判断变成每次交易不可或缺的一部分，那么它也没法被当成一元钱。这类不确定性因素经常使金属货币在中国以及其他地方的使用变得复杂。螺贝看起来就不受这些问题的困扰。这些小贝壳非常相似，每一枚的价值看上去都与另一枚相同。数量固定的情况下，一串螺贝就是一串螺贝。诚然，早在中国新石器时代的墓穴中就已经发现了骨头雕成的仿制螺贝，而在后来的过渡时期，金属货币也被铸造成这些贝壳的形状。然而这些只是仿制品而非伪造品，因为它们骗不了任何人。

作为一种交易媒介，螺贝因为价值高，所以流动性较低。古代的螺贝通常被打孔以便穿绳，而在青铜器铭文——包括一篇甲骨文——中，用来计量螺贝的单位是"朋"，也就是"双串"。[36] 中国伟大的考古学家王国维认为，一"朋"最多由十个贝壳组成。这一结论似乎是可以接受的。我的笔记记录中，有三十三篇周朝青铜器铭文均提到了螺贝作为效命的奖励或尊重的标志，被封建领主赏赐给他们的封臣。[37] 一个可以证明螺贝曾被广泛用于此类目的的事实是，直到今天，"赏"字仍包含一个"贝"字符。被赏赐的螺贝数量意义重大。在十八起——也就是超过一半——的案例中，被赏赐的贝壳数未被提及。在这样的情况下，我们可以确定赏赐的数量很小；这些铭文旨在记录铸器者

---

36 "朋"字甲骨文中写作⿻，金文中写作⿻，字形均如两串贝币连在一起。——译者注

37 当年顾氏使用的是欧洲中世纪封建模型来理解西周社会，故此用词常见"feudal""vassal"等概念，这一点在其1970年的著作 The Origins of Statecraft in China 中也颇为明显。顾氏的分析范式后来遭到了李峰等众多学者的质疑；后者认为欧洲概念里的 feudal 和西周时期的封建相去甚远，不可同等而论。如今已鲜有中西方学者在讨论到西周政制仍持顾氏"欧洲封建论"的观点。——译者注

的荣耀，以供后人敬仰，故此它们不会遗漏任何可以让铸器者显得伟岸的信息。在剩下的十五起案例中，记载了赏赐五朋贝的有一起，赏赐十串贝的有九起，赏赐二十朋的有一起，赏赐三十朋和五十朋的则各有两起。大规模的赠礼似乎出现于较晚的时期；当时的交流往来可能比商代更加容易，螺贝的数量也可能比商代更加丰富。然而鉴于青铜器的确切铸造年代仍然很难确定，这样的数据统计存在较大危险。

我们可以合理地假设，在至少一部分没有提及具体数量的案例中，赏赐的螺贝数不会超过一朋。然而，所有受到赏赐的人都足够显赫富有，乃至他们有能力铸造青铜器以纪念这份赏赐。的确，五朋贝——除此之外还有其他的赠礼——曾被赏赐给一名武官，而这名武官重要到周王在任命他时，亲自在宗庙里举行了特殊仪式。仅仅十朋的赏赐就已经重要到需要在宗庙中举行仪式，并由周王亲自出席。

如果将其转化为普通商品，那么一朋贝想必拥有巨大的购买力。我并不知道在早期人们是否会将一朋贝拆开，将单个贝壳作为货币。即便是一个贝壳肯定也等值许多英斗（bushel）[38]的谷物。这些螺贝在当时肯定类似于一张一千美元的钞票：昂贵，值得拥有，可用于交换非常有价值的奢侈品（例如精美的青铜器），十分适合用来奖赏臣民，并且必要时可用于贿赂，以获得战争中的援助或收买敌人。它们无疑曾被臣属国进贡给商朝统治者。但对于想购买一些日常用品的个人来说，它们几乎没有用武之地。即使供应充足，它们也无法支付军饷。如果一名普通士兵在买饭时，必须带上十英斗的谷物作为找给他的"零钱"，那么他明显

38　也称蒲式耳，英制体积单位，每单位体积约等于35.239升。——译者注

无法将这笔零钱揣在口袋里带走。这导致日常的交易必须用以物易物的形式进行，而这些物品又不易运输。不可避免的后果就是，大量真正的政府权力不得不停留在地方统治者手中，而这反过来则意味着，从一个中心对一片非常大的区域实行真正意义上的控制几乎是不可能的。

我们知道，古代中国人曾将商品运输至相当遥远的地方。在安阳出土过一些鲸鱼的骨骼；这些骨骼无疑来自太平洋，但为数不多。因为其珍珠母而被使用的丽蚌属生物（*Lamprotula*）的壳被大量发掘出来，学者们认为它们来自长江流域。螺贝本身就证实了这种运输的存在。用于铸造青铜器的矿石被认为是来自一些较远的地方，而发现的一些制造品据信也是在别处生产的。毫无疑问，许多东西是作为贡品从周边领土被送至安阳的。但这无法改变这样一个事实：就目前的证据来看，由高流动性交易媒介推动的长距离繁荣贸易，在当时已出现的可能性并不大。

第六章

手工制品

关于商代手工制品，我们很难从留给考古学的遗物中得出公允的见解。即使是如今我们这个繁荣昌盛的金属时代的文明，如果被埋在潮湿的土壤——这种土壤会毁掉一切除了石头、骨头、金属和陶器外的物品——里长达三千年，其保存情况想必也会颇为糟糕。相较于商代，我们的居所或许可以更加完整地得以保存，但所有木雕以及最精致的家具都会朽坏。在我们的生活和思想中占据重要地位的衣着会变成一堆腐烂的土壤；绘画、音乐、文学等，通通也都无法留下太多存在的痕迹。书写方面，仅有铜制铭牌和奠基石上的文字能够遗留下来；根据这类证据，考古学家们可能会推断，我们"使用一种固定的、缩写式的公式化语言进行书写：这其实更像是一种辅助记忆的技巧，而非真正的书写系统"。

毋庸置疑，我们必须以科学的眼光审视商朝的遗物，但同时也应具备一种科学的想象力。我们必须意识到，大多数发掘出来的东西都是当年人们遗失或者抛弃的，除非在极少数情况下，最精美的物品往往不在此列。直到几个月前，我们都只能从保存下来的骨雕中推测，商人或许同样也是熟练的木匠。如今，通过在墓穴墙壁上找到的业已腐烂但仍依稀可辨的雕刻，我们得知，商代青铜器上美丽而复杂的图案，也曾以同样的技巧精致地再现于木制品上。但是，他们的手工艺中想必还有许多其他我们甚至无法推断的方面。

古代中国人非常注重服饰，并对此引以为豪，这一点从周朝文献中可见一斑。谈起早至新石器时代的考古发现时，安特生就提到过"大约二十个球形纽扣，大多由大理石切割而成。令人惊奇的是，这些纽扣非常小（直径只有45毫米）。一个使用如此小巧精致纽扣的族群，其所穿的衣服也很可能样式复杂，用料考究。"[1] 商代的出土文物中则发现了螺旋形小"纽扣"，纽扣上有三个由珍珠母制成的尖角。不过这些纽扣是否真的用来系衣物还有待商榷，因为这些尖角十分易碎，用起来也非常麻烦。它们身上打有用来穿线或缝纫的孔洞，很可能是戴在衣服上的装饰品。

在新石器时代遗址中，石制和陶制的纺轮均有出土；学者指出，如今中国人仍在使用基本相同的工具。新石器时代的陶器上被发现印有各种不同的纹样。中国北部的新石器时代人类以及商人不仅编织布料，还编织篮子和席垫。甲骨文中的一个字形显示，商朝和周朝一样，住宅的地板上都铺有席垫。[2]

在商代墓葬中，垫子和布料均被拿来包裹青铜武器和器皿；当青铜物件被发掘出来时，部分垫子和布料常常仍保存得颇为完好。布料通常被青铜和其他矿物的腐蚀物完全浸透，有时甚至被完全腐蚀。不过，通过显微镜，我们可以看到原始的布料在一些

---

1 I Andersson, 1, p.194.
2 甲骨文中"宿"字，便形如人寝于屋内竹席之上：㝛。——译者注

情况下仍然还在。无论如何，织物的形态和编织方式都被保存了下来：织线较粗，织得也有些松散，但织物的质感光滑均匀。正如新石器时代的骨针以及商代遗址中的骨针和铜针所示，缝纫在当时已颇为普遍。当然，我们没有发掘出任何商代的实际服装，但是甲骨文中的文字为我们提供了两条这方面的重要信息：当时的衣服显然是裁剪过的，带袖，而不仅仅是简单遮体的布料或兽皮。[3] 除了纺织品外，毛皮也被用于制作这种服装。

尽管商人是铸造青铜的好手，但这种金属并没有完全取代新石器文化遗留下来的石器特征。这可能是因为青铜非常稀缺，必须被留着用于制作最重要的物品，例如武器和礼器。商代遗址出土的最常见的石器，是一种矩形或半圆形的石刀，发掘者们已发现了大量这样的物品。据信，这种类型的刀并不见于欧洲或近东地区，但却被发现于东北亚的不同地方以及美洲的爱斯基摩人中，甚至据报道在南美洲也有发现。这于是成了将商人以及中国文化与古代太平洋文化区联系起来的另一条纽带。在安阳还出土了磨光过的石斧、一块雕刻精美的刻字石器残片、石碟、臼杵以及磨盘。形如其晚些时期的石磬也有出土。

商人使用的石制武器包括矛头（lance- and spear-heads）[4] 和箭头。然而，在安阳出土的石制箭头数量几近于无，而骨制和铜制箭头却有很多。这引发了一些疑问：为什么商人喜欢用骨头而不是石头来制作箭头呢？安特生指出，早在新石器时代的遗址中，就出土了很多三角形状、铤部长而窄的箭头。在他看来，此

3　见甲骨文中"衣"（有时又作"卒"）字形：𠆢。——译者注
4　顾氏在此处作出的 lance 与 spear 之别更多是欧洲军事史的产物。通常而言，lance 多指骑兵用的长杆重头骑枪，而 spear 则有更大的变化空间，步骑均可使用。显然商朝时期的武器并无这些区别，故此处统译作"矛"。——译者注

形式并不适用于石质材料，因此他得出结论，这种设计是从已开始使用金属制作箭头的某个族群那里借鉴来的。[5]

我认为，对于这一疑问的解答，关键在于竹制的箭杆。竹制箭杆既解释了新石器时代箭头形状的成因，也解释了商人为什么更喜欢用骨头而不是石头制作箭头。美洲印第安人的箭头通常是用石制的。通过自己的亲自尝试，我发现使用优质燧石制造箭头并不难，但是打磨出一个长而细的石质箭颈却并不容易；在制作过程中，石材几乎不可避免地会断裂。故此，据我观察，印第安人并未尝试过制作箭颈；他们的方法是在箭杆上开一个口子，将箭头插入其中。然而，在中国，轻盈而笔直的幼竹为箭杆提供了完美的材料；《尚书》（也就是所谓的 Book of History）较早的一个章节特别提到了竹箭。[6] 可是，竹节是空心的，这意味着箭头需要有一个可以插入箭杆的颈部。我亲眼见过或看过其图片的每一枚商代箭头，无论是用石头、骨头还是青铜制成，都带有这样的颈部；这些箭头显然用线缠绕——或许还有被粘合加固过——以卡牢在箭杆上。然而，石制箭头并没有完全被淘汰；它们在《国语》和《尚书》中都曾作为贡品被提及。[7] 但是骨头比石头更适合制作这种带颈的箭头。

在中国新石器时代遗址中，已有石头雕刻而成的装饰品出土。在一个非常早期的遗址中，发现了一些白色大理石手镯，其宽度有时"甚至像宽松的袖口一样宽"。新石器时代文物中还包

---

[5] I Andersson, 1, p.215.
[6] 《尚书·顾命》："胤之舞衣、大贝、鼖鼓，在西房；兑之戈、和之弓、垂之竹矢，在东房。"
[7] 《尚书·禹贡》："厥贡羽、毛、齿、革，惟金三品。杶、榦、栝、柏，砺、砥、砮、丹……厥贡璆、铁、银、镂、砮、磬，熊、罴、狐、狸织皮……"

括石制指环，与商代遗址中出土的指环有些类似，其中最有趣的是直径达65毫米的"碧玉"（flame-green jade）指环。在商邑中还发现了许多形式与周朝的礼玉相似或完全相同的石制品，其中许多被当作体现地位的徽章佩戴。

这里需要解释一下"玉"（jade）这个词。正规意义上jade被用来描述具有多种颜色和化学成分的石头。但是当用它来翻译中文里的"玉"时，两者的意思又不尽相同。在实际应用中，中国人经常拿"玉"这个字来形容几乎任何一种需要高度抛光的坚硬且纹理细腻的石材。毫无疑问，安阳出土了许多严格意义上的jade，但可能有些被称为"玉"的石头并不是我们英文意义里的jade。至于那种现在被用来镶嵌在戒指上的玉——哪怕只一小块，价值也可能高达数百美元——我认为并未见于安阳。

商人用石头雕刻猪、鸟以及人形的小雕像。如一件发现于奉天省新石器时代遗址雕工精细的大理石动物小塑像所示，这种装饰品的制造在中国可能有着悠久的历史。商代最精美的石雕作品当属他们的雕塑，但由于雕塑已经超出了手工艺品的范畴而更多属于艺术品，因此对它们的讨论将留到下一章再进行。

骨头和贝壳是商代工匠使用的重要材料。前文已经提到过骨质箭头；尽管骨头也有被用于制作枪头，但骨质箭头在骨制武器中的数量最为庞大。最常见和最具特色的骨质器物中还包括柶，其上经常雕有精美的纹案装饰。大量出土的骨质发笄是发掘者发现的最有趣的物品之一。已经发现了很多不同种类的发笄，其中顶端雕有公鸡头的样式最为常见。它们有些制作非常精良，抛光程度之高以至于第一次见的人会难以相信它们是骨头——或是玉之外的任何其他物质——制成的。我们不清楚这些发笄在商代的确切用途，但在周朝时期，男女都佩戴它们。男人佩戴发笄是为了固定礼冠的位置，故而它们的重要性非同寻常。

最引人注目的骨制品是大型雕刻，有时长达一英尺，上面覆有与青铜器上的精美雕刻花纹相似的设计（见图版8）。有时，这种花纹在设计上还镶嵌有绿松石。这些雕件似乎大多是作为纯粹的艺术品而制作的，但其中少数也刻有文字。图版8所示雕件上的刻辞——这篇刻辞也出现在了我们所知的另一个雕件上——记载了商王的一次成功狩猎，狩猎后他奖励了自己的一名随从。想必这个骨制雕件是在随从的要求下制作的，目的是记录这一事件；它可能注定要作为承载祖先荣耀的传家宝代代相传。这块骨雕非常有趣，因为如果上述推测无误，那么它恰好承担了无数周朝铭文青铜器所承担的功能——就像现在所流行的铭文爱杯（loving-cup）[8]一样。

刻字甲骨也是一种对工艺水平要求颇高的手工制品，不过我们将在别处对其进行介绍。但是在这里，我们必须提及商人用红色或黑色颜料给所刻文字填色的做法。这种做法并不常见，似乎只有在商王武丁统治期间人们才这么做。它的意义尚不明朗。有时，我们发现同一块骨甲上会留有两位占卜者的记录，其中一个人所刻的字符被填黑，另一个人的字符则被填红。红色颜料据信是朱砂。

在最近发掘的墓穴中发现的壁画是否已超出了简单的手工业范畴，对此我无法判断，因为我看到的只是一些残块。据我所知，在我最近一次访问安阳遗址之后，更大件的壁画已被完整地发掘出来。涂料据称是漆，并且保存得非常完好。颜色——红、黑、

---

8 欧洲传统文化里用于婚礼和宴会的容器，通常有两个手柄，由银制成，往往作为奖杯提供给游戏或竞赛的赢家。——译者注

白——仍然十分鲜艳。即使只从残块中，也可以很明显看出壁画上使用的图案与商代青铜器上的相似，只不过被放大了很多倍。

牛角和鹿角被商人用来制造武器和用具。象牙和野猪的獠牙则被雕刻成装饰品。螺壳和蚌壳也被用来制作各种主要是装饰品的物件。颇为奇怪的是，蚌壳还被拿去制作锯子。像绿松石和野猪牙一样，珍珠母有时也被用来作为嵌饰。

1935年春，一处商代墓葬中出土了一件小型骨制品，尺寸虽小，但广受关注。这是一件乐器，被梁思永先生鉴定为"埙"，有时也被称为"中式陶笛"（Chinese ocarina）。据中国传统记载，这种乐器发明于公元前2700年左右。商代的这件乐器约有两英寸半高，近似于桶形，上面装饰着两个所谓的"饕餮"或者说"兽面"（ogre masks）图案——这种图案也见于青铜器。乐器顶部有一个吹口，侧面有五个孔，可以用手指压住以改变音调。梁先生在好心地向我展示时，吹出了"do、re、mi、fa"这几个音，并表示如果用力吹一个音符，可能也可以吹出"sol"音。这其中有两件事非常引人注目。首先，这表明商人对音乐有相当的了解。并非所有的音程都是准确的，尽管这可能是因为乐器没有被完全清洁干净。然而，从"do"到"fa"的音程是一个完美的"纯四度"，调音非常精准。这个乐器最有趣的一点在于，上述提到的音符是大调的前五个音符，其中包含了一个在现代中国五声调式中根本不存在的半音。这些音符似乎表明，当时人使用的是完全不同的音调系统。

对出土骨制品——幸运的是，其中一些还尚未制作完成——的研究，让我们掌握了一些当时技术方面的情况。当时人们首先用锯子锯下一块空白的骨坯；这种方式锯出来的尖锐曲线，有些效果甚至可以媲美当今使用的线锯。接着，人们显然会用刀具再粗加工一下。一些粗略处理过的表面上,有锉刀留下的完全平行的脊状线,尽管我知道目前尚未发现任何锉刀类工具。一些表面经过抛光处理后极具光泽。他们以高超的技艺使用略呈锥形的钻头。有时经过钻孔加工后,距离较远的两个点能在中间精准对齐。

在潮湿的土壤中被埋藏了三千年后,商代的木制品自然很少能够保存下来。但是用于建造墓室的木板,尽管业已朽烂,仍然肉眼可辨。种种迹象表明,商人一定大量使用木材。他们房屋的框架就是木制的。他们的弓,以及箭、矛和战斧的杆柄,肯定也都是木制的。人们偶尔会看到,某个戈柄上似乎还附带着腐烂的木质残留物。我们知道他们有鼓,鼓也很有可能是用木头制成的。战车以及能在河上航行的船只——两者在甲骨文中都有提及——表明他们在木工方面的技能远超原始水平。

陶器碎片是目前为止发掘者在安阳发现最多的物品。然而,已发现的完整商代陶罐数量不超过十个。原因很明显:除非陶器破碎,否则商人不会扔掉它们,而且陶器也并不属于容易丢失的物品。虽然工作者们根据碎片只还原了不多于一百件陶器,但它们已足以让人们很好地了解商代陶器是什么样的。

新石器时代晚期彩陶的完全消失令人费解。这是一门高贵的艺术——据说和任何新石器时代人类所创作出的艺术相比都毫不逊色。然而彩陶是一个与西方有联系的文化综合体的一部分;商文化的绝大多数关联都在东方,故此对其并不了解。只有一片单独的彩陶碎片被发现于商代遗址中,而这个典型的仰韶文化遗物,在当时可能已经是一件稀有品了。

商代陶器由两种材料制成:一种是普通黏土,另一种是白色黏土。更为精美的商朝器皿一般多是由白色黏土制成的。这种白

中国之诞生：中国文明的形成期

图版 4
史语所在安阳发掘出的典型商代陶器

顶部的两件器形被称为鬲。
在李济博士的慷慨应允下复印自史语所官方照片。

色黏土的发源地并不确定，但有人认为它来自安阳北面约17英里的磁州地区。磁州的意思是"磁器地区"，这个地方在宋代瓷器盛行的时期就以其瓷器而闻名，如今仍然在生产此类器皿。商人未上釉的白陶是否应该被称为"瓷器"，这是一个饱受争论的问题。

根据烧制的程度不同，大多数陶器使用的普通黏土，使制成的器皿要么呈灰色，要么呈红色。如果黏土被彻底氧化，颜色就会变红，不然就会保持灰色。一些红色陶器残片的破损边缘显示，在氧化得很完全的外围，黏土是红色的，中间部分却仍是灰色的。用于制造普通陶罐的黏土平滑度并不相同。一些烹饪器皿的黏土中混有大量沙子，据说这是为了帮助热量更好地从器皿外传导到器皿内。

大部分陶器都是手工制作的，没有使用陶轮。他们毫无疑问采用了"盘筑"（coiling）工艺，然后用手或工具刮去边缘以使器皿光滑。不过，在很多情况下，时人肯定也使用了陶轮，并且使用得非常熟练。

白陶上的图案是在潮湿的黏土上雕刻出来的，其样式与青铜器上的图案高度相似。学者们认为，白陶制成的器皿就像青铜器一样，也被用于仪式中。一个事实证实了这一点，即宏伟的王陵中埋藏有精美绝伦的此类陶器样品。其他普通陶器上的图案则通过在湿黏土上压印或雕刻得来。这些图案丰富多彩。许多图案是通过将线绳压入黏土里制成的。一个很常见的图案由小的菱形印痕组成，但其制作方式充满许多疑团。这种图案几乎只能通过印压而成，但倘使它果真是印制的，那么就应该存在标志着一次印压结束另一次印压开始的接口；到目前为止，并未发现这样的接口。

在塑形完成后，商人会将陶器拿去烧制。根据梁思永先生的看法，烧制应该是在窑里进行的，但目前尚未发现这些窑的踪迹。

商人使用的一些陶器表面上了釉。在这一发现之前，没有人想到釉陶竟会如此古老。有人认为这是一种"偶然"的釉，也就是黏土里的某种化学成分在烧制过程中被带到了表面。然而，发掘者指出，如果的确如此，那么釉的分布就会与我们所看到的不同：这些釉只出现在陶器的某些部分而不是所有部分，除此之外有釉的部分和没釉的部分之间还有一条突兀的分界线，表明上釉的过程是有意为之。较为粗糙的釉面表明这项工艺还处于起步阶段。这些釉陶呈棕色，釉面上有浅灰色的"雀斑"，通常还装饰有平行的波浪线。

从尺寸上来说，商代陶器有非常小的，也有高达三英尺、宽达十八英寸的大物件。它们的形态多种多样，目前已经区分出超过十五种不同的、可以确定名称的器形，除此之外还有一些尚未辨别的其他器形。它们被用于烹饪、餐具、储物，无疑还被用作洗脸盆。陶器上鲜有铭文，所有被发现的铭文则都是在陶器烧制完成后刻在黏土上的。这些刻字铭文通常只包含一个颇为粗糙的字符，在某些情况下毫无疑问代表着器皿所有者的名字。

一个与商代陶器相关的事实非常值得注意，我们在商代及之后中国的青铜礼器中发现的每一种器形，几乎都能在商代陶器中找到对应。有人不无道理地提出，青铜器就是以悠久的陶器文化中人们熟悉的器形作为模版铸造的。梅原（Umehara）[9]出版的一本著作中，有一件青铜器看起来就和一件商代乃至新石器时代最粗糙的陶器一模一样。

9　梅原末治（Umehara Sueji），日本人，东亚考古学家。——译者注

第七章

雕刻与青铜器

直到1929年，人们都认为中国雕塑的历史最早只能上溯到汉朝（公元前206年至公元220年）。然而在那一年，安阳出土的一小片人物雕像的残片引发了对这一观点的质疑。碎片出土于商邑遗址；尽管工作者们在其出土地附近进行了仔细挖掘，但并未找到这座雕像的其他部分或类似的物品。有鉴于此，再加上这一发现的意外性，一些学者认为这块雕像残片无法确定来自商代。

图版3里展示的就是这块雕像残片。它高约十英寸、宽约八英寸。雕像人物呈坐姿，双手抱膝。雕像表面刻有与商代青铜器上花纹相似的装饰，背面的槽孔则让一些人认为此物件可能是被当成基座，用来支撑某个建筑物的柱子。有人指出，在一些相对原始的族群中，将人作为牺牲埋在柱子下的行为并不少见，因此眼前的石雕可能是这类仪式的替代品。

1934年秋和1935年春开掘的商代大墓里，数量众多的精美大理石雕刻的出现，打消了这件残片是否来自商代的所有疑问。与此同时，人们的注意力几乎已完全从这件早期的发现上移开，因为在整体风格上尽管与其他雕刻相似，它却未能体现出商人已将

图版 5
白色大理石雕成的商代饕餮，高十英寸半

　　这件作品很可能被用于装饰建筑物，因为它背面有槽孔，可以固定在柱子上。请注意背景上的精美花纹。这件作品略经磨损和侵蚀，但是从墓中出土的雕刻品通常是完美无瑕的。

　　私人收藏品，引用图像前已征得相关方慷慨应允。

第七章　雕刻与青铜器

雕刻艺术发展到了多么高超的技艺水平。图版5中所示的大理石雕件可以更好地说明这一点：请特别注意其背景上用浅浮雕装饰的花纹。这件出现于北平古玩市场上的大理石雕刻也带有槽孔，显然是为了固定到建筑物的木制部件上，就像前面提到的那座人物雕像一样。遗憾的是，本书的图版里未能包含刚出土的雕塑的插图；不过由于它们最近才被发掘出来，史语所在报告里尚未发表它们的照片。同时，史语所也希望这些照片能够由他们首发。

最近出土的雕塑是完全立体的，且不像图版中的那些带有槽孔。尽管我也曾见过一块黑色残片，但它们大多是由白色大理石制成。出土这些雕像的大墓在一千年前——甚至很可能更早的时候——就已遭盗掘；因此，现在遗留下来的是那些早期盗掘者们所遗漏或认为不值得带走的部分。在当初所有下葬的雕塑中，它们可能算不上最为精美；其形象包括鸟、龟、虎式蹲兽，还有一些难以识别的动物。

在这些雕塑中，我所见过的最大的一件，长宽高最大不过一码多一点。但我们有理由相信更大尺寸的雕塑是存在的，只不过被之前的盗墓者带走了。史语所发掘出的一件牛首雕塑比现实里的牛头还要大。它带有一个销子，用于将其连接到失踪的身体部分上；如果身体部分与头部是成比例的，那它的尺寸一定非常可观。我曾在北平的一家古玩店里看到过一件龙角形状的白色大理石雕；其风格与牛首完全相同，据说是在安阳被盗墓者挖出来的。它底部有一根榫头，以用于嵌入龙头上的卯眼中。我相信它无疑是一件商代雕塑的一部分；这只角本身就高达一英尺有余，故此这件动物雕塑的尺寸想必十分庞大。

商代雕塑上的图纹设计总体上与青铜器上所发现的相重合。一些后者身上出现的鸟类和动物形象也出现于石雕上，而青铜器

107

108

93

上的装饰图案、涡纹等也被商人以浅浮雕的方式刻在雕塑表面。与青铜器一样，这些雕塑的设计在某种程度上有些怪异，没有什么写实倾向。从这个角度来看，商代雕塑在美感上不能与古希腊雕塑相比——至少在我们眼中是这样。但是从技术的角度来看，商人的工艺又让人感觉无人能出其右。考虑到雕刻者的创作目的，这些作品的设计和比例堪称完美，表面处理得完美无缺，如同玻璃一般光滑。

这种艺术形式的完全消失，或许是所有与其相关的问题中最令人困惑的一个。周朝时期统治安阳地区的是卫国，然而从报告来看，卫侯墓中没有发掘出任何雕塑。就目前来看，随着商朝统治的结束，雕塑艺术也随之消失了。我们不知道这种艺术形式是否仅掌握在少数人手中，而这些人要么都被杀害，要么逃之夭夭了。甚至文献中也没有提及这种艺术的存在。唯一存留下来的，是那些在玉石或其他细腻石材上，采用类似图案雕刻而成的小型装饰品和仪式用品。商代之后，中国雕塑似乎就变成了一种微型艺术。

如果说商人的雕塑已经达到了炉火纯青的水平，那么他们在铸造青铜器方面的技艺就堪称已臻化境。几乎可以肯定的是，就品质而言，商代青铜礼器在全世界范围内都堪称出类拔萃；事实上，它们可能是人类——无论在何时何地——用金属制造出的最精美的（在这个已遭滥用的词的严格意义上）物品。

西方人对中国青铜器的看法各不相同。某位中国艺术方面的权威对青铜器没有任何好感；他声称自己宁可在家里放一尊旧火炉也不愿拿青铜器做装饰。对许多人来说，欣赏中国青铜器是需要培养的品味——如果他们能培养出来这种品味的话。这些青铜器的图案设计看似古怪，初见时可能会令人感到反感。慢慢地，人们开始意识到，这些在我们眼中怪诞的动物和图案，对于那些制造青铜器的人来说有着非常明确的意义和功能。随着见过的青铜器越来越多，对其上的图纹越来越熟悉，人们才会开始欣赏这种将各色花纹以细腻平衡的设计呈现出来的精湛技艺。这些设计通常覆盖了表面每一个细微之处，但却能成功地将它们完全融合在一起，而不给人任何过度装饰的感觉。面对这些古代艺术品，一些人从欣赏发展成一种热爱，乃至痴迷的程度。在中国，外国人因为不愿错过"再多入手五件好玩意"的机会而恨不得倾家荡产的故事不胜枚举。

自然地，最精美的中国青铜器会被认为是相对较晚时期的产物。长期以来，中国的鉴赏家们都将某些特定类型的精美青铜器归于商朝。多数外国学者都认为这种论断不可信，将其视为只在明君治世时才会出现的麒麟（unicorn），以及射下天上十个太阳中九个的神射手一样的传说故事。据说直到一两年前，欧美的博物馆都不允许将自己收藏的任何青铜器标注为周朝——也就是商之后的下一个王朝——以前的物品。然而，新的材料表明，这一次该被嘲笑的是外国人，因为不仅有众多青铜器都铸造于商朝时期，而且整体而言，它们的类型也都和中国人多年来一直认定为来自商朝的类型相一致。这并不是说中国人在这些文物的年代归属方面就没犯过太多错误，但至少他们没有像外国专家那样错得离谱。

甚至早在过去一年间获得的重大发现之前，商人拥有青铜器这一事实就已经通过安阳的发掘得到了充分证明。人们在出土了刻字甲骨的同一原状地层中，发现了许多青铜物品，包括武器、工具和装饰品。武器包括箭头、戈和矛头，发现的青铜工具则有小刀、斧、锛、针和锥子等。工作者们还发现了贝壳状的小型青铜饰品，上面塑有著名的"饕餮纹"，也称"兽面纹"。

直到1934年秋，史语所的发掘工作者们都还未能在安阳找到任何一件完整的青铜礼器。正是由于这个原因，有人认为这类礼器在商代还未被铸造，而盗墓者在安阳地区挖出来的大批精美器皿都是之后的产物。然而我们这些研究商文化的专家知道这纯属谬论。将这些青铜器上的装饰与甲骨文中的一些象形文字，以及科学发掘出来的青铜模具、骨雕和白陶上的装饰进行比较，可以证实这些青铜器来自商代。

在过去十二个月里，数十件商代青铜礼器从墓穴中发掘出来，打消了人们最后的疑虑。它们中尺寸最大的一件方鼎，高度长度均达二十英寸。其中一些器物在某些方面比之前盗墓者挖出来的任何青铜器都更加引人注目。

五百年来，青铜器不断在安阳地区被挖掘出土。这些商代青铜器至今仍保留在中国的文献集里。不过盗墓者最为猖獗的时期是在过去的五六年间；这段时间里，数百件青铜器被盗掘出来，流入中国、欧洲、美国，尤其是日本的博物馆和私人收藏。大量器物的图片以及其上铭文的拓片已经出版，为研究提供了丰富的资料。

安阳并不仅仅只是使用青铜器的地方；它同时还是铸造青铜器的地方，而铸造青铜器所需的金属也是在那里冶炼的。发掘者们在安阳发现了大量的孔雀石——据信是商人提炼铜的原料，还有混有炭的矿渣、明显是用于提炼过程的陶器，以及陶质模具。学者们认为商人使用了一种类似原始风箱的高炉。目前还未发现该地区有可用的矿石储备，因此矿石可能来自一定距离以外的地方。商人可能自己也有一些铜，可以拿去制造青铜器。

通常来说，铸造青铜的铜锡比例大约是八到九比一。哈佛大学的卡朋特爵士已用显微镜对安阳发掘出的三件青铜器样本进行了检查。他发现这些青铜器平均含有约83%的铜和17%的锡。可能还有其他未在此次检查中检测到的微量金属。[1]

学术界普遍认为，商代青铜器采用的肯定是失蜡铸造（*cire perdue*）的工艺。此种工艺的具体流程如下：首先用蜡制作出要铸造的器具或其他物体的精确模型，将所有要出现在最终青铜器成品上的图纹都雕刻或压印在模型表面。当模型的样式已完全符合要求后，将黏土涂在表面。涂的第一层黏土含水量极高，本质上就是一种液体；将这种液体用刷子涂抹到模型上，以便其能完美无缺地填满每一个最微小的缝隙。层层涂抹并晾干，然后在外部抹上其他黏土，直到模具达到足够厚度。模具上留下几个孔洞，以便蜡能够流出，同时青铜能够被注入。接着将整个模具加热，这样可以烧结黏土并使蜡融化后从孔洞中流出。加热过后得到的就是一件陶质模具，其内部则是一个最大程度上保留了蜡模细节的空腔。接下来只需倒入青铜（但要熟练地使其注入到模具上的每一个细小的花纹里！），待其硬化，打破模具，最后用工具完成对器皿的制作。

正是最后这道工序，体现出了古代中国的工匠与许多其他文明最优秀工匠相比的高超技艺。刚铸造完的青铜器上肯定会有一些小的"颈道"（necks——也就是铸造时熔融金属注入的孔洞——需要被切下修整。但在鉴赏家们看来，除了这道工序外，商代青铜器的铸造是如此完美，以至于不需要后续的精修——至少对于最精美的作品来说如此。我们认为本韦努托·切利尼（Benvenuto Cellini）[2]的作品无与伦比，但那些检查过他的铸件

1　II《安阳发掘报告》，pp.677-680.
2　文艺复兴时期意大利著名雕塑家。——译者注

的人表示，他的作品上有很多地方由于熔融金属未能填满模具，不得不后续加上一些金属"补丁"，并用工具修整。学者们一致认为，虽然现在欧美一些最优秀的匠人，借助现代科学和技术的所有资源，可能在铸造技术上能够与商人相媲美，但要超越是不可能的。当今的金属工匠们自己也坦率地承认这一点。

一些铸造青铜器用的陶制模具的出土，令人们对商代器皿是否至少有一部分是通过失蜡工艺制作这一问题产生了一些怀疑。在某些情况下，模具呈现出完全平滑的边缘，甚至带有耳部，以便它们可以连接在一起。这类模具显然不是通过上述失蜡的方式制成的。有人认为它们可能被用于铸造蜡模，或许的确如此。然而，从一些其他证据看来，器皿肯定有时是直接从分段模具中铸造出来的。这一问题应该由相关领域的专家来进行调查研究。

让我们来仔细研究一下其中的一件青铜觚。它的质量难言上乘。在安阳已经挖掘出了数十件此种器皿，很可能每个自认为有一定地位的商代家族都至少拥有一件觚。这件觚上出现的特定装饰组合，我也在其他的觚上多次见到过；毫无疑问，这种器皿曾被大量制造出来，几乎就像工厂出品一样。然而，这件器皿的铸造非常精细。即使通过放大镜观察，其上的精美花纹看起来仍然清晰锐利。它的直角是标准的直角；如果一个突出部分是有意为之的，哪怕一英寸大小的细微之处，也都会得到展现。在它的表面，大部分花纹的凹槽宽度均为三十二分之一英寸或更窄。但这些凹槽并不仅仅是简单的凹槽。槽壁呈直线向内延伸直到槽底，大约延伸到六十四分之三英寸的位置。在形成一个直角后，槽底继续平直延伸，直到与另一面壁相遇，再次形成一个直角。换言之，这些凹槽的横截面不是曲线，而是矩形的三个边。如果把这些商代器皿与一些在中国试图仿制它们的现代青铜铸造品比较，

第七章　雕刻与青铜器

其反差可谓天壤之别。

　　现在试图对商代青铜器进行分类可能还为时过早，但在发掘出的和市场上流通的器皿中，可以大体辨别出三种类型。其中一种类型相对较为粗糙，我也没有见过太多此类型的代表性作品。目前还无法确定它是早期铸造技术的产物，还是只是一种成本较低的青铜器。它的装饰线条颇为粗糙，通常来说几乎没有高浮雕。

　　第二种类型的青铜器的凹陷部分嵌有黑色颜料。这种颜料的成分尚未被分析，因此我们还无从知晓。填充凹陷部分的作用在于使表面变得平坦，只有动物眼睛的瞳孔有时会有一些浮雕效果。带有这类装饰的青铜器极具美感；实际上，它们如今看起来可能比当年被商人使用时更为美观，因为土壤的化学作用使青铜器上的线条呈现出了美丽的绿色或蓝绿色，与青铜器本身的颜色相比，这些线条的颜色与嵌入物的颜色对比更为明显，更有美感。许多商代青铜器看起来似乎还嵌有红色颜料，我以前曾认为它们本就如此。然而，这似乎只是生锈造成的偶然现象。青铜器上的铜锈分两层，外层是红色的，内层是绿色的；当表层的红锈被清除，但仍然残留在凹陷部分时，它看起来会像是一种红色的嵌入物，实际上非常漂亮。正是这种情况导致了图版6的纹案清晰度较低。

　　来自安阳的第三种器皿类型数量最多，也最为精美。总体而言，它的特点是做工精湛，并将大面积的突出图案设计与精细的花纹填充背景相结合。通常来说，这类青铜器上至少动物的眼睛部分是由高浮雕呈现的，甚至可能还装饰有其他大量浮雕，比整体表面凸出至少四分之一英寸或更多。

　　这些商代青铜器上使用的大多数图案都经过了高度的样式化

（conventionalised）处理，这表明它们所代表的装饰艺术在这些图案样式产生之前必然有着悠久的历史。最常见的动物形象包括龙、蝉、牛或水牛、羊、蛇或虫子以及鸟类。这些动物以许多不同的图样、变化和组合出现。

所谓的饕餮，或称"兽面"，一直是古代中国艺术中一个备受关注的问题。饕餮一词的中文字面意思是"贪食者"，有人认为这种符号被放在许多青铜器上是为了警示人们不要过度放纵。然而，这种解释显然不够全面。关于饕餮的起源，罗斯托夫采夫（Rostovtzeff）[3]说："它形如一个动物面具，包含一对眼睛、一对耳朵、两只角和一顶冠。这种动物明显属于猫科。我丝毫不怀疑，它呈现的是一只有角的狮鹫，也就是波斯艺术中最受欢迎的动物。"[4]但事实上，在商代青铜器上发现的被统称为"饕餮"的图案形态各异，有些像龙头，有些像牛头，还有些则像羊头。此外，据我在经过大量调查后所知，在"十三经"或者说在所有中国早期文献中，只有一处提到一种生物名为饕餮。在这唯一的案例里，饕餮指代的是一个人，无论如何——哪怕以最天马行空的想象力——也不可能与青铜器上的这些兽类有任何相似之处。[5]当这个词在文献中再次出现的时候，它成了青铜器上一种装饰图案的常用名称——彼时距离商代已经过了将近一千年。[6]很有可

---

[3] 米哈伊尔·罗斯托夫采夫（Michael Rostovtzeff），20世纪美籍俄裔历史学家，以对古代希腊罗马历史的研究闻名。——译者注

[4] M. Rostovtzeff, *The Animal Style in South Russia and China*（Princeton, 1929), p.70.

[5] 见《左传·文公十八年》："缙云氏有不才子，贪于饮食，冒于货贿，侵欲崇侈，不可盈厌，聚敛积实，不知纪极，不分孤寡，不恤穷匮，天下之民以此三凶，谓之'饕餮'。"——译者注

[6] "饕餮"一词后出现于战国晚期和汉代的文献中，如《吕氏春秋·先识览》："周鼎著饕餮，有首无身，食人未咽，害及其身，以言报更也。"——译者注

第七章　雕刻与青铜器

图版6
商代奠酒用青铜器——爵

　　图中器皿手柄下方刻的单字只有一半可见。下方：放大后的装饰部分，展现了一个典型的商代饕餮或"兽面"。

　　私人收藏品，引用图像前已征得相关方慷慨应允。

101

能商代的设计师们从未听说过"饕餮"一词。但这并不妨碍我们将其作为一个方便的术语使用，只要我们能记住它指的是一种图案类型，而不是各种动物。

图版6中展示的就是一个典型的商代饕餮。饕餮的特殊之处在于，它展现出的动物头部好似被劈成了两半，每一半被分别放置于一侧，中间沿一条通过鼻子的直线相连接。下颌在两侧各有呈现。这样的设计使得很大一部分商代青铜器都带有一种如图版6所示的独特效果。如果我们将两半放在一起，就形成了一个完整的饕餮正脸，有两只眼睛、两只耳朵、两只角以及两次呈现的下颌。但是，请读者用手遮住图片的右半部分。现在，左半部分看上去就像是一条龙的侧视图。之前的耳朵变成了龙的身体。在左上角，我们看到的是饕餮的耳尖，或者说是龙的尾巴。但它也可以是一只鸟的头部和喙——如果从这个角度看，我们还可以隐约看到鸟的身体、脚和爪子。这样的图案设计在许多商代器皿上都重复出现，只在一些细微之处略有不同。除此之外，还有其他各种不同的动物组合。有时候，一只饕餮的每只角都是一条小龙，而饕餮本身是某个更大走兽的一部分。这种将几种动物紧密结合在一起的技巧，是商代设计师们最喜欢的一种手法。

在商代的青铜器上，我们可以找到一些写实的动物图案，尽管它们为数不多。其中一些鸟类颇为逼真。图版14中展示的青铜战车配饰上的龙在某种意义上经过了样式化处理，但它们仍呈现出了某种形如蜥蜴的动物的自由和优雅感。一件商代青铜觚上描绘的冲锋的大象也非常真切，只不过它们的象鼻为了装饰效果延长了一些。

在这些青铜器上还可以找到其他各种动物，其表现形式多半都经过了样式化处理；其中有一些动物连中国人自己都没给它们命名，仅仅只是称其为"兽"。有时整个器皿都是以这些动物的形象铸造的，例如曾发现过的鸮（owl）形容器。比任何动物都更具代表性的是所谓的"雷纹"和"云纹"。两者都由螺旋纹组成，故此学者们对于如何区分它们存在分歧。有一种观点认为，圆形的螺旋纹是云纹，方形的则是雷纹。这些纹样出现于代表雨水和相关现象的古代文字中。从商代器皿的插图中可以看出，几乎每件器皿上都有其中一种纹样。有时，云雷纹就是唯一的装饰——或许除了一对高浮雕眼睛之外。这些凸起的眼睛在商代装饰中地位显赫，很可能具有某种宗教或巫术层面的意义。

这些器皿上每一个图纹设计的出现，无疑都是因为它在当时的信仰和实践中扮演了某种角色。其中许多象征意义我们已无从知晓。然而，通过甲骨文我们得知，早在商代，龙就已经在宗教中占据了一席之地。风作为一位神明，在甲骨文中被描绘成鸟的形象，这可能就是一些青铜器上出现的鸟的涵义。

一件典型的觚往往装饰有两半能合成龙、蝉、蛇或者虫的饕餮纹，以及云雷纹。不难看出，这个设计中的每个元素都与祈祷丰收的宗教或巫术仪式相关。饕餮纹想展现的可能是一头牛，而牛是重要的食用动物，并被用于祭祀神灵。我们知道雨水对商人而言非常重要，因为甲骨文中有很多祈雨相关的记录；雷电和云的象征意义则不言而喻。甲骨文中也有出现过龙神；在之后的时期，龙一直与云紧密相关，并且常常被视为司雨的神灵。据说龙有时会变成水蛇的形态。这样一来就只剩下蝉了；在中国北方的夏天里，人们能听到这种昆虫不断喧鸣，这使它非常适合作为作物成熟时节的象征。如果将所有这些元素综合起来，我们可以认为觚是一种具有特殊功能的仪式用品，设计目的是祈求丰收。我无法断言自己对这些图纹的诠释就一定正确，但至少提供了一种可能的解读。

　　这些青铜器皿的形状和风格各异。在这里，我们仅关注最常见的三种：觚、爵和鼎。图版9中呈现的就是一件典型的商代觚。觚的侧壁常有向上延伸的金属脊线，但并非所有觚都有。显然这是一种饮用器皿，并且在宗教仪式中也起到一定的作用——在这类仪式里，敬神者无疑会与神灵共饮。觚的外形异常优雅。我曾测量过一件觚，当盛满液体时其容量将近有一品脱。它们一定曾被当成高贵的酒杯使用。

　　据说爵也曾被当成饮具使用，但倘若果真如此，那它使用起来一定非常不便。如图版6中所示，它带有一个小流嘴，这使得饮用者在使用它时，更多是将酒倒入喉咙，而非真的喝下去。爵被用于向神灵奠酒，这个功能非常适合流嘴的设计。关于这个容器有一些相当可疑的说法。据称它起源于一个倒置的头盔，之后又加上了腿和"角"。"爵"这个词也被用作一种鸟类的名字；[7] 一部古代字典中记载的故事称，这个容器之所以用鸟的形象制作，是因为这种鸟的叫声是"节节足足"，意为"节制，节制，够了，够了"：[8] 据说这种名为爵的高脚杯会令饮酒者想起这些音节。不过，这个故事虽然颇为生动却并不可信。爵作为容器确实与某种鸟有一定的联系，但具体是什么样的联系，尚未得到令人满意的解释。它们通常较小；一部中国著作称，爵的容量为觚的三分之一：实际上，这两类器形大小各不相同，但三分之一这个比例与平均值相差不大。爵的形态相当优美，尽管偶尔也会

7　这种情况下，"爵"字通"雀"，如陆游《村居·白首归来亦灌畦》："不恨闲门可罗爵，本知穷巷自多泥。"——译者注
8　《说文》："爵，礼器也。象爵之形，中有鬯酒，又持之也。所以饮。器象爵者，取其鸣节节足足也。"——译者注

看到质量较差、略显笨重的样品。爵和觚是目前发现的最常见的商代器皿。

觚和爵之外，最常见的青铜器器形当属鼎了。我曾见过一尊商鼎，堪堪三英寸高，直径不超过两英寸，看起来就像一个孩子的玩具，但做工精巧；有些发掘出来的鼎高过两英尺。标准的鼎有三条固定的腿，在底部均匀分开，支撑着一个大小和形状几乎每件都不一样的碗状物，上方则有两个执柄，或称"耳"。这种器皿的名字有时候被含糊地翻译为"三足器"（tripod）。图版15里就是一尊周鼎。一尊真正典型的鼎，器底应该是光滑的，非圆即平。然而，不少鼎的底部在接近每条腿的地方都有凸出，这表明它们实际上更像是某种腿部已几乎——但尚未完全——固定的鬲。这一点很重要，因为它展现了鬲从外形上对青铜器样式的影响，而正如我们所见，鬲是从东北地区发展而来并向西传播的。鼎是一种多用途器皿，但最精美的商鼎很可能被用于祭祀目的，或者至少留在非常重要的宴会场合使用。

除了仪式用器外，武器也向我们展示了商代精湛的青铜制造工艺。在短戈、战斧以及偶尔有些矛的头上，我们可以看到令人赞叹的纹样。这些纹样经常用绿松石镶嵌。武器当初的原始样貌肯定比我们现在所见的遗物更好看。如今，绿色的铜锈与绿松石之间形成的色彩对比很小，但当年青铜的金棕色与其上镶嵌着的抛光蓝绿色宝石拼成的马赛克图案，看上去想必就像一件王者的华服那般耀眼。这样的武器可能更常用于仪仗而非战场，图版14中那些精美的青铜战车饰件可能也是如此。

如今商代青铜器在市场上的价格，鲜明地印证了当年青铜器工匠的出品质量。青铜器高昂的价格并不仅仅是因为它们的古老，也不是因为它们的稀有。实际上，随着近年来大量的青铜器涌入市场，当下的青铜器价格与昔日相比已是九牛一毛。然而，最近仍有单件的青铜器以高达六万美元的价格售出。出价如此之高，并不仅仅因为这些青铜器是货真价实的商朝遗物——我曾经以十鹰洋的价格购买了一小堆同样全是真品的商朝遗物，其中还包括一些非常吸引人的雕刻骨器——而是因为人们意识到它们代表了极高的工艺水平，是人类文明最精美的产物之一，具有永恒不变的内在价值。日本的金融家们一进入市场就开始以最高的价格迅速收购中国古代青铜器。近来一位外交官指出，他们这样做是因为担心通货膨胀再次出现，故此希望将他们的钱投资在具有永久价值、不会被通胀影响到的物品上。

青铜铸造技术在中国的起源地，以及中国青铜器上的图案纹样设计的起源地，是两个已被详尽讨论过的问题。这两个问题相互关联，但对我们来说，首先处理与装饰相关的后一个问题将更加方便。

青铜器上的纹样是人类所创作出的最精美的装饰艺术之一；这一点得到了广泛认可。例如，商代龙的图案精致繁复到可以融入最为现代主义的环境中而丝毫不显突兀。总体而言，商代青铜器展现出了相当的审美品味和设计力度，这在任何艺术形式中都很少见；它们明显优于周代晚期青铜器的平均水平。由于当前主流观点认为，中国所有的优秀事物都来自西方，因此这种艺术当然也就被说成是舶来品。这类说法通常极度缺乏证据支持。很多人常说，中国人各式各样的动物图案装饰都来源于生活在俄罗斯南部和西亚地区的斯基泰人。但是那些提出这一主张的人也承认，他们的说法只能建立在以不早于公元前7世纪的斯基泰材料作为参考的基础上，而商代的材料起码比它们早四个世纪。此外，斯基泰艺术与大多中国早期艺术设计都鲜有相似之处。关于这一点，罗斯托夫采夫说："的确，中国和斯基泰的动物风格在某些特征上是相同的：将喙和眼睛作为装饰物使用，以样式化方式处理四肢，将动物身体表面以其他动物图案填充——动物状棕叶饰（palmettes）。然而，两者所有这些在动物风格方面的相同特征，似乎在中国艺术中都出现得相对较晚。"[9]他将这些特征当成是几乎晚至周朝末期或汉朝早期中国人才从斯基泰人那里引入的。但就像我们已经看到的，上述加着重号文字描述的其实是商代青铜器所具有的典型特征，而这些青铜器的铸造时间可能比罗斯托夫采夫提出的时间早大约一千年左右。

事实上，那些被用来试图证明中国人的艺术设计借鉴自斯基泰人的数据材料，恰恰指向了完全相反的结论。有人指出，在公元前6世纪至前5世纪的斯基泰人遗址中发现了许多中国物件，这表明斯基泰人与中国存在着一定联系。他们还指出了当时斯基泰与中国艺术之间的相似之处。由于我们知道他们提到的这些相似特征是中国人自古以来就拥有的，所以一个难以避免的结论就是，其实借鉴者反倒是斯基泰人。罗斯托夫采夫展示的一个典型的斯基泰旗杆尖上有一个眼睛的图案，毫无疑义，此图案就是一个中国的样式化眼睛图案，呈现的方式独特而明白无误。随着越来越多写实的动物形象在商代青铜器上被发现，一些欧洲的专家们现在开始认为，甚至典型的斯基泰写实动物风格也是从中国借鉴而来的。这一点仍需时间和进一步的研究来证实。

西方关于中国青铜器图纹设计之起源的观点存在的一个问题，就是西方学者常常缺乏合理的方法来对中国早期青铜器进行

9　M. Rostovtzeff, *The Animal Style in South Russia and China*，pp.73-74. 着重号为我添加。

准确的年代鉴定。比如说，一位声誉很高的欧洲学者称某件著名的青铜器来自"周朝晚期"。他并未提及，可能也并不知道，该青铜器上刻有铭文。然而，该铭文长达151字，其中还包含了多位王的名字，可供学者对此件青铜器进行定代。而且，该铭文的字体恰恰就是所有能熟练阅读青铜器铭文的人们都认识的那种字体形式，只要看到上面的三个字，就能立刻知道它并不来自"周朝晚期"。事实上，这件青铜器的铸造时间要比这位学者所认为的早五百年左右。

迄今为止，尚未有证据能证明，在世界其他任何地方曾存在过与商代青铜器几乎相似的艺术设计。那些热衷于证明这种艺术是舶来品的学者们对中国以西地区所使用的图案纹样进行了大量的调查，但几乎没有取得任何结果。许多人认为，商代艺术与太平洋岛屿和美洲——尤其是阿兹特克人与玛雅人——的艺术设计存在相似之处。关于这一点，我无法作出判断。但据我了解，商人的装饰艺术与一些印第安人部落——这些部落从属于被美国人类学家统称为西北海岸印第安人（Northwest Coast Indians）的族群——的装饰艺术之间存在着某些特别的相似之处。其中一个相似之处是动物纹样的组合方式；另一个则是使用单独的眼睛作为装饰纹样的倾向。更具体地说，这些北美印第安人使用的表现手法，也是将动物以一种仿佛被劈开后平铺成相连接的两半的形态呈现，一如我们之前所看到的商代艺术设计；据我目前所知，世界上仅有这两个地区使用这种表现手法。这可能再次表明了商代文明与太平洋地区的紧密关系。

青铜器的制作铸造技术几乎可以确定不是在中国发明的。商人的青铜制品与其他任何地方出产的同类物品相比较都不落下风；他们青铜制造工艺的发展和完善哪怕不需要花几千年，起码也要花数个世纪。然而，在安阳商代遗址正下方的黑陶文化遗址中，没有找到一丝青铜的痕迹。如果青铜技术是在中国发展起来的，它就肯定会在一定程度上传播，那么至少我们应当能在黑陶遗址中找到一些从敌人那里缴获的武器，或者敌人射出的箭头。但我们并未找到这类证据。

一个难以回答的问题是，在大邑商之前，青铜技术在中国已存在了多长时间。许多考古学家认为，我们必须假设中国的青铜技术在商代之前经历了一个漫长的发展期。与之相对的理论则认为，青铜器铸造是作为一种已完全发展成熟的技术，由西方的入侵者带入中国的；这些入侵者定居下来，形成掠夺性的贵族群体，依靠新石器时代当地原住民的劳作为生，并成为后来历史时期中国贵族阶层的祖先。但正如前面指出的，我们知道中国古代贵族在祭祀中所使用的礼器，从外形上与中国东北地区——而非其他任何地区——长期以来的典型陶器相吻合，这使得该理论可能性不大。同样，商代青铜器上的图案纹样在除了中国以外的任何地方都未发现，这一事实也驳斥了该理论。

那些主张中国青铜时代文化完全是由外来入侵者引入的人通常认为，该文化是从北方草原通过甘肃省进入中国的。我们之前已经看到，彩陶作为明显来自西方的外来物最先抵达中国，并在甘肃停留最久。青铜技术很可能也是通过那片地区传入中国的。得益于安特生的工作，现在关于史前时代甘肃地区的考古成果已广为人知。安特生发掘了许多遗址，其中既有村落也有墓葬，时间跨度涵盖了从新石器时代到铁器时代间的不同时期——其中铁器时代遗址的年代被他暂且定位在商代之后约五百余年的公元前600年至前100年间。在这些遗址中——哪怕是最晚的遗址里——也没有发现任何与商代青铜器可相比拟的物品。青铜制品在这些遗址中确有出土，但它们都是一些小物件，比如纽扣以及小的动物形象；这些物件上的装饰都不能与商代青铜器的装饰相提并论。

  青铜器制作铸造技术的基础，几乎可以确定是中国人从其他地方学习的。它的基本原理可能——甚至很有可能——来自西方。但在商人的手中，这一技术被提升到了人类历史上任何其他地方都鲜能达到的卓越程度。商人铸造出来的青铜器从外形上具有典型的中国风格，并装饰有深深根植于中国人生活和思想中的图案。从这个意义上来说，它们并不能完全被称为是舶来的艺术。

  许多商代青铜器上并无任何铭文。有铭文的青铜器通常字数也只有一到三个字，很少有更多铭文。这些字是无法"阅读"的，也就是说，它们并不以我们所知的甲骨文或其他中国文献中的词语形式出现。它们普遍被认为可能是最初拥有这些青铜器的部族（clan）、家族或个人的名字；这一解释的正确性几乎毋容置疑。较长的铭文当然也有出现，但较为少见。过去曾认为，包含"父甲"（Father Monday）或"父丁"（Father Thursday）[10]这类名称的青铜器全部都来自商代，但现在我们得知，这种命名祖先的方式后来一直延续到了周代。有个别青铜器铭文长达二十个字甚至更多，其字形与甲骨文非常相似，并且内容似乎也表明它们来自商代。学者们大体上同意这些铭文可能是商代的，但达到这样长度，从而能够以此种方式确定年代的铭文不超过十篇。《国语》中引述了一篇据称是来自商代青铜器的长篇铭文，但从

---

10 中国古代使用的干支纪日法与现在的一周七天并不对应，是故对于此处顾氏原文，只象征性举此二者为例。——译者注

历史和语法的角度来看,我们有理由怀疑这篇铭文是否曾真的出现在商代器皿上。[11]

在本章中,我们对青铜器的讨论仅限于来自安阳的器物,因为安阳是目前唯一可以被确定为商代的遗址。不过,在其他分布广泛的地方,都出土了许多与商代青铜器密切相似的青铜物件——无论发掘方式科学与否。根据我的经验,这些物件在质量上往往不及最出色的安阳青铜器。然而,我们没有任何理由认为,青铜铸造的技艺在商代仅限于或可能仅限于安阳。随着时间的推移,我们有望能够辨认出大邑商同时期其他遗址的器物。但目前我们还缺乏确切的辨别标准。

---

11 《国语·晋语一》:"商之衰也,其铭有之曰:'嗛嗛之德,不足就也,不可以矜,而祗取忧也。嗛嗛之食,不足狃也,不能为膏,而祗罹咎也。'"——译者注

第八章

商代社会

　　人类之间最明显的关系就是亲缘关系。父母和子女、兄弟和姐妹，甚至遥远的表亲之间全都有明确的生理性联系。不同于朋友之间、统治者和追随者之间、仆人和主人之间的关系，亲缘关系的建立不是临时而任意的。人类在婴儿时期尤为脆弱无助，这使得孩子在一些年里需要依赖父母而生存。所有这些都导致家族群体中的人们会建立起一种品味和习惯上的相似性、一种彼此间完全了解的感觉，以及一种其他群体难以匹敌的忠诚。

　　在中国，这种家族层面的团结通过祖先崇拜的制度得以增强。中国人认为祖先们非常强大，如果他们高兴的话，能在一切事情上带来兴旺，甚至愿意的话也能导致死亡来进行惩罚。因此，保持他们心情愉快十分必要。那么该如何做到呢？当然是通过向他们祭祀。但是，这种祭祀并不只是一个人一生要做的事，只要家族还在延续，祭祀就会持续存在。任何增加家族整体权势和声望的事也都属于对祖先的服务，因为这样可以更加确保祭祀的延续。反之，任何对家族的伤害也都会直接构成对祖先的伤害。故此，中国人的确有非常强烈的动机保持对家族的忠诚。如果一个人为了家族利益，甚至不惜以生命作为代价，那么至少可以确保的是，他在后代的祭祀中能够获得一个尊崇的地位。但倘使他成了家族的叛徒，那他的命运就将面临诸多艰难困苦。最起码来说，他将遭到所有人的鄙夷。更糟的是，他将成为先灵的敌人，并无从得知他们可怕的复仇会什么时候或是以何种方式降临。最后，最糟糕的是，如果他的罪行导致他的支系绝嗣，他就将可能成为最不幸的存在——一个饥饿的孤魂野鬼，茕独游荡，无人尊崇，无人祭祀。

家族团结与忠诚在中国人的处事中一直扮演着——并且如今仍然扮演着——如此重要的角色并不令人意外。这是中国历史的主要因素之一，我们稍后将对其进行详细讨论。至于家族在商朝时期的重要性，我们所知甚少，而甚少的那一点也大多是通过推论得出的。一个重要的事实是，商朝统治者都来自同一家族，继承权以血缘关系为基础。尽管在我们看来，血缘继承是约定俗成的惯例，但这种制度并非普世共有：古时和现在的许多共和国，乃至各色或多或少原始的族群，都曾并仍基于其他资质选择自己的统治者，而不考虑与前任统治者的关系。故此，仅从血缘继承这一个事实，我们就可以确定，家族对商人而言是一个颇为重要的制度。

当现代中国人谈到自己的"家族"（family）时，他所指的人数通常会比西方人在使用同一词语时所指的要多得多。我们所说的"我的家庭"（my family），通常不会超出与我们居住在同一家庭里的人，也就是父母和子女，而中国人指的可能是成千上万所有与他姓氏相同的人！至少当他指的是居住在同一家庭里的人时，这一家庭里往往包括来自数代的几十口人。我们不知道商人的家族组织是什么样的，但我们有充分理由相信，它并不仅仅只是由一男一女和他们的子女所组成的群体,因为王位的继承并非直接由父亲传给儿子,而是由兄长传给弟弟;似乎王位只有在没有弟弟的情况下,才会传给儿子。

这意味着,即使在商王的儿子们成年并拥有了自己的妻儿后,他们之间的亲属关系依然紧密。几乎可以肯定的是,存在一个王室部族对商朝事务进行掌控,并在行政和战争中发挥领导作用。

在有些人看来,商人的家族组织乃至两性道德都相当松散;他们甚至认为,那个时代的人们只知道自己的母亲,但不知道自己的父亲。虽然我们在这个问题上没有太多证据,但不管怎么说,这种推测缺乏充分的证据支撑。这种观点的产生是因为我们有时会发现一个国王向他的"几位父亲"献祭;[1]由此有人推断,当时几个男人会与一个或多个女人结婚,或者甚至根本不结婚。但更有可能的情况是,"父"这个字只不过是被用来包含了叔伯,就像我们在后来的汉语中发现的类似用法一样。至于说两性滥交的指控,这类指控也曾被加诸许多经详细调查后被证明实际上具有非常严格道德规范的族群。

祖先崇拜则进一步证明了商朝时期家族的重要性。不幸的是,甲骨文未能提供太多除了王室以外家族的信息。然而,鉴于这一行为在商代已发展成一个如此复杂的制度,并且它在几个世纪后变得相当普遍,我们很难相信在当时只有商王才进行祖先崇拜。至少,最重要的几个非王室家族肯定也会向祖先的魂灵祭祀。

我们无法确定当时是否存在着一个由个别最为强大的部族组成的明确的贵族阶层,对其他人进行专制统治。这种可能性确实

---

[1] 如《合集》02330:"庚午卜……贞告于三父。"又06647正:"贞㞢于㱿甲、父庚、父辛一牛。"——译者注

第八章 商代社会

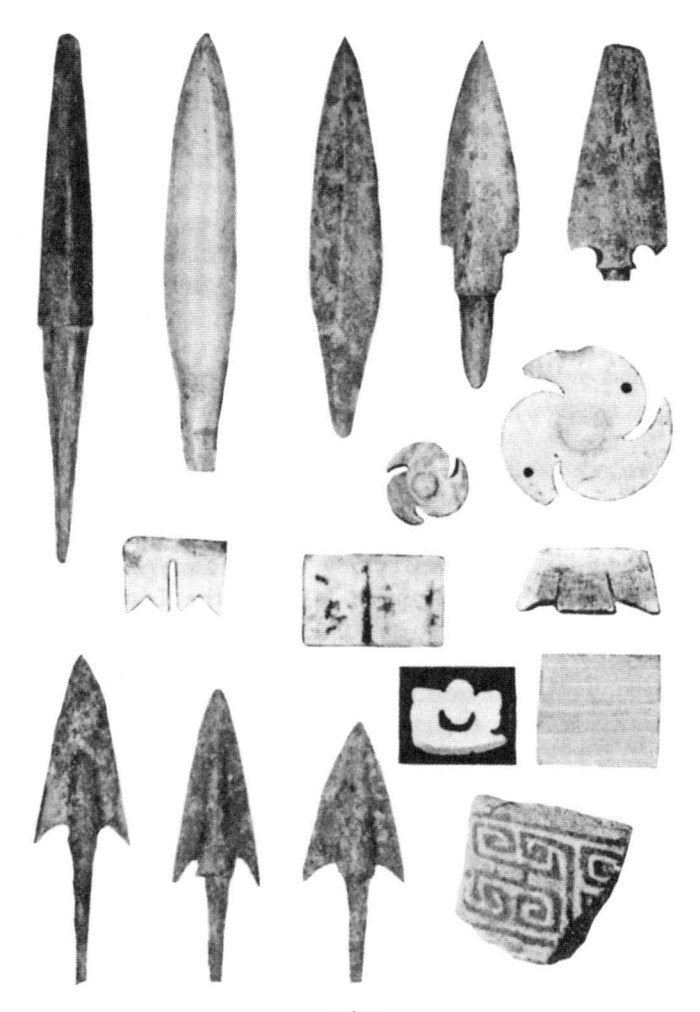

图版7
商代手工品例样

上排的箭头由骨头雕刻而成,下排的箭头则是青铜制成。右下角的陶器碎片是一片"白陶"样本:此类陶器由瓷土制成,被用于仪式目的。其余物品则是由珍珠母和石头雕成的小装饰物。

私人收藏品,引用图像前已征得相关方慷慨应允。

存在。有些人认为这个统治集团或许是来自西方的入侵者，与中国人人种不同，拥有更高等的文化。上文已提及这种说法不太站得住脚的原因；之后介绍周朝社会组织时，我们会再讨论一些其他因素。

统治者有时可能会从这一贵族阶层中选出一些官员，例如卜者、祭司（priests）[2]和外交使节等。从另一个角度看，也有理由相信他们最初可能是王室家族中谦卑的仆从，其地位逐渐随着权力和身份的提升而提升。

在甲骨文中出现了几个表示"仆从"（servant）和"奴隶"（slave）的词。[3]其中一个非常有趣：它仅由一只人眼的图像构成。[4]一直以来这个字符都是一个谜团，直到一位中国学者最近发表的一篇精彩的学术研究揭示了它的历史。使这个谜团更加令人困惑的是，这个字在后来的汉语里意为"臣"（minister），就像我们所说的"首相"（prime minister）一词。一切的关联之处在于，首先，商人会用眼睛的图像来简略地表示"头"的概念。因此，他们在画马或老虎时，有时画出动物的身体，顶部只画一只眼睛来表示头。[5]在计算战俘的数量时，古代中国人以"头"为计量单位，就像我们说"一百头牛"（a hundred head of cattle）。然而他们并不将"头"写出来，而仅仅是将其简化成一只眼睛。于是，这只眼睛就代表"俘虏"；由于俘虏会成为奴隶，这只眼睛也就随之代表"奴隶"。但这一字符进一步转变为"臣"的过

---

[2] 或称"巫"。——译者注
[3] 现代中文里"仆"字、"奴"字在甲骨文中均有原型出现。"仆"字形如一人端着畚箕从事卑贱劳动，"奴"字则如人双手在身后交叠反剪。——译者注
[4] 见甲骨文中"臣"字形。——译者注
[5] 例如"虎"、"马"。——译者注

程很有意思:"俘虏"变成了主人的奴隶或仆从;逐渐地,他或他的后代开始对自己的主人及其家族产生忠诚感,并被视为自愿效忠且以此为荣的追随者(retainer)或封臣(vassal)。最后,我们发现它用来指代王的主要追随者,也就是他的大臣们。

这个字符的历史体现了整个社会演进的过程,从强者统治、掠夺和奴役弱者的时代,到最初由武力确立的头衔和关系演变成为有序社会法制基础的时代,而这一有序社会是建立在相互宽容和相互尊重权利与义务的基础上。在商代,"臣"字有时已被用来代表某种官员,但我们也发现它被用于更原始的意义,表示仆从甚或奴隶。

"臣"字对应的女性用字是"妾",这个字现在通常被用来表示"侧室"(comcubine)。[6] 我们可以推测,这些人是战争中的女性俘虏。她们和男性一样被奴役,并被要求从事各种劳动。即使在周朝早期,"妾"字也并非总是指现代意义上的偏房。作为一名女奴,妾几乎没有权利或特权,至少在某些情况下明显是一名女性农奴(serf)。可能她有一个丈夫,同样也是一名奴隶。她的主人如果愿意,可以对她行使性权利,但他或许通常情况下并不会这样做,除非是碰到了极为吸引人的女性:后者会被纳入他的家庭,从事较轻的工作,并逐渐占据实质意义上的旁妻位置。逐渐地,她们及其子女获得一些权利或特权,妾室制度也得以发展。

有一位中国学者称,商代的所有奴隶在额头上都刺有刺青,想必是为了增加逃跑的难度。此说法并非定论。我们并不清楚商朝时期随从和奴隶的地位以及受到的待遇,但他们不可能所有人

---

6 甲骨文中"妾"的字形很明显和"奴"字相似,也呈双手交叠于身后状,且人以跪姿出现: 。——译者注

都遭受极端残忍的对待。因为我们知道他们经常被征用为士兵；倘使他们一直都由于自身地位而遭受虐待，那么商人将很难依赖他们来进行战斗。

上层阶级的女性地位可能相对较好。已故的王后们或独享祭祀，或与丈夫一同被祭祀。我们偶尔会发现为女性进行的占卜记录。多妻制可能存在，但是施行得相对节制。甲骨文记载有一位商王有三名妻子、两位各有两名妻子，以及二十六位只有一名妻子。或许这些商王就像中国后世的一些君主一样，更关注太平而非后宫。

总体而言，我们对商代社会组织了解甚少。另一方面来说，我们对于几个世纪之后时期的社会组织却所知颇多。很有可能较早时期的情况基本与后来相似；这样的话，我们就可以从周朝的情况推测出商代社会的模样。但是，更好的做法似乎是仅仅呈现现有的少量事实，以便读者能够在接触周代资料时自行推测商代的情况。

第九章

商代国家

如我们所知，大邑商是一座都城、一座王城。但是，以其为中心所统治的领土疆域有多大呢？君王统治的领土可以大到整个欧洲那么广阔，也可以小到只有一座城邦。如果我们愿意相信的话，中国的历史叙事会告诉我们，商王统治了整个世界——亦即商人认知到的整个世界，包括所谓的华夏（the Chinese world），乃至外部的蛮夷，尽管其中一些蛮夷有时会发动叛乱。但显然这并非实情。

在考虑商朝领土大小时，首先我们必须要考虑的一个问题是，一个人或一群人要对大量人口和广袤疆域施行真正的控制是一件多么困难的事。统治者在他的都城里发号施令，这个命令被不远万里地传达到目的地后，可能会对许多人的财产乃至生命都产生不利影响，而这位统治者甚至可能都没亲眼见过他们。我们对此习以为常，但实际上这种现象堪称奇迹。

如果用最通俗的话来说，那么只有两种影响可以将人们联结在一起，使其服从单一政府的命令。其中一种是武力，另一种则是心理因素。在人类历史上，纯粹依靠武力的统治，很少能持续几十年以上，如果有这样的例子确实的话。经验一次又一次地证明，率领一支军队开疆拓土、征服掠夺哪怕再广袤的地域都并非难事。入侵者的可怖名声会使许多国家和城市不做任何抵抗就俯首称臣；被征服的人们会加入这支胜利之师，渴望在之后的战利品中也能分得一杯羹。但一旦征服的势头停顿下来，这样建立起来的"帝国"就会像朽烂的织物一样土崩瓦解，除非在征服过后能有一种非同寻常的智慧以基于思想而非武力的更加强大且持久的纽带将其维系在一起。

当然，对于一个小群体而言，通过纯粹的武力控制一定数量的同伙和一小片领土是可行的。不过，为了做到这一点，这个统治集团必须拥有一种能使其中一名成员抵御一定数量被统治者的武器，而且这种武器不能被被统治者轻易获取和使用。中世纪欧洲甲胄在身的骑士可能就是最好的例子：无论面对多少农民或是步兵，身披钢甲、骑在战马上的他们几乎都能够抵御。反之，普通民众则很难利用骑士的武器来对付骑士，因为盔甲是量身定制的，而且穿着盔甲战斗和使用骑士的武器需要多年训练才能掌握。

在中国，我们并没有发现这样的武器。战车固然是专属于贵族的财产，但它可以通过简单的方法——挖沟——来抵抗。最有效的武器莫过于反射弓（reflex bow），其威力几乎是普通的欧洲或英格兰长弓的两倍，足以穿透甚至商代之后存在的所有盔甲。这种弓结构复杂，但它的材料一般容易获取，无法被某一特定阶级或地区垄断。有鉴于此，大邑商的人们很难单纯依靠武力来统治广阔的领土。他们可能有在不同地方布设驻军，但这也用处不大，除非这些驻军在数量上能够达到被统治人口的很大一部分：这显然并不现实。因此，商人实际上主要得依靠心理因素来实施掌控。

心理控制的形式多种多样，其中最常见且可靠的一种就是宗教。正如我们将会看到的那样，宗教在之后中国历史中所扮演的角色举足轻重；毫无疑问，它在商朝的统治系统中也有一席之地。受商朝统治的人们可能会时不时被告知，商人祖先的力量是多么强大，忠诚于他们的人将获得多大的好处，而成为他们的敌人将会是多么可怕。但这种宣传不可能永远有效，因为一旦商人在战斗中被敌人击败，在某些被统治的群体看来，这可能就意味着商人祖先的力量正在衰落，而此时或许就是检验他们自己祖先实力的好时机。

另一种或许比宗教更为强大的心理力量，则是获取利益的希望。统治者可以用多种形式向他的臣民展示这一点；其中最困难但或许也是最可靠的一种，就是一个和平而井然有序的政府。这个政府能够保证子民不受入侵和内战的威胁，让个体能够安全地谋生，以作为对其适度上税的回报。这正是罗马帝国几个世纪以来所提供的保障，而唯一能与罗马帝国的空前成功相提并论的就只有中国。但我们很难想象商人能够提供这一切。这意味着内政和军事层面极高的行政效率，而我们并不认为商人具备这种效率。

还有另一种行政手段则是由中央政府向偏远地区驻扎的官员和士兵发放钱饷。不过，我们对商代经济的了解并不足以让我们认为，当时的货币和商品的流动性已经高到了能轻而易举为这种类型的控制提供基础的地步。

然而，在人们看来，商人控制其大片领土的方法并非上述任何一种。商人的王国更多被认为是以封建制度为基础。从根本上来说，这是一种将政府"分包出去"（farmed out）的制度。君王将特定的某块领土赐给贵族作为封地，而贵族则可以实质上自主管理领土并征收税款。作为对这片封地的回报，贵族需要向自己的领主（lord）提供特定的——通常是军事上的——服务，或许还需要定期上供约定数量的物品。如果商人采用的是封建制度，那么很难相信他们能够长期对非常广阔的领土施行完全掌控，因为世界各地的经验都表明，封建制度为一个国家所提供的基础极其不稳固。封臣的臣民属于封臣而非君王，而封臣则总是想着与君王作对，以试图扭转双方的地位。一位研究中世纪欧洲封建制度的权威曾说过，每位欧洲封臣在一生中都至少与他的上级发生过一次战争。如果我们看向商朝之后的中国历史，我们会发现封建主义从未能够将中国大片领土长期维系在一起。尽管周朝初年可能实现过这一点，但是这是新的征服浪潮过后非常特殊的情况所致。这将是我们稍后会看到的另一个故事。

商朝时期存在封建制度的可能性很小。我们知道，征服商人的周人在很多方面都沿袭了前者的制度。诚然，周人有封建的制度，但他们的封建制度似乎是随着征服由他们自己从简单的形式发展起来的。在甲骨文中，我们确实发现了一些统治者的头衔，这些头衔也存在于后来的中国封建等级制度中，例如可以被翻译为marquis的"侯"。但我们知道，在周代早期，无论封建与否这只是一个统治者的称号——在商代情况可能也是如此。与商人同时期存在的还有许多其他统治者，其中一些臣属于商王。但根据我们拥有的证据来看，这些人似乎并不是由商王封疆的诸侯（feudatories），而是长久以来就一直存在的领土或部落统治者，只不过被商人所征服，从而降至属臣（vassals）的地位。这种情况并不少见。罗斯托夫采夫在谈到萨尔贡一世（Sargon I）[1]

---

[1] 又称萨尔贡大帝，阿卡德帝国的创建者，在位时间为公元前2334年至前2315年。阿卡德语里萨尔贡（Šarru-kīnu）意为"正统的国王"或"合法的国王"。——译者注

对美索不达米亚的征服时说:"这些征服并没有创造出一个由单一中心统治、包含不同族群的大帝国。苏美尔和阿卡德都没有强大到足以实现这一点。作为征服者,苏美尔和阿卡德国王仅仅满足于邻国承认自己战败的事实,而战败的标志则是每年上缴的贡品……苏美尔和阿卡德王国始终只是一个由统治族群的君王们控制的小王国联盟,而非一个由单一君王和他的官员统治的中央集权化王国。"[2] 这段话似乎也可以大体描述商代的国家状况。

如果情况果真如此,那就意味着商人必须时刻令名义上服从于他们的小国惧怕自己的军事实力,否则这些小国可能就会放弃效忠。同时,领土的控制范围也会根据在位商王的能力和精力有所增减。这种事情似乎确实发生过。

让我们回到本章一开始提出的问题——商朝的领土范围有多大?安阳以西100多英里的地方是太行山脉的分界线。从黄河以北开始,太行山脉在安阳以南约50英里处,向北并偏东方向延伸,直到安阳以北100多英里处。在这个范围内,只有一些小径阻断山脉。在这道位于安阳西北方的"帷幕"的后面是汾河流域、一个肥沃的农业生产区,也是古代中国的三个重要地区之一、今天山西省南部的一部分。由于从安阳到达汾河流域路途艰难,故此商人控制这一地区的可能性不大。我们知道商人一些最主要的敌人都来自西方,他们中有些很可能就来自汾河流域。

在安阳以南大约80英里处,黄河奔流而过。即使在之后的时期,这道天堑对军事行动也构成了巨大的障碍,故此我们有理由怀疑,商人的控制未能有效地延伸到黄河以南。根据我们对一些地名——甲骨文告诉我们商王出行时曾到过这些地方——的初

---

[2] M. Rostovtzeff, *A History of the Ancient World*, Vol. 1 (Oxford, 1926), p.27.

步鉴别来看，这些地方中有几个紧靠黄河北岸，但我相信没有一个位于黄河以南。黄河作为一条河流，改道之大你可以尽情想象。就在1852年，它的河道以及汇入太平洋的入海口均突然向北平移了250英里。商代黄河的具体位置很难判断，但它可能在安阳以东仅约10英里处流向东北方。无论黄河当时是否在那里，该地区都有其他平行的河流，这使得商朝很难控制安阳以东哪怕100英里内的土地。在安阳东北部，有一片几乎延伸到满洲的平原，但商人在北部和西北部的敌人使我们无法确定他们是否控制了这整个地区。考虑到自然屏障以及甲骨文提供的少量证据，我估计商人可以进行有效控制的最大区域面积大约为40 000平方英里。这或许只是我的个人观点，在此仅供参考。商朝的实际疆域可能比我的估算小得多，而中国的学者乃至考古学家则普遍认为它远大于此。

在这个中国古代的世界里是否存在多位"王"？在正统传统甚至许多完全"现代"的学者看来，答案是否定的。一部后来有关礼仪的书引用了孔子的话："天无二日，土无二王。"[3]"王"字在古代甲骨文中的早期形式是 ⛏。它描绘了一个人挺身而立，双臂伸展，双脚稳稳地踩在地上的样子；这个人正掌控着一块领土——谁能够夺取它就来试试吧。这个字形似乎更适合代表一个小地方的军事首领，而非象征一个统治庞大国家、组织严密的政府的首脑。显然，它最初的意义的确更为狭窄。

据我所知，甲骨文只有两处可能提到了拥有王的头衔的非商朝统治者。商人可能像后来的周朝统治者一样喜欢保持一种虚构的假象，即他们的王是唯一存在的王。但我们可以确定，在当

---

3 《礼记·曾子问》。

时的中华世界,还有其他首领认为自己和商王一样,也能被称为王。

关于这些国家之间的关系,除了他们之间的战争,我们几乎一无所知。也许战争就是它们之间主要的关系。然而,我们确实知道,在商朝统治的最后时期,也就是周人征服商人之前,周人和商人间有着密切的文化联系。同时,我们也偶尔会发现甲骨文中有派遣使者到其他国家的记录。

有一些我们或许不应过于认真对待的证据似乎表明,这些使者以及商王政府中的一些其他官员并非王族成员,甚至或许根本就不属于地位较高的贵族阶层。他们看起来更像是商王的仆从,从较为低贱的位置晋升至高级职务。这并不令人意外,世界其他地方也有过类似的情况。君王的家族成员或是高级贵族均不能被理所应当地赋予太大的权力;他们总有可能将其用于个人目的,并且如果他们不忠心事主,其手中过大的权力也将使君王无法随意且不带来任何后果地对其进行惩罚。但随从的情况就不同了。即使有权力,随从也很难篡夺主人的地位。如果随从不服从命令,主人便可以毫无顾忌地将他当场处决,因为他背后没有强大的部族来为他报仇。

在这方面,有两个汉字特别重要,它们代表着"大臣"或"官员"的意思。其中一个字我们已经讨论过,其含义最初是"眼睛",然后依次变为"俘虏""仆人""随从"和"大臣"。另一个字则读作*shih*;它与其他几个字形稍有不同的字均演变自相同的字根,它们的意思包括"使用(use)、雇佣(employ)、命令(order)、派遣(send)、事情(business)、事务(affair)、文员(clerk)、记录者(recorder)、卜者(diviner)、历史学家(historian)、历史(history)"。这个字在甲骨文中作为一个动词

139

出现时代表"派遣",作为名词出现时则代表"事务",同时它还作为一个官职出现。它最常见的字形是 。最初,这个字符被解释为一只右手握着横放在书上的笔;因此,人们认为这个词最初的意思是"书写者"。这对于这个字之后的含义而言将是一个非常庄严的起源。但后来,根据我们对甲骨文字符的了解,有人指出这个字形里并没有书。此外,我们偶尔还会发现,有时候抓住这个物体的是两只手而不是一只手;如果此物体的确是一支笔,那这就很奇怪了。我相信在中文里没有笔是以两手抓握的方式呈现的。有大量的证据可以告诉我们被握住的东西是什么:整个物体是一个杯状的计分器(tally-holder),用于在射箭比赛里计分,握着它的则是计分员的手。[4]

直到最近,弓箭都一直是中国的主要攻击型武器。晚至20世纪,宫廷前仍会举行射箭比赛。我们知道射箭比赛在古代非常重要。古代中国人通过木制或竹制的"筹"(tallies)来记分,根据固定规则将其放入杯中或取出。自然而然地,必须得有一个专门指定的仆从来记录分数,他就是最初的"史"。即使在后来的周代,我们仍能发现计分员被如此称呼。被指派服务的仆从必须足够聪明,而这种任命无疑也将提升他们的地位。随着书写的发展,又出现了其他需要保留的记录,而"史"又自然地承担了这项职责。随着这些记录逐渐发展成为历史,"史"便成了历史学家。随着学识的增长,他就又成了士人(scholar)。

逐渐地,士人们获得了权力和影响力;这一过程我们稍后会大致追溯。他们被赐予土地,一块被用来代替他们服务薪酬的

---

[4] 在《仪礼·大射仪》中,所谓的计分器、分筹和盛射器分别被称为"中""筹""豊":"宾之弓矢与中、筹、豊,皆止于西堂下。"——译者注

封地。就我们目前所知，这一切都发生在商代之后，因此早期的"史"对于之后强大的"士"而言，更多是精神和职业上的祖先，而非实体层面的祖先。后来的中国政府渐渐出现了权力高度集中在士人手中的局面。然而，倘使我们手头的证据可信，那么这些骄傲的文官的地位其实是从射箭比赛的计分员这一谦卑的职位逐渐演变而来的。

第十章

战　争

西方人普遍将中国人视为本质上爱好和平（pacific）甚至是和平主义（pacifistic）的民族，并将他们最近的内战视为反常现象。中国人自己更加了解自身的历史，他们知道其中不乏战事，其激烈程度和破坏性不亚于任何同时期其他族群的战争。然而，尽管这些冲突在过去时有发生，但中国人相信，在几千年前的某个时候存在着一个没有战争的世界；彼时，圣王的仁政与当时人们心中尚未腐化的善良相结合，创造出了一个"大同"（great peace）的时代。[1]

掌握着新材料的科学史学家们，无论中西，都知道这只是一个幻想。战争在中国的历史就如同中华文明本身一样悠久。其实在文献记录中断的地方，毁灭所留下的血红印记似乎也仍在延

---

[1] 据《礼记·礼运》篇记载，孔子在与弟子言偃对话时，提到假如社会能实践"大道"，便能实现"大同"的理想世界："大道之行也，天下为公，选贤与能，讲信修睦。故人不独亲其亲，不独子其子，使老有所终，壮有所用，幼有所长，矜寡孤独废疾者皆有所养，男有分，女有归。货，恶其弃于地也，不必藏于己；力，恶其不出于身也，不必为己。是故谋闭而不兴，盗窃乱贼而不作，故外户而不闭，是谓'大同'。"——译者注

第十章 战 争

续,指向一个我们一无所所知的更早时期,却同时又告诉我们,当时的人们之间也会相互残杀。

如果要定位中国传统中所提到的"大同"之世,那么我们必须上溯到新石器时代早期。专家们一致同意,在我们目前已知的较早的新石器时代遗址中,几乎没有任何战争的证据。但此处又有一个令人好奇的事实,与"中国人是且一直是和平主义者"这一普遍观点相矛盾:箭头在西部——如甘肃地区——的新石器时代遗址中相对较为罕见,但在东部的河南和山东地区——也就是后来"中国文化的摇篮"——的新石器时代遗址就相对较多。直到来到"黑陶文化"时期,我们才在新石器时代遗址中发现带有城墙的城镇。然而在这一时期,我们在山东的城子崖发现了一座被夯土墙包围的矩形城市;即使经历了三千多年的风雨侵蚀,其城墙仍然高达十英尺,地基宽超过三十英尺,总长度超过一英里。在安阳的新石器时代"黑陶"文化层中,也发现了类似的墙壁,其规模尚未确定,但堆积在地基上的箭头表明这道墙当年曾被用作防御工事。正如我们所见,这群来自黑陶文化的人在许多方面是商人的直系文化祖先,故此也是中国文化的祖先。由此可见,在早期的华北地区,相较于更可能受到来自遥远西方族群影响的西部地区居民,生活在更加"中国"的东部地区的居民似乎就显得更为好战。

在火器从西方传入之前,弓箭曾是中国战争中主要的攻击型武器。直到清朝覆灭前,满洲旗人都一直练习射箭。他们会定期举行考试,武官候选人需要在皇帝面前射中目标。候选人需要骑马全速冲过目标,在此过程中射出三箭。许多曾参加过这些竞试的人如今仍生活在北京,他们当年使用过的弓现在仍可以在古玩店买到。

142

129

这些弓不容小觑。它们力量非常强大，有时拉力可达一百六十磅，远超英格兰自耕农（yeoman）所使用的"长弓"。这就是我们所说的反射弓，或称"鞑靼"弓。其形状并非简单的弓形，而是被我们称为"丘比特弓"的复合形。它由柔韧的木材与角和筋组合而成。我们并不清楚这种弓最早是何时制作的，但《诗经》有云：

骍骍角弓，翩其反矣。[2]

又云：

角弓其觩，束矢其搜。[3]

在这两段中，理雅各均将"角弓"翻译为"装饰有角的弓"（bow adorned with horn），但其含义似乎更像是指角是弓的一个组成部分。我们在甲骨文中发现"射"字写作φ；我所了解的这个字符的所有形式，展现出的都是这种在我们西方人看来独特的弓形，因此毫无疑问，商人使用的弓通常就是这种类型。既然如此，我们就可以合理地推断，角和筋的结构也可以上溯到那个时期，因为仅用木材制出这样的弓绝非易事。

甲骨文显示，商人还会使用发射小石头或其他材料的弹丸弓（pellet bow）。这种武器的功能类似于现在男孩用叉形木棍和厚实的橡胶带制作的普通弹弓。在新石器时代遗址中大量出土的陶

---

[2] 《诗经·小雅·角弓》。
[3] 《诗经·鲁颂·泮水》。

质及石质弹丸，均可能曾被用于这种武器。

在对其制造过程的讨论中，我们已解释过为什么我们认为箭是由竹子制成的。商代甲骨文上箭矢的图案则清楚地显示，箭杆的后端附有羽毛。[4]

在中国文化中，箭术作为一项实用技能以及君子素养的体现，一直以来都十分重要。"射"和"御"均为每个贵族都需要学习的"六艺"之一。从《论语》中的几篇可以看出，孔子本人认为箭术这一技能十分重要，值得被纳入他的讨论。他说："射不主皮，为力不同科，古之道也。"[5] 他的一位弟子在提起他时则说："子钓而不纲，弋不射宿。"[6] 根据青铜器铭文，在周代早期，连周王的儿子们也会和其他年轻贵族一起在专门设立的学校学习射箭。周王本人也会参加射箭比赛作为一种消遣娱乐，还会在比赛后设宴饮酒。《仪礼》是中国目前留存下来的最古老的礼仪类书籍，其中记载了当时高层贵族乃至周王参与的大型正式射箭比赛的相关仪式流程。[7] 这些比赛在中国历史上似乎扮演了类似于中世纪欧洲锦标赛的角色。书中提到的需要遵循的礼仪要求非常详细，甚至包括了在不同场合应该如何正确执弓拿箭的规定。

有关这些射箭比赛的直接证据，最早仅可追溯到商代之后的周代初期。但我们有充足的间接证据能够表明，商朝都城里的贵族们也曾举行过这样的比赛。读者可能还记得，在甲骨文中那个代表"官员"，后来又演变出"历史学家"等含义的词，其最原始的意思是"拿着计分杯（tally-cup）的人"，也就是射箭比赛

4　见甲骨文中"矢"字形：↥。——译者注
5　《论语·八佾》。
6　《论语·述而》。
7　详见《仪礼·大射仪》。——译者注

的计分员。[8] 由于这个词逐渐被用来指代非常重要的仆从甚至商王的大臣，我们不禁推测，商人就像后来时期的人们一样，也曾举行过射箭比赛。

如果说这些聚会是欢庆的场合，那么它们的背景则残忍而冷酷。在周代以及可能更早的时期，贵族们会参与战事，而射箭这项在家中只意味着把酒言欢的技能，在战场上却攸关生死。古代的弓作为武器的威力，可以从以下事实中得以体现：公元前575年，两名战士为了在战前比试他们的技艺，竖起了数层由皮革制成、可能还用木头加固过的护甲，并成功地用一支箭射穿了七层。[9] 另一类能证明弓在战争中重要性的证据则是，统治者通常会奖励面对敌人取得胜利的指挥官，而赠礼通常就是一副漆有朱砂或装饰华丽的弓箭。大量的青铜器铭文都提到了这种赠礼，现存的文献也有提及。[10]

在史语所和盗墓者挖掘出的武器中，除了箭头之外，最常见的当属戈。在图版12所示的三件武器中，中间的就是戈。这种独特的武器尖如匕首，但却被用来像斧头一样劈砍，故此我们可以称之为"短戟"（dagger-axe）。青铜制的戈首平均长约9英寸，木柄与其固定部分重叠，并与刃垂直。这种武器风格各异；其中一些肯定曾被绳索或线圈捆绑在木杆上，而其他一些则可能由一颗或多颗铆钉固定。在北京的市场上出现的一些戈——虽然是盗墓者的赃物，但据推测应该来自安阳——则与上述类型不同；它

8　见本章注4。——译者注
9　具体出处见本章后文注12。——译者注
10　即所谓"彤弓"。《荀子·大略》："天子雕弓，诸侯彤弓，大夫黑弓，礼也。"除此之外，《尚书》《诗经》《左传》等经典文献，以及虢季子白盘、宜侯矢簋等青铜器铭文中也均有提及彤弓。——译者注

们头部的金属中有一个孔洞，可以将柄插入其中，就像我们常见的伐木斧一样（见图版12中左边的物件）。这两种组装柄法还见于常规的战斧，刃口宽度可达7英寸。这些武器想必是为了近距离战斗而设计的。

这类武器中有些被装饰得如此精美，以至于让我们怀疑它们是否真的是为了实战而打造出来的。有时我们会在战斧刃口处发现精致的纹路设计，而更多情况下，装饰会出现于头部与刃相对的另一端：在那里我们经常发现用多块绿松石镶嵌的图案或字符。如果这些武器并非为了战斗而设计，那么剩下的唯一可能就是它们纯粹是因为仪式性用途而被制造出来的。偶尔出现的一种戈证实了这一点：这种戈的头部主要由青铜制成，但实际刃部却是打磨得很薄的玉石，脆弱到任何试图将其用来战斗的举动都会立即损坏它。还有一些装饰精美的青铜制戈也同样极为脆薄，作为武器相当不实用。然而，这些青铜武器并非像有时所说的那样，都没有实际用途。其中有些相当朴素，而且哪怕是用于实战的武器，也没有理由说就不能带有一定程度的装饰。我们常常会发现武器上似乎曾刻有或嵌有其持有者的姓氏，这样的刻字或装饰出现在用于实战的武器上是完全适当的。

在安阳的发掘中还发现了由石头、骨头和青铜制成的矛尖。矛是一种尤其令人感兴趣的枪类武器。它的头部与普通的欧式短矛（spear）头相似，但据说它的柄有时长达十六英尺乃至二十英尺。这种武器通常由驾驶战车的士兵使用，并在文献中被称为一种"防御型武器"。很容易想象，如果一列战车在坚守阵地或撤退时，投掷出许多这种如同篱笆上尖角的长矛，那么它将极大地降低进攻部队的高昂战意：毕竟谁都不想被刺出几个窟窿。

在1935年5月的轰动性发现之前，我们对于商代护甲的使用几乎没有什么确切的了解。中国古代的盔甲似乎主要由皮革制成，有时用木头加固。这种盔甲可以非常坚牢。劳费尔曾描述过一种阿拉斯加印第安人制作的、由两层极硬极重紧紧压在一起的鞣制驼鹿皮制成的背心状护甲。"这种护具，"他说，"可以抵御从一定距离射出的火枪弹。"[11] 至于早期人类是如何将骨片或木片缝入皮革以增加其防护性的，这一点仍存在争议。我们之前已经看到，《左传》中提到过，公元前575年两名军官竖立起层层重叠的护甲，并用弓射击，一箭贯穿了七层。[12] 在这里用来表示板（plate）的字是"札"；这个字的字形中"木"字旁作为其整体的一个部分出现，这使得我们需要考虑，是否可以将木板护甲的出现日期提前到比目前所认为的时期更早的年代。安特生甚至在中国新石器时代的遗址中发现了一些骨片，他认为这些骨片可能表示当时就已存在骨板护甲。[13]

木头和皮革在中国湿润的气候中容易腐烂，因此很难通过发掘来确定这些材质的护甲在中国首次被使用的年代。从公元前722年，也就是《左传》开始记载的第一年开始，某种类型的护甲就作为一种常见的事物在这本书中被不断提及。《仪礼》作为最早的礼仪书之一，将甲和胄列为与每名贵族阶层成员一起下葬的战争器械。[14]《尚书》中一篇名为《费誓》的文献也提到了甲胄；[15] 此篇可能来自公元前770年之前的西周时期，但我们无法

11　Berthold Laufer，*Chinese Clay Figures*，Part 1（Chicago，1914），Plate Ⅺ．
12　《左传·成公十六年》："癸巳，潘尪之党与养由基蹲甲而射之，彻七札焉。"
13　I Andersson，1，p.249.
14　《仪礼·既夕礼》："役器：甲、胄、干、笮。"
15　《尚书·费誓》："善敹乃甲胄，敿乃干，无敢不吊！"

第十章　战　争

精准地确定其成书年代。

然而，所有上述这些均没有为商代护甲的问题提供太多线索。这一问题在1934年被敏锐地提出，因为那一年在北平的古董市场上出现了三顶由盗墓者挖出来的青铜头盔，据说百分之百来自安阳。据称它们都是商朝遗物，而它们的锈化情况则表明这种说法的可能性很大。它们形如欧洲中世纪头盔（casque），可以很好地盖住后颈。一名黄包车苦力试戴了其中一顶头盔，结果发现非常合适。遗憾的是，这些头盔的表面没有任何装饰，不然的话，我们或许能够对其进行年代定位。每个头盔的顶部有一根短小的青铜管，可以插入羽饰或其他装饰物。结合字符考虑，这一发现就显得非常有趣：该字符多次出现于甲骨文中，展现出一个手中持戈的战士头戴某种叉状羽饰或类似装饰物的头饰的形象。[16] 这三顶头盔中的两顶均被堪萨斯城的纳尔逊艺术博物馆（Nelson Gallery of Art, Kansas City）[17] 收藏，据我所知现在正在那里展出。当这些头盔刚刚出现于世时，我曾对它们进行过检查；在我看来它们"可能来自商代"。当然，在那个时期金属铠甲是闻所未闻的，至少一名西方专家甚至声称，在中国，最早得等到周代晚期，金属才开始被用于护甲。然而，与此相反的是，有一份周代早期的青铜器铭文似乎明确地提到了金属护甲。这就是截至1935年4月时的情况。

到了5月份，史语所的发掘人员在安阳一座巨大的商代墓穴

---

16 此字符出现于《合集》04421中，且疑似出现了两次（另一次为）。——译者注
17 现称纳尔逊-阿特金斯艺术博物馆（Nelson-Atkins Museum of Art），由东翼的阿特金斯美术博物馆（Atkins Museum of Fine Arts）与西翼的柔克义纳尔逊艺术博物馆（William Rockhill Nelson Gallery of Art）于1983年合并而成。——译者注

中发现了70多顶青铜头盔。这些头盔无疑来自商代：这不仅仅是因为它们的发现地点，还因为其中一些的表面装饰有商代青铜器上的典型图纹设计。其中大部分头盔已经损毁，但有两顶几乎还完好无损。它们的外形基本上与纳尔逊艺术博物馆所收藏的两顶相似。这些头盔是在我最近一次访问安阳后才发掘出来的，所以我未能一睹真容。在这里，我要感谢梁思永先生所提供的描叙。

这些物品为古代中国护甲研究打开了全新的局面。虽然这次发现仅限于头盔，但一旦人们理解了战斗中使用金属来保护自己的原理，那么制作胸甲等其他装备应该也就不难了。金属的稀缺性很可能是没有发现更多金属护甲的主要原因。值得注意的是，尽管这座墓中埋葬的头盔数量很多，但它很可能是一座王陵。

据我所知，目前甲骨文上还没有发现关于盾牌的记载。然而，上文提到的《仪礼》以及早期青铜器铭文中均有提及盾牌，在早期文献中盾牌也经常出现。一些描绘盾牌的青铜器铭文可能来自商代。不过，正如前文所说，目前很难对商代和周代早期的青铜器进行确切区分，因此我倾向于不去参考那些据说来自商代但尚未进行科学检验的青铜器上的铭文材料。

在中国古代有记载的历史时期中，自从公元前8世纪开始，战车就占据了战争舞台上的中心位置。各诸侯国的实力地位是根据它们所能够调集的战车数量来衡量的——我们读到过"百乘之国"和"千乘之国"这样的概念。[18] 由马匹拉动的战车早在武丁统治年间（传统上为公元前1324年至前1266年）就为商人所使

---

18 前者在《管子》中多次被提及，后者则在《论语》《孟子》《荀子》《管子》《战国策》《穀梁传》《公羊传》等典籍中均有出现。——译者注

用：一块确定来自武丁在位时期的甲骨文可以提供证明。当然，商人也很有可能在此之前就拥有了战车。商代战车在战争中的作用似乎没有之后那么重要。这一推论的得出仅仅是因为商代铭文中较少提及战车；在数量超过一万件的所有已发表材料中，表示"战车"的字符只出现了大约九次。我们不应因此就认为战车在当时非常罕见，因为当时的人们也几乎没有什么理由要提及它们。但在周代，人们会说为一次军事远征动用好几百辆战车——这种表达令跟随每辆战车的步兵的存在显得不言而喻——而甲骨文却只会说征兵数千名。[19]

史语所在安阳的一个坑中发掘出了四百多件青铜战车配件，据称该坑可能被用于进行一次重大的"车祭"（chariot sacrifice）。值得注意的是，没有任何马匹与战车一起下葬。梁思永先生认为，在埋葬之前这些战车就被拆分掉了。在安阳还发掘出了大量的马骨架；在一个坑中发现了38具马的遗骸，可能是作为祭祀品而被埋葬的。这些马身上的马镳镶嵌有许多装饰性的青铜"钮扣"，这些钮扣仍然保留在原位，勾勒出了马镳带子的线条。马嘴里的嚼子看起来则非常现代化。

从代表"车"的象形字符中，我们可以得知商人的战车至少由两匹马拉动。周代文献中提及的车驾，每辆四马一乘，但在一座周墓中却发现了十二辆战车和七十二匹马，这意味着每辆战车配备了六匹马。有人认为，四马战车是由西方族群引入中国，而不是在中国本土发明的。但我们有很确凿的证据表明，中国的战车最初由两匹马拉动，逐渐在中国的土地上扩大为四马一乘。在商代甲骨文以及青铜器铭文中，表示"车"的象形字呈现出这

---

19 有关甲骨文中征兵相关的记载，见第一章注3。——译者注

样一种形象：一根杆子从车体延伸而出，杆上有一根横梁，连接着两个叉形的马轭，用于管束两匹马。[20] 即便到了四马战车变得常见之后，此字符仍然保留了这种形式，其原因是剩下两匹马不像中间的一对那样使用马轭，而是通过松散的缰绳直接与战车连接。这两匹松散地连接于外侧的马被称为"两骖"（the two third horses）；这个名字听起来似乎很奇怪，除非我们认识到它的历史。[21] 在我看来，这一术语起源于只使用两匹马拉车的时候，有时为了使车从泥潭中拉出或是使其在复杂的地形上行驶，需要添加第三匹马来协助。这匹马没有地方可以安装马轭，所以必须用松散的缰绳绑定。在今天的北京，我们每天都可以看到另外的牲口——通常是驴子——被套上松散的缰绳，以帮助拉动车辆。后来，两匹这样的动物被加在战车两侧；最后，常规的四马战车就以这种方式组成，但每匹额外的马仍然被称为"骖"。这个术语在含义上完全是中国的而非外来衍生的；如果从两匹马到四匹马之间的过渡不是发生在中国文化圈内，那么这样的术语概念就绝不会出现。正如我们所见，早在新石器时代晚期，马就已存在于中国东北地区。最初，车辆由两匹马拉动，后来在中国发展成四马一乘，这一过程与欧洲相类似，而不是像之前人们认为的那样借鉴自欧洲。毕竟，这种发展简单而合乎逻辑，很容易在人类历史上多次发生。

目前，我们还无从得知商人在这个发展过程中处于哪个阶

---

20 见甲骨文中"车"字形：⛤。——译者注
21 《荀子·哀公》有载："东野毕之马失。两骖列，两服入厩。"其中，骖指的就是边上的两匹马，服指的就是中间的两匹马。古代驾二马为骈，三马为骖，四马为驷（也称乘），故此顾氏在此处将"两骖"解释为"the two third horses"。——译者注

段。他们可能只使用两匹马；即使在周朝时期，人们有时也会这样做。商人可能偶尔也会使用四匹甚至六匹马，对此我们无法确定。一件铸造于商朝覆灭很久以后的青铜器上描述了一幅狩猎的场景，其中出现了两匹由四根缰绳控制的马。周人还会使用一种巧妙的驾驭方式，使得四匹马能够被六根缰绳驱使。

从甲骨文的象形文字中，我们可以了解到许多关于商代战车的信息。它在整体结构上与常见的古希腊人和古罗马人的战车相似，双轮，但轮子不是实心的圆盘，而是真正有辐条的车轮。在一件出土的商代陶器上粗糙刻画的战车显示一个轮子有十七根辐条，另一个有十九根。出土的周代战车的车轮则显示有十八根辐条。一些商代战车在配备上青铜配饰后想必是极为壮丽的。在制作完成后，图版14所示的这些配饰的每一个微小细节都经过了打磨，其精细程度不亚于最精良的定制汽车。

有时候，让这些车驾在国境内通行肯定是一个相当棘手的问题。没有记录显示当时有铺设道路，更何况在战争中，它们甚至无法保持始终在道路上行进。据《国语》记载，即使到了公元前6世纪晚期，官员们在出行时都还会带上额外的车驾，以防止乘坐的那辆发生故障。[22]《左传》在记载公元前597年晋楚之间一场大战时，讲述了这样一个故事："晋人或以广队不能进，楚人惎之脱扃，少进，马还，又惎之拔旆投衡，乃出。顾曰：'吾不如大国之数奔也！'"[23]

普通的周代战车搭载三名士兵，包括御者、执矛手以及弓箭手。但也有一些战车充当"旗舰"的角色，搭载军队或其中一个

152

---

22 《国语·鲁语下》："天子有虎贲，习武训也；诸侯有旅贲，御灾害也；大夫有贰车，备承事也；士有陪乘，告奔走也。"
23 《左传·宣公十二年》。

单位的指挥官，同时还配备有鼓和旗帜，用于发出前进或撤退的信号。这些指挥性战车甚至可能会搭载诸侯乃至君王，这使得它们在战斗中自然会成为焦点。它们指挥战斗，而许多战斗的目的就是击溃这些关键战车并俘获其上的统治者。在对一场战役的描述中，通常会首先提及乘坐指挥性战车的人的姓名，就像在描述中世纪欧洲战斗时给出双方勇士（champions）的姓名一样。以下是《左传》对公元前589年一场战役的简短描写，它描绘了指挥性战车所发挥的作用：

癸酉，师陈于鞌。邴夏御齐侯，逢丑父为右。晋解张御郤克，郑丘缓为右。齐侯曰："余姑翦灭此而朝食。"不介马而驰之。郤克伤于矢，流血及屦，未绝鼓音，曰："余病矣！"张侯曰："自始合，而矢贯余手及肘，余折以御，左轮朱殷，岂敢言病。吾子忍之！"缓曰："自始合，苟有险，余必下推车，子岂识之？然子病矣！"张侯曰："师之耳目，在吾旗鼓，进退从之。此车一人殿之，可以集事，若之何其以病败君之大事也？擐甲执兵，固即死也。病未及死，吾子勉之！"左并辔，右援枹而鼓，马逸不能止，师从之。齐师败绩。[24]

尽管不知道战车在商代的战斗中是如何被使用的，但我们有理由推测，与后来相比，商代战车与士兵的数量比要更低。如果情况是这样的话，那么当时战车就可能主要是被用于运送指挥官和指挥战斗。根据记载，战车本身从来不是一种令人闻风丧胆的战争武器。确实有一些迹象表明，它们有时会组成一支冲锋的队

---

24 《左传·成公二年》。

伍。但是，从地面上也可以射出弓箭，而且瞄得还更加精准。战车上携带的矛无疑是可怕的，但无论如何它们一次只能伤及一人。在战斗中，重要的贵族经常受伤甚至丧生，这表明战车并不能确保乘坐者的安全。即使在周代，它们的主要用途可能也仅仅是为指挥官提供一个移动的有利平台以指挥作战。此外，在战场某处突发紧急情况时，它们的确还能构成一支可以迅速移动的力量。

士兵在甲骨文中通常被简单地称为若干"人"。典型的刻辞如下："询问：如果募集三千人并命令他们进攻Ｘ国，这次远征将会得到助佑吗？"[25]或者"询问：我们不应该募集五千人吗？"[26] 然而，偶尔我们也会看到这样的问题："询问：众臣不应该被命令进攻Ｘ国吗？"[27] 这个"臣"字就是前文所述的形如一只眼睛的象形字，但后来被用作表示俘虏，然后是奴隶或仆从，最后成了官员的意思。在这里，很难说它是指奴隶还是官员。有时我们在类似的卜辞中还会看到另一个字；这个字被翻译为"从"（servant），但此翻译并不一定正确。[28]

如果从周代早期的情况来看，大多数贵族成员都会在战时变成军事官员，并且平时会不断进行战争技能的训练。而步兵则主要由耕地的农民组成，根据需要被征召入伍。《诗经》中充满了这些农民的哀叹，他们背井离乡，被派往旷日持久的战事中，与此同时他们的家人则深陷生活拮据甚至饥肠辘辘的境地。

商朝时期的军队规模并不是很大，但以古代标准来看也不能算非常小。甲骨文经常会提到征兵三千人，而征兵五千人的提及

---

25 如《合集》06168："贞登人三千乎伐舌方，受屮（有）又（佑）。"——译者注
26 如《合集》06541："贞勿登人五千。"——译者注
27 如《合集》00615："贞乎多臣伐舌方。"——译者注
28 如《合集》00022："贞共众人乎从爰。"——译者注

141

频率则相对较少。据我所知，军事行动中没有征兵少于一千人的情况。

我们并不清楚这些军事行动的组织和展开方式。为了准备这类行动，人们会进行大量的问卜，询问神灵关于各个方面的事情。如果敌人袭击了他们，他们便会告知神灵，并询问应当如何应对。如果敌人迫近，他们便会询问神灵是否应当迎战：[29] 在一些学者看来，另一种选择可能是等到敌人接近他们的防御工事后再加入战斗。在询问是否应该出征迎战时，他们还会经常加上一个问题："我们会得到援助吗？"显然，这里的援助指的是来自神灵的援助。商人还会就此向封臣或盟友送信，以及在军事行动中指挥他们进行配合做出询问。[30]

商人似乎通常在春天发动有计划的大规模军事行动——在如今的中国，情况依然如此。但是敌人对边疆的侵蚀和突袭使得商人也不得不参与零星的小型战斗。甲骨文为我们保存了许多来自边境的报告，告知敌人或邻国的袭击及侵犯行为。经常有报告称，在袭击中抓获了几个人，人数通常在十到二十之间；这些不幸的人无疑要面临被奴役或献祭的命运。其中一个用来表示突袭的象形字形如一面鼓，这是因为当发现袭击时，人们会通过击鼓来发出警报。[31] 夜袭也时有发生。我们发现有一块骨甲，连续几

---

29 这种迎战在甲骨文中被称为"逆伐"，如《合集》06199："辛丑卜，殻，贞舌方其来，王勿逆伐。"此外还可见06197、06202、06204、06205、07576、07577。——译者注

30 如《合集》33106："贞王从沚彧伐。"此处"从"即为"联合"之义。——译者注

31 顾氏此处应指"婡"（艰）字，字形，如人在鼓旁。郭沫若、唐兰认为，全字为一人在鼓旁守候之意，以便击鼓报告艰险之事。如《合集》06057反在提到"奴妻笶告曰：土方帚（侵）我田十人"前就说"九日辛卯允㞢（有）来婡（艰）自北"；06057正也以相同结构，在提到"舌方亦帚（侵）我西啚田"前就说"五日丁酉允㞢（有）来婡（艰）自西"。——译者注

个晚上都被用来问同一个问题:"今夜营地是否会免遭不幸,得享安宁?"[32]

讨论商代战争,我们就不得不提起一个有关商人后裔的故事。这个故事涉及宋襄公。宋国是商王后人在商朝被周朝征服后,作为周朝附庸而继续统治的诸侯国。这一事件据称发生在公元前638年,具体情况如下:

> 楚人伐宋以救郑。宋公将战,大司马固谏曰:"天之弃商久矣,君将兴之,弗可赦也已。"弗听。冬十一月己巳朔,宋公及楚人战于泓。宋人既成列,楚人未既济。司马曰:"彼众我寡,及其未既济也,请击之。"公曰:"不可。"既济而未成列,又以告。公曰:"未可。"
>
> 既陈而后击之,宋师败绩。公伤股,门官歼焉。国人皆咎公。公曰:"君子不重伤,不禽二毛。古之为军也,不以阻隘也。寡人虽亡国之余,不鼓不成列。"[33]

那么我们是否可以假设,在商代,对战也是以这种骑士(chivalrous)精神为准则展开的呢?或许是吧——但考虑到甲骨文告诉我们的有关突袭和夜袭的情况,我对此表示怀疑。

根据甲骨文,我们得知商人的主要敌人位于北边和西边。最终征服他们的周人就来自西边。另一方面,当周人接管对商朝领土的控制时,他们面临的主要挑战是来自南边和东边的部落。由

---

32 如《合集》16568:"戊戌卜,殻,贞今夕亡囚(忧)。"之后这块骨甲上又陆续记载了辛丑、壬寅、戊申、己酉、辛亥、壬子等数日的卜卦,卜者均为殻。——译者注
33《左传·僖公二十二年》。

此很多人推测，南边和东边的族群是商朝的附属，或者说至少是商人的盟友，因此才对征服商人的周人产生了强烈的敌意。这种说法有一定可能性，但并非唯一的解释。商都及其周边地区从北边和西边可以通过陆路到达，故此战争的爆发在意料之中，而其东边和南边却有大河阻断，这可能使得双方都不太愿意派遣袭击部队。商人与其南边和东边的邻居之间大多数时间里保持着和平，其主要原因很可能是双方没有其他选择，除非他们愿意面对种种困难。然而，有一块甲骨的刻辞提到过一次来自南面的袭击。中国文献存有一种传统说法，称最后一位商王在与东部海岸部落进行的战争中取得了胜利——一些甲骨刻辞或许能够证实这一点。如果此种说法是真的，那么这次大捷很可能同时也极大地消耗了他的资源，从而使周人的征服变得更加容易。

第十一章

书写系统

中国一直以来都遭受着来自西方的大量误解以及错误描绘。然而，在中国文化的方方面面中，最不被欣赏甚至说遭到最多诋毁的，当属她的书写系统。尤其是对中国的书写系统批评最多。这主要是因为中国人的书写系统与西方的习惯完全不同。

西方的字母表据信起源于象形文字（picture writing）。但在早期，这一系统就发生了改变，使得字符表达的不是特定物体或概念，而是用于表达代表此物体或概念的词语的发音。这样一来，打个比方，一只蜜蜂的图像就可能被用来表示字母b，或它所代表的发音。这种改变在许多语言中都发生过。在某种程度上，此规则也被用于中文中，但中文从未完全转变为一种语音型（phonetic）或字母型（alphabetic）语言。因此，一些语言学家认为，中文仍然是一种原始形式的象形文字语言，一如其他语言在发展出语音文字之前的形态。有一位作者说："尽管中国的书写系统在20世纪仍在使用，但实际上它是半原始的。"[1]

---

[1] W. A. Mason, *The History of the Art of Writing*（New York，1920），p.177.

哪怕用温和的措辞来进行评价，此类论断都堪称荒诞不经。中文是已知最完整、复杂以及精密的书写系统之一。诚然，它并未沿着大多数其他语言的发展轨迹发展。人类与鸽子的进化轨迹也并不相同，但我们并不会仅仅因为鸽子可以飞翔而我们不能，就认为鸽子是比人类更加优秀的生物。鸽子专注于发展自己的翅膀，而人类则专注于发展自己的手和大脑。我们专注于声音的表达；而中国人则专注于令他们的书写对眼睛充满暗示，使得其文字能够立即让人在无须任何声音介入的情况下联想到生动的画面和概念。一些语言学家认为，中国人之所以没有以语音型方式书写，是因为他们没有智慧到能够制定出完全语音型的书写系统。这种观点荒谬至极。早在商代，语音型书写规则就在一定程度上为中文所知并使用。但是中文的历史表明，当这一规则在整个书写系统中占据过大比重时，中国人便有意地摒弃了它而选择了表意型书写规则。这种选择并非只发生过一次，而是曾多次发生。

中文书写的起源必将永远是个谜。从这一话题的本质上来说，我们无法找到任何文本能够告诉我们第一个人在一开始是如何恰巧以最基本的方式开始记录自己思想的。但我们确实知道，写作在许多地方都起源于图像绘画，并且我们可以相当确定，中国的情况也是如此。早期人类对于艺术表达有着惊人的冲动，正如欧洲的洞穴壁画和美洲的岩石雕刻所展示的那样。在新石器时代早期的中国，这种欲望体现在陶器上刻印的图案设计，以及在一处洞穴遗址中发现的一件单体动物雕刻上；在新石器时代较晚一些的时期，我们则发现了精美的彩陶，其上出现了一些动物和人的图案。再之后的商人，正如我们所见，具备高度的艺术品味与技巧，这体现在他们的陶器、绘画、木雕骨雕，尤其体现在他们的雕塑和青铜器上。

商人具有高度发达的艺术感，他们的书写系统是我们所知道的最早的中文，而这一系统中的许多文字明显是其所代表的物体的图像。但商代的书写系统并非象形，它既不粗糙也不原始。事实上现代汉字构成的每一个重要规则，[2] 在三千多年前的甲骨文中就都已得到了不同程度的应用。这是近期最令人惊讶的发现之一。

虽然加着重号部分的陈述属实，但它可能会引发两种误解。首先，不应认为中国的书写系统从商代到现在未曾经历深刻的变革。这完全不符合事实。就词汇量的问题而言，甲骨文据估计包含最多2 500个不同的字符，而今天的中文词汇量估计约为7万个字符。如今，中文的语法和风格已经演变到商人无法想象的程度。字符形式的变化之大，即使是最博学的中国学者，除非他对古代汉字进行过专门的研究，通常也无法辨认出甲骨文中最常见的字符。

其次，不应认为，后来的中国人缺乏原创性，是导致自商代以来新字符的形成全都建立在彼时已经应用的规则上的原因。情况之所以如此，仅仅是因为中文语言的基本规则已在商代最大限度上完全成形。除非分岔到一条全新的完全背道而驰的道路上，否则中文从逻辑上必须沿着已经开始的各种路径发展。中国人放弃这些规则的可能性与西方人放弃拉丁字母表的可能性一样小。西方人可以修改自己书写系统的细节，改变已无法辨认的字母，但就目的而言，书写系统本身已趋近完美，而商朝时期的书写系

---

[2] 也就是所谓的"六书"，即汉代学者归纳出的汉字构成和使用方式的不同类型，分为象形、指事、会意、形声、转注、假借六种。其中象形、指事是"造字法"，会意、形声是"组字法"，转注、假借是"用字法"。——译者注

统对中国人来说也已非常完善了。

因此，在商代的材料中追溯中国书写的起源是无用的。考古学家们仍在寻找原始的汉字，也许将来他们会对此有所发现。主要的担忧在于，这些文字可能是写在易腐材料上的。目前，对于从图像到文本这一发展进程的早期阶段，我们只能做出猜测，而读者也可以进行自己的猜测。然而，有一件事我们可以断言，那就是宗教在中国书写的发展过程中一定起到了相当大的作用。从古至今，中国人都认为神灵和死者在大多数情况下无法与生者直接交谈——也就是说，他们通常不理解人类的语言。许多族群都会口头上向他们的神祇祷告，但中国人会向神灵书写。信息会被写在易燃的材料上烧掉，由烟雾传递给上天。

《国语》这部古代典籍记载，有一次，小国褒的两名前任统治者的灵魂以两条龙的形式出现在一位夏王（夏据信是商之前的王朝）的面前。这位夏王对待鬼魂似乎颇为蛮横无礼，当下就想要将它们处死。然而，他进行了卜筮，并被告知这样做并不明智。最终决定下来，最好的做法是取得一些龙的唾液并将其储存起来，于是将一块布摊开来接取唾液，但仍然需要请求龙把唾液吐出来。作为灵魂，它们无法直接与人类交流，却能够阅读。于是当人们把写好的简策展示给它们时，它们立刻就吐出唾液，然后消失了。[3]

每当一名贵族从他的都城出发去处理任何事务，或者当他返回时，他都会在祖庙中向祖先完整地通告事情的经过。其中有些声明被明确点明是书面的；很可能所有声明皆是如此。一个有

---

[3] 见《国语·郑语》："夏之衰也，褒人之神化为二龙，以同于王庭，而言曰：'余，褒之二君也。'夏后卜杀之与去之与止之，莫吉。卜请其漦而藏之，吉。乃布币焉而策告之，龙亡而漦在，椟而藏之，传郊之。"——译者注

趣的仪式——就商代而言我们并没有此仪式存在的具体证据——被用于确立国与国之间或统治者之间条约的庄严性。在这个仪式中，祭祀占据着中心位置；动物祭品的鲜血会被用来封盖合约。它被涂抹在缔约各方的嘴唇上，以及条约的三份书面副本上。缔约双方各带走一份副本，而第三份副本则与牺牲品一同埋葬（埋葬是祭祀的一种形式），作为与神灵之间的约定。人们期待这些神灵能成为条约的担保人。"有渝此盟，"我们在某个这样的条约中读到，"明神殛之，俾队其师，无克胙国。"[4]

有充分的证据表明，这一与神灵进行书面交流的习俗在商代被广泛采用。我们在甲骨文中多次发现一个由嘴巴和书籍构成的字形，意为"册告"（to tell in writing），并且它与和神灵间的交流相关。[5] 为了更明确地表达这一点，有时人们会添加代表"魂灵"（spirit）的字作为这个词的一部分。

我们知道，商人认为祖先和神灵至关重要，并急切地希望他们能够理解其崇拜者的需求和困难，从而提供帮助和建议。据我们所知，商人可以通过卜筮从神灵那里获取建议，这一过程不一定涉及书写。但是，如果要告诉祖先他们后代的需求，书面传达就变得不可或缺。因此，这成为发展及完善书写系统的一个强大动机。在今天的中文里，有许多痕迹清晰地表明了宗教在其发展中所起的作用。一个意为"敬重"或"可敬的"的重要汉字最初是一个动词，意思是"向神灵献酒"；这个字如今经常被用于

---

4 见《左传·成公十二年》所载晋楚第一次弭兵之盟。——译者注
5 顾氏此处所指应为𠕋字。此字出现于诸多甲骨文中（如《合集》00271、00438、00707、00724等），具体释义可见于省吾先生所著《甲骨文字释林》（商务印书馆，2010年，第172—174页），及陈年福先生所著《甲骨文词义论稿》（上海古籍出版社，2007年，第134—137页）。——译者注

礼貌性的对话中。[6] 表示"血"的字——例如现代医学书中所出现的——则形如一碟可能是为了祭祀目的而摆放的血液。今天通常表示酒的字最初也是一个动词，意思是"奠酒"（to pour a libation）。

我们可以简单列举出中国人组构其字符的不同规则，但是除非有很好的说明，否则这种枚举将索然无味。中文书写一直被描绘成一种神秘且难以理解的系统，甚至其规则对于西方人而言也只有在经过多年枯燥乏味的辛勤努力后才能被理解。关于这一点，我建议读者自行判断，同时我将通过逐字分析一个中文句子，并让读者自己阅读它，以对这一语言的规则有一些了解。我建议读者阅读以下用现代汉字书写的句子：

臣見來鳥自東林集于室
(The) servant saw come birds from (the) eastern grove collect on (the) house.[7]

当然，这里提供的仅仅是字面上的翻译；完整的英文翻译应为："The servant saw birds come from the eastern grove and collect on the house"。上面给出的汉字形式上是今天所使用的形式，但在其他各方各面都是商代中国语言的一个案例。所有这些词汇在甲骨文中都出现过，语法也与甲骨文的语法无异。然而，这个句子本身在甲骨文中并未出现。它是为了尽可能多地展示汉字所基于的规则而构造的。让我们来逐个分析这些字符。

---

6 即"尊"字。——译者注
7 这里的十个英文词逐一对应汉语原句的十个字，系顾氏为西方读者提供的英文翻译，此处为了忠实原文本进行保留。——译者注

第一个字如今发音为 *ch'en*。它最初是一只单独的人眼，因此写作 ⌒。如果读者还记得的话，这个眼睛的象形图案——出于简练表达的目的——被用来表示人头。当俘虏在战争中被抓获时，他们的数量被称为多少多少"头"，就像我们说一百头牛一样。但是这个眼睛在此处表达的也不是"头"，而是"俘虏"的概念；在这个意义上使用时，它通常会被转到一个倚眼角而立的角度，就像 ⌒ 这样。由于俘虏经常被奴役，这个字便逐渐又发展出"奴隶"（slave）、"仆人"（servant）、"随从"（retainer）等含义，最后变成"国家的大臣"（minister of state），因为大臣在某种意义上就是君王的仆人。早在商代，这个字就已经发展成为一个官衔，但它仍然持续被用来表示"仆人"。其现代字形"臣"就像一个侧立的眼睛，与第二种古代形式非常相似。

第二个字读 *chien*，里面也包含一只眼睛。在甲骨文中，它写作 ⌒。其中眼睛下面的部分是一个男人的身体；他面向左边，双臂向前伸出。因此，这是一个头部"全是眼睛"的人的象形字，逐渐变为专门表示"看见"（to see）的意思。在其现代形式中，眼睛的部分再次被倾斜到了垂直位置，而男人的身体则缩减成为类似两条腿的形状，变成了"見"字。

在翻译这个句子时，"見"字被译为"saw"，尽管实际上此处并无过去时的标记。在现代汉语中，如果上下文足够清晰，则时态通常不会被表达出来；如果不够清晰，人们就会加上一个字来表示时态，就像我们说"did see"。据我们所知，甲骨文中的汉语并没有这类辅助词来表示时态。当时的人们使用"今""昔""翼（翌）"等字来表明一个行为发生于现在、过去还是未来。但我们必须记住，甲骨文并不是当时唯一存在的汉字书写方式，而且我们不能指望在甲骨文中找到最复杂的表达。与卜筮相关的句式具有高度的技术性，极度简洁，就像我们的天气预报或股市行情报告一样。如果一名商王想卜问神灵："我会有一个好的收成吗？"（Will I receive a good harvest？）那么只需写下："我有收成？"（I receive harvest？）很明显，这里的时态是将来时；商王并不是在问自己是否拥有或者已经拥有了一个收成。但我们不能假设商人的所有书写都这样简短并充满技术性。

第三个字则展示了"假借"（phonetic loan）的原则，其发音为 *lai*。它的图像㐅描绘的是生长中的各种谷物，清晰地呈现出了其根部、叶片和垂下的穗。我们在其他与谷物相关的字中也能找到它的存在。但此字在这里的意思是"来"（to come）。当时人想表达"来"的概念，却发现没有相应的字，但代表这种谷物的字在发音上与动词"来"非常接近，甚至可能完全相同。因此，这个字被"借来"代表"来"这个动词，就像我们可能画一把锯子（saw）来代表动词"see"的过去式一样。到最后，这个字的借用意义被频繁使用，以至于它完全失去了"谷物"的含义——这层最初的含义被另一个字替代了。倘使假借这一原则在汉语里被毫无顾忌地广泛使用，那么汉字很可能就会完全变为语音型甚至字母型文字。如今"來"字从字形上与商代几乎没有什么差异。

第四个字读作 *niao*，这个字完美地展示了商代书吏是如何在最大程度简化象形字的同时，又不牺牲其生动形象的暗示性的。这个字的意思是"飞禽"（bird），其本质上就是一幅图画。有时我们会见到它的复杂形式，如㠯，但商人很早就将它简化至㠯的形式。在这里，我们可以很清晰地看到一只鸟的形状，但整个书写过程只需要四笔，比我们写"bird"一词要快得多。在我看

152

来,这一精细地雕刻在光滑龟甲上的字形不仅精练,而且算得上是人类所有书写系统中最美的符号之一。从艺术的角度看,这个字的现代形态完全无法与其古代字形相比。"隹"字更接近其简化后的形式,但现在在表示广义概念上的"飞禽"时,最常用的字是"鳥"。

在翻译中,这个字被译为"birds",尽管原文里没有表示复数的标记。但是由于句中提到了"集"(collect),显然这里所指的鸟不止一只。在中文里,如果对数量存在疑问,可以使用各种辅助词来表示复数的概念。

第五个字,*tzu*,在甲骨文中以岗的形式出现。它明显是一个鼻子的形象,通常表示"自己"(self)的意思;今天的中国人在说起自己时就会指向自己的鼻子。它也常常被用作介词,表示"从"(from)的意思,这也是它在殷商甲骨文中的一般意义。在转变成易于书写的现代形式"自"的过程中,这个字经历了相当大的变化。

第六个字,*tung*,在甲骨文中以⊕的形式出现。它由一棵树的形象丫(树的根和枝干都在这个象形字中得以体现)和树后面太阳的形象⊖组成,描绘了太阳刚刚从树后面升起的情景,故此代表着日出的方向,也就是东方。这个字的现代字形是"東",意为"东方"(east),但在我们的句子中则被翻译为"eastern"。这是因为汉语不通过字词形态的变化来区分名词、形容词、动词等词类。这样做非常方便,而且产生混淆的情况比人们想象的要少得多;需要时,人们可以使用辅助词来明确词类。

第七个字,*lin*,由两棵树组成丫丫,表示"林地"(grove)或"森林"(forest)的意思,现在写作"林"。这个字展示了通过简单地添加元素来形成新字的原则。在表示"东方"的字中,太阳必须被描画在树后面；如果太阳在树的上方或旁边，字的意义就将会模糊许多，甚至可能完全丧失。但在这里，两棵树也可以一棵在另一棵的上方，如果这样做更方便的话；重点在于简洁明了地传达出"多于一棵树"——也就是一片林地或森林——的概念。这样一来，我们眼前就是"树"这个元素的简单复制。我们还经常会看到两个不同的元素以这种方式组合。因此，日和月写在一起组成的字代表的就是太阳和月亮所共同具有的一个主要特征，即"明亮"（brightness）或"清晰"（clarity）。但此意义并不源于它们在字中出现的相对位置。然而，在下一个字中，位置就变得非常重要了。

第八个字发音为 chi。根据它在甲骨文里的字形，读者立刻就能辨认出它描绘的是一只栖息在树上的鸟。但是这如何能传达出"集合"（collect）的意思呢？从这个字的例子中我们可以看到，学习汉字字源的学生有时必须进行深入的探索以找到某个字的原始形态，从而揭示它们的构成规则。这个字的原始形态似乎在所有古老的铭文中都完全消失了；据我所知，无论是骨甲还是青铜器上都没有留下它的痕迹。但我们发现这个字被存录于一部公元纪元后不久编纂的古代字典里。被记录下的字形是，三只鸟栖息在一棵树上。[8] 于是，我们有了线索。鸟类"聚集在一起"的习性是众所周知的；中国人用这个字来表达"集合"（collect）、"聚集"（gather）的概念。但每次写这个常用字时都在树上画上三只鸟实在是太费时间了；于是在三千多年前，人们便将其简化至只有一只鸟。这个字的现代形态"集"便是现代书写技术对这个简化形式的忠实再现。

---

8 《说文》："集，群鸟在木上也。"——译者注

第十一章 书写系统

第九个字的发音是 yü。它在甲骨文中呈现出多种稍有差异的形式，其中一个典型的形式是 于。这个字是一个介词，表示"在"（at）。关于它的起源，大约在两千年前曾有人提出过一个理论，但并不太令人满意。汉语里有许多代词、介词和其他类似的字词，它们表明在我们手头掌握的最早的文献产生之前，汉语就经历了漫长的发展过程。但是对于这些字词的具体发展及起源的细节，我们只能进行猜测。这个介词的现代字形"于"，与其古代字形几乎没有什么区别。

第十个也是这个句子中的最后一个字读作 shih，意为"房屋"（house）或"建筑物"（building），其商代时期的字形为。这里展示的是一个全新而重要的汉字构成原则。拱形的外线代表一幢房屋——严格来说，它本应足以传达这一概念。但商人有多个表示不同种类房屋和建筑物的字；他们希望每个字能清楚明确表达其含义。此处这个字的发音与画在房屋内部的字发音相似。他们所做的就是将一个表示"房屋"的象形字与一个发音与古代 shih 相同或非常相似的字形组合在一起，形成一个"意思是房屋且发音为 shih"的字。这个字的现代形式"室"，便是由这两个元素的现代对应写法组成的。

此原则在汉字构造中被广泛运用。一位著名的欧洲学者甚至断言，百分之九十的汉字都是根据这一原则构成的。我曾从这个角度仔细分析了一些来自古今不同时期、不同类型文本的汉语样本片段，分析过程中使用的标准则是这位欧洲学者所编写的一部字典。然而分析的结果表明，在被用于实际写作的汉字中，包含任何形式语音元素的汉字肯定不到一半。

现在我们已经分析完了这句话中的每一个字。它们组合起来在现代汉语中读作：

臣見來鳥自東林集于室

我建议读者们尽可能多地去辨认每一个字，并尝试阅读整个句子。翻译在前文已经给出。如果读者在阅读完上文简短的讨论之后，能像我所期待的那样尽可能地记住每个字的含义，那么或许就会明白，学习汉语并不像有时人们所说的那样困难和枯燥。当然，我们也不应想当然地认为所有汉语就都像这种例子一样简单。正如其他任何语言，这门语言也有它的难点。然而同样地，就像其他任何语言的难点一样，汉语的难点也都是可以克服的。

不过我们有些偏离主题了。我们所探讨的并不是宽泛层面上的汉语言，而是商代的汉字书写。在我们上文所分析的字符中，商代字形与现代字形间的相似之处值得关注。很少书写系统像汉字一样，从三千年前一直沿用至今而有如此之少的根本性变化。我们在这些字符中所看到的原则是汉字构成的通用原则。在上文的例句中，只有一个基本原则没有体现出来，也就是所谓的"指事字符"（diagrammatic characters）。例如，对于表示"上"（up）、"在……之上"（above）、"上升"（to ascend）的字符，甲骨文中字形为 二，由一条水平线和其上方另一条较短的水平线简单组成。而在表示"在……之下"（below）的字符中，短线则位于另一条线的下方。

尽管殷商甲骨文并未向我们展现汉字书写最原始的发展阶段，但它的确提供了大量有关汉字发展过程的信息。形式上，它展示了比我们以前所知的任何中文书写都更加古老的汉字。更重要的是，甲骨文允许我们在其代表的时期内追溯许多单字的演变过程，而有时这种演变颇为剧烈。一些最初具有鲜明图像特征的字符之后变得样式化，几乎无法辨认。有些字的形式在当时短暂

第十一章　书写系统

图版8
一件显然属于商代的骨雕纪念品

　　此拓片展示出了此物的两个面，一面饰刻辞纹，另一面刻有文字。刻辞记录了王室的一次狩猎性出征，并纪念了之后商王赐予的奖赏。物件长十一英寸。
　　在商承祚教授的慷慨应允下复印。

的时期内经历了多次变化。显然，那个时代还没有字典或者"字帖"（copy-books）这样的东西。书吏们在刻写甲骨文时遵循着某种传统，但他们可以自由地根据自己的需要做出变化。重点在于把意思表达出来；如果能够清晰明了地做到这一点，那么表达形式间可能会相去甚远。正如之前提到的，我们发现的一个意为"放牧"的字，通常写作一头牛旁边有一只持杖的手。但有时我们也会发现，牛旁的手中所持的不是杖，而是一把周围有几个小点的刷子。一种解释认为这些小点是水滴，因此整个字符描绘的是给牛洗澡的场景。另一种解释则认为这些小点代表苍蝇，而刷子则是用来驱赶苍蝇的拍子。这类差异有时会在同一时期——甚至同一个人——的不同书写中出现，而当我们对连续的不同时期进行比较时，便会有更大的差异出现。在商代的某个时期，一种明显的风尚开始流行，这种风尚推崇的是一个世纪前已被放弃的书写风格。

骨甲上的刻辞不仅是唯一留存下来的真实写于商代时期的文件，也是当时唯一传世至今的文学作品。有一些书籍成书于商朝灭亡后；它们经过多次传抄，如今内容上基本保留了最初的形态。过去人们曾以为这其中的一些书籍可以追溯到商代，但近年来的研究表明，情况并非如此。实际上，个别诗歌的确向我们展示了商人的一些思想，因为它们是由商人后裔在周朝征服后写成的。至于其他被认为是商朝时期的书籍，我们则只能说它们是后人伪造的。这一点从它们的观念、语言及风格上都可以得到证明。

另一方面，所谓甲骨文是商代时期唯一的文学作品的说法，也是不正确的。我们有几个理由可以证明这一点。首先，在后世的中国文献中，我们找到了商王的世系表，其内容与考古学从甲骨文中获得的信息惊人地吻合。周代早期的书籍同样也展现出了对商王的姓名及历史的熟悉度,这说明后世的作者知悉商朝的书籍,只不过这些书籍现在已经失传了。此外,周代早期的书籍还高度重视历史的价值。但是,正如我们接下来将要看到的,征服商人的周人在很大程度上是野蛮人,他们几乎没有自己的文学或历史传统。故此,最合理的解释是,这种对历史的重视是从习惯于保留历史记录的商人那里继承而来的。

有人可能会说,这种历史也可以口口相传地保存下来,就像口述传统在许多原始族群中的传承一样。的确,中国伟大的文学作品一直以来都被中国的学者们记诵,直到今天依然如此。并且,如果我们观察那些没有文字书写而通过口述传统传承文学的族群,我们或许会推测这种记诵是来自中国人尚未掌握书写技能时期的一种遗存。但是有很多证据表明,对书籍的记诵在中国是一个晚期而非早期的现象,具体论证在此就不详细展开了。在大约公元前3世纪,秦朝的第一位皇帝曾试图销毁大部分古书,并且差点成功了。数年后,人们迫切试图恢复这些书籍的抄本,这些抄本同时也成为儒家思想——这种思想几乎可以被称为对书籍的崇拜——的核心。结果就是,这些古代著作备受尊崇并被记诵——其中有些著作还是第一次受到如此对待。

但在商代,写下来的书籍是存在的,并且数量不少。我们知道这一点是因为在甲骨文中出现了表示"书"(book)的字形,写作𠕋。这个字至今仍出现于日常使用中。[9]垂直的线条代表供直行书写字符的木片或竹简,水平的线条则通过一个环连接在一起,表示用于将这些木片竹简按正确顺序绑在一起的绳子。当不使用时,整个"卷册"就可以被卷起来放好。现实里仍然存在着

---

9 即"册"字。——译者注

这种类型的中国书籍，其中有些已经存在了大约两千年，但并没有早至商代的。

有些人或许会说，古代的中国人想必很少写作，因为他们的书写方法非常缓慢且困难。曾有人认为，使用毛笔蘸墨的写字方法仅仅起源于秦朝（公元前221至前207年），而在那之前，文字是刻在木片或竹简上的。然而，新的发现彻底否定了这种理论。甲骨文中清晰地出现了对毛笔的刻画。已出土的三块骨片和一块陶片上带有用毛笔和墨写成而非刻上去的字符。事实上，甚至新石器时代晚期陶器上的图案也据信是用毛笔绘制的。

然而，即使在这些发现之前，古代文献中也有用毛笔书写的明显证据。早期的一部礼仪书记载，哪怕是贵族家族中非常次要的成员去世，人们也会准备一面丝质的旗子，在上面写上他的名字和其他信息。[10] 如果要在丝质旗子上写字，不使用毛笔和某种类型的墨水或颜料几乎是不可能的。至于商代的人们是否像在木片上一样也在丝卷上书写，我们不得而知，但至少在很早的时候就有人这样做了。

令人惋惜的是，安阳的一些文献已经失传。如果那里有埃及那样干燥的气候，毫无疑问我们会发现许多竹简卷轴，其中每卷都讲述着自己的故事，因为当时的这群人不仅拥有文字，而且还使用文字书写。单单从语言的发展来看，这一点就很容易得到证明。刻辞占卜的简单需求并不需要我们所发现的高度发达的表达媒介，更不会导致其产生。我们也不能假设，书写知识仅为一

---

[10] 即所谓"铭旌之礼"。《礼记·檀弓下》载："铭，明旌也，以死者为不可别已，故以其旗识之。"根据《仪礼·士丧礼》，在人死后，应当"为铭，各以其物，亡则以缁，长半幅，赪末，长终幅，广三寸，书铭于末：'某氏某之柩。'"——译者注

小部分人或这座城市的人所掌握。即使在商代，两地之间的通信往来似乎也并不罕见。例如，在战争中，人们倚赖的不是口头命令，而是通过发送书面命令来确保在执行计划的过程中不会出现偏差。

第十二章

商代神祇

那些喜欢一概而论的人常给中国人贴上"祖先崇拜者"的标签。虽然我们不应盲信这样的说法,但其实它比许多其他类似的概括性论断都更加接近事实。诚然,中国有所谓儒、道、佛"三教",但与上述三教均有密切关联的祖先崇拜在中国也占有相当重要的地位。许多人认为祖先崇拜是中国宗教相对晚期的发展产物,最初与山川河流等自然力量有关,或者可能纯粹是某种一神论。然而,最近的发现彻底推翻了这种观点。我们对中国宗教进行的探查越往前推,祖先在其中所扮演的角色就越重要。

外国人在对中国的祖先崇拜进行评论时,有时可能会走向两个极端:一方面,有些人可能会将其描绘为一种奇怪而神秘的、西方人永远无法理解的"东方"行为;另一方面,有些人可能又会告诉我们,这只不过是一种对逝者表达敬意的形式,就像西方人举行葬礼,在坟墓上献花立碑一样。第二种观点对于现今的一些中国人来说可能确实如此,但这绝不是古代中国人的态度,也不是现在大多数中国人的态度。

如果将中国的祖先崇拜单纯地视为在坟前献上食物而非花

朵，或者在宗庙中供奉祖先灵位，那么我们将完全无法理解其背后的重要动机——这种动机同时也是长期以来将中国人维系在传统行为方式周围的最强大力量。祖先并非死气沉沉躺在坟墓中的尸体，等待着后代视心情而定的敬奉。相反，祖先的真正力量在其死后才开始，因为那时他将转化为一种灵体（spirit），拥有着不明确的巨大力量。在一定程度上，他并不一定依赖后代以祭祖的形式提供食物，但他能很清楚地看到这类供奉的到来，或者后代曾许下的心愿。

这些先灵的活动与希腊神祇的活动不无相似之处。他们看似既非全能亦非全知，然而实际上他们几乎如此。他们能够决定狩猎、农业、战争和其他活动的成功与否。饥荒、战败、疾病和死亡则是他们对任何胆敢冒犯他们的人施加的惩罚，他们有能力这么做，也确实会这样做。

然而，我们不能认为古代中国人对待死者的态度就完全是敬畏和恐惧的。我们也不能将祭祀理解为与神灵进行的简单"交易"，即通过丰盛的供奉换得足够多的兴旺发达和其他好事。当然，这方面因素的确存在，就像有人会出于同样的原因向基督教世界的宗教事业捐款一样。但是，对逝者的供奉与哀悼中也包含许多真情实感。可以证明这一点的证据之一是商代表示"死亡"的象形字：一名低头跪在尸体旁边的哀悼者。

在安阳的一片巨大墓地里，考古人员已对三百多座商代墓穴进行了科学发掘。这片墓地位于洹河北岸约一英里的地方，而河的南岸则坐落着商朝都城。我们可以从这些墓葬中获取大量关于当时葬礼习俗的信息。一个有趣的事实是，考古人员发现了四十多具面部朝下、伸展俯卧的骸骨。据说这种葬姿在世界上独一无二。然而，毕安祺先生告诉我，现今印度的清扫者（sweeper）

种姓[1]仍使用此葬姿，目的是防止鬼魂游荡。

这些墓穴中没有发现棺材（coffins）；实际上，在任何已经发掘的中国墓葬中，直到战国晚期都没有出现过棺材。这并不一定意味着棺材从未被使用过，但它的缺失确实相当引人注目。有一些迹象表明，在尸体下葬之前，人们会用织垫将其包裹起来。我们知道，与死者一同入葬的青铜物件通常会先用织垫包裹，然后再用布包裹；故此，当时人如果以同样的方式对待死者，也就不足为奇了。

随葬的物品根据死者个人的重要性而有所不同。在非常小的墓葬中，有时随葬的只有一把青铜戈，或许再伴有一些陶器。其他一些毫无疑问身份显赫的人物的墓里，则会堆满大量精美的青铜器皿。尽管那些无疑是王陵的大墓大多已被掠夺一空，但从所剩的物品中我们仍可以看出，这些王陵当年想必充斥着巨量的器物，堪称名副其实的地下宝库。工艺精细到几乎令人难以置信的白陶器皿，以极大人力加之完美技艺制作而成的大型大理石雕刻、高达二十英寸的青铜祭器、数十件青铜头盔和数百件武器，均陪伴着商朝统治者入葬。

后世的中国随葬品均无法为生者所用，例如粗制滥造的物件、底部故意打孔的器皿等。故此有人声称，中国墓葬中的随葬品一概都是如此。然而，近期对商代和周代早期墓穴的发掘并不支持此说法。商人将大量高质量的物品与他们敬爱的死者一同埋葬，这一定在某种程度上造成了生者的贫困，尤其是在当时青铜十分稀缺的情况下。当然，商人并不认为这些随葬品被浪费掉

---

1 即所谓的"达利特"（Dalit，意为"贱民"），印度最低的种姓阶层，在传统观念里被认为是碰不可触的。——译者注

了。他们认为在战场上获得祖先的帮助比拥有几件额外的武器更具价值。

商人并不像古埃及人修建金字塔那样会在君王的安葬上耗费那样巨量的人力。但另一方面,修建一座商代王陵也绝非易事。首先需要挖一个坑:就最大的陵墓来说,这个坑深达四十三英尺,底部为边长六十五英尺的正方形,足够容纳一座规模可观的四层建筑。在已知的五座大型陵墓中,有两座呈十字形而非正方形。在四条侧边的中点均修有宽大的斜坡式阶梯。考古工作者进行了细致的发掘工作,如今我们仍可以在土质阶梯上看到建造陵墓和搬运东西的劳工们脚步踩踏而磨损的痕迹,而这已经是三千多年前的事了。在坑的底部会建造一个木质的墓室,高约十英尺,底部面积尺寸稍小于坑底本身。墓室内的墙壁上装饰有超乎想象的精细雕刻,或者多彩的图绘设计。然后人们会举行丧礼,将尸体和其他物品放置好,随后将挖掘出来的坑洞从坑底到地表的每一寸都用夯土填满。光是这最后一步,可能就需要一支小型军队规模的劳力进行长时间劳动才能完成。正如后文即将讨论到的,葬礼可能会伴随有许多人祭。总体来说,这是一场对于君王的离世以及王室先灵的就位而言规格相称的仪式。

人一旦死亡,就变成了魂灵。商人有两个字来指代这样的存在。一个是 🧑, 形似一个头颅巨大令人畏惧的人;这个字我们可以合理地将其翻译为"鬼魂"(ghost)。[2] 我们还发现它作为意思是"害怕"或"尊重"的字🧑 的一部分出现[3]——一个手中持鞭的鬼,象征着他惩罚那些触怒他的人的能力。另一个字则可以恰当

---

2 这个字也就是现在"鬼"字的原型。——译者注
3 即如今的"畏"字。——译者注

地被翻译为"灵"(spirit),其字形示颇为神秘。它可能代表着从上天垂到下界人间的灵力。无论这种解释是否正确,我们都知道这些魂灵的确居住在高空之上,因为在甲骨文里,他们被描述为降临、降下福佑等。[4]

如果从甲骨文中判断,我们会发现商人向祖先祈求帮助并为其进行祭祀的次数,比向其他所有神灵加起来都多。但是如果要问他们向哪些祖先祭祀,那么我们的讨论范围则必须限定在王室家族之内。几乎可以肯定的是,高级官员有祭拜祖先的习俗,并且此习俗可能也普及至普通民众的生活中。然而,作为几乎只为君王和他的家族制造的文献,甲骨文向我们提供的有关其他人宗教信仰的信息几近于无。在甲骨文中出现了分属于二十六代的四十二位受祭男性祖先及其兄弟的名字。其中较早的人名可能仅仅是神话中的存在,但较晚的几代却与中国的历史记述高度吻合。商王会向已故的兄长以及父亲、祖父乃至更早的祖先进行祭祀。那些未曾为王的祖先也会受到与先王仪式规格相同的祭祀。

商人在不同时期的祭祀偏好也有所不同。商王武丁——据称在位于公元前1324年至前1266年间——对他的祖先和宗教仪式兴趣浓厚。他为年代久远的几代先祖进行了大规模的祭祀。后来的商王则更倾向于在大多数时间中祭拜更为直接的祖先。武丁似乎对他的家谱世系也非常感兴趣;或许他给自己的一些远祖赋予了新的祭名。

我们知道世界各地都有对死者和神灵使用特殊名讳的习俗。

---

4 如《合集》06497、06498中所言"帝降若","帝降不若",便可以理解为"上帝降下福佑(与否)"。之后又有"降永"的表达,如《屯南》723:"来岁帝其降永","帝不降永"。姚孝遂及肖丁在《小屯南地甲骨考释》中认为,其意与"降若"大致相同。——译者注

第十二章　商代神祇

人们不仅认为以个人姓名称呼他们是大不敬，而且还认为这些姓名具有魔力，说出它们可能会伤害或激怒其拥有者。犹太人不说上帝的真名。在古埃及，一个凡人如果知道了神的秘密名字，就可以迫使神听从他的命令。在中国，皇帝的个人姓名属于禁忌，因此如果一个普通的字，比如"玄"（black），[5] 恰好在当朝皇帝的名字里，那么哪怕写下它都是犯罪行为。许多不幸的中国人就这样失去了性命，因为他们有意无意间碰巧写下了这样的一个字。这种法律强制性禁忌在商朝尚未出现，但即使在那个时候，人们也不会在卜筮或祭祀中使用祖先的个人姓名。

除了非常遥远的祖先外，商人的祖先是用一周的某一天来称呼的（商人的"一周"有十天[6]），据说可能是他们出生或去世的那一天。在这个名字前面，还会加上这名祖先与进行卜筮或祭祀的后代之间的关系。因此，我们在商代记载中可以找到"父乙"（Father Monday）、"母庚"（Mother Thursday）、"祖辛"（Grandfather Tuesday）和"兄丁"（Elder Brother Saturday）等这类描述。

受到祭祀的不仅有先王，还有之前的王后。我们发现了三名与上文提到的武丁王有关的王后，以及两名与其他两位商王一起被提及的王后。除此之外，女性祖先也会单独受到祭祀。有时我们发现她们负责主持最重要的事务，例如收成，但总体而言，她们处于从属地位。不过，有一个有趣的例外：当商人要卜筮某位商王或王后的祭祀事宜时，他们会选择在其仪式名中的那一天进

5　这类情况在中国古代屡见不鲜。例如清朝康熙年间重修紫禁城北门玄武门时，由于玄武门的名字中带有"玄"字，犯了康熙本名玄烨之讳，故此更名为神武门。——译者注
6　即所谓"旬"；古时十天为一旬，而一个月中又分上、中、下三旬。——译者注

行占卜；但当商王和王后一起接受祭祀时，通常就会涉及两个这样的日子，在这种情况下，人们会选择女性名字里的那一天占卜，而非男性名字里的那一天。

从我们所知的非常有限的证据来看，生育是女性祖先的特殊职责。在我们发现的一起案例中，一名女性为了能拥有一个儿子，甚至向一位前朝的王后献上了一名人牲。

祖先并不是唯一与商人有联系并接受其献祭的神灵。在甲骨文提到的其他力量中，我们发现女性元素也并不鲜见。龙母是一个神秘的人物；除了名字，我们对她知之甚少。[7] 东母和西母则出现得更频繁，但我们对她们的了解也很有限。[8] 我们还发现了对东方、西方和南方的祭祀，但唯独没有对北方的祭祀——至于为什么，没有人知道。还有一个被称为"（四？）方之帝"的神灵经常被提及，据信人们应当用牛和猪来供养他。[9]

在此后时期的中国宗教记载中，山脉与河流扮演着相当重要的角色，但据我所知，早期资料中并没有提到过山脉作为神灵存在。倒是有一处提到了对河流的祭祀。历史记载，在公元前1190年之前曾有一次大旱，导致商城旁的洹河断流，一篇甲骨文正好记录了"向洹河源头燎祭四头牛"。

接受祭祀的还有土地。我们之后将在讨论周代宗教习俗时看到，土地在后世被象征化成一座小土堆。这样的小土堆在每

---

7 见《合集》21803、21805。——译者注
8 东母，见《合集》14335、14337、14340、14342等；西母，见《合集》09631、14335、14344、14345等。——译者注
9 顾氏此处原文为"Ruler of the（Four？）Quarters"，其所指可能是出现于《合集》00418、12855、14300、14301等骨甲中的"方帝"。不过目前学界主流看法均认为，"方帝"并非某位单独的神灵，而是某种动宾结构，如"在某方祭帝"之意。——译者注

个村庄都有一个，代表着当地的土地神，并成为某种类似于村庄生活中心的存在。指代这个小土堆的字由"土地"（earth）和"神灵"（spirit）两个部分组成，[10] 而在商代，我们只发现了代表"土地"的符号作为一种神灵被提及，但其含义可能是相同的。[11] 有时它也会被具体限定为"此地区的土地"。无论如何，它是一种农神，其古老程度可能不亚于我们所知的任何中国宗教观念。在后来的时期，我们还发现提到某位"后土"（Queen Earth），这不禁让我们联想到西方"大地之母"（Mother Earth）的概念。然而我们无法确定早期的土地神究竟被认为是男性还是女性。

在谈论商代宗教中出现的自然力量时，风是一个绕不开的话题。在安阳举行平息风的祭祀尤为合乎情理。[12] 现今到访那个地区的游客会被当地的风吹得几乎站不住脚，双目会被冷酷无情且无尽无休的沙尘遮蔽，露出的皮肤毫不夸张地说也会变成土壤的颜色。商人一定也会热切地希望自己能够掌握一种有效的咒语来安抚这个精力充沛的恶魔。

除了这些相对常见的超自然存在外，我们还可以找到偶尔提及的其他一些非常令人困惑的个体。有时候，我们甚至会犹豫是否应该尝试翻译他们的名字。其中之一是"蛇灵"（Snake Spirit?）。[13] 我们还发现当时人会在有关各类话题——例如宣

---

10 即"社"字；土地神也称社神。——译者注
11 甲骨文中常见"寮（燎）于土"一类的表达，意为"向土地焚烧祭祀"，如《合集》00456、00779、01140、14399等。——译者注
12 这类祭祀被称为"宁风"，如《合集》30260："癸未卜，其宁风于方，又（有）雨。"34137："甲戌，贞其宁风，三羊、三犬、三豕。"——译者注
13 此处问号为顾氏在原文Snake Spirit后另加括号插入，表示其本人对此解释/翻译也并无把握。——译者注

战——的问题中添加一些声明:"下和上同意"或"下和上不同意"。[14] 这是什么意思?我们无从得知。或许它与土地和上天的神灵有关,又或许它们根本不是"下上",是我们错读了这些字。除此之外,还有"王风"(King Wind)——或许与没有称号的风就是同一个神灵——以及"帝的使者风",或者仅仅只是"帝的使者"。[15]

此处的"帝"是一位重要但令人费解的神明。想要理解中国古代的宗教,我们至少得在一定程度上理解他。他有时被称为"帝"或"上帝",其中"上"字单纯意为"上方的"(upper)或"高级的"(superior),而"上帝"则有时被翻译为"上界的统治者"(the Ruler Above)。基督教传教士一般采用"上帝"这个术语来翻译基督教神明的名字,但三千多年来,"上帝"这个词所代表的一直是中国的主神之一,或者甚至可以说是唯一主神。

虽然这位神灵可以被称为"帝"或"上帝",但"帝"字本身还有另外一重含义。即使在商朝,我们也发现它被用作某些君王姓名的一部分。在过去的两千多年中,"帝"一直是中国君主的官方称号;从这个意义上讲,它通常被翻译为"皇帝"(emperor)。

关于"帝"字的起源众说纷纭,在此不一一赘述。但其中有一种理论,无论其正确与否,至少听起来像是最有道理的解释。这个理论最早由加拿大学者明义士先生提出,他是极少数对甲骨文研究作出切实贡献的外国学者之一。

根据这个理论,"帝"最初是一种祭祀的名称。此说法的依据在于,在商代汉语中,"帝"字与另一个发音为 liao 的字几乎

---

14 如《合集》06098:"舌方出,王自征,下上若。"06220:"勿隹(唯)王往伐舌方,下上弗若,不我其受(授)又(佑)。"——译者注
15 如《合集》14226:"尞(燎)帝史(使)风牛。"——译者注

相同（有时完全相同）。此字是一个象形字，意思是"燎祭"，描绘了一捆燃烧的木柴，而人们会将动物放在上面焚烧献祭。[16] 这两个字在字形上如此相似，以至于我们在甲骨文中可以看到诸如"向帝燎祭五头公牛"这样的句子，其中的"燎"和"帝"的写法完全相同。因此，有人认为"帝"最初只是一种祭祀祖先或其他神灵方式的名称，但渐渐地，人们将祭品本身与被祭祀的神灵混淆，开始将其视为独立的神灵。

　　人类心灵将祭祀手段视为神灵的这一过程，在中国以外的地方也可以找到类似的例子。印度的雅利安人最初崇拜居住在天空中的神灵。他们向这些神灵献祭，将净化过的黄油倒入被称为"阿耆尼"（Agni）的祭火中，仪式过程中还伴有对神圣密咒的吟唱，也就是"梵"（Brahman）。整个仪式会使神灵赐予祭拜者他们所渴望的东西，而神灵会为此受到赞美。但后来有人指出，赞美神灵实际上是没有意义的，因为带来祝福的并非神灵本身，而是祭祀的过程；事实上，是祭火阿耆尼将祭品传递至天空，并迫使神灵赐予崇拜者他们所希望的东西。这样一来，阿耆尼就成了一位高级神灵。但最后又有人说这些说法都是错误的，因为真正起作用的其实是与祭祀一起吟唱的神圣密咒"梵"，而仪式的其他部分均只是次要的。因此，梵天就又成了最高的神灵、世界最初的创造者。

　　这么一想，我们就不难相信，中国人可能也将祭祀的名称转化为一位神灵——帝。但是，如果我们要问商人是如何构想这位神灵的，那这个问题就很难回答了。由于一些商王被称为"帝乙"和"帝辛"，有人便说"上帝"可能仅仅是指"最高的帝"，

---

16 见甲骨文中"燎"字字形：　　。——译者注

中国之诞生：中国文明的形成期

图版9
一件商代祭祀用的饮器——觚，高约十二英寸

在黄伯川先生的慷慨应允下复印。

也就是商王的第一位祖先。这种可能性是存在的，但尚未被证实。也有人说帝是所有王室祖先的集体名称——它可能在起源时的确具有这个含义，但我们有理由怀疑这层含义到了商人书写甲骨文的时代是否还依然存在。

如果要问帝为商人做了些什么，我们倒是有更确凿的信息。他与战争的联系尤其紧密。当商人卜筮是否应该对敌人发起进攻时，他们经常会问："帝是否同意？"[17] 显然，除非确信帝会与他们一起战斗，他们是不愿前往战场的。商人还会询问他当年的庄稼收成。帝对雨水也有相当的控制权。在甲骨文中，我们读到："帝是否会为今年降下充足的雨水？"他有时还会根据自己的喜好，赐予天下好运或不幸。所有这些事情以及其他事务，他均有涉足。但几乎在所有活动中，他都不具有垄断权。祖先和其他神灵有时几乎拥有帝所掌握的全部权能。

长期以来，基督教传教士都一直试图证明中国人的原始宗教是一神论宗教。有一段时间，人们几乎都放弃了这个看似无望的任务。如今，由于新的发现，有些人开始再次试图证明商人最初是只崇拜帝的一神论者。无论这是否属实，我们都可以确定的是，在我们所了解的时期他们绝不是一神论者。他们的祖先哪怕不是神也是神一样的存在，拥有与帝相当的力量，并以与帝相似的方式行使权能。事实上，那些认为帝本身最初就是一名被神化的祖先、商王始祖的人，其观点可能是正确的。这样一来，商人的每一位重要神灵也都可能曾是一名祖先。

---

17 如《合集》06272："贞勿伐舌，帝不我其受（授）又（佑）。"06664正："贞我伐马方，帝受（授）我又（佑）"等。——译者注

第十三章

卜　筮

无论中国的祖先崇拜看上去距离我们的经验多么遥远，我们都仍可以想象出这种实践是在何种情形下发展出来的。我们大多数人在生活里都至少认识这么一位男性或女性，他/她年长而经验丰富，对于周围一群人而言不可或缺。这个人或许是整个家族都会向其倾诉的祖父或祖母，或许是政治运动的领导者，又或许是企业里领航把舵的天才。当这种人去世时，人们会感到怅然若失，迷茫无助。这是人类的一种普世性经验，发生于今天的纽约、巴黎和伦敦，一如发生于三千多年前的中国。

即使在今天，也有人会通过"灵媒"与逝者联系，以便能够继续获得被死亡切断的建议。这种情况古今中外均有发生。我们并不清楚古代中国人是如何发展出与逝者交流的特殊手段的。即使早在商代，人们也很可能拥有不止一种途径——我们知道，中国人在商朝灭亡后不久就有了"巫觋"（mediums）以及各种与死者交流的方法。然而，商人使用的一种方法需要在骨甲上刻字书写——这对我们而言非常幸运，因为在中国北方的气候中，骨甲是少数能够遗留下来且其上记录能够得以保存以供我们了解的材料之一。

通过骨甲受热而产生的裂痕进行占卜的,并非只有中国人,然而很难说是否还有其他任何族群像中国人那样为此发展出了如此精细的技艺。有趣的是,蒙古人至今仍以一种简陋的方式进行此种类型的占卜。1930年,拉尔森(F. A. Larson)先生[1]写道:"喇嘛们有很多种预卜未来的方法,其中最常见的是使用绵羊的胸骨。人们将骨头先清洗晾干,然后放入火中炙烤以使其完全受热。火焰会使骨头上产生不同的裂纹和线条。根据这些线条,僧人会卜算出对所提出的任何问题的答案——比如出发旅行是否安全,某个日期是否适合举办婚礼,某个井边是否适合搭设蒙古包,等等。"[2]

如我们所见,在新石器时代的黑陶文化中,人们曾采用过一种与商人非常类似的占卜方法。我们所知的新石器时代的卜骨是牛的肩胛骨,而商人使用的则是龟壳(通常是下壳或胸甲)以及牛骨(通常是肩胛骨或腿骨)。然而这些骨头是来自随便什么其肉已被烤食的牛吗?抑或它们来自为与神灵沟通而专门预备的犍牛(bullock),通过被献祭而获得了特殊的灵力?我们无法确定。但关于乌龟,我们有一些更多的信息。

乌龟在中国神话中地位显赫。即使在今天,当一个人参观中国的寺庙,并查看历代皇帝及其他人等在庭院中竖立的石碑时,他仍会经常发现这些石碑矗立于巨大的石龟背上。在中国古代,人们对乌龟敬畏有加,《庄子》中有一则趣事就展现了这一点。庄子是公元前4世纪左右的一位道家哲人,也是一位神秘主义者

---

[1] 瑞典驻蒙古传教士,曾著有《蒙古公爵拉尔森》(*Larson, Duke of Mongolia*)一书,讲述自己在中亚的见闻经历。——译者注
[2] F. A. Larson, *Larson, Duke of Mongolia*(Boston, 1930), p.102.

(mystic)和隐士。楚国的君王听说他是位智者,便派遣两名高官去请他管理楚国的政务。他们在濮水边找到了庄子,并向他做出了邀请,庄子却头也不回地继续钓着鱼,问道:"吾闻楚有神龟,死已三千岁矣,王巾笥而藏之庙堂之上。此龟者,宁其死为留骨而贵乎?宁其生而曳尾于涂中乎?"两位官员不得不承认它会宁愿选择后者。

"往矣!"庄子喊道,"吾将曳尾于涂中。"[3]

在古代,乌龟是一种非常珍贵的物品。在一部大约出现于商代末期的著作《易经》中,我们读到有一只乌龟价值十朋,或者说十串贝币。[4] 这是一笔相当大的金额;君王在奖励臣子的显赫功绩时,赏赐也通常不会超过这个数目,甚至往往更少。这只价值如此之高的乌龟被形容为人们"弗克违";它给出的卜卦想必准确到不容置疑。此外,我们在向君王进贡的物品中也发现提到了大型乌龟。[5]

甚至从甲骨文本身来看,我们也可以得知当时人并没有将龟壳仅仅视为一块死气沉沉的骨头,也并不将其仅仅用作卜筮的工具。有些甲骨上刻有这样的卜辞:"问:乌龟谕令(decree)了……吗?"

商人使用的乌龟似乎全都属于同一种迄今为止未为科学所知的物种。人们根据其发现地而将其命名为"安阳龟"(*Testudo Anyangensis*)。我们不知道此物种已经灭绝还是仍然存在。发现的许多龟壳都尺寸可观,长度超过一英尺。看起来,在卜筮之前

---

[3] 《庄子·外篇·秋水》。
[4] 《易经·损》:"或益之,十朋之龟,弗克违,元吉。"
[5] 关于龟在中国古代的尊崇地位,以及更广层面上后世对龟卜的记载,还可参看《史记·龟策列传》,其中多有描述。——译者注

这些乌龟会先被献祭,并通过这种方式与神灵建立起特殊关联。龟壳也有可能会被涂上作为祭品牺牲的公牛的鲜血,以达到进一步的圣化。

　　在占卜之前,这些骨头和龟壳——尤其是后者——会经历相当繁复的准备过程。首先要将龟壳边缘的所有突出部分锯掉,然后将整个边缘磨削抛光,直到它变得规则、光滑且圆润。龟壳和许多骨头的表面都被打磨得闪闪发光,以至于即使在深埋地底三千年后,它们仍闪烁着像抛光后的金属一样的光泽。用于占卜的腿骨会被劈开,以制成扁平的小块骨片。最后,骨头背面会被切割出一些长约三分之一英寸、形似足球但更窄的凹坑。商人会事先估计每块骨甲可以被用于卜问的次数,然后再切割出相应数量的凹坑。一个大的龟壳上可能会有多达七十二个凹坑。

　　我们并没有关于卜筮仪式本身的记录。这类仪式可能是在宗庙中进行的;当涉及重要问题,比如是否发起远征时,这些仪式想必都非常庄重。通常,卜筮会由一小群卜官(official diviners)中的一员来执行。例如,我们知道九名武丁时期这种人的名字。然而,在某些时候以及特定情形下,商王似乎会亲自进行卜问,特别是朝代最后几位君王,他们似乎尤其喜欢亲自处理这一重要事务。

　　使用骨甲进行占卜的过程本质上是通过加热使其产生大小和形状不同的T形裂缝,并根据这些裂缝的差异作出预言。图2展示了这些裂缝是如何产生的。图中以A与A′为端点的椭圆形凹坑虽不会延伸覆盖骨甲的整个表面,但它会使椭圆形的中间部分变得极其脆薄。因此,加热作用会使A到A′的连线部位比其他地方更容易产生裂缝,而正是这道裂缝形成了T形的头部。加热的部位不在中心,而是在侧面。有人提出,当时人通过在骨甲上

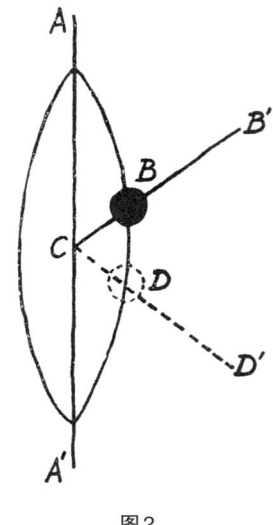

放置燃烧的木炭来加热，但这很难提供足够的热量；更大的可能性是将一个红热的青铜尖头按压到适当的位置。在图2中，B处的黑色圆盘代表的就是通过这种加热方式产生的炭化斑点。而无论加热点在哪里，它都会产生两道裂缝，交汇在凹坑的中心位置C：其中一道从A穿过C到A'，而另一道则从C经过加热点，即本例中的B，继续延伸。

我们不知道商人是如何从这些裂缝中读取问题的答案的。迄今为止，为了试图揭示这一点而对骨甲进行的研究均以失败告终。目前在这方面的研究还比较有限，但我相信它有朝一日将被成功破解。尽管有人在几个世纪后描述过解读这些裂缝的方法，但它们太过于复杂了。其中有一条描述告诉我们，两道裂痕中可以读出至少一千二百种迹象。商人在这方面的处理显然还没有如此精细，因为后世繁复程式中的术语并未见于商代。

从根本上说，答案只有两种："是"和"否"，或者"吉"（fortunate）和"不吉"（unfortunate）。例如，如果要问"我应该派出军队抵抗敌人的进攻吗"，那么答案要么是肯定的，要么是否定的；没有必要等敌人都快攻破城墙了还要让卜者精密计算出结果。只有两种基本答案这一信息，可以通过频繁出现的成对卜卦看出。故此，我们会看到商人在问完"今天会下雨吗"之后紧接着问"今天不会下雨吗"。尽管答案只有肯定和否定两种类型，但至少肯定类型的答案似乎有不同程度的差异。在"小麦收成会好吗"这样的问题之后，我们可能会看到"吉"的记录，这表明会有一个好的收成。但是我们偶尔也会发现"大吉"（greatly fortunate）或"弘吉"（vastly fortunate）这样的记录，这想必意味着更好的收成。[6]

骨甲上很少见到有对答案的明示。卜者本人以及其他可能与这些预言有关的人可以直接从裂纹的形状中获得答案，但他们并非立即就丢弃这些骨甲，而不记录预测是否准确。在一些情况下，骨甲上会记有最终的结果，比如"今晚会下雨吗"以及随后的记录，"实际上并没有下雨"。据一本后世的中国卜卦书，太卜（chief diviner）会记录下他的所有预言，并在年底进行统计，看看自己预测的准确率有多高。我们不知道商代的卜者是否也会这样做，但发掘人员报告说，他们发现在同一年内使用的卜骨被存放在了一起。无论如何，商代卜者占卜的准确度想必是令人满意的，因为他们看起来似乎长期任职。我们所知的两位卜者就曾连续为两代商王服务。

这些卜者本人是否可以主导占卜结果？他们是否可以操纵预言？我相信他们是可以的。如果我们考虑到只有"是"和"否"两种基本答案，且整个答案是从一道T形裂缝中解读出来的，那么裂缝向侧边延伸的方向，无论是水平、向上倾斜还是向下倾斜，都可能会构成一个决定性因素。如果是这样，那么卜者肯定可以影响结果。让我们再来看一下图2。我们已经知道当在B点加热时，裂缝将从C穿过B。然而假设在图中D点所示的虚线圆圈处加热呢？一系列对这类裂缝的研究显示，这样一来，较小的那条裂缝就将从C穿过D延伸至D′。经验丰富的卜者也许可以

---

[6] 如《合集》28233："一羊受禾。大吉。"又37849："癸丑卜，贞今岁受禾。弘吉。在八月。佳（唯）王八祀。"——译者注

利用这一实际情况来得到他所期望的结果。

操纵占卜的结果在世界各地都是一种常见的做法，中国古代历史上也有此类案例。公元前632年，患病的晋侯召见他的卜者，令其找出自己的病因。晋侯之前曾夺取了曹伯的领地，于是，被废黜的曹伯手下的一名臣子找到了卜者，贿赂他让他告诉晋侯，病是由于晋侯对曹伯的不义之举所致。卜者照做了，并向他的统治者进行了一番道德说教。"礼以行义，"卜者宣称，"信以守礼，刑以正邪，舍此三者，君将若之何？"晋侯对这番解释感到满意，遂恢复了曹伯的地位。[7]

另一方面，我们也不能认为卜者干预占卜结果就一定是一种欺诈行径。在另外一个场合，一名封建领主要求一位有才干的政治家占卜未来不久后会发生的政治事件。这位政治家接受了命令，并按时向统治者提供了答案。之后的事件走向完全按照他的预言发展，于是便有人称赞他作为卜者的技艺。面对这些赞美，他全盘否认了自己在卜卦方面的能力，却表示希望自己能有足够的判断力来预测显然会发生的事情。这两个故事均晚于商朝，但是，如果早在商代的卜者就已经能够影响占卜的结果，那么这一事实对于中国政治史便具有重要意义。因为这些卜者都是受过教育的人，是时至今日几乎仍主宰着中国政府的士人政治家（scholar-statemen）的先驱。如果他们有时按自己的意愿操纵卜卦结果，我们倒也不必总认为他们就是群恶棍无赖。他们可能只是在以一种君王更能接受的形式向其给予明智的建议。

在得到卜卦的建议后，人们是否总是会据以采取行动呢？对于商代的情况，我们几乎无从得知。卜卦结果中加入的诸如"实

7《左传·僖公二十八年》。

际上真的下雨了"这样的备注,似乎表明人们对卜卦的准确性有所怀疑。当然,在之后的时期,人们经常会通过占卜来看是否能得到他们想要的答案;然而如果没有得到,他们仍会按照之前的计划行动,一如我们大多数人对待他人建议的态度。有一次,楚灵王(公元前540年至前529年间在位)通过卜筮询问自己是否会征服天下,得到的结果却是不吉,于是他将龟甲摔到一边,抬头仰望天空,大喊道:"是区区者而不余畀,余必自取之!"[8]

在使用特定的骨片或龟甲进行卜卦时,似乎没有固定的规则来确定主题。有时我们会发现一大块龟甲都用于占卜同一件事,而其他时候则涉及各种各样的话题。有时商人会在同一天内使用同一片骨甲四次,而之后可能会等一个月或六周才再次使用它。我们也可能会在同一块龟甲上找到时间跨度长达九个月的占卜记录。商王出行时会带上一块龟甲,并在旅途中的不同地点用它来指示下一步应该做什么,就像现在有些人在旅行中使用旅游指南一样。

对我们而言,最重要且幸运的是,无论他们以何种方式得到问题的答案,也无论他们是否遵循建议,商人在占卜之后都会在骨片上刻下这些问题。这种做法似乎在商代之后逐渐消失;人们仍然使用骨片来卜问神灵,但获得的答案则被更加方便快捷地记录在书中。即使在商代,也并非所有的问题都会被写在骨片上。在所有发掘出的骨甲中,只有约十分之一被刻写了文字。不过,这并不是说写下问题只是他们在某个特定时期的做法,因为我们在商代后期的各个时期都发现了可以确定年代的刻辞。而从裂纹中可以看出,甚至在刻字的龟甲上,写下的问题数量可能也还不

---

[8] 《左传·昭公十三年》。——译者注

到实际问题数量的一半。他们为什么要写下问题，以及他们如何选择需要写下的问题，这是个谜。他们不可能只是写下最重要的问题——很难想象比"今天会下雨吗"更不重要的问题，然而我们发现这个问题一次又一次地被耗时耗力地刻写下来。难道他们仅仅是出于对自己工艺的自豪感，想尽可能美观地书写文字吗？唯一可以确定的是，商人这样做绝非是为了帮助20世纪的考古学家——但考古学家对他们感激不已。

试图对商人向神灵寻求建议的主题进行列举和分类绝非易事。一开始，他们可能只会询问一些最重要的问题，比如是否应该发动战争或达成和平。不过，从这一点出发，就很容易会问到前往某个特定地点旅行或打猎是否吉利。而如果一个人明天计划进行一次狩猎活动，那么提前了解一下是否会下雨或者是否会有强风和沙尘影响视野，使得狩猎无法开展，就肯定是值得的。毕竟，所有这些事情都具有一定的重要性；提前获取相关信息可能会有助于改善计划。然而后来，商人一定是逐渐演变到了某种几乎事无巨细都要卜问的状态。在每一"旬"的最后一天，商人都会进行卜筮，以了解下一旬的吉凶。即使如此，我们也可以设想，如果结果并不吉利，那么商人会尽量提前避免在那一旬里安排重要活动。但是，当卜问一名病人是否会康复时，预知即将到来的死亡可能并无法对现状带来任何帮助——除非有人想更快地送患者入土！

一些中国学者对商人占卜的各种主题作出了分类。其中最合理的一种分类法包含了如下十二大门类：

（1）祭祀。这是一个我们将必须再次提及的主题。商人会向神灵卜问应该向哪些神灵献祭、何时进行祭祀、应该献祭什么样的动物或其他物品、祭品应当是什么颜色的及其数量多少，等等。

（2）向神灵传达的信息。目前还不太清楚他们是先询问是否应该传达某种信息，等得到肯定答案后再传达，还是占卜本身就是信息的传达方式。无论如何，他们都会把各种事情告知神灵，从敌人发动袭击并掳走了一些人口，到某人患上了疾病。显然，商人期待神灵在得知了祭拜者的困难后能够采取某些行动以作出补救。

（3）此处标题所涉及的主题在占卜中经常出现，然而即使是作出这个分类的学者也不敢声称对其完全理解；它可能与国家或外交宴会有关。这只是众多调查研究尚未能揭示的有关甲骨文的谜团之一。

（4）旅行和驻留。在出发之前询问形势是否适合出行，以及在旅途中的某个地点过夜或停留更长时间是否适当，这是商人的惯例。

（5）渔猎。商人不仅会询问进行渔猎是吉是凶，还会询问该去哪里渔猎。由于骨甲只能回答"是"或"否"，所以他们必须逐个询问不同的地方，直到有一个地方被指示为幸运之地。我们经常发现，较晚的卜者会在骨片上记录捕获到的动物种类和数量；这无疑是为了证明他指出了一个绝佳的狩猎地点。

（6）战争。何时派遣军队、派遣多少人、何时与敌人在战场上兵戎相见、何时采取守势等问题均属此列。

（7）农收。商人会详细询问各类谷物收成以及本年酒类产量的预期。此外，他们还会询问本年农业的整体前景。

（8）雨雪风雾。

（9）好天气。商人尤为急切地想知道暴风雨之后天气是否会转晴。

（10）疾病与康复。

(11)旬,即每一旬是吉是凶。

(12)其余各类杂项。

这份目录很好地向我们展示了商人会就何事项咨询他们的神灵,但这当然不意味着此话题就已得到充分探讨。有很多问题很难被归类入这张列表中——倒不是因为没有适合它们的标题,而是因为适合的不止一个。例如,当有人问"如果王今天在率地狩猎,他会不会遇到大雨"[9]时,我们可以将其列为关于狩猎的问题,也可以将其列为关于天气的问题。如果问题是"子渔生病了,他的随从福应该向父亲乙的灵魂宣报这个消息吗",[10] 我们就既可以称之为关于向神灵传达信息的占卜,也可以称之为关于疾病的占卜。

这个列表中的第十二类,或者说"杂项"类,必然是一个很大的类别,囊括了其他十一类中所有未提及的事项。其中有些问题非常重要,包括可以被我们称之为"外交"的问题,涉及商人与其他族群——或者说可能是他们的封臣——之间的关系。学者们对这整个领域都还了解甚少,但那个时代和现在一样,人们在计划发动战争时要考虑的一个问题就是要帮助哪些国家,以及可以信赖哪些国家作为盟友。同样,商人也会就这一方面寻求意见。他们还期待祖先们会回答一些更私密的有关国家的问题,比如王后是否会生下一个儿子。[11]

甲骨文中还经常提到梦境。商王们会梦见鬼魂,有时甚至是

---

9 顾氏此处原文称此狩猎地点为Shuai,综合上下文疑为《合集》37777:"辛酉卜,贞今日王其田𢼄,不遘大〔雨〕。""率"字在甲骨文中字形如𢽎,直至今日仍然保留了两边四个点的结构,而此处的𢼄也带有同样的特征,故此可能顾氏认其为"率"字。——译者注

10 《合集》13619:"癸巳卜,㱿,贞子渔疾,目福告于父乙。"——译者注

11 如《合集》00094:"辛丑卜,㱿,贞帚(妇)好屮(有)子。"——译者注

"多鬼"（many ghosts）；这些以及其他梦境都需要解释，于是他们会去找卜者以确定这些梦境是吉兆还是凶兆。商人经常寻求神灵的帮助；在许多问题的结尾，我们会发现"我会得到援助吗"或者"王会得到援助吗"这类问题。[12] 有时候他们会具体询问，"祖父乙的灵魂不会援助王吗"。[13] 然而，这些灵魂不仅可以帮助人，还可能会伤害人，故此还有一些发现的卜辞会让我们联想到中世纪用来确定一个人是否受到邪术困扰的测试："祖母己的灵魂是否在伤害良善之子"[14]"祖父辛的灵魂是否在伤害我"。[15]

由于商人的文字是象形的，故此他们使用的许多词汇都非常形象生动。其中最形象的当属他们用来表示"邪恶"（evil）的字。我们经常看到商人使用它：在狩猎或是战争或是即将到来的一旬，他们会问，"会'亡害'（no evil）吗？"这个字是 ，形如一条蛇袭击一个即将踩到它身上的毫无防备之人。[16] 没有哪个符号能够比它更好地描绘出到处潜伏着的隐藏危险；面对这些危险，人们必须用尽一切办法预警自己——如果可能的话，借助神灵本人高瞻远瞩的双眼倒也不失为一种手段。

---

12 即甲骨文中高频出现的"我受又（佑）""王受又（佑）"句式。——译者注
13 《合集》01624："□未卜，㱿，贞祖乙弗左王。"——译者注
14 《合集》02675："贞妣己害帚（妇）好子。"——译者注
15 《合集》00095："贞祖辛害我。"——译者注
16 即如今"害"字初形。——译者注

第十四章

祭　祀

进行祭祀的习俗很可能起源于为亡者提供食物的简单行为。刚刚去世的人和活着的人之间区别并不明显；人们自然容易认为，他们的需求基本相同。即使在当今中国，仍有在死后不久的尸体周围摆放食物的习俗。

人们观察到他们提供的食物并没有消失，至少在物理层面上没有被食用。但是死者也同样没有在物理上消失；或许是某种看不见的本体离开了他的身体，导致了他的死亡。他的亲朋好友们在梦中看到他行动自如，谈笑自若；但当这些人醒来并意识到他已经死去之后，他们便认为在夜晚来找他们的是这种本体，亦即死者的鬼魂。一个死去的人不再呼吸，而因为他的呼吸与其个人的本体（essence of his personality）同时离开，人们自然而然地便容易认为气息代表的就是人的本体。这就是我们会使用"spirit"来指代这种本体的原因：这个词来自拉丁语中的 spiritus，意为"呼吸"。中国人也持有同样的观念。但是，如果死者只留下了他的皮囊而变成了一种看不见的本体，那么逻辑上我们也可以认为，他能够在享受食物精髓的同时而不改变其实体。

第十四章 祭 祀

这种魂灵可以食用祭品而不破坏它的观念是许多族群所共同拥有的，同时也非常便当。它使得食物能够被利用两次：一次供神灵歆享；一次则供祭拜者或祭司食用。同时，它还具有一个额外的优势，那就是让人类在进食时能与神灵一同用餐，并享用那些通过与神灵接触而被赋予了特殊功效的食物。从历史上看，这种观念是基督教会的圣餐仪式的根源，尽管后来经过许多改变，变得湮没不彰。

古代中国人祭祀的食物并非都会在之后被祭拜者食用。人们有时会将酒洒在地上，动物则有时会被埋葬，有时会被焚烧。世界上许多地方都对焚烧祭祀青睐有加，其原因非常明显：焚烧的过程会将大部分祭品转化为烟雾和香气，而它们与鬼魂非常相似。它们飘向天空，也就是许多族群——包括中国人——心中神灵和逝者的居所。

除了人的魂灵之外，人们还会向其他人和事物进行祭祀。但我们可以大胆推测，这样做是因为人们认为这些事物——例如风和大地——具有人类的精神特质与欲望。因此，可以相当确定的是，在祭祀中所提供的任何物品都是人们认为适合食用或拥有的。然而，有可能他们不敢自己食用或拥有它——我们不能断言每个进行人祭的族群就必然是食人族。

古代中国人认为他们的祭祀是在切实地向亡者提供食物。对此有很多证据可以佐证，其中一则来自稍晚于商代的故事尤为清晰地表明了这一点。有一位高级官员特别喜欢吃菱角，对于这种食物他有极好的鉴别力。这种美味如今主要在中餐馆里供应，但在史前时期的欧洲和中国都很常见。这位尤其喜爱菱角的官员明确要求在自己死后的一年里要将菱角作为祭品供奉给他——在这一年里，祭祀会尤为频繁，明显是为了使新近脱离物质世界的魂灵逐渐减少对肉体的依赖。这位官员说，过了这段时间，祭品便可以按常规安排，但在第一年里他坚持要有菱角。这个故事的结局并未能如他所愿，官员的儿子是一位拘谨的士人（scholar），他宣称自己维护正常仪式的职责高于作为子女履行父亲遗愿的孝道，故此并未供奉菱角。[1]

商人向他们的神灵献祭的物品绝大多数是动物。由此有人称，商人无疑是畜牧族群。但事实远非如此。许多宗教在祭祀时都明显偏爱动物，即使当地动物数量稀缺，民众几乎完全从事农业且饮食以素食为主。这其中有几个原因。其中之一是屠宰动物的过程本身就具有戏剧性：生命瞬间消失，鲜血喷涌而出——这些仪式效果是供奉谷物或蔬菜达不到的。有时人们将生命本身看作献给神灵的祭品。

另一个原因是无论何处，宗教仪式都带有很强的保守性。有一些迹象表明，甚至在商朝之后，统治者也偶尔会亲自出去狩猎捕鱼以获取祭品。这样一来，一种源远流长的习俗就得以保持，而这种习俗早在渔猎对人们的生计至关重要的时期就存在。在某次祭祀的仪式中，我们读到："天子禘郊之事，必自射其牲。"[2] 用箭射杀家畜毫无实际用处；显然这是一种来源于更早时代——一个以狩猎而非畜牧为主的时代——的仪式残存。我们在各种宗教

---

[1] 《国语·楚语上》："屈到嗜芰。有疾，召其宗老而属之曰：'祭我必以芰。'及祥，宗老将荐芰，屈建命去之。宗老曰：'夫子属之。'子木曰：'不然。夫子承楚国之政，其法刑在民心而藏在王府，上之可以比先王，下之可以训后世，虽微楚国，诸侯莫不誉。其《祭典》有之曰："国君有牛享，大夫有羊馈，士有豚犬之奠，庶人有鱼炙之荐，笾豆脯醢则上下共之。"不羞珍异，不陈庶侈，夫子不以其私欲干国之典。'遂不用。"——译者注

[2] 语出《国语·楚语下》。顾氏此处原文为"the king must personally shoot an arrow into the bull for the sacrifice"。——译者注

第十四章　祭　祀

中都发现了以这种方式保留下来的传统，而以动物为主要祭品也并不能说明商人是畜牧族群。未来的考古学家会不会说，因为主教的法冠（mitre）上仍带有十字架，所以我们在20世纪仍在使用十字架处刑？

商人经常献祭的动物包括牛、羊、猪和狗。发掘表明，他们也会把野猪或其他可能的野生动物当成祭品。甲骨文中还记载了极少数鸟类——可能是雉鸡或鸡——及马被献祭的情况。前文已经提到过，发掘人员在一个大坑里发现了三十八匹佩戴有装饰精美笼头的马，显然是作为祭品被埋葬在一起。

用于祭祀的动物在性别和颜色上各不相同，通常数量较少，从一只到十只不等。一次常规的祭祀可能包括两头猪、三只羊和五头牛，尽管像五十只狗、五十只羊和五十头猪这样的组合也不算少见。单次涉及三百头牛的祭祀则非常鲜见，但对此我们也有相关记录。另一次向三位先王的盛大祭品则包括"一百杯酒、一百只羊和三百（头牛）"。[3]

酒显然是商人向他们的神灵供奉的唯一农产品。几乎全球各地的人们都将令人陶醉的美酒与宗教联系在一起，其中的原因不言而喻。酒精具有使哪怕最迟钝的人都焕发生机和振奋"精神"（spirit）[4]的力量，能够让人在几乎任何情况下都至少暂时感到愉悦，并进入一种类似于神秘主义者的恍惚状态。这种力量即使对

3　顾氏此处可能指《合集》00301中提到的向大丁、大甲、祖乙献祭"百鬯、百羌、卯三百牢"。这样的话，献祭的第二项就应是一百名羌人，而非羊。可能由于"羌""羊"二字在甲骨文中外形相似，乃致顾氏有此混淆。不过，后文中顾氏又专门提到甲骨文中"羌""羊"二字有异，且00301中"羌"字写法也颇为标准，并没有留下太大混淆的空间，故此这一可能性也不大。——译者注

4　顾氏在此处使用的是spirit一词，与前文提到的人的所谓本质，即"魂灵"（英文也是spirit），构成了双关呼应。——译者注

于最老成持重的人也总能发生奇效。

除了动物和酒之外，商人还献祭各种半宝石（semi-precious stone）类的物品；它们通常被称为"玉"，很可能就是类似于英文里jade的物品。[5] 还有一处刻辞表明他们可能供奉了贝币。如果是这样的话，那这就是如今送钱给神灵的习俗的最早已知渊源。一个人去到现代中国的任何地方，都可以看到有些商店里挂着一串串小巧而形状特殊的长方形纸盒，色如金银。它们是这些金属的"锭"（ingots），等待着被某位虔诚的后代买回家焚烧，以供奉祖先。

在之后的历史时期，中国最重要的祭祀活动都是在户外进行的。我们掌握的商代祭祀记录只提到庙宇（temples）作为祭祀的场所。这些庙宇名称各异，其中最重要的是俞。[6] 这个字外面是一座房屋，房屋内则是之前提到过的代表"魂灵"的符号。因此，它是"魂灵的居所"。时至今日，这个字的意思是"祖庙"（ancestral temple），并且它还衍生出了很多其他含义；其中一个含义是"同姓的所有人"，即通过遗传相同血脉、祭拜共同祖先而被联系在一起的人们。我们无法确定所有的祭祀是否都在称谓不同的同一座庙宇中进行，还是说不同的称谓代表着不同的建筑物。它们的名称包括"南室""司室"（House of Sacrifice）和"大室"等。有时，用于描述祭祀庙宇的图像名称是一座"血室"（House of Blood）。[7] 人们认为神灵特别爱喝祭品的鲜血；一位后代贵族在担心自己的家族即将灭绝时，便会宣称自己的祖先将无

---

5 有关中文中"玉"与英文里"jade"在概念上的区别，详见前文第84页。——译者注
6 即"宗"字。——译者注
7 如《合集》41091："贞今日夕㞢（有）雨，甲血室牛不用。"——译者注

法再"血食"。[8]

我们对于商人进行各种祭祀的时间所知不多。可以肯定的是，他们会在春季进行特殊的祭祀，以确保新埋下的种子能带来丰收，而与此同时，他们还会焦虑地就收成进行卜筮。有一个记录提到了某种似乎叫"春日酒祭"（spring liquor sacrifice）的活动；如果这个解读是正确的，那么酒可能就是第一件供奉的物品。古代中国人饮用的是未经陈化、刚刚发酵的酒。很有可能他们还会在秋季丰收后举行某种感恩仪式。通过现有的甲骨文材料，我们很可能得出一份商人的祭祀周期，但这需要进行大量的统计工作，故此目前尚未完成。商人称一年为一"祀"（sacrifice），可能指的是每年进行一次的固定祭祀循环。

商人会使用扑朔迷离的不同名称来指代自己各式各样的祭祀方式。早在1914年，就有一位学者识别出了十八种不同的名称，而到了今天，这个数量很可能至少还能再翻一番。然而，我们无法确定每一种名称是否都代表了不同的祭祀方式，还是说其中一些名称只是对同一种仪式的不同表达。许多这些词语在后来的汉语中并无对应词汇，即使在古汉语中亦是如此，这使得研究困难重重。至少在世界的这一片地区，没有其他族群拥有如此丰富的宗教词汇。

如果无法确定其中一些术语的确代表祭祀，我们显然就无法指望能够详细描述它们所代表的祭祀。然而，其中有几个字还是相当生动形象的。᛫明显是被两只人手倒提着献给神灵的某种鸟类，而᛫则明显是某种动物的头部，同样被两只手握住放

---

[8] 《左传》《韩非子》《吕氏春秋》《国语》《战国策》《史记》等诸多典籍中均提到有"不血食"的概念，其常见搭配包括"宗庙不血食""社稷不血食""庙堂不血食"等，往往用来描述国破家亡的情形，表达对家国衰落的担忧与悲哀。在《吴越春秋·阖闾内传》中，伍子胥在投奔吴王时便说："臣楚国之亡虏也。父兄弃捐，骸骨不葬，魂不血食。"——译者注

在一个祭坛上。还有一个类似的字描绘的是供奉玉器的场景。同一类别的另一种祭祀则通过一罐酒被放在某种桌子或祭坛上的图像来表示。这些祭祀都属于可以被我们称为简单供奉（simple presentation）的类别；在此类别中，献给神灵的物品只是简单地被举起到他们面前，或是放在一张桌子或祭坛上。

另一种祭祀形式则是将酒倒出来进行奠祭，使其溅洒在地板或地面上——酒通常通过这种方式被供奉给神灵。中国人一直到很晚的时期仍在使用这种祭祀形式。

或许最常见也可以说是最戏剧化的祭祀方式是火祭。我们无法确定火焰只是用于烤熟动物还是将其完全焚烧。有可能只有动物的某些部分被放入火中。另外两种常见的献祭方式则是埋葬动物，以及将动物投入水中。这些献祭方式均被赋予了一定的神秘色彩。

后来的礼仪书记载，"天子……祭川，沉；祭地，瘗"。[9] 但在殷商甲骨文中，我们却发现洹河和大地是以燎祭的方式被祭祀，而投入水中和埋在地下的供品则是献给人类先祖的。如果商人像古希腊人一样相信祖先死后会居住在下界，那么将供品埋在地下献给祖先就很容易解释。然而正如我们所见，有充分的证据表明商人认为自己的祖先死后会居住在天上。不过，考古学家已发现了四十余起尸体俯身的商代厚葬（honourable burial）案例。这或许能被当成某种证据，证明商人相信魂灵栖身于地下。我们之后将看到，在中国，后来出现了两种关于死者栖身之处的观点，而这种观念分歧可以追溯到商代的可能性微乎其微。

我们对于祭祀的实际仪式过程知之甚少。为了准备祭祀，商人会先卜问每一处细节。正如我们所见，除了极少数例外，商人

---

9 《仪礼·觐礼》（《仪礼》中的这段文字显然是后来添加的）。

会用一旬中的某一天称呼自己的每位先祖,并通常在该日供奉他。他们会提前十天或一周进行占卜,询问是否应该进行祭祀。之后,通常是在祭祀的前一天,他们会再次进行占卜,询问该使用什么祭品、数量多少、颜色如何等。他们还会卜问是否应该由商王亲自去检查祭祀用的动物。想必只有完美的动物才能被用于祭祀。

我们也不知道实际进行祭祀的个人是什么身份。他们很可能是专门负责这项任务的祭司,就像有专门负责与神灵沟通的卜者一样,尽管二者可能同属一个群体。在甲骨文中有一个字,形如一个跪在神灵旁边举起双臂祈求的人,后来的意思是"祭司"(priest)。[10] 但还不确定这个字是否在商代就具有这层含义。

前文已经谈到过祭祀的目的。除了可能真情实意地想要供养祖先外,他们还出于希望让神灵对他们感到满意而祭祀,以求神灵帮助他们在各种事务中取得成功,并在危险时给予他们特殊帮助。不过,还有另外一种类型的祭祀——祈求特定回报的具体请求。这类祭祀尤其多用于祈求神灵降下丰收。我们也常常发现其用于求雨。

商朝是否存在人祭?在过去十二个月的考古发现之前,中国这一领域的大多数专家对此问题均持否定观点,其中有些人可能至今仍如此认为。但在我看来,即使在发现这种新的考古证据之前,仅仅是甲骨文中就有确凿无疑的证据,能够证明当时人祭不仅存在,而且非常普遍且规模庞大。

甲骨文中有一个字,有时表示战争中的"攻击",有时则表示人祭。这个字写作 𠩺,清晰地描绘了一副戈刃架在男人脖子上的画面;[11] 很明显,他正在被处死,很可能是被斩首。此字发音

---

10 𥛥,即如今"祝"字。《说文》:"祝,祭主赞词者。"——译者注
11 即"伐"字。——译者注

193

为 fa；当我们在读到向某位先王的祭祀里包含有几头牛和几只羊的同时，还看到了"伐十人"[12]的字样，我们自然会认为这个字的意思就是其外形所示的含义。然而一些中国专家持不同意见。他们说，从目前掌握的证据看，商人绝非未开化的野蛮人——对此我们的确无法反驳。故此这些专家得出结论，商人是不会反复大规模地进行人祭的。相反，他们指出，后来的仪礼书籍将这个"伐"字解释为"伴有音乐的祭祀舞蹈"，而这也是他们对该字在甲骨文中意义的解读。

事实上，这种舞蹈很可能是原先人祭仪式到了后来时期的无害残存。我们在世界各地都能发现这类残存。美洲西北海岸印第安人中的一个部落曾经就有一种将奴隶当成祭品杀死的仪式。后来，这个仪式中的杀戮消失了，但仪式本身遗留了下来：奴隶只会被某位仪式参与者咬一口，以象征性地代替之前的献祭。此类情况无疑也发生于中国的人祭仪式中，到了后来的时期，整个过程都变成了一种舞蹈。不过当在骨甲上的刻辞中发现"伐十牢"[13]的字样时，我们很难想象那些牛是在跳舞。

两件从北平古玩市场中流出的刻有铭文的兵器进一步证实"伐"字意为"献祭一名人类"。我第一次见到其中一件兵器——如图版10所示——是在北平一位古董商的店里，当时我还给它拍了照。后来它被堪萨斯城的纳尔逊艺术博物馆收购。从其铜锈、装饰、铭文以及据认为的原产地来看，它无疑来自商代。另一件武器上的铭文与第一件几乎完全相同。图版中展示的斧头宽七又四分之三英寸，高九又八分之三英寸，够重够大，足以砍下一个

12　如《合集》35355："丁丑卜，贞王窒武丁，伐十人，卯三牢，鬯囗〔卣〕，〔亡尤〕。"——译者注

13　如《合集》32072："辛未卜，又伐十羌，十牢。"——译者注

人的头颅。斧头一侧所呈现的三足容器是一个甗，意为"蒸具"（steamer）；这个象形文字在甲骨文中还用作动词，意思是"献祭"（to sacrifice）。斧头另一侧则是一个高度形象化的"伐"字；人牲、架在其脖子上的斧刃以及持斧行刑者的手全都清晰可辨。

不能错误地认为只有没有文化的"野蛮人"才会进行人祭——想想亚伯拉罕（Abraham）和以撒（Issac）的故事便能明白这个道理。[14] 事实上，如果有人相信献祭，那么人祭就有它的道理。因为如果一个人真心献身于他的神明，那么对他而言，向神明供奉一定是应当毫无保留的，而且如果他是人类，那他自然也会认为人类是最优等的生物。据普鲁塔克（Plutarch）记载，古希腊人曾在提米斯托克利（Themistocles）[15]在世时以及某些场合进行过人祭；[16] 他还提到了马克卢斯（Marcellus）[17]时期古罗

---

14 《圣经》中以撒是亚伯拉罕的嫡子。据《圣经》记载，在以撒出生一段时间后，上帝命令亚伯拉罕到摩利亚地（Moriah）的一座山上献祭自己的独生子以撒。正当亚伯拉罕准备要牺牲自己儿子时，天使出现，阻止了他，告诉他这只是神谕的磨炼。详见《创世纪》第22章。——译者注
15 约公元前528年至前459年间在世，古希腊重要政治家、军事家。雅典人，曾任执政官（archon），于公元前480年领导希腊人在萨拉米（Salamis）海战重挫进犯的波斯来军。——译者注
16 据普鲁塔克所载，提米斯托克利当时正要率领被围入绝境的希腊联军在萨拉米岛周围海域与波斯国王薛西斯一世（Xerxes I）的大军决一死战。战前，希腊人向酒神巴克斯（Bacchus）献祭了三名相貌英俊、服装华贵的男性俘虏——据称是薛西斯的姐妹索道斯（Saudauce）的儿子——以求大捷。详见《希腊罗马名人传·提米斯托克利传》。——译者注
17 马库斯·克劳狄乌斯·马克卢斯（Marcus Claudius Marcellus），约公元前270年至前208年间在世，古罗马政治家、军事家，一生中曾五任执政官（consul），于第二次布匿战争中立下赫赫战功。曾于公元前222年在克拉斯蒂迪姆之战（Battle of Clastidium）中与高卢首领布列托马图斯（Britomartus）决斗并将其击杀，由此成为罗马历史上最高荣誉"丰厚战利品"（*spolia opima*）的唯三获得者之一。——译者注

马人的类似行为。[18] 阿兹特克人在被西班牙人征服时是具备高度文明的族群。他们的首都是一座拥有七万五千人口的城市，[19] 建筑和文学成就斐然。然而，他们曾大规模地进行触目惊心的人祭，将受害者的心脏活生生地剥出。骄傲的迦太基城的居民，其文明程度使其足以与罗马争夺霸权，但他们也会献祭自己的孩子：他们会将孩子放在一座黄铜的摩洛克（Moloch）[20]雕像怀中，雕像里则燃烧着熊熊烈火。整个过程经过精心设计：在祭拜的人群的喝彩声中，孩子们会一个接一个地慢慢陷入火焰之中。[21] 因此，假使我们发现商人曾献祭他们的敌人，甚至说通过斩首的方式——这种方式如今在欧洲仍然存在——进行人祭，我们也不能轻率地将他们宣判为游离于文明之外。

---

18 据普鲁塔克所载，公元前3世纪末期，罗马人在面对高卢人的威胁时，人心惶惶，于是便依照神谕《西卜林书》（*Libri Sybillini*）的指示，在城中的屠牛广场（*Forum Boarium*）埋祭了高卢与希腊男女各一对。详见《希腊罗马名人传·马克卢斯传》。——译者注
19 即特诺奇蒂特兰（Tenochtitlan）；如今墨西哥的首都墨西哥城便建立在其遗址上。——译者注
20 近东神祇；古代地中海东南岸乃至黎凡特与北非的许多族群均知其名讳。——译者注
21 有关这方面信息的主要文字描述来自古希腊罗马作家，如克来塔卡斯（Cleitarchus）、西西里的狄奥多卢斯（Diodorus Siculus）、普鲁塔克、德尔图良（Tertullian）、奥罗修斯（Orosius）等。希伯来《圣经》中也提到过在耶路撒冷附近一个叫托斐特（Tophet）的地方向巴力神（Baal）与摩洛克神火祭儿童的习俗。1921年，考古学家在古迦太基遗址中发现了儿童骨灰坛，将其命名为"萨朗波墓地"（Tophet of Salammbô），学界之后也用"tophet"一词指代在迦太基遗址中的大型儿童墓地。当时萨朗波墓地的发现似乎证实了迦太基人火祭儿童的习俗，是故顾氏写此书时对此坚信不疑。然而后来一些学者又提出各种质疑，比如古代作家均非此习俗的目睹者，其描述许多相互矛盾，故此他们的叙事可能更多是布匿战争后罗马在政治宣传上对迦太基的抹黑，婴儿小孩也可能是在自然死亡后才被焚化或献祭等。双方观点你来我往，至今尚无定论。——译者注

第十四章 祭 祀

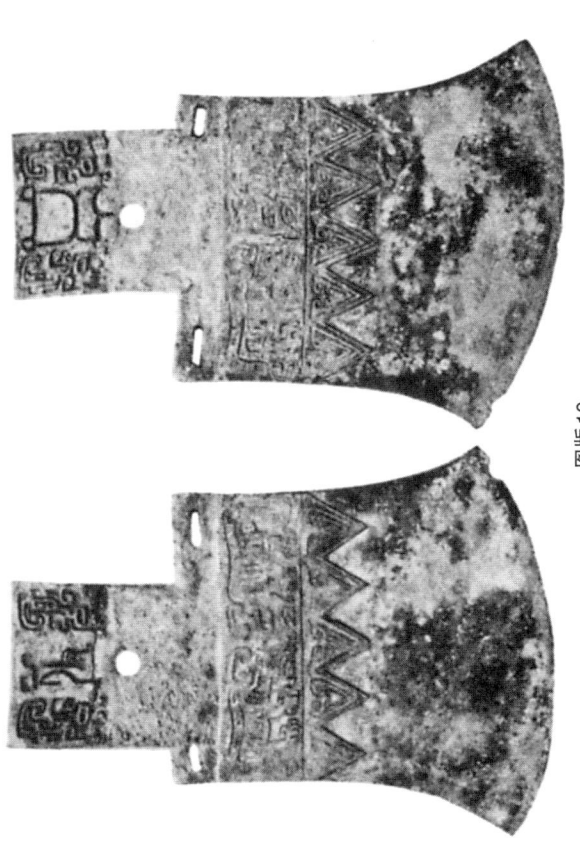

图版 10　一把仪式用青铜斧，可能在安阳用于斩首人牲

宽七又四分之一英寸，高九又八分之三英寸。有关铭文的描述解说，请参见第 194—195 页。现藏于堪萨斯城的纳尔逊艺术博物馆的弗戈艺术收藏处允下复印。在相关方的慷慨应允下复印。

197

就我们所了解的历史而言,在商朝结束后的几个世纪里,人祭无疑没有之前那么常见了,但仍时有发生,也难称罕见。公元前892年,周王命令封建领主们以一种显然被称为祭祀的方式将齐公烹杀。[22] 公元前641年,宋公为了巩固自己的权力,便召集一些封建领主会盟。鄫子应邀前来,却迟到了。于是宋公将鄫子在"社"(the Altar of the Land)前献祭,以儆效尤。据说宋公这样做是想要"以属东夷"。[23]

一部非常古老的史书《左传》告诉我们,公元前532年,"七月,平子伐莒,取鄆,献俘,始用人于亳社"。[24] 次年,又载:"十一月,楚子灭蔡,用隐大子于冈山。申无宇曰:'不祥。五牲不相为用,况用诸侯乎?王必悔之。'"[25] 可见到了这个时候——实际上从这之前很早开始——对人祭的道德抵触就已发轫,但人祭的实践却依然存在。

《左传》还在公元前627年、前588年和前537年三次提到通过涂抹人牲——通常是战俘——的鲜血祭鼓的做法。[26] 在这三起案例中,时人只是考虑过人祭,但并未实施。这是否就意味着它就真的从未发生?恰恰相反。从这些记载的性质来看,很明显这类祭祀过于频繁乃至不值一提,而这些案例之所以载入史册,是因为出现了不寻常的计划变动。

---

22 《史记·齐太公世家》:"哀公时,纪侯谮之周,周烹哀公而立其弟静,是为胡公。"——译者注
23 《左传·僖公十九年》。
24 《左传·昭公十年》。
25 《左传·昭公十一年》。
26 分别为《左传·僖公三十三年》:"君之惠,不以累臣衅鼓,使归就戮于秦。"《左传·成公三年》:"执事不以衅鼓,使归即戮,君之惠也。"《左传·昭公三十三年》:"今君奋焉,震电冯怒,虐执使臣,将以衅鼓,则吴知所备矣……使臣获衅军鼓,而敝邑知备,以御不虞,其为吉孰大焉?"

除此之外，还有一种人祭形式并不罕见。读者可能还记得《航海家辛巴达》(Sindbad the Sailor)[27]中的一则故事：身处一个东方国家的冒险家娶了一位可爱的妻子，却在她去世后才发现自己必须被活埋殉葬。这类丈夫为妻子陪葬的情况很少见，但在许多地方，包括中国，妻子和仆人为其主人陪葬却很常见。

公元前621年，秦穆公去世，临终前要求三名国中良臣作为他墓中的随从陪葬。《诗经》中的一首诗讲述了这一事件，并逐一对这三个人作了描述。其中对最后一个人的描述如下：

> 谁从穆公，子车鍼虎。
> 维此鍼虎，百夫之御。
> 临其穴，惴惴其栗。[28]

后来的记载称，为穆公陪葬的还有其他人，其总数达到了一百七十名。

在公元前594年、前589年和前581年，我们还发现了其他陪葬的案例。稍后，在孔子的时代，我们读到："陈子车死于卫，其妻与其家大夫谋以殉葬，定，而后陈子亢至，以告。曰：'夫子疾，莫养于下，请以殉葬。'子亢曰：'以殉葬，非礼也。虽然，则彼疾当养者，孰若妻与宰？得已，则吾欲已；不得已，则吾欲以二子者之为之也。'于是弗果用。"[29]

尽管当时对此习俗的反对已非常强烈，但据说公元前210年

---

27 阿拉伯民间故事，讲述了传说中阿拔斯王朝时期的著名英雄、航海家辛巴达在游遍七海过程中所碰到的各种奇遇。——译者注
28 《诗经·秦风·黄鸟》。
29 《礼记·檀弓下》。

秦始皇驾崩时，他的整个后宫都为他殉葬了。[30]

至今在中国还存在着一种能让人立刻联想到人祭的习俗。这种习俗在中国的小说里经常被提及，并且我听说在现实中仍会时不时出现。一名土匪犯下了许多罪行，可能还谋杀了一名军警。最终他被缉拿归案，依法接受审判。在被判死刑后，他会以一种特殊的方式被处决。人们会为被害者竖起一块木牌作为灵位，罪犯则被迫跪在灵位前。随后，人们向灵位宣告，这名罪犯将被献祭给死者，以慰藉冤魂，复仇雪恨。紧接着，罪犯在灵位前遭到处决。

综上所述，假使我们在甲骨文中发现商朝存在人祭，那么这在中国历史上也算不上独特的事情。从另一方面来说，毋容置疑的是，商人进行人祭的随意程度与规模都是后无来者的。在之后的时期里，我们再未发现任何祭祀涉及几杯酒、五头牛、三只羊，以及随意选取的十个人。同样，我们也再未发现有哪一次杀戮多达一百乃至三百名人牲——这类情况在殷商甲骨文中则出现过不止一次。有人认为这种杀戮是商人处理俘虏的主要方式——此说法很可能是正确的。商人拥有奴隶，但显然他们未能建立起一个能够管理大量奴隶的制度。

如果有人怀疑甲骨文上的证据（的确有人这样怀疑），那么让我们来看看考古学对此问题有何看法。首先来看看中国的新石器时代。安特生在描述发掘于中国东北奉天省的一个洞穴时写道："在洞穴堆积物中……发现了一些动物骨骼，但从数量上它们完全无法与规模惊人的人类骨骼残骸相比：后者目前构成了发

---

30 《史记·秦始皇本纪》："九月，葬始皇郦山……二世曰：'先帝后宫非有子者，出焉不宜。'皆令从死，死者甚众。"也就意味着如果《史记》所言属实，那么当时为秦始皇诞下过子嗣的后宫是不必殉葬的。——译者注

掘所获的主要部分……四十多个性别年龄各异的个体,从婴儿到上了岁数的老人……很少能找到以正常关节连在一起的两块骨头。不仅如此,腿骨和头骨等骨骼部件也处于破碎的状态——事实上大多数头骨都仅剩碎片……我曾推测这个洞穴可能是举行某些宗教仪式——包括祭祀人类——的地方。"[31]

在对商朝都城遗址的发掘过程中,人骨在多处不同的地方均有发现。从状态上来看,它们明显不属于那些被精心安葬的人。其中一些骨骼曾被撞碎折断,显然受到过颇为粗野的对待。

1934年春,发掘人员在安阳城东南两英里处的后岗遗址发现了一座巨大的地下墓穴,前文对此已有所提及。商人为这座墓穴挖掘的中央凹坑二十二英尺见方,深达三十余英尺。南侧从距离凹坑六十五英尺的位置开始,有一条七英尺宽的墓道倾斜至底,可以用来运送尸体和其他物品。北侧从距离凹坑大约三十英尺的位置开始,有一条六英尺宽的楼梯通向墓室。整座墓穴南北长约一百二十英尺,其中很可能埋有一辆战车和许多其他物品,显然是某位非常重要的人物——或许是商王——的陵墓。二十二英尺见方、三十英尺见深的中央凹坑被夯土全部填满,就像搭建房屋地基一样。夯实这些土壤需要巨大的工作量。它的目的是保护死者,实际上它反而暴露了墓穴的位置:这座墓穴已然遭到盗掘,而且盗掘很有可能就发生在建好后的几个世纪内。盗墓者当年搜刮得非常彻底;他们挖了一个巨大的坑,只在墓穴边缘处留下了约两英尺宽的一层外壳。正是在这层两英尺的夯土外壳里,考古人员发现了土中的三十多个人头骨,这些头骨在当时随着土壤被夯实而碎裂。除了头骨之外,并没有任何其他部位的骨骼。

---

31 I Andersson, 3, pp.16-17.

考古人员认为，算上可能原本在墓穴中央的那一部分，这里至少埋葬了一百个人的头骨。同时，有很好的证据表明，这些头骨并非在战争中砍下且为了葬礼才囤埋的，而是来自在葬礼上专门用于祭祀的人牲，因为其中一些头骨仍然与颈椎相连：如果受害者不是入土前不久才被杀害的话，颈椎便会因腐烂而脱落。

这座墓的确切年代仍未确定。它被盗掘一空，几乎没有留下任何能够供我们确定年代的文物。从形制上看，它有两条墓道而非四条，更像在浚县发掘出的周代墓葬，[32] 而非洹河以北的商代大墓，故此有人认为这是一座周墓。另一方面，虽然我们知道周代也实行人祭，但其规模似乎并没有这么大。在浚县发掘的八十六座大小墓葬中，只有一例看起来非常像人祭：在一座墓穴的主体上方，发现有一具人面朝下、双手被绑在背后的骸骨。但鉴于此证据的稀缺性，我们仍然怀疑是否就能将人牲数量众多的后岗墓也归为周代。

在洹河以北商代墓地中发现的大量人祭遗骸则能打消这种怀疑。在其中一座大墓的角落里，发现了三具被夯在土中的骸骨。从与死者相关的嵌有绿松石的精美头饰来看，考古学家认为这些骸骨属于女性，很可能是给君王陪葬的王室妃嫔。

长期以来，有关商代人祭的一个重大问题在于，商人如何处理大量被甲骨文记载的用于祭祀的人牲尸体。我们读到十个人、一百个人、三百个人在同一时间被祭祀，然而直到1934年的秋天，考古学家还没有找到任何一具毋容置疑的商代人祭受害者骸

---

32 即浚县辛村西周卫国墓葬。1932至1933年间在郭宝钧主持下，由河南古迹研究会发掘，这也是我国首次科学发掘周代墓葬。1935年，顾氏在离开安阳后拜访了郭宝钧，参观了浚县出土的周代文物，并从郭处获得了许多珍贵的一手信息。——译者注

骨。这几乎足以令人相信，这些人实际上并没有用作牺牲，而只是经历了一些象征性的仪式。但现在我们知道了问题的答案。仅在1935年的春季就发掘出了近千具商代人祭受害者的无头骸骨，加上1934年秋季发现的部分，迄今找到的总数量已达到了一千多具。

所有这些被斩首的人牲均发现于洹河以北的商代墓地这一大片区域中，但具体埋葬它们的坑穴却各有不同。在甲骨文中，人祭受害者的数量通常是十的倍数，这一点与事实相符：在每一起案例中，坑穴里都埋有十具骸骨。这些埋在长方形坑穴中的尸体有时手腕会交叉在背后，仿佛曾遭到捆绑。头骨则单独埋葬在附近的正方形坑穴中，每处坑穴埋有十具头骨，有规律地一行一行垂直摆放，均面朝北方。在发掘过程中，我曾亲眼见到过许多这样的头骨和骸骨。

与这些骸骨一起发现的物品非常有趣。它们包括青铜小刀和戈，以及磨刀石，每个坑中都有十件，显然是每人佩配一件。这样看来，在准备祭祀仪式的过程中，每名人牲都会得到一套指定物品，并穿上仪式专用的服饰。这些物品会在他被杀后与他一起下葬。

商人进行人祭的一个阶段极为奇特。受害者有时被称为多少多少"人"（men），有时又被称为多少多少"叚"（captives），[33]但最常见的称呼还是多少多少"羌"。这个字写作 𦫳，下面部分是一个人，上面是一对羊角。根据古书所载，它的意思是"西戎牧

---

[33] 甲骨文中常见"𠦪十叚"的字样，如《合集》00698、00702、00893、00905等。这里的"叚"字形如 𠂇，像以手执持跪坐之人，意为被征服者，亦即战俘。需要注意的是，此处𠦪不作前文第149页所作"册告"之意，而作"砍断人牲物牲四肢"之意（从于省吾先生所释）。——译者注

羊人"。³⁴ 如今在中国西部有一群以此字命名的人，但很难确定他们是不是甲骨文中提到的"羌"的后代。

当甲骨文提到如一百或三百人的大规模人祭时，作为受害者被提及的总是这些"羌"们。因此，起初人们认为甲骨文中这个字并不具备后来的含义，而只是"羊"字的另一种形式。然而，更加彻底的研究已经否定了这一点，并表明它代表的绝不可能是"羊"，而是其通常的含义，即"放羊的人"，因为我们在同一次祭祀中发现了"这么多羌人和这么多羊"的记载。³⁵ 此外，还有铭文明确说明"羌"是人，例如"向祖乙（Grandfather Tuesday）献祭羌十人，羊一头"。³⁶ 倘使还需要进一步证据，那么可以参考去年我偶然间看到的现藏于一家欧洲博物馆的中国青铜器上的铭文。这件青铜器上刻有一个特殊形式的"羌"字作为制器者的姓名，表明他属于羌部族。这种特殊形式曾出现于甲骨文，但在青铜器上却前所未见。毫无疑问，此青铜器的年代晚于商代，它也为"羌"字代表人的事实提供了最终的证实。

这些羌人在战争中被俘虏；将他们献祭的习俗可能就是作为战争的后果之一发展起来的。但确立下来之后，这一习俗似乎仍在继续扩大，乃至我们发现商人会专门发动远征去抓捕羌人。在甲骨文中，我们经常看到这样的问题："我们能否成功捕获羌人？"³⁷ 这些俘虏除了被用作祭品外，很有可能还被当成奴隶。在商代后期，我们发现羌人的象形字里多了一根绕过脖子的

---

34 《说文》："羌，西戎牧羊人也。"——译者注
35 如《合集》30448（与32088重）："四羊、四豕、五羌。"——译者注
36 《合集》00324："甲午卜，贞翌乙未虫于〔祖乙〕羌十人，卯宰一屮（又）一牛。"——译者注
37 如《合集》00160正："贞羌……其隻（获）。"——译者注

绳子，显然是在描绘受到限制的一群人，也就是奴隶，而"羌"这个字可能也逐渐开始具有"奴隶"（slave）的意思，就像英语slave一词源于Slav一样，因为在某个时期，大量的斯拉夫人（Slavs）曾被俘虏并在欧洲的各地买卖。

学界普遍认为，甲骨文中提及的羌人是一个单一的部落或民族。在商代，肯定有一个以此字为名的部落，但未见得所有甲骨文提到的羌人都属于此部落。我们知道许多与商人爆发过战争的部落或国家的名字，我们也知道其中一些战争持续了相当长的时间。商人想必曾俘虏过大量敌人，然而除了羌人外，所有人祭受害者都仅被称为多少多少"人"或"伐"，只有羌人被具体称呼。同时，献祭其他人较为少见，但献祭羌人却经常发生。据我所知，在献祭其他人时，人牲规模不会超过三十人，但献祭一百甚至三百名羌人的情况却屡见不鲜。最后，虽然有许多提到出征的记录明确表明了出征的目的——就像狩猎队一样——是捕获羌人，但我们没有找到有关抓捕其他人的类似出征记载。上述所有都极为强烈地指向一个结论，即尽管"羌"字可能是某个部落的特殊名称，但在更广泛的意义上，它也用作对至少一部分北方和西方野蛮人的统称。

正如我们所见，"羌"字的首要意思是"养羊的人"。商人也养羊，但显然养的数量并不像牛那么多。当时在更加干旱崎岖的北部和西部地区，想必存在着不止一个以养羊为主的族群。在没有围栏的牧场上，放牛者和牧羊人之间自古就有敌意：羊会把草啃咬到根部，羊吃过的草场，相当一段时间里都不能放牛。正是由于这一原因，美国西部养牛和养羊的人之间的"战争"距离我们并不遥远；在北美西部平原上为此进行的斗争，其规模可能不亚于商人和羌人之间的一些战斗。跳出这个话题来看，我们从甲骨文中明确得知，对牧场的侵占经常是商人和邻居之间发生纠纷的原因，尽管我们无法确定这些纠纷是否与牧羊的族群有关。但很有可能商人将所有牧羊的邻居都统称为"羌"，而这个名字也渐渐成为一种蔑称，意为"俘虏"和"奴隶"。

公元前1122年，一个由周人领导的西方野蛮人联盟最终击败了商人，结束了他们的统治，并接管了他们的领土。在这次征服过程中，一个名为"姜"[38]的部落起到了重要作用，并在联盟的议会（the councils of the confederacy）里颇具影响力：征服的领导者的祖母就来自这个部落。这个族群的后人被封为封建领主，统治着包括齐国在内的四个国家。当周王的权力逐渐衰落，公元前679年，齐桓公成为封建诸侯的统领（presidency），并行王权之实。[39] 因此，几个世纪前曾像牲畜一样被追捕、奴役和祭祀的羌人，其后代曾一度成为整个华夏世界的统治者。

---

38 "姜"字在甲骨文中写作𦍌，外形、用法、含义均与"羌"字颇似。故此马叙伦曾提出，两者古为一字；李学勤、孙中运等学者也都认为，"羌""姜"二字本义均为羌人，只是性别不同，羌为男而姜为女。顾氏在这里明显也是持这一观点。不过，顾氏此处原文提到姜姓部族时用词为"Ch'iang"，与前文提及羌人时无异，但严格意义上，威妥玛拼音中"姜"字读音应写作"Chiang"。——译者注

39 此处在描述周朝时期的中国时，顾氏采用了诸多欧洲的政治名词，可能是为了方便西方读者理解。为尽量保存原文特色，此处便不将这些表达转译为中国历史传统中的称谓术语。——译者注

下 编

周 代

第十五章

周人是谁？

人类历史上总有那么一些时期就像是一列接近终点的限速列车，似乎意识到自己已浪费了太多的时间，于是便突然加速，令乘客和旁观者都感到头晕目眩。周朝就是中国历史上一个这样的时期。从周人实现征服的那一刻起，制度和思想便开始发酵。起初的局面几乎混乱无序，但从这种混乱中，一些人类历史上最为杰出的事物很快就开始凝聚成形。

从传统年代——公元前1122年至前256年——来看，周朝的存在不到九百年，但这一时期见证了一个文明所能实现的一些最大变革。政治制度从最开始的几乎没有任何理论基础、实践中灵活度极高，最终演变至其理论上的复杂性与实践上的刚性在全世界范围内都无与匹敌。周朝建立伊始时的宗教天真简单，几乎没有严格意义上的哲学。之后，哲学成为务实的政治家的婢女；这些政治家们在周代初期就发展出了一套既切实可行又大体上人道主义的伦理哲学。根据人们观点的不同，这种哲学后来又发展或蜕化成为百"家"（schools）。周朝结束前，这些诸子百家已使中国的哲学在技术层面如此精密细致，与当时的宗教和形而上学结合得如此彻底,以至于在此方向上已几乎不存在进一步的发展空间了。

整个所谓中国历史的古典时期都属于周朝。中国最为西方所熟知的伟大著作,如《尚书》(又称《书经》)和《诗经》,要么完全成书于此时,要么主要完成于此期。我们所熟知的伟大人物,如孔子、孟子、老子、墨子,也都属于这个时代。

而如同火把一般点燃了这场盛大如斯的文化盛典的,是周人的统治。这些周人是谁?他们是"野蛮人"。显然直到从商人那里学会书写之前,他们甚至不会这项技能——而这距离之后他们忘恩负义地征服自己的导师可能还不到一个世纪的时间。

周部落或部落群(Chou tribe or tribes)的早期历史鲜为人知。据推测,当时的人们用口述传统记录这段历史,《诗经》中也发现了一些此传统的书面留存。然而,即使这样,也只能将我们带回征服前的两个世纪多一点。我们很明确地知道周人的发源地:他们兴起于如今陕西省中心的渭河流域,大致位于大邑商以西约三百英里、以南约一百英里的地方。这是一个富饶的农业区域,由于自然屏障的存在而相对隔绝于世。居住在这里的各个部落似乎在长时间内都较为独立地发展,没有太受东方更为文明的商人以及其他邻居的干扰。周人并非一直以来都主宰这一地区。他们的传统告诉我们,他们最初居住在渭河以北,靠近其主要支流,也就是泾河,但迫于其他部落的压力而不得不离开。于是他们向南迁徙到"周原",或许也因此得名周人。在征服前不久,周人从周原迁到了位于渭河以南的丰京,其位置可能在现代西安城的西南方向约十四英里处。征服后不久,他们又把都城迁到了丰京以北约八英里、略略偏东的镐京。直到公元前771年遭到蛮族的洗劫,镐京一直都是周王朝的都城。

如今，这两座周朝城市除了麦田之外已荡然无存。但在每座城市推定的遗址周围，都有许多名字里带有"丰"字和"镐"字的村庄。出于这一原因外加一些其他原因，我们无疑可以大致确定它们的位置。

中国的正统观点认为，周人在种族和文化上与商人基本相同，但我们有大量证据表明这并不完全属实。另一方面，我们也可以将周人设想成与商人完全不同的族群。然而，上述两个极端似乎都不是真相。显然，周人最初和商人一样，均属于中国北方新石器时代的基本种群。《诗经》告诉我们，在周武王——正是他征服了商人——的曾祖父的时代，周人仍生活在"复穴"[1]之中。这个词非常好地描述了之前提到过的新石器时代人类的地下居所。我们不知道周人在与商人接触前是否就拥有青铜器。我们知道的是，尽管周人也养殖家畜，但本质上他们是农业民族。周人的语言可能也与商人的语言密切相关，因为他们在使用商人的书写系统时几乎可以不用改动太多词汇、语法或措辞。

另一方面，周人的文化与商人又存在一些显著差异。二者的政府制度似乎截然不同，但这可以通过周人大规模征服所带来的特殊局面得以解释。关于宗教上的某些根本性差异，我们会在讨论该主题时进行展开。他们的继承法则之间也有区别——这个区别看似微不足道，但其根源却深埋于社会制度的最基础层面。大家或许还记得，对于商人来说，当商王去世时，除非死去的商王已没有兄弟在世，不然，通常情况下他的儿子不会继承王位。对于周人而言，情况则恰恰相反：王位通常会直接传给周王的嫡子。

近来，一位博学多才的中国学者试图证明，周人最初也是兄

---

[1]《诗经·大雅·绵》："古公亶父，陶复陶穴，未有家室。"

终弟及制,但这一制度被武王的弟弟[2]取缔。然而,许多青铜器铭文已证实情况并非如此。我们在这里面临的是社会组织上的根本差异。这无疑表明了虽然周人和商人在许多方面都相似,但二者产自两条不同的文化演变线路,具有悠长且各自独立的历史。

在现有的知识状况下,我们无法确定周人和商人在早期周文化中的具体贡献程度。但毋容置疑的是,目前来看绝大部分的贡献都来自商人。周朝的主要作用在于,他们怀着新皈依者(new converts)常有的热情接手商朝文化,以蛮族常有的智识活力(intellectual vigour)发展了其中的许多方面,并通过大面积的征服活动将其广泛传播出去。

周人与商文化的接触发生在征服之前而不是之后。事实上,如果不是先从商人那里学到了很多东西,周人或许既不会有征服商人的欲望,也不会有征服他们的能力。周人部落的成员很可能在征服之前对商文化了解甚少。"周"字曾出现于一些明显指向周和商之间某些战事的甲骨文中,[3] 但这类甲骨文为数不多,日期也不确定,含义也有些模糊。在周朝早期青铜器上发现的文字复制的是只见于商朝灭亡前最后一个世纪的独特字形,这表明周人是在这段时期里从商人那儿学会了书写,而不是更早的时候。

很可能当时发生的情况是,随着周人逐渐崛起并开始在渭河流域的部落中占据主导地位,他们自然而然地与东边强大的邻国接触越来越多,而这种接触最初无疑是以战争的方式发生的。

---

2 即周公旦。——译者注
3 甲骨文中有"令多子族从犬侯寇周叶王事"(《合集》6812正)、"王申周方征"(《合集》6657正)、"其克戈〔剪〕〔周〕"(《合集》20508)这样的表达。但需要注意的是,并非所有的"周"都一定指的是姬姓周。例如就有学者指出,当时还另有妘姓方国,也以周为国名。——译者注

第十五章　周人是谁？

俘虏和人质在回到落后的家园后，无疑会提起强大的商人，讲到他们的权力、财富、学识和文化，这些奇妙的故事令村里的乡亲们渴望效仿。历史资料——虽然并不完全可靠——告诉我们，就在征服前一个世纪不到，周人的首领甚至到访过商朝的宫廷。[4] 从这一点和其他事实中可以推断出，周人曾是商王的臣属（vassal）。但中国人向来有个习惯，即任何与他们友好往来的人都会被他们当成臣属。甚至晚至1793年，英国派往中国朝廷的使者仍被称为"英吉利贡使"（Tribute bearers from the country of England）。[5] 实际上，几乎没有任何证据能够表明，政治层面上周人曾从属于商朝的统治者。然而，我们有充分的理由相信，后来商人决定对自己西边好战的邻居采取和平政策，而周人也完全愿意与这个他们希望向其学习技艺的文明国家结盟。这样的联盟如果确实存在，那么周人或许也甘愿接受名义上的次等地位。

若干资料证实，在周克商前的一段时期里，商人曾将贵族乃至王室女性嫁给周人的统治者。[6] 在后来的中国历史中，将中国公主嫁到人们所畏惧的强大蛮族部落中是一种常见的贿赂形式；这自然会促进文化交流。如果这是真的，那么身为征服者的周人和被他们废黜的商王就构成了亲属关系；拜欧洲政治所赐，这种情况对于我们而言已是司空见惯。

---

4 《竹书纪年》中便有载，在商武乙三十四年，"周公季历来朝。王赐地三十里，玉十毂，马十匹"。——译者注
5 具体可见马戛尔尼使团访华时，乾隆帝写给英王乔治三世的信件（时称"敕书"）："奉天承运，皇帝敕谕嘆咭唎国王……"——译者注
6 如《诗经·大雅·大明》："挚仲氏任，自彼殷商，来嫁于周，曰嫔于京。"以顾颉刚为首的一些学者也认为，《易经》中提到的"帝乙归妹"讲的就是商王将妹妹嫁给当时的西伯昌，亦即之后的周文王，以修两族之好。——译者注

周人热衷于吸收商文化，并使自己至少在许多方面都尽可能地与自己的导师相似。很难说他们在多大程度上改变了自己以迎合这种新的模式，因为我们对于改变发生之前的周人了解不多。但值得注意的是，他们不仅使用商人的书写系统，甚至还采用了一些商人特有的文学短语。几乎可以确定的是，商人的占卜方法、日期计算系统、建筑风格以及宗教的某些元素都被周人拿去借鉴。甚至周王还会采用商朝统治者长期以来使用的名讳。

周人不仅承认而且坚持商文化的伟大，他们还自豪地认为自己是这种文化的守护者和延续者。在征服后不久下达给周朝官员的指示中，我们反复看到类似以下的陈述："师兹殷（这是周人通常对商的称呼）罚有伦";[7] "往敷求于殷先哲王，用保乂民";[8] "汝丕远惟商耇成人，宅心知训";[9] "肇称殷礼，祀于新邑"。[10] 然而在另一方面，周朝统治者在向人民树立榜样时，很少提到比征服者的父亲更早的他们自己的祖先。

一群野蛮人征服比他们更加文明的邻居，吸纳这一文明，并逐渐将许多方面都进一步发扬光大——这种情况在世界历史上曾多次发生，并非独一无二。即使是罗马人与希腊人相比也是粗鲁的——他们从后者那里借鉴了很多文化。最终，就像周人一样，罗马人征服了希腊人，并将希腊文化传播至广阔的领土，同时从自身的天赋中为其增添了新的元素。但是，自力更生（self-made）的族群——就像自力更生的个人一样——不会满足于自己的现状；他们需要祖先。一个通过自己的努力致富的人往往愿意

---

7 《尚书·康诰》。
8 《尚书·康诰》。
9 《尚书·康诰》。
10 《尚书·洛诰》。

拿出一部分财富交给家谱专家,以令其证明自己出身高贵;说来奇怪,他认为这甚至比自己的成就更能够证明他的能力。

同样,罗马人对自己的成就也不满足。他们必须拥有和希腊人一样辉煌的过往。众所周知,希腊文化在很大程度上源自小亚细亚,并在爱奥尼亚城邦(Ionic cities)中初现光芒。因此,罗马人将他们的血统上溯到特洛伊英雄埃涅阿斯(Aeneas)。[11] 这样一份族谱在历史上没有任何根据,但在罗马人看来它具有充分的合理性,因为它能够为他们提供一个来自希腊文化崛起之前时代的文明祖先。

周人也使用了相同的谱系伎俩。在主要由传说构成的传统中国历史体系中,商朝统治者建立起了一个统治全中国的朝代,而在他们之前甚至还有另一个朝代夏朝。甚至在夏朝之前也还有其他统治者,同样统治了整个中国——实际上,他们的统治被认为是遍布"日月所照,风雨所至"的每个地方。[12] 周人便将他们的祖先上溯到这些最古老的统治者之一。不过他们将后稷视为家族的创始人,并将其当成自己的主要祖先进行祭拜。

据说这位后稷曾在古代帝王的统治下担任农师(Minister of Agriculture)。[13] 然而事实上,他的名字意为"小米之主"(Ruler of Millet),他本人也不过是一名农神。后稷的母亲奇迹般地受

---

11 最有名的例子当属奥古斯都时期诗人维吉尔(Virgil)创作的史诗《埃涅阿斯纪》(*The Aeneid*)。作品将罗马人的起源联系到荷马史诗中的特洛伊英雄埃涅阿斯,同时以一种决定论的口吻对罗马历史进行了描绘解读,并讴歌了罗马人自古以来的美德。许多古典学家均将其视为对当时新建立的罗马帝国几近政治宣传式的赞歌。也有学者指出诗中对埃涅阿斯形象的正面描述其实就是在对奥古斯都本人歌功颂德。——译者注
12 《史记·五帝本纪》:"帝喾溉执中而遍天下,日月所照,风雨所至,莫不从服。"——译者注
13 《史记·周本纪》:"帝尧闻之,举弃为农师。"——译者注

孕，生下了他，而他在早年间身边也发生过许多奇事。他教人们种植庄稼，照料农物，等等。等到他的一名后人生活的时代，中国的君主德行衰退，因此这名后代逃到了"戎狄之间"（among the Martial and the Fire-dog barbarians）居住。[14] 根据中国人的巧妙说法，这就解释了为什么周朝统治者可能看上去来自蛮族。但实际上，这种叙事期望我们相信，周人来自最可敬的血统；即使与粗鄙的野蛮人生活了十五代的时间，他们也一直以来都是优等的中国人（good Chinese）。

相当奇怪的是，哪怕是欧洲的汉学家对待此故事也颇为认真，认为它代表了中国贵族对西方野蛮人的殖民。没有任何证据能支持这种想法。就像埃涅阿斯的故事一样，周人的故事只是为了表明，尽管这些新近取得成功的征服者可能看起来出身不明，但他们其实是某个"第一家族"（first families）[15]的后裔。

---

14 《史记·周本纪》："不窋末年，夏后氏政衰，去稷不务，不窋以失其官而奔戎狄之间。"——译者注

15 在美国，"第一家庭"意指历任总统的家庭。顾氏此处引用此概念，以表达周人希望能够凸显自己先祖地位之尊贵。——译者注

第十六章

周的征服

早在武王——也就是商朝的征服者——祖父的时代，周人的首领们就开始逐个击败邻近的部落。这最终使他们在渭河盆地的部落间取得了无可争议的领导地位。对于这一点，我们不需要寻找任何特殊动机。战争对于那个时代的人而言是家常便饭，人们只能在征服周围的邻居或被他们征服之间作出选择。然而，周人的远征却并不属此类。周的征服颇具规模，所针对的族群可能既没有太大欲望，明显也没有太大能力去威胁受到自然屏障保护的渭河流域部落。这种征服需要的是在勃勃野心支持下被某种理念推动的动机，而后人不无道理地将这份理念和野心归因于实际征服者的父亲。

这个人被称为文王；我们可以把这个长期以来就被商人使用的名号[1]翻译为"多才多艺的"（the Accomplished）。"文"字代表着对艺术与文学的追求，与武力和战争相对立。正统的中国历

---

[1] 甲骨文中便提到过名为文丁的商王。如《合集》36134："贞文武丁其牢。"——译者注

史认为"文王"是在征服商朝后才追封给他的谥号;由于他本应是商人的一名忠实属臣,所以他应该无法自称为王。但是,追封谥号显然是很久之后才出现的习俗,而我们有很好的证据表明他在世时就被称为文王。文王经常被赞扬为比他的儿子武王更爱好和平;尽管有这个能力,他也没有去攻击商王。实际上,为了给最终的东征做准备,这个所谓的和平爱好者在西部进行了相当大规模的征服,[2] 以扩大疆土,发展军队,巩固权力。他亲自制定了宏大的征服计划,并将其传给了自己的儿子。据说他只在位七年就去世了;[3] 若非如此,很可能他会亲自执行这些计划。

文王的母亲来自一个商人的贵族家庭。猜测这对她儿子的事业产生了什么样的影响是一件有趣的事。这位母亲被流放到她眼中的粗野蛮族之间;她是否曾试图通过向儿子讲述自己族群的伟大来消解孤独,并使他对自己父亲的种族也产生像她一样的鄙夷?这是否不经意间导致文王下定决心,要将那些优越的表亲踏在自己蛮族的脚下?我们无从得知。但我们知道的是,在文王的脑海中,征服的计划以某种方式被种下并生根发芽,而他将自己的一生都致力于发展这个计划。

驱动这些部落从渭河流域出击的另一个更实际的原因可能是饥荒。陕西地区在雨季气候宜人且土壤肥沃,然而一旦出现每隔几年就会发生的干旱,就会闹饥荒。饥荒严重到令人震惊的地

---

[2] 据《史记·周本纪》载,文王在位期间的征伐活动,包括"伐犬戎""伐密须""败耆国""伐邘""伐崇侯虎"等。——译者注

[3] 《尚书·无逸》载:"文王受命惟中身,厥享国五十年。"《史记·周本纪》则载:"西伯盖即位五十年。其囚羑里,盖益《易》之八卦为六十四卦。诗人道西伯,盖受命之年称王而断虞芮之讼。后十年而崩,谥为'文王'。"梁玉绳对此注评:"'后十年'乃'后七年'之讹。文王赐专征之年数,元不能确定,《史》从《大传》作'七年'。"故此顾氏此处所言"在位"(reign)当指从称王开始算起。——译者注

第十六章 周的征服

步,目击者讲述的故事几乎让人难以置信。我们不知道商朝时期是否曾发生过这种饥荒。考虑到当时人口较少而野生动物较多,饥荒可能并不那么严重。但是,渭河流域气候的反复无常或许与向东侵袭有一定关系。

在这位制定了征服计划的周王去世后很久,当他的梦想部分实现时,他的儿子周公说:"我咸成文王功于不怠,丕冒海隅出日,罔不率俾。"⁴ 文献里有许多篇章都显示,对征服作出计划的是文王而非他儿子。我们不知道商人是否对此一无所知,但很可能他们的确意识到了这些计划。据不太可信的历史记载,文王曾因其日益增长的实力而被商人视为威胁,从而遭到关押,后来交付了一大笔赎金才被释放。⁵

文王去世后,征服的计划由他的儿子武王接手。根据一种传说,他于在位的第九年进行了一次东征,并越过了黄河。然而,在越过黄河后,他宣布进攻商人的时机还未成熟,于是撤军返回家乡。⁶ 这可能反映了他的军队在东征的首次尝试中遭受到了失败。

---

4 《尚书·君奭》。
5 《史记·周本纪》:"崇侯虎谮西伯于殷纣曰:'西伯积善累德,诸侯皆向之,将不利于帝。'帝纣乃囚西伯于羑里。闳夭之徒患之,乃求有莘氏美女,骊戎之文马,有熊九驷,他奇怪物,因殷嬖臣费仲而献之纣。纣大说,曰:'此一物足以释西伯,况其多乎!'乃赦西伯。"——译者注
6 《史记·周本纪》:"九年,武王上祭于毕。东观兵,至于盟津。为文王木主,载以车,中军。武王自称太子发,言奉文王以伐,不敢自专。乃告司马、司徒、司空、诸节:'齐栗,信哉!予无知,以先祖有德臣,小子受先功,毕立赏罚,以定其功。'遂兴师。师尚父号曰:'总尔众庶,与尔舟楫,后至者斩。'武王渡河,中流,白鱼跃入王舟中,武王俯取以祭。既渡,有火自上复于下,至于王屋,流为乌,其色赤,其声魄云。是时,诸侯不期而会盟津者八百诸侯。诸侯皆曰:'纣可伐矣。'武王曰:'女未知天命,未可也。'乃还师归。"《殷本纪》亦载:"西伯既卒,周武王之东伐,至盟津,诸侯叛殷会周者八百。诸侯皆曰:'纣可伐矣。'武王曰:'尔未知天命。'乃复归。"除此之外,《竹书纪年》亦称,帝辛"五十一年冬十一月戊子,周师渡盟津而还"。——译者注

对于当时商王是否仍以大邑商作为首都，考古学家的观点存在分歧：一种观点认为答案是肯定的；另一种观点则认为，在周克商前大约五十年，商人迁到了大邑商南部不远处一座名为朝歌的城市。另一个需要读者注意的变化是，周人通常称商人为"殷"而不是"商"。这个名称的起源不详。它在甲骨文中似乎没有出现过，[7] 显然商人也并不这么称呼自己。周人有时称他们为"商"，有时称他们为"殷商"，但大多数时候都只称为"殷"。

在其统治的第十一年，武王集结臣民和盟友的全部力量，发起了一次决心十足的东征。很可能他把这次远征的时机挑在了商人暂时疲弱的时候。据记载，商人曾与东夷（eastern barbarians）之间发生过战事——或许当时他们正好因此而疲惫不堪。毫无疑问，周人拥有非凡的军事技能，并且当时的情况对他们也非常有利，才能征服如此遥远的敌人。根据记载，商人当时遭到了自己臣民的背叛——也许这的确是实情。[8]

据说武王在这次战役中拥兵约五万人。[9] 此说法很可能被极大地夸张了，尽管他的确拥有一支庞大的军队。史书称，商王率领的迎战部队人数不少于七十万——这个数字显然荒谬至极。这不过是周人为了让他们的成就看起来更伟大而编造的故事。

据说，商军在一场决定性战役中完全溃败，周军则大获全胜。商王逃到他最喜爱的楼台上，穿上华丽的衣服并佩戴好珠宝

---

[7]《甲骨文字编》之后录《合集》17979中𠂤字为"殷"。也有学者认为《合集》13673中文字为"贞疾殷"，其中"殷"字表示病重之意（从胡厚宣、于省吾先生释）。——译者注

[8]《史记·周本纪》："纣师虽众，皆无战之心，心欲武王亟入。纣师皆倒兵以战，以开武王。武王驰之，纣兵皆崩，畔纣。"——译者注

[9]《史记·周本纪》："武王……率戎车三百乘，虎贲三千人，甲士四万五千人，以东伐纣。……帝纣闻武王来，亦发兵七十万人距武王。"——译者注

220

后，纵火焚烧了整座建筑物，自己也葬身火海。他的两名宠妃也自缢身亡。武王首先接受了商人的投降，随即前往商王自杀的地点，亲自向尸体射了三箭，然后砍下其头颅。两个宠妃的尸体也受到了同样的对待。三颗头颅作为战利品被挂到了武王的大旗上。[10]

对于随武王远征的一些粗野部族成员而言，这份成功肯定既让他们感到害怕，也让他们兴奋不已。征服商都并不意味着周人掌控了整个中国世界，但却让他们暴露在了一个充满潜在危险的境地。他们中许多人或许认为应该收拾好战利品后打道回府，趁着还平安无事的时候回到渭河流域熟悉而安全的土地上。但这并不是文王的计划，而他的后代决心不顾一切反对去实现他永久称霸的梦想。在征服早年的困难时期，周公以周王的名义对那些反对进一步征服的建议作出了如下回答：

> 若昔，朕其逝，朕言艰，日思。若考作室，既砥法，厥子乃弗肯堂，矧肯构！厥父菑，厥子乃弗肯播，矧肯获！……敢弗于从，率宁人有指疆土……肆朕诞以尔东征。[11]

在确保自身地位稳固之前，武王仍然需要将他的军队派遣到更远的地方进行征伐。我们无法确定周朝最初征服的领土有多

---

10 《史记·周本纪》："纣走，反入登于鹿台之上，蒙衣其珠玉，自燔于火而死。武王持大白旗以麾诸侯，诸侯毕拜武王，武王乃揖诸侯，诸侯毕从。武王至商国，商国百姓咸待于郊。于是武王使群臣告语商百姓曰：'上天降休！'商人皆再拜稽首，武王亦答拜。遂入，至纣死所。武王自射之，三发而后下车，以轻剑击之，以黄钺斩纣头，县大白之旗。已而至纣之嬖妾二女，二女皆经自杀。武王又射三发，击以剑，斩以玄钺，县其头小白之旗。"——译者注
11 《尚书·大诰》。

大。有一种说法称它涵盖了"五十国"（fifty states），[12] 但如果是这样的话，这些国家应该都非常小，可能只是城邦。这些征服很可能并未超出华北的范围，至于是否东至沿海地区仍存疑问。

无论规模如何，这片新获得的领土都不算小。维持和治理这么一片地区在今天也不容易；对于周人来说，这无疑是个很棘手的问题。遥远的距离、困难的交通、心怀敌意的族群——周人没有现成的机制（machinery）来治理这样一个帝国，他们也没有足够的时间建立起一个这样的机制。他们唯一能做的就是将土地分配给他们的亲族和盟友。很可能周人本来就必须这么做，因为这些亲族和盟友在参与征服时也对奖赏有所期待：他们不太可能允许周王夺走大部分战利品而不分给他们一部分。

将土地分配给各个首领和贵族的举措，最终促成了一个类似于中世纪欧洲封建制度（feudalism）的建立——实际上二者非常相似，周朝也可以被恰如其分地称为一个封建体系。[13] 随着时间的推移，体系中发展出了复杂的仪式以及严格的等级制度，但起初这些并不存在。周王只是给每个人封赐一片土地；作为对封疆赐土的回报，这些人需要为国家的财收作出贡献，防止自己领地内出现叛乱，并在周王号召时率领士兵参战。只要能做到这些，他们就可以在很大程度上根据自己的意愿管理自己的领土。这样达成的效果，便是周人及其盟友的军队可以永久地驻扎在被征服领土的关键位置上，使周王不必担心地方治理的问题。这样一来，他就可以安心处理国家的外部防御，维持封臣之间的和平，并确保他们不会变得过于强大，乃至威胁到他至高无上的地位——

---

12 《孟子·滕文公下》："周公相武王，诛纣伐奄，三年讨其君，驱飞廉于海隅而戮之，灭国者五十，驱虎、豹、犀、象而远之。"——译者注

13 见第五章注37。——译者注

他很快就会发现，这些任务对于任何君王来说都足够繁重。

那些没有抵抗就归降于周人的诸侯国君主显然从周人那里确认了对自己领土的控制权，前提是他们同意自视为周王的属臣，并按此行事。令人惊讶的是，其中一位被赐予封地（fief）的封臣竟然是被征服的商王的儿子：他被任命统治一部分商人。实际上，从多个角度来看，这都是明智的政治决策。我们必须记住，在东方，当地人只是在容忍周人及其盟友。无论后者的军队有多强大，假使被征服的领土上的所有人都联合起来决心驱逐他们，他们也是无法抵抗的。周人自己也非常清楚这一点，故此通过一切手段寻求和解。通过让最后一位商王的继承人作为周的封臣统治他的族人，周人就不必再去花心思关注这群潜在的最棘手的子民。除此之外，这种方式还能转移大量愤恨：倘使商人血脉完全被断绝，那么这种愤恨一定会指向他们。同时，对这个问题的宗教考量也不容忽视。在古代中国，如果一个人断绝掉一支王朝血脉，那么最可怕之处并不在于凡人的愤恨，而在于祭祀也会随之中断，导致整个世系的强大先灵都会将报复性的怒火倾泻到这个人头上。但如果他把封地赐给这些先灵的主要后人，并吩咐后者继续进行祭祀，那么断绝其祭礼的罪过也就得以化解，甚至还可能赢得先灵们的垂青。当然，保留商人后裔的权力也存在危险，武王对此心知肚明。为了防止商人后裔试图领导叛乱反抗周朝统治，武王任命了自己的两个弟弟——管叔和蔡叔——来"协助"商人统治者管理国家[14]——实际上当然是为了监视他，并在他表露出要叛乱的迹象时发出警告。

---

14 《史记·周本纪》："武王为殷初定未集，乃使其弟管叔鲜、蔡叔度相禄父治殷。"另《逸周书·克殷解》："武王……立王子武庚，命管叔相。"——译者注

史书将武王去世的年份定在公元前1116年，也就是击败商人几年之后。当时，周朝在东方的力量还远未稳固，而武王的儿子及继承人成王年岁尚幼，无法用局势所需的铁腕手段进行统治。在这种情况下，周公——武王的弟弟、成王的叔叔——作为摄政统治了七年。这位周公是位杰出人物，甚至可能是整个中国历史上最为杰出的人物。他智识过人，精力充沛，个性非凡。孔子将他视为自己哲学思想的源泉，许多中国人认为他比孔子还要伟大。我们对周公的历史知之甚少，但在塑造中国思想制度最独特方面的过程中，他很可能起到了重要作用。可以肯定的是，周朝，以及我们今天认知里中国的核心精髓（essential China），几乎都是由他创造的。当征服所建立起的松散且运转不畅的国家结构面临崩溃的威胁，而其他人只是在袖手旁观时，周公几乎以一己之力将其又重新凝聚在了一起。我们见他时而哄骗，时而威胁，时而怀柔，时而果断无情；但作为一位以坚定的意志追求成功、绝不接受其他任何结果的强人，他的目标始终如一。

显然，周公并不是被任命为摄政的，由于担心年幼的统治者无法稳固自身地位，他直接接管了成王的统治权。自然，人们普遍怀疑他意图在行王权之实后自立为王，而成王本人似乎也对此感到担忧。周公派去监视商族后人的两位兄弟——管叔和蔡叔——也怀有同样的疑虑。他们的担忧不难理解。他们可能像许多人一样，觉得周人对东方的征服只是一次掠夺性的袭击，必定迟早以惨败告终。生活在有文化的商人之间，他们无疑感到自己粗鄙的族人无法永久统治东方。在自己兄弟的行动中，管叔和蔡叔似乎看到了灭亡的开始：征服者在一系列权力争斗中分崩离析。很可能他们真诚地认为，他们能做的最好的事情，就是尝试帮助商王后人重新建立商朝统治，而他们也确实这样做了。

第十六章　周的征服

然而，管蔡二人并没有考虑到自己的兄弟周公的胆识。无视周人间存在的冷漠和反对，周公组织起了一次征伐（punitive expedition），[15]再次东征。他花了两三年时间在东方重新建立周朝的统治，处死了商人统治者及管叔，并将蔡叔流放。完成这些之后，就需要以某种方式处置商人，并确保他们不会再引起麻烦。商人在他们的故都所在地区的统治被永久性根除。武王的另一位兄弟——康叔——被任命为卫国之主，以朝歌——大家想必还记得，一座离大邑商不远的城市——为都城统治商王之前的子民。但这样做的后果是没有留下后人来继续祭祀商王。最后一任商王有一位兄弟名为微子，当时仍然在世。据说他曾与商王发生争执，并在周克殷前逃离了商朝宫廷。周公认为这个人带有怨气，故此可以信任。于是在公元前1111年，微子受封宋国，其都城位于黄河以南，在如今河南省最东端的突出部分。在周朝的任命下，宋国继续着商人先祖理应享有的崇敬和祭祀，并一直延续到公元前286年。[16]

摄政七年后，周公在成王成年时交还了政权。[17]周朝的都城仍然位于渭河流域周人早期的根据地，远离他们新疆土的活动中

---

15 西方学者往往将先秦思想中"征伐"一词翻译为punitive expedition，因为以当时的政治理念来看，礼乐征伐自天子出，天子的征伐本身就是带惩罚性（punitive）的。《孟子·尽心下》"征者上伐下也，敌国不相征也"以及之后《荀子·议兵》"王者有诛而无战"，表达的也是相似的意思。——译者注
16 上述两段中有关管叔、蔡叔、康叔、微子等人的史事，《尚书》《逸周书》《史记》等多篇文献均有交叉记载，感兴趣的读者可自行查阅，此处不一一列出。——译者注
17 美国汉学家夏含夷（Edward L. Shaughnessy）曾提出，可能当时周公并非自愿交还权力，而是被迫如此。夏含夷以《尚书》中《君奭》《召诰》为切入点，认为两篇体现了周公与召公之间不同的政治立场：周公宣扬一种臣重君轻的理论，召公则毫不动摇地坚持以天子为中心。最终这场辩论以召公占上风而结束，之后周公便还政于成王，不久即流奔居东。——译者注

图版11
一件历史时期为周代的簋形青铜器

这是浚县辛村墓中最精美的青铜器之一。其铭文记载了一次对商人的征伐——很可能发生在商人叛乱之后——以及命康，也就是制造这等青铜器的人，建立卫国。口径包括手把在内为十七英寸。

在少将尼尔·马尔科姆爵士（Major-General Sir Neill Malcolm）的慷慨应允下复印。*

——————
* 即沫司徒送簋，又称康侯簋，最著名的周初青铜器之一。1931年前后出土于河南浚县辛村卫国贵族墓地，现藏于大英博物馆。——译者注

226

心。据说武王曾意识到，这种情况需要通过在东边建起一座周城来解决，于是成王便下令在洛阳修建这样一座城市。[18]这座城市的选址距离今天的洛阳市很近，位于其西北方不远处；洛阳则在大邑商西南方约一百五十英里处。大批商人及商朝官员在叛乱后被迁到洛阳，被迫修建另一座城市，并在周朝官员的监视下居住在那里。这第二座城市位于现在的洛阳市以东约十英里处，其城墙高达十五英尺，部分遗址如今仍清晰可见。周公在监督修建这些城市方面参与颇多，他明显希望年轻的周王将都城迁至这个更中心的位置。但是成王并没有这样做，他只是将新城市作为陪都。

随着完成对商朝叛乱的镇压以及在东方建立起周朝统治，征服者们成功地树立起了自己的地位。尽管前方仍有许多困难，并且这些困难注定终究将打败他们，但在此之前，他们的统治已在中国历史上留下了深刻的印记，其影响至今仍清晰可见。在短短几年内，周人的地位成功从入侵者上升到了中华世界的合法统治者。

*

需要说明的是，上述对周人崛起及其征服的叙述，就细节而言仅仅是初步性的。叙述之间存在着很大的差异，特别是在时间顺序方面。此外，所有叙述在谈到周人时都带有严重的倾向性。周人及其盟友简直被描绘成天选的救世主（Heaven-appointed saviours），而商人和他们的支持者则被直接描绘为不亚于恶魔般的存在。我已尽量从相互矛盾的叙述和极具偏见的证词中选择出

---

[18]《史记·周本纪》载："王曰：'……自洛汭延于伊汭，居易毋固，其有夏之居。我南望三涂，北望岳鄙，顾詹有河，粤詹雒、伊，毋远天室。'营周居于雒邑而后去。"之后，"成王在丰，使召公复营洛邑，如武王之意"。——译者注

了最有说服力的内容，并省去了最值得怀疑的部分。之后的调查研究将为我们至今仍不清楚的许多问题提供明确答案。不过，本章虽然很可能在某些细节上给出的叙述并不完全准确，但对事件主要趋势和潜在动机的描绘无疑是基本无误的。

第十七章

政治演进

对于周朝的头几个世纪，我们没有连贯的历史记录。即使是中国的正史也只提供了零散的轶事以及君王的世系，并没有试图进行连贯的叙述。在本章中，我们将勾勒出截至公元前600年左右政治事件的大致轮廓，以此作为那个时期文化的背景。

在周朝早年，哪怕是最强大的封臣，周王也能够相对容易地令其保持忠诚和顺服。需要记住的是，这些由周王室任命的封建领主必须在陌生且常常充满敌意的臣民间建立和维系自己的地位。这些臣民往往很乐意抓住一切可以反抗他们主人的机会，而封建领主与周王间的决裂恰恰就能够提供这种机会。封臣需要王师的支持以及臣民对这种支持的恐惧来维持统治。此外，如果封臣不服从命令，周王便可能会示意其他封臣夺取他的领地、将其据为己有，而这些封臣通常也非常乐意这样做。因此，被夹在周王与自己臣民之间的封建贵族不得不保持忠诚；通过让贵族之间自相制衡，周王维持自己的地位并不困难。

然而这种情况无法永远持续下去。只需几代人的时间就能令周朝的贵族们看上去和他们东方领土上的原住民别无二致，而臣民们对他们也开始逐渐变得就像对自己以前的统治者一样忠诚。贵族们积累财富和军队，以削弱邻国为代价扩大自己的国土，到最后甚至可以无所忌惮地忽视周王的命令。他们本应不时地朝觐周王宫廷，却逐渐开始停止这样做。同时，他们也不再向周王的国库进献。

根据历史记载和青铜器铭文，我们知道周人与居住于中国领土边界上的野蛮群落纷争不断。这些野蛮人中的一部分后来完全融入了中国文化，但在当时，他们经常与周朝的臣民交战。历代周王常常命令自己的封臣进攻这些野蛮人，并在封臣获得胜利时给予赏赐，[1] 有时他们则会亲自率军进行征伐。据说公元前1002年，周朝的第四代君主周昭王远征长江地区而"不复"。[2] 他的死亡疑云密布，我们无法确定他是否在战斗中被杀。

内有封臣狼子野心，外与蛮族战事不断，我们不难想象，在这样的情况下，周王的权力很大程度上取决于他的品格和能力，并随之起伏不定。世袭君主制的一个常见弱点就在于无法保证每一位合法继承人都同样能干并配得上王位。据说在公元前878年继位的周厉王是一名贪婪、残忍、傲慢的昏君。人们对他多有怨言，于是一名大臣就此向厉王劝谏，而厉王的回应则是雇佣一名巫师监察那些谤毁他的人，并将他们尽数处死。此后便很少有人再敢抱怨了，但贵族们也不再前往王廷朝见。之后，厉王进一步加大了镇压措施的严厉程度，导致国人甚至不敢说话，走在路上相顾不言。厉王见此非常高兴，于是告诉他的大臣召公："吾能弭谤矣，乃不敢言。""是鄣之也。"召公回答道，"防民之口，甚

---

[1] 铭文中载有此类信息的青铜器数量众多，如不其簋、四十二年逨鼎、多友鼎等。——译者注
[2] 《左传·僖公四年》。

于防水。水壅而溃，伤人必多，民亦如之。"厉王拒绝听从他的劝告。三年后发生了一次大规模的起义，国人袭击厉王，他不得不逃之夭夭。丧失了王权的厉王在人生余下的十四年里只能流亡于晋国。[3]

这场革命爆发时，厉王的儿子和继承人来到召公——那位曾就他父亲的行径进谏的大臣——的家寻求庇护。当革命者包围召公的宫室并要求他交出年幼的继承人时，他陷入了两难的境地。如果把孩子交出去送死，那这看起来就像是对于厉王拒绝听从他的建议的报复，将违反封建社会里忠诚的原则。最终，召公用自己的儿子代替王位继承人交了出去，后者因此逃过了暴民的怒火。王子在召公的家中被抚养成人。[4] 根据一种版本的历史叙事，召公和时任周公共同执政，管理国家长达十四年。[5] 公元前827年，周厉王去世，其继承人已经成年，于是登基为宣王。

这类事件不可避免地削弱了周王室的威望和权力。周朝的伟大时代正在迅速终结，而许多因素又加速了这一进程。据说宣王有足够的才干，大大增强了封建贵族对王权的尊重和效忠。但他又经常不得不陷入与西戎的战事中，并且屡尝败绩。

---

3 以上故事，《国语·周语上》及《史记·周本纪》中均有载。结合后来出土的青铜器铭文等证据，有历史学家认为，厉王当时的一系列举措或许均可以视为试图通过集中权力修复当时西周的社会问题，然而在羽翼已丰的贵族的反对下以失败告终，而史书记载也相应地受到了胜利的贵族派叙事的影响，故此对厉王有所污名化。——译者注
4 《国语·周语上》："彘之乱，宣王在邵公之宫，国人围之，邵公曰：'昔吾骤谏王，王不从，是以及此难。今杀王子，王其以我为怼而怒乎！夫事君者，险而不怼，怨而不怒，况事王乎？'乃以其子代宣王，宣王长而立之。"另见《史记·周本纪》及《竹书纪年》。——译者注
5 这里顾氏参照的是《史记·周本纪》所载版本。另一种版本则见于《竹书纪年》，称当时有一位名为共伯和的人"摄行天子事"。——译者注

《诗经》里的诗歌以及其他文献中的片段给人一种印象，即西周晚期的社会广泛充斥着不满情绪：穷人对富人的不满，人们普遍对当权者征收苛捐杂税的不满，东部人对西部人的不满。中国南北之间的地区竞争是如今中国政治中的一个重要因素；在西周末年，东西之间也存在着类似的情绪。作为来自西边的征服者，周人自然将大多数资源都分配给西边的人，但对此的抗议日益高涨。一首可能写于西周后期的诗歌说道：

> 东人之子，职劳不来。
> 西人之子，粲粲衣服。
> 舟人之子，熊罴是裘。
> 私人之子，百僚是试。
> 或以其酒，不以其浆。
> 鞙鞙佩璲，不以其长。[6]

周朝权力崩溃的故事值得完整重新讲述一遍，因为它展示了事实和传说在历史中是如何密不可分地交织在一起的。故事的大部分都出现在《国语》中，而《国语》引用的则是一部更古老的著作。故事始于夏朝——读者可能还记得，也就是中国的正史所认为的商朝之前的朝代。当时夏朝正在衰落；有一天，两位褒国的前任国君的魂灵变成龙出现在夏王的宫廷中，并宣布了自己的身份。夏王当即卜问，是该将它们处死还是驱逐或扣留，但得到的回答却是这些做法都不会带来好运。随后夏王问，是否应请它们吐出唾液保存下来，得到的答复是可以这样做。于是，人们便

---

[6]《诗经·小雅·大东》。

将一块布摊到龙面前,并将请求以书面形式呈递给它们。龙立即消失了,但唾液却留了下来;这些唾液被放入一个小匣子里小心保存,并作为王室财产世世相传。[7]

这个故事与希腊神话中潘多拉之盒的故事异曲同工。收藏龙涎的匣子从夏朝君主那里传到商人手里,再传给周人,其间从未被打开过。但在厉王(就是那位后来面对革命不得不出逃的周王)统治的末年,好奇心战胜了谨慎,于是盒子被打开了。里面的东西立刻流于庭,挡都挡不住。厉王命令他的妃嫔对着它喊叫,结果它变成了一只小蜥蜴,跑进了后宫。一个大约七岁的小女孩在那里找到了它。当这个女孩到了及笄之年(也就是青春期)时,人们发现她怀孕了,尽管肚中的孩子没有父亲。当孩子出生时,年轻的母亲出于害怕抛弃了婴儿。

古时候,中国人相信男孩唱的歌谣具有精准的预言性。当时有一段时间,男孩们一直在唱这样一首歌谣:

檿弧箕服,实亡周国。[8]

宣王听到这个消息后深受其扰。当时都城里正好有一对夫妇正在贩卖这样的弓(弧)和箭袋(服),宣王于是便下令将他们逮捕并处死。然而,这对夫妇逃脱了。有天夜间逃亡时,他们听到路边有一个婴儿在哭泣:这就是那位在宫殿中以奇特方式出生的婴儿。这对夫妇怜悯这位婴儿,便将其带到褒国。婴儿长大后成为一名非常迷人的女子。后来,为了免受周王的惩罚,褒国国君将

---

[7] 见第十一章注3。——译者注
[8] 这一部分未见于《国语》,而见于《史记·周本纪》。——译者注

这位女子作为贿赂送给了周王,以求周王宽恕他的过错。她就是之后周幽王的宠妃褒姒。

西周王室最后一位君主幽王的统治令人们怨声载道,但他最后也遭到了自己的报应:这一切,就像其他许多男人一样,都是因为女人。褒姒完全征服了他,他愿意为了取悦褒姒而不惜一切。褒姒很难被逗笑,而幽王却希望能让她笑一笑。他用了无数种方法,却没有得到哪怕一丝微笑作为回应。幽王有一套烽火台系统,在遭受入侵时可以通过烟火信号召集封建诸侯进行防御。有一天,他让人点燃了烽火。贵族们马不停蹄地带着军队赶到,却发现并没有敌人需要对抗。然而,这一壮观景象却成功地让褒姒笑了出来。这令幽王非常高兴,于是他一次又一次地重复这个举动,直到最后没有人再相信烽火台所传递的信息。

幽王对褒姒的迷恋变得越来越深。当褒姒给他生了个儿子后,幽王便想废掉太子,让褒姒的儿子继承王位。同时他还想让褒姒坐上王后之位,取代自己的原配。幽王的王后是申侯的女儿,这一点令幽王犹豫不决,但最终在一位谄臣的影响下,他还是这样做了,并将合法的太子送回申国。面对这种侮辱,申侯大怒,便与另外一个国家以及几个蛮族部落结盟,以惩罚周王。这正好给了蛮族他们等待已久的机会。据说当幽王下令点燃烽火时,已被骗过太多次的贵族们拒绝响应。最终,幽王被杀,褒姒被俘,王室财宝被洗劫一空。西周画上了句号,周王室的辉煌时代就此结束。

不过,周朝直到公元前256年才正式结束,而上述灾难则只发生在公元前771年。封建诸侯后来拥立幽王的合法继承人即位,是为平王。周朝军队的失败表明,周人位于西部的大本营已完全暴露在蛮族的袭击下。于是,王城被迁到了早已是周人东部根据地的洛阳,周朝的王室血脉也在那里得以延续,然而王室领地甚至比个别封建诸侯的领地还要小。这便被称为东周。

从此,周王就成了自己名义上的封臣手中的傀儡,其权力最多不超过一名贵族。一如任何其他小领地上的首领,他攻击别人,也被别人攻击,算计别人,也被别人算计。强大的贵族利用王权的衰落来增强自身实力,通过侵占边境上较弱的国家来扩大疆域。在这个过程中出现了四个领土尤其大的强国,使弱小的邻国相形见绌——后者几乎可以说是在对这些大国的容忍下苟延残喘。东北方的齐国囊括了现在山东省的大部分地区。黄河以北的晋国占据了如今山西省和河北省(原为直隶)的大片区域。秦国虎踞西方,其辽阔的领土包括周人早期的故乡渭河盆地。最大的楚国则坐拥整个长江地区,以及北至黄河之间一半以上的领土。此时,楚国只是部分地融入了中国文化,仍被或多或少视为一个"蛮夷"之国。但它非常强大,并在中国政治中扮演着越来越重要的角色。

如今我们将东周时期称为周朝的后半期,但是东周早期的人们却认为,周朝在公元前771年幽王去世时就已经结束了。人们纷纷猜测谁将继承王权:有些人预测某位强大的贵族将建立下一个王朝,有些人则对另外一些贵族更加看好。

然而事实上,没有哪位贵族继承了"天子"的称号——这个称号在当时意味着对整个中国的统治。许多贵族都怀有此心,实力却都不够强大。如果有一个人试图这样,那么其他人就都会联合起来阻止他,因为他们每个人都决心不让任何人得到自己无法拥有的东西。结果就是贵族之间相互制衡,使得周朝的后人能够安稳坐拥这个他人不敢僭用的称号。

虽然这些贵族们贪婪且互不信任,但他们也意识到合作是有一定必要的。尽管当时彼此之间纷争不断,战火连年,但他们都承认,他们作为中国文化的代表团结一致以抵御从四面八方向他们迫近的蛮夷更有必要。然而，在没有领袖的情况下做到这一点颇为困难，而周王又难当此任。为了应对这种情况，一种奇特的制度发展了起来。拥有最大权力和威望的贵族被称为"霸"，这个词我们可以翻译为"第一贵族"（First Noble）。这个称号有时被这个国家的统治者所拥有，有时又被那个国家的统治者所拥有，完全取决于他们手中的权力和威望。这样的一位"第一贵族"在实践层面上几乎僭取了周王的所有权力和职能：他抵御侵略，指挥征伐，充当封建统治者之间纠纷的仲裁者，惩罚那些不服从他命令的人，并收取所有原先归属于周王的财政收入。这个称号的第一位拥有者是齐桓公，[9] 他于公元前679年已实际称霸。[10] 十二年后，周惠王赐予齐桓公"霸"的称号，于是他的地位被正式认可。[11] 自此，"霸"的称号共被五个人[12]拥有过，直到公元前591年这一称号被废止。这些霸主的权力有时大到能够随意将他国的土地作为礼物赠送。周王不仅不得不承认他们的权力，甚至有时还请求他们解决王室成员之间的纷争。[13]

9　许倬云在《剑桥中国史》中提出，第一位实质意义上合诸侯、匡王室的诸侯应当是郑庄公，只不过当时未用"霸"这样的称呼。——译者注
10　《左传·庄公十五年》："春，复会焉，齐始霸也。"——译者注
11　《左传·庄公二十七年》："王使召伯廖赐齐侯命，且请伐卫。"虽然《左传》并未明确提及周惠王承认桓公为霸，但许多历史学家都将这次"赐命"视为对桓公地位的正式认可。——译者注
12　具体春秋五霸是哪五人，不同版本各有说法。《史记》认为是齐桓、晋文、秦穆、宋襄、楚庄，《荀子·王霸》则认为是齐桓、晋文、楚庄、阖闾、勾践，《汉书·诸王侯表序》又认为是齐桓、宋襄、晋文、秦穆、夫差。——译者注
13　《左传》载，公元前652年，周惠王驾崩，齐桓公会见王使并维持局面，以确保继位的是王子郑（即襄王）而非惠王更加喜爱的儿子王子带。之后，公元前648年，王子带联同戎人作乱，失败后逃往齐国，齐桓公又派管仲去促成戎人与襄王讲和。公元前635年，晋文公平定了王子带的又一次叛乱，处死了王子带，并帮助襄王重新回到王位。那年，秦穆公也曾"师于河上，将纳王"，很可能也是在襄王的请求下准备勤王。——译者注

第十七章 政治演进

从这一时期一直到公元前221年,中国政治史在很大程度上就是各个国家之间的斗争史。这些斗争一方面是为了保持权力平衡,另一方面则是为了打破权力平衡——这种平衡使得任何一个国家都无法吞并其他所有国家,从而建立起对整个中国的统治。整个斗争过程经历了很多阶段,而它的意外收获就是中国哲学的很大一部分都在这段时间发轫。这个故事非常有趣且重要,但它与本书的主题无关。

截止到现在我们所讲到的时期,也就是大约公元前600年,中国以及我们所知的中国文化、思想和制度均已经孕育而成。尽管周代后期也非常重要,但其文化和制度的许多方面都只不过是以一种遵循逻辑且几乎可预见的方式从公元前600年前存在的事物发展而来。在一定程度上,中国历史的某些方面也是以这种方式延续到现在的。本书剩余部分将集中对这段中国文化、思想和制度的形成时期进行考察。

第十八章

考 古

虽然周代比商代距离我们更近,但从考古发掘的角度来看,我们对前者了解得更少。迄今为止,学界尚未对任何周代居址进行过大规模的科学发掘。然而,最近几年,考古学家发掘了位于河南北部浚县的一些周代墓葬。为了全面理解这些墓葬中被埋葬的人的地位,我们有必要简要地回顾一下历史。

我们还记得,在周人征服商人后,至少一部分商人被允许留在最后一位商王的儿子的统治下,而这位商王的儿子成了周朝的封臣。武王去世后,这群商人发动了一次叛乱,周公费了番力气将其平定。这一事件明确地表明了商人构成的危险。为了让他们能够直接被周朝官员监视,一些商人——很可能包括叛乱的主要策划者——被迁移到了洛阳。然而,周人仍不愿意与商人强大的先灵作对,也不希望中断商王血脉——周人自称对其敬仰有加——的祭祀。故此,他们把最后一位商王的兄弟封为宋国的统治者,以继续祭祀商人的世系。然而,即使他们愿意,将所有商人都从大邑商迁走也几乎是不可能的,更何况他们也不想让一个如此肥沃的地区无人居住。于是,周人任命了一名自己人——武王的一位兄弟康叔——来统治在这片地区新建立起来的卫国。据说他的都城设在大邑商以南约三十英里处的朝歌。

1932年和1933年，在浚县朝歌以北几英里处的一个地方，发掘出了八十六座周代墓葬。出于各种原因，学者们相信这些墓葬必定属于刚才提到的卫国的统治者。其中最具说服力的原因之一便是图版11中所示的青铜器。它并未经过科学发掘，而是1935年出现在北平的市场上，据称来自浚县。从其风格和表面的铜锈来看，它的确来自那里。根据器身上长达二十四个字的铭文来看，这件青铜器是由卫国的第一任国君康叔制造的；铜器上还描述了对商人的战争——显然发生在叛乱之后——以及对康叔统治卫国的任命。浚县经过科学发掘出土的青铜器铭文中，也出现了卫国的名称。刚才提到的青铜器想必铸造于卫国建立伊始，因此这些墓葬内必定包含有一些物件能够为我们提供来自周代早期的材料。

这些墓葬由河南古迹研究会与史语所合作进行发掘。目前尚未有完整的考古报告发表，但此项目的负责人郭宝钧先生慷慨地向我展示了出土的文物，并对考古发现作了讲解。

这八十六座墓中有十座规模较大，最大的一座深约四十六英尺，面积约三十二平方英尺。据推测，这些都是贵族统治者的墓穴。其余的墓葬较小，大小不一，最小的六座深度只有一码多一点。所有的墓葬都没有坟丘[1]的迹象。与安阳的商代墓葬一样，这些墓葬也都被夯土填满——有些墓葬中堆积的夯土多达九十层——从表面上看与周围的土地齐平。较大的墓葬南北两面有倾斜的墓道，通常南面的墓道是光滑的斜坡，北面的则是阶梯。墓

---

[1] 考古学中也称"封土堆"。——译者注

室的大小和豪华程度不及安阳的墓室。较大的墓葬底部建有一个约六英尺半宽、十英尺长的木板房间（board room），遗体似乎就被放置在其中，并没有使用到棺材（coffin）。[2] 除了两座墓葬外，其他的都遭到盗掘；盗墓者常常将骸骨击碎，以防死者伤害他们；故此，再加上其他一些原因，找到的保存较好的骸骨大约只有三具。

据信，有两对墓葬属于贵族及其配偶。在其中较大的一对墓葬中，男性的略大于女性的；而另外一对墓葬则大小相同。每一对墓葬中，男性的都位于西侧，即面向南方时的右侧。在古代中国，以右为尊，就像如今以左为尊一样。

在墓葬中与墓主一同埋葬的贵重物品有固定的顺序。在墓葬的南墙上，墓道两侧均固定有看起来像是怪诞的青铜面具的物品，与人脸略像。战车也被埋葬在南侧。据郭先生的描述，盔甲埋在东侧，武器埋在西侧，礼器则埋在北侧。这对盗墓贼来说非常方便，因为他们对祭祀用的青铜器最感兴趣。他们只会挖开墓葬的北半部分而通常不会碰南半部分。这使得科学发掘者们能够发现数量颇丰的战车及其零件。目前已经发现了五百多件青铜材质的战车配饰以及许多木制的战车零件。郭先生根据这些材料制作出了迄今为止最精致的周代战车重建模型。

考古人员还发现了一定数量的礼器，其中一些器身上刻有铭文，以及许多各种各样的杂物。浚县墓葬及其出土的物品极大地帮助了我们研究周的征服对周人和商人两边的影响。

由于卫国统治者是周王室的成员，我们理应认为他们会遵循

---

[2] 从之后整理出的发掘报告来看，浚县卫墓是有棺椁出土的，只不过大多都已腐朽。还有一种可能，顾氏此处提到的board room指的就是"椁"，而coffin指的是西方人概念里直接与死者接触一层，也就是我们所说的"棺"。——译者注

周人的习俗。然而有趣的是，那些看起来年代最早的卫墓与安阳的商墓有很大的相似之处。尤其值得注意的是，虽然西安西北部的早期周墓均被至今仍耸立于整个山谷的巨大坟丘所覆盖，[3]所有的卫墓却似乎都没有坟丘，一如商墓形制。同样，在卫墓中发现的青铜器和其他物品在主题和风格上均显示出强烈而显著的商文化影响。我所见过的来自浚县的青铜器中，或许有三四件都很可能会被误认为是商代的产物，而其中一件的确质量极高。

不过总体而言，周文化的影响带来了显著且立竿见影的变化。浚县出土的物品许多都具有相同的主题和大体上相似的风格，但有些地方又有所不同。1935年5月的一天，在安阳参观完最近发掘出的最丰富的一批商代文物后，我前往开封，并看到了浚县出土的物品；这提供了一个很好的机会来比较和对比这两种文化。我最主要的印象是，浚县的物品仿佛是在试图复制商代的作品，只不过这种尝试并不完全成功。两者往往拥有相同的主题，但处理方式确实相差极大。商代设计中微妙的复合曲线在后来的工匠手中趋于简单、硬朗而明显。商人设计师用细致花纹覆盖的地方，在周朝匠人手中则变成了空白，或者是被更粗重且粗糙的图案所覆盖。总的来说，与安阳的文物相比，卫墓中的器物虽然时间上更晚，但在某种程度上却显得有些原始。

值得怀疑的是，这种现象是否能简单地被显而易见的结论所解释，即周人与商人相比较为原始，因为我们有充分的理由认为，至少有许多这样的物件都是由制造商代物品的工匠或他们的后人制作的。我们只能猜测造成质量差异的原因。可能仅仅只是因为商人的精气神在战败中受挫，而这在他们的作品中得到了反

---

3 见本章注4。——译者注

映。也可能是因为他们拒绝全身心地投入到为征服者生产奢侈品之中。又或许是因为后者无法欣赏自己更有文化的前辈的审美，故此要求快速的成果。例如，我们有理由相信，为了打造出在他们看来完美到值得保存而不是需要被熔掉重铸的器皿，商朝的青铜器铸造者们会先进行数次不成功的实验——这样的细致可能并不符合周人爽朗尚武的气质。

然而，一些在浚县发现的典型周代物品确实又有自己显著的优点。图版11中展示的器皿就是一个例子。尽管它来自周朝初年，尽管它采用了几个典型的商代主题，但没有人会将它误认为是商代青铜器。整个作品的设计非常大胆有力。哪怕是器身上简单的沟槽效果——其取代的是商代同类器皿上丰富的装饰——也依然强烈并令人愉悦。然而，设计的艺术在周代迅速衰退，力道变为粗糙，简洁变为平淡。但相较于周人对于精细的大多数尝试，粗糙和平淡还是要好得多，因为周人对精细的追求到头来往往只是变成了花里胡哨。上天赐给了周人许多美德，但对艺术的感知却不算突出。尽管征服了商人，但他们从未成功继承商人卓越的品味——不过奇怪的是，他们似乎使这种品味在商人的后代中也灭绝了。

读者将会注意到，在接下来的章节里，我们将采用与之前商代部分不同的方法来讨论周朝早期文化。对于早期的朝代，大量的注意力都被放在了实际出土的物品和手工艺品身上，而接下来，对具体物件的讨论将比较少。这样做的原因有两个。首先，对于商代我们只有甲骨文，但周代早期有充足丰富的文献资料保存下来。这使得我们不必主要依赖物品来推论，而可以直接把注意力集中到对当时思想制度的研究上。其次，对任何周代居址，我们都没有像对安阳那样做过全面发掘。

第十八章　考　古

图版12
三件商代兵器

　　左边两件是戈，体现了两种不同的柄式（hafting）。右边的一件是矛头。左边的戈很可能是为用于战斗而设计的，上面刻有一个象形文字，意为"战斧"（battle-axe），* 底部的三只脚则是可以使它竖立起来的支架。中间和右边的兵器太过脆薄，只可能是礼器；其上刻有相同的文字，可能属于同一个人或家族。中间的戈高十四又八分之三英寸（其他部件并非按比例缩放）。

　　在黄伯川先生的慷慨应允下复印。

---

* 实为"戉"字，后作钺。——译者注

243

近期考古学家根据计划会对位于洛阳的古城进行发掘。一旦完成，这将极大地丰富我们的认知。这一项目以及其他正在计划中的发掘项目多大程度上会受到华北地区政局不稳的影响，这是一个无法回答的问题。另一个计划将要进行发掘的重要地点是周代墓葬。

与早期神话中一些中国统治者所谓的埋葬地不同，我们有足够的理由相信这些周代墓葬就是人们所认为的那些。它们位于西安的西北边，渭河以北；周墓的主要墓群位于现在的咸阳市以北约四英里。周公、文王、武王及其继任者成王和康王的墓葬都聚集在一个约四平方英里的区域内。坟丘呈平顶的土质金字塔状，历经三千年风雨侵蚀，保存依旧较好，部分原因无疑要归功于后世的修复。我去到那里的时候并没有试图测量它们，因为我以为可以获取关于其尺寸的准确数据，但事实证明并非如此。我只能估计它们的高度在二十五英尺到四十英尺之间，底部长度很可能是高度的两倍。文王和武王的墓葬距离很近，向世人提供了令人印象深刻的有关孝道的实物教学（object lesson）。文王实际上只是渭水流域几个部落的首领，并没有直接领导对东部的征服。然而，他的墓葬明显在两者中更大。这当然是因为建造它的是武王；武王通过这种孝行向他的父亲——也间接地向自己——致敬。在这里我们需要对民国政府给予一定认可：两座墓葬的对面仍然有一座被维护得相当良好的庙宇；人们把它当成朝圣之地，前来向这些在为中国的伟大奠基的过程中发挥了重要作用的古代统治者们致敬。[4]

---

4 这一地区统称周陵。然而，考古学家后来在研究后认为，这些所谓的墓葬不可能来自西周时期，其原因之一恰恰就在于战国前的君主下葬时如《礼记》所载是"不封不树"的，即不会起坟。——译者注

第十八章 考 古

　　尽管在大小上无法相提并论,但这些中国的坟丘在远观时却令人莫名地联想到埃及的金字塔。它们坐落于古代的毕原,从渭河以南远远可见,旁边的小城市就是早期周朝的都城所在地。任何了解它们故事的人看到这些陵墓隐隐约约地伫立在山谷对面,都无法不感到敬畏和激动。慢慢向渭河走去,这些坟丘逐渐变得清晰可见,整个周朝的历史也都徐徐展开,尽收眼底:北方的群山曾是周人早期的居所,但后来他们迫于其他部落的压力而不得不离开;稍稍转头就可以看到南方的山脉,它们为渭河流域提供了天然的防御,使得周人能够巩固权力,施展宏图;再走几步即可到达曾经矗立过城市的田野,周人曾在其中对征服运筹帷幄;脚下则是渭河,引领着他们一路向东,通往黄河,走向文明,夺取天下。周人,他们曾是年轻的族群;如果你愿意,你也可以说他们是粗野的群落。但同时周人又极具活力;他们成功地将一种文化广为传播,并奠定了一个政治国家的基础——这个国家的存在却比任何其他由人类创造的国家都更加持久,发生的基本变化却更少。而在那里,在山谷上方的高原上,那些创造了这一切的王公们,仍在庄严肃穆中静静长眠。

第十九章

文　学

人们有时会认为，周朝时期的中国人很少写作，并且他们制作书籍的方式费时费力。这完全是不正确的。即使写于周代早期的文献一定数以万或十万计。

据记载，在一座下葬于公元前296年的君王墓中，人们发现了足足装满数十车的竹书。[1]《吕氏春秋》告诉我们，公元前408

---

[1] 即西晋初年出土于汲郡魏国古墓的一批竹简，合称汲冢书，其中包括《竹书纪年》《穆天子传》等。《晋书·束晳传》有载："初，太康二年，汲郡人不准盗发魏襄王墓，或言安釐王冢，得竹书数十车。其《纪年》十三篇，记夏以来至周幽王为犬戎所灭，以事接之，三家分，仍述魏事至安釐王之二十年。盖魏国之史书，大略与《春秋》皆多相应。其中经传大异，则云夏年多殷；益干启位，启杀之；太甲杀伊尹；文丁杀季历；自周受命，至穆王百年，非穆王寿百岁也；幽王既亡，有共伯和者摄行天子事，非二相共和也。其《易经》二篇，与《周易》上下经同。《易繇阴阳卦》二篇，与《周易》略同，《繇辞》则异。《卦下易经》一篇，似《说卦》而异。《公孙段》二篇，公孙段与邵陟论《易》。《国语》三篇，言楚、晋事。《名》三篇，似《礼记》，又似《尔雅》《论语》。《师春》一篇，书《左传》诸卜筮，'师春'似是造书者姓名也。《琐语》十一篇，诸国卜梦妖怪相书也。《梁丘藏》一篇，先叙魏之世数，次言丘藏金玉事。《缴书》二篇，论弋射法。《生封》一篇，帝王所封。《大历》二篇，邹子谈天类也。《穆天子传》五篇，言周穆王游行四海，见帝台、西王母。《图诗》一篇，画赞之属也。又杂书十九篇：《周食田法》《周书》《论楚事》《周穆王美人盛姬

第十九章 文　学

年，在魏国总算成功征服了面积小却实力强大的中山国后，指挥了最后一场战役的将军骄傲自满地回到国内，将功劳尽数归于自己。为了挫一挫这名战士的傲气，他的君主令主书（Keeper of the Archives）将装得满满的两箱书带到朝廷上给他看，其中每本都是一篇专门的论述，讨论攻打只有几平方英里领土的中山国时可以采用的计策。[2]

这些事件发生的年代比我们所讨论的时期稍晚一些。不过我们有充分的证据表明，自从周朝的征服开始，人们就已经频繁从事写作及文学写作。《尚书》中就有一篇记载了初代周公向他的兄弟召公做出的请求，劝勉召公继续辅佐新王朝的建立。[3]这样的请求也记载下来，实在不思议，但其中冠冕堂皇的措辞使得这篇文本乍一看似乎明显是伪造的。然而，如果通过青铜器铭文来检验其语言风格，通过历史记载来核实其叙事内容，我们就没有理由质疑它的真实性。我们不得不说周人确实喜欢写作。我们甚至不禁好奇，周人是否会在每个可能的场合都展示他们最近才从商人那里学来的写作技能，并引以为傲。

当一位君王去世时，人们会以书面形式制定葬礼的规定。赠礼时，赠与人会列出一份书面礼单，并将之与赠物一起送出，尽管有时这些物品的价值并不是很大。有时，礼单会详细叙述受

死事》。大凡七十五篇，七篇简书折坏，不识名题。冢中又得铜剑一枚，长二尺五寸。漆书皆科斗字。初发冢者烧策照取宝物，及官收之，多烬简断札，文既残缺，不复诠次。武帝以其书付秘书校缀次第，寻考指归，而以今文写之。"此处顾氏所言公元前296年，是魏襄王去世之年。——译者注

2 《吕氏春秋·先识览·乐成》："魏攻中山，乐羊将，已得中山，还反报文侯，有贵功之色。文侯知之，命主书曰：'群臣宾客所献书者，操以进之。'主书举两箧以进。令将军视之，书尽难攻中山之事也。将军还走，北面再拜曰：'中山之举，非臣之力，君之功也。'"——译者注

3 《尚书·君奭》。

赠者及其祖先的功绩以及赠予的原因，并在献礼仪式上朗读出来。记录和凭证有时准确到甚至能够获得今天会计师的认可。以下是《仪礼》中描述的一名外交使节出使他国时应当遵循的准备流程："宰书币，命宰夫官具……使读书展币。宰执书，告备具于君，授使者。使者受书，授上介……上介视载者，所受书以行。"[4] 当时的人会保存几乎所有能想象到的记录。至少从一份青铜器铭文和一处文献记载来看，奴隶的姓名是记录在册的，并且他们的身份也以某种方式与这类记录相关联。在一则记载中，一名奴隶同意进行一项特殊任务，但条件是有关他奴隶身份的记录必须被销毁。自然，大部分涉及琐事的记录已经消失；只有通过青铜器铭文及书籍中的偶尔提及，我们才得以推断出当时这类记录的数量非常庞大。甚至神灵也有账本。我们在《尚书》中读到："惟天监下民，典厥义。"[5] 这就像是一个中国版的"记录天使"（Recording Angel）![6]

常规的简单指令本可以通过口头传达，却也被书面记录下来，并在接收者面前隆重宣读。这样做可能是为了给人留下更深的印象，也可能纯粹是出于对仪式的喜好；后者在当时的中国人中颇为常见，至今仍影响着他们的后人。涉及重要事项的书面命令的优点是显而易见的，能够明确责任并防止错误发生。从周代早期开始，发布书面命令就是常规程序。《诗经》里，一名士兵

---

[4] 《仪礼·聘礼》。
[5] 《尚书·高宗肜日》。
[6] 记录天使是犹太教、基督教和伊斯兰教天使学（angelology）中的一类天使，被上帝指派记录每个人所作所为以及祈祷，包括恶行和善行。《尚书》的此句译文，顾氏此处参照理雅各译本"Heaven, looking upon men below, keeps a record of their righteousness"，明显是将"典"字理解为"记录"（keeps a record），故有此比喻。——译者注

在哀叹自己长期离家在外时写道：

> 昔我往矣，黍稷方华。
> 今我来思，雨雪载涂。
> 王事多难，不遑启居。
> 岂不怀归，畏此简书。[7]

没有证据表明当时存在固定的邮政服务，但人们经常会通过信使传递信件。信件在盟友和敌人之间、个人和官员之间传递。《尚书》的部分内容就是由信函组成的。正如之前提到的，中国人有时会"策于上帝"（write to Shang Ti）[8]以及其他神灵，向他们寄送信件。世俗的信件有时会被截取并修改，使之符合修改者的阴谋；这表明当时还没有附加印章或签名等非常有效的方法来确认信件的发送者是否确切无疑。

能够读写的人口比例无疑很小，但也没有想象的那么不堪。相当多的迹象表明，特权阶级或贵族阶层的每名成员都要求具备阅读和写作能力，而这个群体并不算小。《仪礼》将竹笏列为这个阶层的成员在去世后尸身所应穿备的衣物之一：显然它是被当作某种笔记本系在腰带上。[9]中国人和古希腊人一样，有着令人赞赏的做笔记的习惯。据记载，卫武公（公元前812至前758年）仍坚持让他的大臣们规劝他，尽管其年事已高理应受到尊敬。有一次他对大臣们说："闻一二之言，必诵志而纳之，以

---

[7] 《诗经·小雅·出车》。
[8] 语出《国语·晋语五》："夫国主山川，故川涸山崩，君为之降服出次，乘缦不举，策于上帝，国三日哭，以礼焉。"——译者注
[9] 《仪礼·士丧礼》。

训导我。"[10] 当然，这种笔记本可能只是作为学识的象征而佩带，并不代表佩带者有真才实学，但文献中清楚地表明，即使是国君——在一些文化里这类人自认为身份崇高而对文职工作不屑一顾——也具备相当的"书本学问"（book learning），而将伟大著作归于帝王及其大臣所作的传统也明确展现了文学技艺的尊崇地位。

这并不意味着君王通常会亲自书写诏令。即使在今天，国王和总统的演讲稿也并非本人撰写，尽管他们都具备读写能力。然而，一如其他任何技艺，国家文件的撰写也是一门需要特殊才能和专业训练的技艺，在今天是这样，在古代中国也是这样。因此，有专门的官员负责以适当的措辞表达君主希望表达的情感。这些作者不可避免地能够对文本的内容及形式产生影响，于是他们在政府中的影响力迅速增长。我们经常可以辨别出由这些官员而非君主本人所写的文件，因为它们经常以一类短语开头，这类短语可以被译为"王这样说"（It is as if the King said）……或"王同意说"（The King agrees in saying）……，[11] 而不是"王说"（The King said）……。这些撰写文件的人通常被称为史；正如我们所知，这个职位最初是从射箭比赛中的计分员开始的。为君王服务的太史就是一个非常重要的职务。另一个在青铜器铭

---

10 语出《国语·楚语上》。顾氏原文为"If you hear the slightest thing which may serve to correct me, remember it or write it down, and tell me"，与《国语》中卫武公所言有一定出入，后者并未专门提及"书写记下"（write down）的动作。此处更多应参照《国语》后文："在舆有旅贲之规，位宁有官师之典，倚几有诵训之谏，居寝有亵御之箴，临事有瞽史之导，宴居有师工之诵。史不失书，矇不失诵，以训御之，于是乎作《懿》诗以自儆也。"其中"官师之典""史不失书"等表述均暗示了书写记录的存在。——译者注
11 即"王若曰"。——译者注

文中广泛用到的官衔是"作册"（Maker of Books）。[12]较小的统治者也有此类侍者；事实上，每个自称贵族的家庭似乎都有至少一名主要从事文职工作的仆从。

在公元前6世纪中叶的郑国，官方文件是由不少于四名官员合作完成的。孔子这样描述他们的工作："裨谌草创之，世叔讨论之，行人子羽修饰之，东里子产润色之。"[13]弱小而强敌环伺的郑国能够保持其独立存在，这个官员团队的外交和修辞技巧功不可没。

我们讨论的这一时期（即公元前600年之前）的文学具有很大程度的实际功用，是国家政治的辅助。正如我们即将看到的，甚至诗歌也被用于服务国家。然而，诗歌是文学作品中最能发挥想象力的形式。当时无疑还有各种类型的故事和传说，但人们可能认为它们没有重要到值得被记录下来，或者说哪怕记录下来了也不值得费神保留。后来收录的一些民间流行故事中似乎就带有古老年代的印记。

不过当时文学的实际功用并不局限于此。贵族动笔和熟读的不仅仅只有那些具有实用价值的文件，如法令、条约和给别国的公文等。关于礼仪、诗歌、演讲、音乐，尤其是历史的论著也备受珍视，并与射箭和驾驶战车一起，被年轻的贵族们广泛研究。

很难说在公元前1000年的世界上，是否还有其他族群像中国人一样，如此重视并能够意识到历史的。《尚书》中的文本写于周人征服商朝后不久，它们指出周朝的统治者必须学习前朝的历史以避免犯下同样的错误。其中一篇文献详细引用了过去历史

---

12 见于诸多青铜器铭文中，如南宫柳鼎、免簋、走簋、作册夨令簋、麦方尊等。——译者注
13 《论语·宪问》。

中的案例作为对当前君王的指引和警示。劝告君王要审视历史并相应地规范自身行为，是大臣们在进谏君王时经常提及的主题。前朝统治者的倒台往往被归因于他们不能以史为鉴。在就红颜祸水的危险发出警告时，公元前7世纪的史苏详细描述了三个朝代是如何毁于女人之手的。[14] 历史也被教授给年轻的王子们，以激励他们"善以为式，恶以为戒"。[15]

在我们所讨论的时期结束之前，进行详细编年记录的做法已在各个封建宫廷中广泛实行。鲁国一名大臣在抗议鲁庄公不合礼数的行为时便说："君举必书，书而不法，后嗣何观？"[16] 不仅是国内事务，各个宫廷的历史学家也会记录下其他国家发生的事件。正因如此，古代中国留给我们的历史记录之详尽，当时其他地方罕有其匹。尽管这些记录中存在着许多佚失与后人的补充，但它们仍是古代世界的一大瑰宝。

周代早期文献只有极小部分传世至今，这并不足为奇。这些文献书写在非常脆弱的材质上；除了那些最耐久的材料以外，中国的气候会迅速将它们破坏掉。其中许多都是抄本，在一个个史官（scribe）及士人（scholar）间代代相传。然而，考虑到许多文件只用于特定场合，很明显人们没有什么理由去费心将其传下

---

14 《国语·晋语一》："饮酒出，史苏告大夫曰：'有男戎必有女戎。若晋以男戎胜戎，而戎亦必以女戎胜晋，其若之何？'里克曰：'何如？'史苏曰：'昔夏桀伐有施，有施人以妹喜女焉，妹喜有宠，于是乎与伊尹比而亡夏。殷辛伐有苏，有苏氏以妲己女焉，妲己有宠，于是乎与胶鬲比而亡殷。周幽王伐有褒，有褒人以褒姒女焉，褒姒有宠，生伯服，于是乎与虢石甫比，逐太子宜臼而立伯服。太子出奔申，申人、鄫人召西戎以伐周，周于是乎亡。今晋寡德而安俘女，又增其宠，虽当三季之王，不亦可乎？'"——译者注

15 此处意译引自《孔丛子·答问》。顾氏原文为"to stimulate them to good conduct, and warn them against evil"。——译者注

16 《左传·庄公二十三年》。

第十九章 文学

来。此外,朝代更迭与内战连年造成的混乱和烧杀掳掠对于档案而言也有极大的破坏性。最后,在公元前213年,作为一项政治举措,秦朝的始皇帝将当时所能收缴到的大部分存世书籍的抄本都付之一炬,并将私藏书籍列为应严惩不贷的罪行。而幸存下来的作品,许多也在这个短命王朝覆灭时的混乱中被毁。

尽管如此,我们还是拥有不少可以追溯到公元前600年之前的文献资料。有许多作品我们只知道名字以及它们曾存世过,但其他一些作品则完整或部分地流传了下来。出于几个原因,研究这些书籍非常困难。就像在其他地方一样,虔诚的伪造(pious forgery)[17]在中国也极为盛行,而中国人对古物的高度崇敬使得一些实际上成书颇晚的作品被归于非常早期的时代。甄别这样的整部作品并不太困难,但当晚期的段落放入真正早期的书籍中时,辨伪的任务就会变得棘手得多。

中国的学者已花费了数百年的时间来鉴别这些文本,西方学者在这项任务上也已花了好几十年的时间。他们的努力已经取得了相当大的成功,但他们同时也极大地为判断标准的缺乏所掣肘。称某本书来自商代或周代早期固然容易,但如果从未见过确凿来自那个时代的书写材料,整个话题就仍然停留在空谈阔论的阶段。如今,最近几年新开展的考古研究为我们提供了判断的标准。商代甲骨文和一些周代早期的青铜器铭文为我们提供了可以确切追溯到那个时代、未经后世更改的书写材料。

现在,让我们逐个检视从周代早期传世至今的各类文字资

---

[17] 也称pious fraud,原指西方出于某种宗教目的、为了使信仰广为传播而进行的伪造手段。英国历史学家爱德华·吉本(Edward Gibbon)在其巨著《罗马帝国衰亡史》中便经常援用此概念来批判早期基督教历史中记载的一些圣迹和殉道者等。——译者注

料，以及根据最近的研究得出的初步结论。

青铜器铭文

前面我们已经看到，总体而言，周代青铜器在艺术和技巧层面不如商代青铜器。但就铭文而言，周代青铜器却要比商代青铜器有趣得多，而西周早期的青铜器在这方面又比后来的东周青铜器更为出色。的确，这几乎就像是一种天意安排好的顺序，专门使考古学家受益：在商代，我们有甲骨文；在西周时期，我们有许多内容丰富的长篇青铜器铭文；而在东周时期，当青铜器铭文变得较短而无趣时，传世的文学作品却丰富了起来。

几乎所有篇幅较长且颇具重要性的铭文都出现在青铜器上。青铜器出于各种原因、在各种场合铸造出来。有时它们仅作为盛大场合的餐饮器具，上面只是简单地刻有"某人在某个时间制作了某件器皿"的字样。在青铜器数量更加丰富的较晚时期，这种情况更为常见。多数情况下，这些器皿由技艺高超的能工巧匠们用珍贵材料制成，在当时受到的高度重视绝不亚于今天。我们所知的大部分刻字器皿都是在王室官员的授意下制作的，并言及周王，这表明它们绝非普通财产。这样的青铜器被视为一个国家最宝贵的珍宝，通常会成为入侵者掳掠的目标。即使是一件爵，一种最小最常见的青铜器，也足以引起贵族之间的争斗；[18] 一尊大

---

18 如《左传·庄公二十一年》："郑伯之享王也，王以后之鞶鉴予之。虢公请器，王予之爵。郑伯由是始恶于王。"这里郑伯不满的原因便是周王赐给自己的"后之鞶鉴"不如赐给虢公的爵尊贵。——译者注

鼎的价值则足以用来贿赂一个国家的统治者。[19] 有一次，眼看国家就要被进犯的敌人所灭，该国的大臣便敦促统治者用青铜器换取敌人退军。在遭到统治者的拒绝后，这位大臣质问自己的国君，储存这些宝物难道是为了什么别的原因？事实上，青铜器经常被用来贿赂进犯的敌军以使其撤退。

青铜器的铸造情境也各不相同：可能是将军事掠夺的金属制成器具，也可能是将其用于婚礼。当一位名门望族的女性成员结婚时，习俗是她家族中的一名男性成员会为她制作一件青铜器，作为结婚礼物送给她。这件青铜器显然是为祭祀而作，上面会刻有简短的铭文，通常包含赠送者和受赠者的姓名、器皿的名称，以及对她的儿孙永远保留和使用它的祝愿。[20] 有时，铭文还包括对婚姻的期望，例如祝福她将"男女无期"（sons and daughters without limit）等。[21] 在一些情况下，人们也会单纯为了祭祀而作器，这种情况下作器者通常会陈述他作为一个虔诚的人所希望得到的各种祝福。这种器皿通常是献给某位特定祖先，但似乎并非只有专门祭祀这位祖先时才能用这件器皿。其他为各种场合制作的器皿，铭文中一般也会包括对祖先的忠诚以及对受到祝福的期待，以作为对使用这件器皿进行祭祀的认可。

这些铭文最大的价值就是其持久性。很多青铜器能够保存

---

19 如《左传·桓公二年》便有记载，宋国的华父督在杀死宋殇公立宋庄公为君后，为了巩固势力，便"以郜大鼎赂公"（此处"公"指鲁桓公）。同年"夏四月"，鲁"取郜大鼎于宋。戊申，纳于大庙"。——译者注
20 青铜器铭文中，经常见到"子子孙孙永宝用享"或类似的固定搭配短语。——译者注
21 光绪年间出土于河北易县的春秋晚期齐侯四器（齐侯鼎、齐侯作敦、齐侯盘、齐侯匜）上便刻有"男女无期"的字样，现均藏于纽约大都会艺术博物馆。这类为婚姻而打造的青铜器被通称为媵器。——译者注

三千年传世至今并非偶然，它们被设计得甚至还可以保存更久。常见的祝词结构包含"万年，永"（for ten thousand years, forever）的字样，不管其具体意味着什么。[22] 当周人希望将记录以这种形式呈现并确保它能被保存下来时，他们就会将其刻写在青铜器上。故此，有一口钟（钟与其他青铜器一样经常被用于此类目的）保留了其作器者的家谱。我们的青铜器档案中还包含有界定国家边界的条约以及周王（通过军队！）仲裁两位封建领主之间争议的记录。《左传》记载，公元前536年，郑国的刑法被刻在了一组青铜器上。[23] 还有几则铭文记录了土地的转让细节。显然，铭文拥有契约的功能，被刻在"永不磨灭的青铜器"（deathless bronze）上——这些青铜器作为见证，比周人世界里任何对财产的所有权都存在得更加长久。这些青铜器也并不总是仅限于记录同一件事情或同一组事实。其中一些器件表明，有些事项先是被存放搁置了几年，然后出于节俭连续镌刻在同一篇铭文里。

人类最炽热的激情莫过于虚荣，古代中国人在这一点上和在其他方面一样也是凡夫俗子。他们非常在意自己被后人以及同时代人尊敬看重。在劝说顽固的君主依照道德准则行事时，大臣们使用的最有力论据之一便是后世会谴责恶人而赞扬善者。而当古代中国人遇到任何能提高声望的事情时，他们似乎就会铸造一件青铜器来记录它——前提是他们足够富有。因此，在一篇铭文中，我们读到一名贵族未能派出他应当派遣的士兵去协助周王征伐；根据规定，他应该被罚三百锊金；然而，或许由于他实力太过强大，周王无法处罚他，于是这名犯了错的贵族铸造了一件青

22　如"子子孙孙其万年永保用"等。——译者注
23　《左传·昭公六年》："三月，郑人铸刑书。"

铜器将这一切记录了下来，明显是为了向其后代炫耀他们的祖先曾"不服王法"（beyond the law）的壮举！[24]

不过，并非所有人都如此直接坦率。一些更成熟老练、趋炎附势的人会选择更含蓄的方式来展现地位。他们常常将器皿献给自己的父母甚至是祖父母。但有一件器皿只被献给了作器者的祖父母而并没有提及他的父母，这令人有些惊讶，直到有人注意到祖母的姓氏与王室家族的姓氏相同——作器者无疑是期望此铭文给所有阅读它的人都留下深刻印象。

为数最多的铭文类型，记录的是作器者从周王或其他上司处收到的赏赐或恩宠。有时，铭文中仅包含一句来自周王的赞美之辞。一篇铭文讲述了这样一个故事：某天周王去钓鱼，一位名叫井的人有幸陪同，并从周王处获赏了一条鱼。于是井为了纪念这项标志性的王室恩赐，特意铸造了一尊鼎。[25] 还有一次，铸器的原因是周王将王室狩猎中猎获的一头鹿赏赐给了作器者。

然而，通常情况下，铭文所纪念的赠礼会更加丰厚。周王和其他统治者会赏赐金钱、车马、武器、贵族独有的身份标志性服饰、官职、奴隶和领土等，以嘉奖提供一整晚欢宴、征服一个公国（principality）或忠心耿耿服侍多年的臣子。对于重要的赠礼人们会举行固定的仪式；相应地，青铜器铭文也有一套通用的公式化语言描述这类赠礼。

这种公式化语言完整地出现在了官员颂于大约公元前9世纪或更早时期制作的一组器皿上。铭文一开头交代了时间——（当

---

24 见现藏于北京故宫博物院的师旂鼎。——译者注
25 见现藏于上海博物馆的井鼎。铭文为："唯七月，王在荥京，辛卯，王渔于澫池，呼井从渔，攸易（锡）渔（鱼），对扬王休，用乍（作）宝尊鼎。"——译者注

265 　时周王统治的）第三年第五个月——月相和具体日期。周王当时在周的某个宫殿；黎明时分，他前往"大室"并就座，他的一名侍从站在右侧。随即，颂入场，站在庭院中央。一名大臣呈给周王（之前准备好的）文件，其中包含周王的命令。周王将这份文件交给另一名大臣，命令他宣读给颂听。文件以"王曰"开头，接下来就是文件的内容，任命颂担任某个职务并界定他的职责。它还赐予了颂一些礼物，包括贵族穿戴的衣饰以及一面旗子。最终，文件以"用事"（use these in performing your service）这样的劝词结束。于是颂跪拜接下包含周王诏令的文件，将其挂在腰带上，随即退下。此后，颂"敢对扬天子丕显鲁休"，便制作了一尊祭器献给自己的父母，用于祭祀并祈求平安、神灵庇佑、繁荣以及（永恒的？）长寿。铭文以如下祷词结束："颂其万年眉寿，畯臣天子灵终，子孙永宝用。"据我们所知，至少有四件器皿被铸造出来庆祝这一特殊事件；它们尽管器形各异，但其上的铭文都是相同的。[26] 还有另一篇铭文告诉我们，刻写它的器皿被复制了十二尊。

　　需要注意的一个重点在于，周王或其他统治者的秘书官（secretariat）提前准备了一册书将其交给礼物的接收者，后者遂将这本书的内容抄刻到了铭文中。这意味着从这些青铜器上我们获取的是几乎三千年前的书籍的精确副本，自那时以来便没有经历过任何改动。在经过严谨考证的周代早期铭文中，至少有二十九册这样的书籍。

266 　　我已在尽可能的范围内研究了这些铭文的词汇、语法、风格

26　此铭文见于颂壶（现藏台北故宫博物院）、颂鼎（现藏北京故宫博物院）、颂簋（现藏美国堪萨斯州纳尔逊-阿特金斯艺术博物馆）等多具青铜器上。——译者注

和思想，并将它们与据称创作于同一时期的文学作品作了比较。对这些内容进行彻底研究需要多名学生进行多年的分工合作。这类研究表明，许多文学作品与我们在青铜器上发现的内容完全相符。《尚书》中的某些部分可能几乎是直接从青铜器上抄来的，反之亦然。其他的一些书籍和章节则与青铜器铭文完全不同。此外，风格相似的书籍与铭文在思想上也较为相似，而与铭文在语言风格上不同的书籍则大多是学者们长期以来怀疑是伪作的那些作品，因为它们的思想似乎与其所归属的年代不符。

准确地确定这些青铜器的年代非常困难。它们通常会说明"在王的第几年"，但却没有明确指出是哪位周王。根据提及的名字、历史数据和其他标准，我们可以较为准确地确定其中一些青铜器的年代。至于其他的部分，我们就必须依赖文字的形态——在几个世纪的演变中，字形发生了极大的变化——语言和内容作出判断。从这些方面出发，对它们的定代可能会有一两个世纪的误差，但这对于研究文化史而非具体历史事件而言已经足够接近了。我们不能指望长篇铭文从头到尾阅读下来没有任何疑义。通常我们对它的理解会存在空白和许多不确定之处，而我们能做的只有使用那些确凿的信息而舍弃其余的部分。我们同样也不应认为每一篇铭文都是真实的。有许多伪造的铭文青铜器，还有许多伪造的铭文被刻在真正的青铜器上，只有多名学者经过长时间的仔细研究才能辨别真伪。我对青铜器铭文的研究建立在详细分析219篇西周时期和113篇东周时期铭文的基础上，其中包括当前所有最重要的铭文，并且它们被专家一致认定为真实而非伪造的。

尽管我们对古代青铜器铭文的理解可能并不完善，但它们构成了一种不应继续被忽视的资料来源——迄今为止，中国古代文化的研究者仍对这些铭文重视程度不足。除了前文提及的常规事项，较长的铭文还经常包含长篇的道德论述和对礼仪程序的描述，这些信息为我们理解那个时代的哲学和宗教提供了许多启示。的确，许多铭文都很简短，但我们也有一些经过了充分验证的周代铭文，其长度如下：75—100字14篇；100—150字15篇；150—200字5篇；291字1篇；357字1篇；超过390字1篇；403字1篇；497字1篇。如果转换成英语词数，那么这些数字至少需要再翻一倍。

本章的其余部分将简要描述我们研究周朝所主要依赖的典籍及其性质和内容。对于这些细节不感兴趣的读者可以跳过，直接翻到二十章，这样做也不会错过任何对理解本书其余部分至关重要的内容。

《易经》

《易经》可能是中国传世文学中第一部达到如今我们所见形式的完整作品——这里指的仅仅是原始文本，不包括通常与之一起当成同一作品出版的传注。传统观点认为，它是由文王在被商朝最后一名统治者囚禁期间写成的。我们没有什么理由去相信这一说法，但这本书确实反映了商末周初时期的情况。

《易经》是一本占卜书，可以说是一本巫师的手册，用于预测未来。卜者首先会使用一种方法操纵一束蓍属植物的茎秆，这种方法会使六条线——要么是直线要么是折断线——通过排列组合，组成六十四种图卦中的一种，如䷄。得到特定的图谱后，卜者会对照《易经》中相应的部分，从书中提供的解释里获取所需的预测信息。在周代，人们将这种方法与龟甲占卜一起使用。[27]

这本书的语言极为简练，有时含义晦涩难懂。故此各种理论相应产生，认为它包含着某种秘密语言或神秘象征。这让人不禁好奇它是否在周人尚未学会书写非常清晰的汉字时写成的。但可能由于它是一本供巫师使用的书，所以这种隐晦（cabalistic）是有意为之的。只有大胆的人才敢于声称完全理解这本书，但书中的一些材料仍然可以被用来揭示当时的文化。这本书中对牛车的提及表明这种载具在当时是存在的，与其他文献中记载相符。[28]

最近发现的商代甲骨文对《易经》的一些方面提供了启示，二者在内容上有许多共同之处。今后在这个方向上的研究可能会使我们更加清楚《易经》的含义。目前我们所拥有的最好的《易经》译本是由理雅各翻译的。然而，即使在翻译过后，这本书仍然有些令人困惑。以下这段摘自其译本：

> The topmost line, undivided, shows its subject solitary amidst the (prevailing) disunion. (In the subject of the third line, he seems to) see a pig bearing on its back a load of mud, (or fancies) there is a carriage full of ghosts. He first bends his bow against him, and afterwards unbends it, for he discovers that he is not an assailant to injure, but a near relative. Going forward, he shall meet with (genial) rain, and there will be good fortune.

---

27 "龟为卜，策为筮"，故二者合称卜筮。——译者注
28 见前文第五章注9。——译者注

上九：睽孤，见豕负涂，载鬼一车，先张之弧，后说之弧，匪寇婚媾，往遇雨则吉。[29]

《尚书》

这部作品在英语中通常被称为 Book of History。这个名称颇具误导性，因为它只是一部文件的合集，并非一本历史著作。中国人用两个名称来称呼它：一个是《书经》，意为"文献经典"（Document Classic）；另一个则是更古老而常见的名字，《尚书》。关于后者的含义，人们提出了许多理论；从青铜器铭文对这两个字的使用来看，我相信它的意思单纯是"保存下来的书籍"（Preserved Books）或"珍贵的书籍"（Treasured Books）。这些文件为特定场合而写，被认为具有足够的重要性，故此保存在国家档案中。但是我们现在手头所拥有的这本书不能被视为来自周代的档案。许多文件已然佚失；在某些情况下，一个文件的一部分又与其他文件的一部分被组合到一起。在一两个案例中，一些非常不重要的文件被古人或多或少地无意间收录到了这部合集中。

这些文件中最晚的一份据推测可以追溯到公元前600年左右，但我们现在所拥有的这部合集中大部分文本是伪造的，其中一些的成篇年代甚至可能晚至公元3世纪后期。通过对比青铜器铭文和其他文本，书中只有不超过15篇文本——约占整部书籍的四分之一——可以被确定写成于公元前600年之前。直到最近，人们都还一直认为其中至少有一份文件是来自商代的真实作

---

29 《易经·睽》。

品。但通过与商代甲骨文的语言和思想进行比较，我已经证明了这个合集中被认为是来自商代的每一篇作品都是后世的伪造。然而，一部分被认为是商代时期的文本的确可以追溯到公元前600年之前；它们是在周代早期出于政治目的而被创作出来的伪作。

真实的文件则包括周王和其他统治者在各种危机中所发表的敦促其臣民支持他们的演说、向新受封的封建领主发表的道德与劝诫性谈话、对于在祭祀和其他极少数场合以外的时候饮酒的谴责性宣言、一系列与在洛阳建城有关的文件、两篇警告被征服的商朝子民不要反抗的长篇劝告、一位公爵在军事远征开始前向他的军队发表的慷慨激昂的演讲等。这些文件一同构成了相当一部分对我们而言最为重要的材料。

《诗经》

《诗经》是我们讨论的时期中唯一一个大量表达情感和想象力的文学作品。其他文学作品主要以纪实风格（documentary in style）为主，尽管有时它们在修辞上所达到的雄伟高度几乎使它们超出了文件的类别。《诗经》中最早的诗歌主要带有宗教性质，旨在与祭祀仪式结合使用，因此它们在本质上也是具有实用性的。

这些诗歌的创作年代无一早于周代。《诗经》的最后一部分被称为《商颂》，包含祭祀商朝君王的诗歌。尽管有时被人们归为商代作品，但它们实际上的创作地是在周朝统治下延续商人祭祀的宋国。简短的《周颂》以及所谓的《大雅》和《小雅》则被认为创作于西周时期。其余部分的成篇年代均较晚，但据说书中的每一篇都是在大约公元前600年之前创作的。

271 　　《诗经》是一部包含三百一十一首诗歌的选集，而当时存世的诗歌数量要远大于此。根据传统记载，孔子从三千首诗歌中作了选录，但此工作可能在他之前就完成了。大多数诗歌作者的身份均不为人知，其中一位诗人在他的作品中以如下方式署名：

　　吉甫作诵，其诗孔硕，
　　其风肆好，以赠申伯。[30]

　　并非所有诗歌都是祭祀用的颂歌。劳费尔曾说过中国人从未创作过任何史诗，[31] 这无疑所言不虚。然而《诗经》中一些描写英雄诞生和事迹的作品似乎颇为接近史诗的风格；不过它们都相对较短。许多——也许是全部——诗歌都曾被谱曲，但乐曲早已失传。其中很大一部分是抒情诗，人们在其中抒发个人情感。恋人因为自己的心上人而欢欣；情人感到失望；诚实的劳动者嘲笑懒惰的富人；与丈夫共患难的妇女由于丈夫有了年轻的新欢而被抛弃；妾室们悲叹与自己的君主相处甚少；妻子期盼再见到因戍守边疆而远离家乡的丈夫；随从们赞贺讨人喜欢的小王子（bonny princeling）能力出众；大臣们因为恪守劝谏之道而被贬官，不得不给阿谀奉承者让位；隐士赞美独居自得其乐；老人们哀叹世风日下，再也没有真正的君子和淑女；预言家谴责时代的腐败并预言灾难的降临……所有人都在这些诗句中寻得了情感的宣泄。

272 　　在很早的时候这些诗歌就被人们所"解读"（interpreted）——这里的意思是它们常常被误读成完全不符合原本含义的东西。显

---

30 《诗经·大雅·崧高》。
31 Berthold Laufer, "Some Fundamental Ideas of Chinese Culture," in *The Journal of Race Development*（1914），Vol.5，p.170.

而易见的情诗被认为具有深刻的哲学意义。正是因此,在外交中形成了一种对诗歌的奇特用法。今天的外交家可能对于大量诗歌都能信手拈来,但他们更多会将其用于面向女士们进行精彩的演讲,而非同外交官讨论严肃的政务。然而在古代中国,情况并非如此。在谈判时,尤其在宴会上,人们会歌唱或背诵恰当的诗句,以阐明各方的情感或强化各方的观点。政治家不仅需要熟知诗歌来支持自己的论点,还需要有足够的学识与机智,诵咏出合适的诗句以回应他人的引用。这就是为什么孔子会说:"诵诗三百,授之以政,不达;使于四方,不能专对;虽多,亦奚以为?"[32] 这种在政治场合使用诗歌的做法,导致这些作品不幸地被评论家们以最为奇特的方式进行解释。对儒家正统观念造成诸多禁锢的禁欲主义(puritanism)也并没有在这方面起到积极作用。因此,有些人甚至认为,一些最为精巧和轻松愉快的情诗或对农民娱乐活动的描述实际上是"为了谴责当时的淫乱放荡"而写的。

对于了解这个时期来自各个阶层人们的非官方思想和情感而言,《诗经》几乎是我们最好的也是唯一的窗口。中国诗歌很难翻译,翻译最多只能给出原作苍白且扭曲的影像。阅读中文就会发现,这些诗句往往充满了大量优美、热烈和细腻的情感。

《左传》

这本书名字的含义不甚明朗;也许应该将其翻译为一位姓左的人的编年史。它的现行版本写作于公元前468年之后。据认

---

[32]《论语·子路》。

为它是对鲁国的编年史的注释,而这些编年史据说是由孔子修订的;这两种说法都颇为可疑。

然而,毫无疑问,《左传》是中国古代历史最重要的资料之一。它大量借鉴了前面提到的鲁国编年史,其内容在很大程度上是真实的,尽管也有例外。它所涵盖的时间段为公元前722年至前468年,因此这本书只有前半部分属于我们所研究的时期。

《国语》

这本书的很大一部分都基于我们研究的时期内所写成的材料,但它本身并不是在这个时期写成的。它的价值在于,收录了来自各个国家的不同编年史所保存的材料。其中一些故事可以上溯到公元前10世纪,但大部分内容涉及的年代是公元前7世纪和前6世纪,还有少数涉及公元前5世纪。这本书的编写时间尚不确定,但无疑是在我们所研究的时期结束很久以后。

《国语》中的一些故事和对话似乎是直接从较早的资料中抄写而来的。书中呈现了不同的观点,而如果所有的材料都是由一个人进行修订和编辑,那这种情况就不会出现。另一方面,很多材料显然是虚假的。《国语》中记载的有些对话对整个历史的发展进行了详细预测,而这些对话据称是在被预测事件发生很久之前进行的。这些对话中也出现了实际上后期才出现的哲学思想。

就我们已知的或极其可能曾发生的事件而言,《国语》是一部能够提供详细信息的书籍。但它并不足够可靠,不能被作为一手证据单独使用。故此,对于在接下来的部分里提到的引自这部书的事件,我们可能需要抱有一定程度的怀疑。

第十九章 文学

《仪礼》

我们已经看到,生活在周代的中国人喜欢仪式。在今天的西方,我们也为婚礼、宗教和法律程序等设定了固定的仪式,但古代中国人在这一原则上走得比我们更远。由于规定过于繁杂,对于时人而言将它们写下来以便参考很有必要。古代与仪式相关的著作有三部,分别是《礼记》《周礼》和《仪礼》。这三部书的编纂时间均晚于我们所研究的时期。《礼记》和《周礼》中充斥着在周代早期的文学或铭文中从未出现过的思想和措辞;即使其中包含来自早期的材料,这些材料也已被彻底编改,无法作为关于那个时期的证据。但《仪礼》不同。《仪礼》中的某些段落很容易被辨认出是后期对该作品的添加,而且我们甚至应该怀疑,它如今的版本中是否有成篇年代比孔子的时代更早的部分,或者哪怕说和孔子的时代一样早。然而,总体来说,与其他有关仪式的文献相比,《仪礼》具有确定无疑的早期特征。这并不意味着它可以作为研究周代早期的主要资料来源,但它可以被用来为那些已通过更可靠作品确立了基本真实性的事件提供细节佐证。

这部书主要关注的是描述"士"(ordinary officers)——贵族阶级中地位较低的成员——所应遵循的仪式。它详细说明了这些人在生活中遇到冠礼(即将给刚成年的年轻人加戴贵族的帽子)、婚姻、互相拜访、死亡、哀悼、葬礼、祭祀等场合时应如何行事。此外,它还提供了有关宴会、次要及重要的射箭比赛[33]、

---

33 即《仪礼》中所记载的乡射与大射。——译者注

以及向外国派遣使节的行为指南。这本书可能并不有趣，因为它涉及的细节有时看上去几近荒谬。但它的确向我们展示了有关当时生活许多方面的细腻画面，否则我们对这些方面的了解可能就会仅限于"它们曾存在过"这一基本事实。

*

除了铭文和《国语》[34]外，上述的所有作品均已被翻译过。这些译本无一例外都是仔细认真的工作成果，非常有价值。但它们过于依赖注解。注释者都是中国学者，生活的时代比他们所注解的书籍的成书年代要晚好几个世纪，对上古时期中国的了解往往比现代中国学者要少得多。他们的大多数注解都颇具价值，但很多时候也是错误的猜测。一本书中前后文不一致的观点可能经过作者的解释后就一致了。因此，我们完全无法依靠翻译来进行科学研究。

---

34 何赖思（C. de Harlez）在1893年至1895年间出版的《国语》译本只翻译了原书的一部分，且效果并不完全令人满意；我在编写本书时并没有使用到它。《国语》的所有翻译是我自己根据中文原文直接进行的。正如前言中所述，本书所依赖的所有研究都非基于译本完成；我仅仅只是在展示一些希望引用给读者的段落时使用译文。有一两处我全部进行了重译，因此注释中引用的译文在措辞上与本书正文中的译文完全不同。就每一处而言，本书的注释都应主要被视为在文本中对该段落的定位，而非陈明在所有情况下都对其进行直接复制的资料源。尽管如此，在大多数情况下，我对翻译所作的更改都相对较小。

第二十章

周代社会

在周代早期的中国，权力和地位取决于土地的所有权。当周人作为征服者确立了自己的统治时，他们便将领土分配给了王室亲属以及在征服过程中帮助过他们的盟友。这些人拥有大片土地，手握决定居住在这片土地上的人的生死的权力，在社会中的地位仅次于周王。他们将土地分配给臣下以及其他较小的诸侯，以换取他们的效忠。这个体系里没有固定的规律，从周王到庶民之间也没有过于繁杂的等级划分，但最后，在实际上监督着自己土地耕种情况的封臣之下，是参与农业生产和其他社会劳动的平民百姓。他们的地位几乎相当于农奴或奴隶，处于社会的最底层。

我们不应认为，在那个时代，拥有土地就仅仅是拥有明确的土地所有权和注册过的契约以及定期缴纳税款那么简单。赐封的土地需要被"拥有和保有"（to have and to hold），而后者是更困难的任务。当时是一个粗犷（rough-and-ready）的时代，几乎所有的土地所有权都刚因为军事入侵而易主。如果一个人发现自己拥有一支强大的军队，而隔壁弱小的邻居又土地太多，那为什么不帮他减轻一下负担呢？当然，这样做可能会惹上麻烦，并受到两位土地所有者共同上级的惩罚。有一份青铜器铭文记载了周王对于这类掠夺行为的干预与制止。但即使如此，周王也必须派遣军队来执行他的要求，然而周王和其他贵族并不总是愿意花心思这样做。他们忙于自己的事务，甚至有时候似乎乐于见到下属之间的争吵，以作为一种保持他们彼此制衡、避免一家独大的手段。因为应当被惧怕的不仅仅只有拥有合法权力、可以按自己的想法收回别人土地的上级，以及强大到能够夺取他人土地的平级，自己的下级——那些忍受着压迫的人——也可能会联合起来进行反抗，甚至取代上级。

这样一来，仅仅只是拥有土地的意义便微乎其微。一个人要保持对土地的所有权就需要永不懈怠。实际上每名土地所有者都拥有一支军队，因为他们需要派遣或率领军队为赐予他们土地的上级作战。为了自身安全，他们需要尽可能地壮大自己的军队。但除了纯粹的军事力量之外，还有许多其他因素对于地位的稳固也至关重要。与其他封建领主的血缘或友谊关系非常重要，这在危险时能够确保他们得到援助；在同级间不受欢迎将会付出昂贵的代价。优秀的顾问对他们而言价值连城。甚至是赢得为他们耕种田地的农民的好感也很有价值：这些农民构成了他们军队中的普通士兵；通过在关键时刻背叛或抛弃自己的领主，他们拥有摧毁土地所有者的能力。这是发展对平民百姓人道主义的一个强大动机。

出身，或者说是否来自有影响力的人家，总是决定社会地位的一个因素。在古代中国，这一点尤为重要，因为祖先不仅仅是对过去荣耀的回忆，更是能够给予后代超自然援助的积极而强大的神灵。出生于有权势的家族也很重要，因为这可以使一个人拥

第二十章 周代社会

有可以倚赖的亲戚，他们通常能够帮助他维系自身地位及财产。对于周朝统治家族和其他少数在征服后崛起的强大家族的成员而言，这一点尤其如此。

当时存在着一个世袭的贵族阶层。到了我们所讨论时期结束的那个年代，尽管也有出身卑微的人能跻身这个阶层，但通常情况下主要成员是生来属于这个阶层的人。这个群体的成员被称为"士"（不要将其与官职名称🖋相混淆）。我们可以将士非常粗略地与中世纪欧洲的骑士相比较。他们的生活习俗与普通人非常不同。他们似乎既不从事农业劳动、作为工匠工作，也不从事贸易。他们是军官及政府官员，其成员的儿子在达到一定年龄——具体时间不一，但大约在二十岁左右——时会进入到这个阶层之中。入阶的仪式被称为"冠礼"（capping），也就是赐予冠冕。这是一个非常复杂的仪式，其中包括祭祀以及赐予特殊的名讳或"字"（style）。士的妾室所生的儿子也会接受冠礼，但仪式的规格则会较低。

基于这些情况，有些人认为士并不仅仅是一个贵族阶层，而更像是一个种姓，与平民百姓的种族起源不同。有人提出他们是一群使用青铜器的入侵者，从西方某地来到中国北方定居下来，成为掠夺新石器时代原住民的统治者，并将原住民降为实质上的奴隶，强迫他们供养自己的主人。但我们已经看到，在已经研究过的古代骨骼材料中，并没有证据表明有来自不同种族的入侵者。有关士的起源的大部分证据都与这种说法大相径庭。

实际发生的情况似乎是，一个好斗的阶层当时逐渐与新石器时代的主体人口分离开来。随着争斗变得越来越普遍，新石器时代和早期使用青铜器的人们开始互相袭击，于是每个村庄里都必须要有一些男性专门从事防御和战斗。也许有时整个定居点的人

271

都发现，更简单的方式是让他们成为战士，让周围的人为他们工作，而不是令其在田地里劳作。首领和他们的战士团队无疑为农民提供了"保护"，无论后者是否需要。作为回报，他们也会获得农民的一部分收成。这个份额的大小由战士们决定，因为他们有权力这样做，而无助的农民则对此无能为力。

我们知道，"士"这个字的意思是指一个年轻人、一个"忠实成员"（stalwart）。它最初的含义很可能类似于美洲印第安部落的战士所使用的"勇敢"（brave）一词。很自然地，这类人围绕着统治者形成一个紧密的群体，并在社群中享有特权。随着领土扩大，小首领变成小国王，他们便自然而然地会从这个群体中挑选出已经过了能上战场的年龄但经验和智慧却得以发展的人，从而任命其为官员和管理者。这样一个群体成为世袭是完全可以预料到的情况。

这些士必然会发展出与平民百姓完全不同的习俗和生活方式。这两个群体几乎没有共同之处。士感兴趣的是战争与政务而非农耕，除非是作为农耕的监督者。由于吃喝居所均由他人供给，他们有大量时间在自己的生活细节——如成年礼、婚姻和祭祖——中发展复杂的仪式。他们有时间举办精心筹备的宴会和射箭比赛，而平民百姓却无法参与其中。书籍和写作的出现使两者间的差异更加明显，因为普通农民既无闲暇亦无机会去培养这些技能。最终我们看到的便是两个极端：平民百姓成了种地的乡巴佬（clod），除了自己的劳作、乡间的欢愉和偶尔在被征召时参与的战斗外，对其他一无所知；而贵族则身着华服，享用美食，精通射箭及驾车，习惯于发号施令，受过良好的礼仪教育，精通诗书，风度翩翩，优雅又不失诙谐。尽管二者如同两极一般截然相反，但我们不必认为他们来自不同的祖先。

《仪礼》列举出了埋葬士时应当与之一同入土的"用器"（articles of utility），其中包括农夫的锄头以及战士的弓箭。[1] 我并不认为这就意味着周朝的贵族曾亲自正经地从事农耕活动，但我认为这的确表明了周代距离那个士曾是生气勃勃的农民战士（farmer-warriors）的时期并没有过去很久，他们的葬礼习俗也从那个时期延续了下来。另一个证据则是周王本人会在春天进行象征性的耕作，以此作为一种宗教仪式。这一习俗一直持续到清王朝末期；我们不知道它的历史有多久远，但有文献证据表明，在公元前800年之前这种仪式就已经存在。一篇很可能是在周人完成征服几十年后铸造的青铜器铭文中也曾提到过它。[2]

贵族阶层成员通常拒绝从事低级工作，将它们留给自己的下级。但在古代中国，我们发现较低等级的贵族会亲手为地位较高的贵族献上食物，而高级官员也会为封建诸侯及重要客人提供服务。当然，低级贵族则是由平民百姓或奴隶为其服务。但在这里我们看到的是一系列等级的渐变，而非截然划分。

"士"这个字最初的意思，即年轻健壮的男子，在当时并未完全丧失；《诗经》中将田地劳动者称为"士"。[3] 在贵族阶层中，士是最低的等级，不具有特殊的地位。《仪礼》在提到奴隶时，提到了"仆人正徒"（the head of the slaves）和"仆人士"（the shih of the slaves），也就是没有特殊地位的普通奴隶。[4] 各种证

---

1 《仪礼·既夕礼》："用器：弓矢，耒耜，两敦，两杅，槃，匜。"
2 中国古代帝王于春耕前会亲自耕种农田，并行耕耤礼。据《诗经·周颂·噫嘻》记载，这种做法早在周成王时期便出现了："噫嘻成王，既昭假尔。率时农夫，播厥百谷。骏发尔私，终三十里。亦服尔耕，十千维耦。"——译者注
3 《诗经·小雅·甫田》："攸介攸止，烝我髦士……我田既臧，农夫之庆。琴瑟击鼓，以御田祖，以祈甘雨，以介我稷黍，以谷我士女。"
4 《仪礼·大射》："仆人正徒相大师，仆人师相少师，仆人士相上工。"

据都表明，士并不是一个代表种姓的术语。

《礼记》是一本成书年代比我们所讨论时期晚得多的书，其中写道："礼不下庶人，刑不上大夫。"[5] 这段文字已经被广为引用，以显示贵族和平民百姓之间的巨大鸿沟。这段文字完全真实，但对它的解读却是错误的。写下它的人是一名官僚阶级的成员，这个人很可能希望通过这个观点给统治者留下"刑不上大夫"的印象。或许对于后来的时期这段话具有一定的效力，但对于我们所讨论的时期来说它的适用性很小。当上级想惩罚下级，而被惩罚的人又不够强大时，最严厉的惩罚——不仅仅是酷刑和死刑，甚至包括将尸体示众凌辱——也会被施加于来自最高阶层的人身上。

出于显而易见的原因，昂贵繁复的仪式通常不会普及到农民那里；他们既没有时间也没有金钱参与其中。但从宗教角度来看，最低的阶层并没有像印度的贱民那样被视为非法——后者被认为只要是接近宗教仪式就会对其造成污染。按照礼仪书籍中的规定，在贵族家庭的祭祀仪式中，仆人和奴隶如同其他人一样也有自己的位置——当然，他们的地位是次要的。但他们会受到家主的招待，而家主也会像其他人一样轮流主持祭祀。奴仆中的首领会拜谢家主，家主也会相应回拜。奴仆也可以享用祭祀用的肉食佳肴等一切，而且看起来他们被分到的分量丝毫不亚于场上最高贵的贵族。有时，仆人或奴隶甚至会在贵族家庭的祭祀仪式中充当祭司。

此外，一个人也可能会从平民被擢升至贵族，而哪怕曾是贵族的人也可能会因为某些原因而被贬为平民。据说为齐国带来

---

[5]《礼记·曲礼上》。

繁荣的政治家管子曾敦促监管的官员从平民百姓中选拔一切杰出的人才,将他们升入士的阶层。另一方面,因为某个成员犯罪从而使整个家族被降为奴隶的处罚,也一直悬挂在贵族们的头上。《国语》中引用了周灵王的儿子及继承人的言论——在对许多曾经占据高位人的子孙现在正在耕地,而其他一些起初是农民的人现在正在政府工作这一现状进行反思后,他得出了不同阶层之间的人"无有异焉"的结论。[6]

当试图清楚地去了解贵族以外的人的地位时,我们所面临的任务无疑是困难的,其原因有两个。首先,整个周代早期是一个制度发展的时期,这些制度尚未形成明确的形式,故此我们无法对其进行全面而确切的描述。其次,可能除了《诗经》的一小部分之外,我们的信息来源中没有任何一个来自平民百姓,因此关于他们的信息仅仅只是附带性的。

社会阶层的最底层是奴隶。据我们所知,人会以两种方式变成奴隶。战争在当时频繁而不鲜见,战俘自然而然会被奴役。得罪上级的人也通常会被贬为奴隶——在那个时代,这类行为与犯罪无异。罪犯本人常常会被处决,而他的亲属则会受到奴役。

在我们拥有的所有资料中,只有一处提到过一名主人将仆从出售给他人。一份据说可以追溯到公元前900年左右的青铜鼎上的铭文似乎记录了以五个人换取一匹马和一卷丝的交易;然而,完全确定这篇铭文的含义并不容易。[7]周王以及其他人赐赠奴隶

---

6 《国语·周语下》:"天所崇之子孙,或在畎亩,由欲乱民也。畎亩之人,或在社稷,由欲靖民也。无有异焉!"——译者注
7 见曶鼎。原器现已佚失,今仅有拓本传世,见《积古斋钟鼎彝器款识》卷四。——译者注

的行为则非常频繁，其数量常常以户而非个人为单位列举。当时人还使用了许多不同的术语来指代明显是奴隶或实质上奴隶地位的人。其中一些显然是农奴，与特定的某块土地关联在一起，并会同土地一起被给予土地的所有者。

但是，如果我们将目光从那些被称为奴隶和奴仆的人转向平民百姓，我们是否就能认为他们是自由的呢？只能说，程度非常有限。他们必须做的工作是由上级或官员指定的，如果不做就会受到惩罚。他们住的房屋也是由上级指定的。甚至可以穿的衣服也是规定好的，即使最富有的商人也不允许穿僭越其地位的衣服。人们向统治者缴纳的税收在某种程度上无疑受到了习俗的规束，但当贵族想向人民榨取更多税赋时，后者只能选择反抗。有一条原则是，人们无权越过他的直接上级提出上诉，这实际上意味着当权者的每一条命令都是绝对的。

可以说，整个贵族以外人口实际上都处于奴隶或农奴的地位。但必须记住，持有一小片土地的贵族也受其上级的摆布，一如他们自己的部下受他们摆布一样。对于每个人来说，不想服从就只能造反或逃跑。如果没有被抓到的话，奴隶和农民可以逃跑，他们通常也确实会这样做，以至于那些非常暴虐的领主的领地上几乎无人居住。但对于小贵族而言，离开自己的土地无异于自我毁灭；从这个意义上来说，他比普通人更加无助，尽管他有一支军队并且可以选择反抗——前提是他认为自己有成功的机会。

因此，在这个社会体系中，并非一部分人口生活在奴役或接近奴役的状态下，而特权阶级则享受绝对自由。贵族与排除在他们迷人圈子之外的人之间的确存在着很大差别，但整体上呈现的是一个权力上的等级制度。在这个制度中，每个人都可以任意对待他的下属，甚至可以随自己的心意将他们处死，但同时他又惧怕自己的上级以同样绝对的权力对待他。理论上只有周王不存在这样的上级，但在实际操作中，即使是周王也经常需要听从一些更有权势的贵族的任意摆布。

商人和工匠不在贵族控制监督的农业劳动体系之中，因此我们很难从现有的证据中推断出他们在这个体系里的地位。据说公元前650年左右，齐国都城的人口中，七分之五是主要由军官构成的士人，而剩下七分之二则是工匠和商人。关于工匠如何谋生，我们没有准确的信息，但看起来他们的生计倚赖于贵族委任的工作，而且作为一个阶层，他们在很大程度上——尽管并非完全——是世袭的。商人则似乎能够以相当自由的方式进行贸易，并由此积累了可观的财富。

任何对社会状况的考察都不能忽视女性人口的部分。大多数女性当然都不属于贵族阶层，因此她们过着辛勤劳作的生活。然而，她们似乎并非定期在田地里劳作。她们为男性准备食物并带给他们，同时进行各种劳动，如收拾家务、制作衣物等，这些事在没有机械的文明中是必需的。许多奴隶身份的女性直接依附于大户人家从事各类工作，包括养蚕。就像此文化中的其他人一样，她们也完全受制于上级，这意味着家族的主人完全有权力随意使唤她们。这样的女性被称为"妾"，如前所述，这个词现在的意思是"侍妾"。如果其中一位妾为主人生下了孩子，那么她的地位会得到提高；这样的女性所生的男孩甚至可以成为他父亲的继承人，尽管这种情况并不常见。令女性作为偏房（subsidiary wife）这种特殊地位的妾室制度就起源于这种情况。然而，这样的女性仅仅被视为一种娱乐手段。鲁国的一位国相因其诚实和节俭而受到赞扬，因为在他家里"妾不衣帛，马不食粟"。[8]

贵族男女之间的差异可以通过《诗经》中以下关于周王的诗句总结：

> 乃生男子，载寝之床，
> 载衣之裳，载弄之璋。
> 其泣喤喤，朱芾斯皇，室家君王。
> 乃生女子，载寝之地，
> 载衣之裼，载弄之瓦。
> 无非无仪，唯酒食是议，无父母诒罹。[9]

女性应处的位置在家中，她们的事业则是婚姻。另一首诗告诉我们："妇无公事。"[10] 人们期待她们温良顺从。《易经》预言道："女壮，勿用取女。"[11] 就像现今那些保守的中国人一样，当时的女性在相当程度上闭门不出在家中治业，尽管显然并非何时何地都是如此。《左传》提到，如果一名女性不是在她自己的房间里去世的，那么她的灵位就无法与自己丈夫的灵位合乎礼数地摆放在一起。[12] 通常情况下，女性在坚持闭门不出这件事上似乎比男性所要求的更为坚定。当鲁国的一名正卿（chief minister）向自己一位同僚的母亲同时也是自己远房的姑姑打招呼时，这位

8　即季文子，语出《左传·成公十六年》。《国语·鲁语上》中亦有载。——译者注
9　《诗经·小雅·斯干》。
10　《诗经·大雅·瞻卬》。
11　《易经·姤》。
12　《左传·僖公八年》："凡夫人不薨于寝，不殡于庙，不赴于同，不祔于姑，则弗致也。"

女士（无论如何也算是个蛮人）让他站在门外与她交谈。[13] 女性通常不出席公共仪式，但有时她们会被安排在朝堂的屏风后面，这样她们就可以在暗中观察而不被人看到。一名女性曾在屏风后面不合时宜地嘲笑一位使节身体畸形，这位使节发誓要报复，并导致了晋国和齐国之间的一场大战。[14]

人们期望已婚妇女操持家务，并忙于养蚕、织布和其他类似的工作。据说，即使是贵族的妻子和王后本人也应如此。但是根据《诗经》的说法，要求妻子承担过多的工作并不会对丈夫的声誉有积极影响：

掺掺女手，可以缝裳。
要之襋之，好人服之。
……
维是褊心，是以为刺。[15]

妻子在祭祀中也有分工，往往与其丈夫的工作几近相同。当使节给统治者带去礼物时，他们通常也会送给他的妻子礼物。

从当时对女性的普遍描述来看，我们可能会认为她们没有受过教育，然而许多事件表明情况并非总是这样。在很多场合下，

---

13 《国语·鲁语下》："公父文伯之母如季氏，康子在其朝，与之言，弗应，从之及寝门，弗应而入。康子辞于朝而入见，曰：'肥也不得闻命，无乃罪乎？'曰：'子弗闻乎：天子及诸侯合民事于外朝，合神事于内朝；自卿以下，合官职于外朝，合家事于内朝；寝门之内，妇人治其业焉。上下同之。夫外朝，子将业君之官职焉；内朝，子将庀季氏之政焉，皆非吾所敢言也。'"——译者注
14 《左传·宣公十七年》："春，晋侯使郤克征会于齐，齐顷公帷妇人使观之，郤子登，妇人笑于房。献子怒，出而誓曰：'所不此报，无能涉河。'"
15 《诗经·魏风·葛屦》。

女性能像男性一样恰当地引用《诗经》，甚至其他各种各样的书籍。鲁国一个官员家中的老妇人在讨论政治时就像一名博学的学者；她对自己国家的未来表示担忧，因为国中的官员是一群如此无知的年轻人。[16]

并非所有的女性都会顺从不允许参与公共事务的禁忌。《诗经》中保存有一篇来自女性的抗议，在国难中深受牵连的她看到了自认为可以拯救国家的道路，但人们却阻止她采取行动，因为他们说这只不过是"女子善怀"。[17] 必须承认的是，大体上那个时代的历史充分证明了她的抗议的正当性。男人们遵照妻子或其他女性的精明建议而免于灾难的故事，一次又一次地被记录下来。身居要职的男性偶尔也会坦诚地寻求他们所尊重的女性的建议。女性偶尔也能够直接在公共事务中发挥影响力，但通常是在她们的晚年，因为在中国，年长本身就会受到尊重。一些青铜器铭文告诉我们，周王和其他统治者的妻子有时会在丈夫外出开展军事行动期间执掌权力；如果这是事实的话，我们也很难从历史记载中看到。

然而，所有这些有关女性的事，对于改变当时人们对她们的普遍看法几乎没有起到任何作用。道德家们对女性基本没有什么好话，但他们喜欢讲述那些因为女性的阴谋而遭受厄运的王公贵族的故事。对一个男人来说，最糟糕的事情之一就是他"惟妇言是用"。[18] 对于因妻子泄密而丧命的人，人们的评价是："谋及

---

16 《国语·鲁语下》："公父文伯退朝，朝其母，其母方绩。文伯曰：'以歜之家而主犹绩，惧干季孙之怒也。其以歜为不能事主乎！'其母叹曰：'鲁其亡乎！使僮子备官而未之闻耶？'"——译者注
17 《诗经·鄘风·载驰》。
18 语出《尚书·牧誓》。——译者注

妇人，死固宜哉！"[19]《诗经》总结了当时流行的男人的评价：

> 哲夫成城，哲妇倾城。
> 懿厥哲妇，为枭为鸱。
> 妇有长舌，维厉之阶。
> 乱匪降自天，生自妇人。
> 匪教匪诲，时维妇寺。[20]

---

19 语出《史记·郑世家》。——译者注
20 《诗经·大雅·瞻印》。

第二十一章

婚　姻

　　古代中国人认为婚姻是女性天生的宿命，以至于当她离家去到未来丈夫的家中时，人们说的不是她离开了，而是她"归来"（returning）[1]了——也就是说，她回到了自己应属的地方。

　　不同姓的人之间可以结婚。当然，这就意味着表亲之间的婚姻是被允许的，但如果双方的姓相同，那么哪怕亲缘关系很远或者根本没有亲缘关系的人也会被禁止结婚。同姓之间的婚姻据信会生出劣等的婴孩；[2] 然而，有时这一禁令也会被漠视——据记载，有一例同姓婚姻诞下的子嗣出奇地出色。

　　我们并不掌握有关早期人们正常结婚年龄的数据。公元前5世纪初，竭尽全力为战争做准备的越国颁布法令，规定所有男子必须在二十岁之前结婚，所有女子必须在十七岁之前结婚，否则将面临严厉的惩罚。[3] 由于这一政策的目的是增加人口，我们可

---

1 《礼记·礼运》："男有分，女有归。"（这个引用所内含的力道是无法通过"returning"这样的译文而领略的，必须与中文文本进行比较才能进行充分理解。）
2 《左传·僖公二十三年》："男女同姓，其生不蕃。"——译者注
3 《国语·越语上》："令壮者无取老妇，令老者无取壮妻。女子十七不嫁，其父母有罪；丈夫二十不取，其父母有罪。"——译者注

以比较确定地推断,当时人们认为这是最年轻的适婚年龄。这表明男性应比女性大三岁;实际上,老年男性有时会娶年轻女性,老年女性偶尔也会嫁给年轻男性。

刚才提到的法律所规定的惩罚,并非针对未能结婚的年轻男女,而是针对未能替他们安排婚姻的父母。年轻人与此事没有什么关系,并且显然在更早的时期,婚姻是以类似的方式安排的。无论如何,婚姻不能由当事人亲自安排。《诗经》中就多次提到过:"取妻如何,匪媒不得。"[4]

我们无法去了解平民百姓的婚姻习俗,但对于贵族的婚俗,《诗经》以及《仪礼》中的一篇详细描述为我们提供了一些信息。男方的父亲会送给女方的父亲一只大雁,象征着提婚。如果提婚被接受,他们便会卜卦以求神灵批准,并确定婚期。在约定的婚期,新郎乘坐马车从自己家里出发前往新娘家,而新娘那边也准备好了马车等待着他。经过一些仪式性的寒暄后,新娘和她的侍女登上女方的马车,而新郎则坐在驾车的位置上,驱车使车轮转动三圈。随后,他回到自己的马车上回家,新娘则跟在后面。到达新郎家后,夫妻会仪式性地共进一餐,然后进入新房。第二天,新娘拜见公婆,为他们献上礼仪性的餐食,而公婆也会回敬新娘一份礼仪性餐食。自此,新娘就成了自己公婆家庭中的一员,并侍奉公婆,就像他们自己的孩子一样。三个月后,新娘会被介绍给丈夫家中的祖先,并第一次参加丈夫举行的祭祀活动;只有在这之后,她才会被认为是一名真正意义上的妻子。[5] 在此之前,她更像是处在一个试用期,如果被发现不够令人满意的

---

[4] 《诗经·豳风·伐柯》。亦见于《诗经·齐风·南山》:"取妻如之何,必告父母……取妻如之何,匪媒不得。"
[5] 《仪礼·士昏礼》。

中国之诞生：中国文明的形成期

**图版13
一件商代形制的方形青铜器**

上面刻有两个字的典型商代铭文。史语所已在安阳发掘出类似的器皿。在黄伯川先生的慷慨应允下复印。

话，就可能会被退婚。

一旦妻子参与了丈夫主持的祭祀，两人的婚姻便通常会持续到其中一方去世。死亡会解除双方的婚姻关系，意味着他们可以再婚。如果妻子给丈夫生了个儿子，丈夫便应该尊重与妻子的这段婚姻，等待一段时间之后再婚。当时也有一些人坚决反对寡妇再婚。据我所知，当时并没有任何后来那种令妻子在丈夫去世后选择自杀的习俗，但我们发现有一些寡妇坚决反对再婚，并称自己"待死而已"（merely waiting for death）。然而，妇女不仅会再婚，有时还会在第一任丈夫还活着时就被带走嫁给另一任丈夫。鲁国一名官员家中的女子先是被许配给某人，之后又被夺走嫁给另一个国家的官员，当她的第二任丈夫去世后又被送回给第一任丈夫。不应认为她不愤恨这种待遇，但她就像其他时代和地方的许多妇女一样，也被当成了政治棋子。

在更古老的时期曾存在离婚的制度，但没有相关信息能供我们了解在何种情况下离婚才是正当的，以及其实行的方式。显然离婚可以由丈夫单方面决定，无需经过任何法庭审理。被离婚的女性会返回她父母的家。一部后来的著作列举出了七个离婚的理由：不孝顺公婆、无法生育、通奸、嫉妒（丈夫的其他女人）、疾病、太多嘴以及偷窃。但在三种情况下不能离婚：一是没有祖居可归；二是她曾为丈夫的父母守丧三年；三是她的丈夫在结婚时贫穷，婚后变得富有起来。[6]

一个或多个女伴陪同新娘前往她的新家并成为男方的侧室，是当时贵族间的习惯。这个习俗似乎可以追溯到商代，但对侧室具体数量的规定可能是逐渐形成的——在我们所讨论的时期，这

---

6 即所谓"七出三不去"，见于《大戴礼记·本命》。——译者注

种情况可能变化不定。有时女伴是新娘的妹妹，有时是新娘的表亲。当一名国君或其继承人结婚时，新娘会由来自其他统治家族的女性陪同。《左传》称这些女性必须与新娘姓氏相同，[7]但实际上当时人们并非总是遵守这一规定。根据后世的文献，普通的士可以同时娶两个妻子，卿、大夫可以娶三个，诸侯和周王可以娶九个，[8]但我们无从得知这些规定是在多早的时候制定下来的。这些来自大家族的侧室被称为"妾"，但她们的地位自然比那些也被称为"妾"的普通女仆要好得多。作为普通奴仆的妾，地位非常低下，正妻可以在不询问丈夫的情况下就将她处死。正妻去世后，入嫁时陪伴她的侍女之一可能会接替她的职责，但却不能被给予正妻的身份——虽然那些希望且有权力这么做的人还是照样会我行我素，就像大多数其他被禁止的行为一样。有时人们会说，迎娶两位或多位女性后，丈夫便不应再婚娶，但事实上，从记载的很多案例来看，他们仍然会接着结婚。

我们自然想知道正妻对这种一夫多妻制的看法。常有人说如今中国的女性已经习惯了这种制度；的确，他们几千年来已经适应了。我认识的一位外国女性曾大胆问了一名中国女性朋友这个问题："大多数中国女性对于妾室是什么感受？"那位中国女性在回答时眼神中闪烁着怒火："你会对妾室有什么感受？"最早的摩门教徒的后裔说，即使是杨百翰（Brigham Young）[9]的追随者们也承认，废除一夫多妻制给他们社区带来了更多的和平与幸福。

---

7 《左传·成公八年》："凡诸侯嫁女，同姓媵之，异姓则否。"
8 《白虎通·嫁娶》："天子、诸侯一娶九女"，"卿、大夫一妻二妾"；《独断》则称："天子一娶十二女，象十二月，三夫人、九嫔。诸侯一娶九女，象九州，一妻八妾。卿、大夫一妻、二妾，士一妻、一妾。"——译者注
9 摩门教（邪教）第二任教会首领，曾率领教友长途跋涉后来到盐湖城定居下来，以奉行一夫多妻制闻名，一生至少有过五十多名妻子。——译者注

第二十一章 婚 姻

人性似乎在各地都是非常相似的,周代早期的中国也不例外。将几个女人置于差不多与世隔绝的后宫中,让她们为了赢得同一名男子的关注、财产和权力而相互竞争,这样的行为所引发的嫉妒和阴谋招致了数不尽的混乱和战争,并给直接受到牵连的人们带来了深重的苦难。

在周代早期的文献中,很少提及宦官。尽管缺乏具体文字记录,但毋容置疑的是,宦官在当时像后世一样,负责为富裕和有权势的人守护女性生活的区域。宦官有时似乎享有相当大的权力,并受到统治者的青睐,正如后世一样,还常常带来灾难性后果。有人认为,宦官首次出现是在周代文献中,这说明这一职位在周代首次出现。但除了甲骨文外,我们没有周代之前的文献,而无论宦官是否存在,他们都没有理由出现在甲骨文中。因此,根据现有证据,我们无法确定宦官在中国最早出现于何时。

在下面的诗句中,一位妻子哀叹丈夫的宠爱被新欢夺走:

> 宴尔新婚,不我屑以。
> ……
> 不我能慉,反以我为雠。
> 既阻我德,贾用不售。
> ……
> 有洸有溃,既诒我肄。
> 不念昔者,伊余来塈。[10]

然而,如果妻子的家族有权有势,她也并非完全处于无助

---

10 《诗经·邶风·谷风》。

的境地。妻子理应受到尊重，如果丈夫没有做到这一点，她可以向自己的家族诉苦。公元前6世纪后期，晋国的大夫董叔娶了范氏家族的女子。在婚礼前，他的朋友叔向忠告他说，范氏家族非常富有，这场婚姻并不合适。董叔回答说，这正是他要结婚的原因，希望通过与这个富有的家族联姻以"系援"（get up in the world）。但是在结婚之后，董叔的妻子却告诉自己的兄弟，董叔对她不够尊重。作为回应，妻子的兄弟将董叔捆绑起来悬挂在庭院的一棵树上，供众人围观。恰巧叔向经过，吊在树上晃来荡去的新郎求他为自己求情，但他的朋友却反问道："求系，既系矣；求援，既援矣。欲而得之，又何请焉？"[11]

在婚姻由家族安排且各式各样的一夫多妻制颇为常见的时代，我们几乎不太指望在婚姻中发现太多浪漫的爱情。然而，仍有许多记载夫妻情感真挚的案例。"与子偕老"[12]是《诗经》里经常出自妻子口中的话。《诗经》里还有许多寡妇的悲叹，以及妻子不得不与丈夫分离的悲伤：

> 君子于役，不知其期，曷至哉？
> 鸡栖于埘，日之夕矣，羊牛下来。
> 君子于役，如之何勿思。
>
> 君子于役，不日不月，曷其有佸？
> 鸡栖于桀，日之夕矣，羊牛下括。
> 君子于役，苟无饥渴。[13]

---

11 见《国语·晋语九》。——译者注
12 见《诗经·邶风·击鼓》及《诗经·郑风·女曰鸡鸣》。——译者注
13 《诗经·王风·君子于役》。

如果有时婚前约会的机会受限，那么这似乎偶尔也会在婚后进行。正如《诗经》所记载的那样，当时的人们毫无疑问在婚前有相当多的求欢活动，但是我们无法确定年轻人在这方面的倾向是否在安排婚姻时得到了尊重。至于平民百姓，就像之前所说，我们知之甚少。大多数研究古代中国的作家认为，在春季的某些宗教仪式后，年轻的平民可以享有几乎无限的性自由。这种情况可能是真实的，但是在早期资料中几乎没有关于此事的证据。

很难确定《诗经》中究竟有多少内容涉及的是贵族，又有多少涉及的是平民，但其中许多情诗应该都来自上层阶级。如果女性一直都像在某些时候或某些地方那样与世隔绝，那么情爱之事将几乎不可能发生。但显然情况并非如此：

> 将仲子兮，无踰我墙，无折我树桑。
> 岂敢爱之？畏我诸兄。
> 仲可怀也；诸兄之言，亦可畏也。
>
> 将仲子兮，无踰我园，无折我树檀。
> 岂敢爱之？畏人之多言。
> 仲可怀也；人之多言，亦可畏也。[14]

有时女子会让情郎不必到她家求爱：

> 静女其姝，俟我于城隅。
> 爱而不见，搔首踟蹰。[15]

---

14 《诗经·郑风·将仲子》。
15 《诗经·邶风·静女》。

但有时恋爱也可以在无须秘密会面的情况下进行:

> 溱与洧,方涣涣兮。
> 士与女,方秉蕳兮。
> 女曰:"观乎?"士曰:"既且。
> 且往观乎。洧之外,洵吁且乐。"
> 维士与女,伊其相谑,赠之以勺药。[16]

据说上面的诗歌描述的是一个春季的节日,其中充斥着尽情的纵欲与放荡行为。这种情况可能是真实的;另一方面,这种解释可能来源于今天中国某些地区法律规定中的那种禁欲主义思想——根据这种思想,男性和女性哪怕在公共街道上一起行走也会被视为犯罪并受到法律惩罚。

在古代中国,的确存在着放纵、邪恶和引诱。有些豪侠吹嘘自己曾与多少地位崇高的女性有染,而有些女性则轮流成为许多男人的情妇,毁掉他们,有时还使他们统治的国家陷入混乱。当时存在的淫乱、乱伦和通奸行为足以满足最饥渴的灵魂。但同时也存在着许多轻松愉快的恋爱,这是年轻人本能的追求,不为邪恶或禁欲主义所束缚:

> 子惠思我,褰裳涉洧。
> 子不我思,岂无他士。
> 狂童之狂也且![17]

---

16 《诗经·郑风·溱洧》。
17 《诗经·郑风·褰裳》。

还有那些未婚女子眼看青春流逝的愈益急切之情:

> 摽有梅,其实七兮。
> 求我庶士,迨其吉兮!

> 摽有梅,其实三兮。
> 求我庶士,迨其今兮!

> 摽有梅,顷筐墍之。
> 求我庶士,迨其谓之![18]

也有不少超越了纯粹身体吸引的情感,以及建立在心灵和思想上的爱意:

> 窈窕淑女,君子好逑。
> ……
> 窈窕淑女,寤寐求之。
> 求之不得,寤寐思服。
> 悠哉悠哉,辗转反侧。[19]

另一个人则歌颂自己的新娘:

> 辰彼硕女,令德来教。
> 式燕且誉,好尔无射。
> 虽无旨酒,式饮庶几。

---

18 《诗经·召南·摽有梅》。
19 《诗经·周南·关雎》。

虽无嘉肴，式食庶几。
虽无德与女，式歌且舞。[20]

由于婚姻必须经过父母同意，故此年轻女子有时不可避免地会与未得到家中认可的追求者私奔。在下面的故事中，请注意提到的男女之间不同的道德标准：

氓之蚩蚩，抱布贸丝。
匪来贸丝，来即我谋。
送子涉淇，至于顿丘。
匪我愆期，子无良媒。
将子无怒，秋以为期。

乘彼垝垣，以望复关。
不见复关，泣涕涟涟。
既见复关，载笑载言。
尔卜尔筮，体无咎言。
以尔车来，以我贿迁。

桑之未落，其叶沃若。
于嗟鸠兮，无食桑葚。
于嗟女兮，无与士耽。
士之耽兮，犹可说也。
女之耽兮，不可说也。

---

20 《诗经·小雅·车舝》。

桑之落矣，其黄而陨。
自我徂尔，三岁食贫。
淇水汤汤，渐车帷裳。
女也不爽，士贰其行。
士也罔极，二三其德。

三岁为妇，靡室劳矣。
夙兴夜寐，靡有朝矣。
言既遂矣，至于暴矣。
兄弟不知，咥其笑矣。
静言思之，躬自悼矣。

及尔偕老，老使我怨。
淇则有岸，隰则有泮。
总角之宴，言笑晏晏。
信誓旦旦，不思其反。
反是不思，亦已焉哉。[21]

然而，人性是无法被满足的。另一位女子在诗中告诉我们，当一位"英俊的君子"恳求她打破常规与他私奔时，她抵制住了诱惑，并选择坚守自己的美德。在大家看来，她这样做应该会收获完美的幸福，但她最后却叹息道："悔予不送兮！"[22]

---

21 《诗经·卫风·氓》。
22 《诗经·郑风·丰》。

第二十二章

家庭制度

无论是在古代还是现代,传统的中国家庭都与我们所熟知的家庭概念非常不同。我们通常认为一个家庭由一个男人、一个女人以及他们未婚的子女组成,而中国家庭则包括好几代人;他们住在一起,生活在最年长一代人的权威之下,并且在某种程度上共同持有物品和财产。我们并没有关于公元前600年之前家庭构成的确切数据,但当时的情况似乎基本上就是这样。

父亲的权威几乎是绝对的。他就是家中的君主。周襄王曾在作出一个决定时称:"夫君臣无狱……君臣皆狱,父子将狱,是无上下也。"[1] 这一规则的执行则更为直接,父亲的命令就是最终命令。直到中华民国建立伊始,父亲仍握有决定子女生死的权力(但也受到一定限制)。《左传》中的一个事件似乎表明,父亲必须得到君主的允许才能处死儿子,但在那件事中,儿子是国家官员,故此情况可能会有所不同。通常情况下,长子是父亲的继承人,但如果父亲愿意,他也可以选择把长子晾在一边;如果他

---

[1] 见《国语·周语中》。——译者注

认为某名庶子更有能力，或者如果这个男孩的母亲足够受宠并争求，那么他甚至可以任命这名庶子作为继承人。妾室们会不断地钩心斗角以达成此目标，因为这将使她们获得尊荣与权威。

母亲的权威仅次于父亲。如果自己的丈夫已故，那么家中最年长一代的寡妇便拥有几乎至高无上的支配权。在中国，地位崇高的老妇人的权威难以被定义。有人说，在中国，对一块土地所有权的最有力的主张来自占据那片土地拒绝离开的老妇人。其他任何人的财产都可以被剥夺，但寡妇在现实生活中的无助，加之对老年的尊敬，再加之中国社会中堪称无所不能的舆论压力，三者结合起来使得剥夺她的财产变得几乎不太可能。这样的老妇人能够随心所欲地做任何事情。

鲁国一位名叫文伯的高官宴请同僚，席间上了一道鳖肉，但是这只鳖小了些。这种小气激怒了最重要的客人；这位上宾看了一眼鳖肉后说："将使鳖长而后食之！"说完便起身离开。文伯的母亲听说这件事后也很气愤。她把自己的儿子赶出了家门，并让他在外面待了五天，直到鲁夫人（Duchess of Lu）为他求情才让他回家。[2]

然而，虽然拥有专制式的权威，父母也并非总是严苛行事。《诗经》有云：

> 父兮生我，母兮鞠我。
> 拊我畜我，长我育我。
> 顾我复我，出入腹我。

---

[2] 见《国语·鲁语下》。最后一句宋庠本作"五日，鲁大夫辞而复之"，顾氏言"鲁夫人"是据明道本，后者涉上文而误。——译者注

> 欲报之德，昊天罔极。[3]

许多事例都说明子女们也并不只是出于强制才顺从父母。晋献公娶了一名被俘的外族女子骊姬做自己的正室，尽管有关此事的占卜结果并不吉利。当生下一个儿子后，骊姬便开始密谋让儿子取代合法的继承人成为晋国的嗣君。公元前656年，骊姬趁着献公外出，设计让太子为他已故的母亲祭祀，之后太子按照习俗将祭祀用的酒肉送到宫殿里献给献公。然而骊姬在酒肉里下了毒，等献公回来后，她便把这些东西给了他。献公以酒祭地，结果倒出的酒在地上如坟般突起。这令他产生了怀疑，于是把肉喂给了狗和仆人，结果两者都死了。于是骊姬宣称这是太子企图谋杀他。太子得到警示后逃到了另一座城市。有人建议他将整件事情全盘告知他的父亲，相信他的父亲一定会辨别真相，但太子却回答说："君非姬氏，居不安，食不饱。我辞，姬必有罪。君老矣，吾又不乐。"于是，太子自缢而死。[4] 我们多次发现儿子宁愿赴死也不愿违抗父母或让他们不快。当然，更常见的情况是，他们会逃往其他国家寻求庇护，尤其是那些卷入权谋的贵族子弟——无论他们无辜与否，还是别有所图。

在中国，百善孝为先。对于每个个人而言，孝道既是社会责任，也是政治责任和宗教责任，因为家庭是社会的基本单位，而孝道则是家庭的根基。父亲是所有政治权威的原型，不顺从父亲将威胁到国家的基础。孩子与父母和祖父母间的关系就像长辈与已故祖先的关系一样，他所提供的服务与支持就像长辈向死者提供的祭拜

---

[3] 《诗经·小雅·蓼莪》。
[4] 《左传·僖公四年》。

与祭品。"孝"字最初的含义有可能就是"祭祀",因此主要代表着对先灵的服从和奉献。正如我们将看到的,古代中国对生者和死者之间的区分并不明确,所以对两者的责任很容易融合到一起。中国今天还流传着一句谚语:"在家敬父母,强胜远烧香。"

孝顺及忤逆的行为涉及的不仅仅是个人及其家庭。它是一种甚至在君王身上也被尊崇的美德,正如下面的诗句所示:

> 媚兹一人,应侯顺德。
> 永言孝思,昭哉嗣服。[5]

不孝之行普遍会遭到公众舆论的谴责,甚至可能受到法律的惩罚。自周朝初年以来的国家文件都非常强调年轻一代对父母和长辈的责任,其中有一份文件甚至说道:

> 王曰:"封,元恶大憝,矧惟不孝不友。子弗祗服厥父事,大伤厥考心;于父不能字厥子,乃疾厥子。于弟弗念天显,乃弗克恭厥兄;兄亦……大不友于弟……乃其速由。文王作罚,刑兹无赦。"[6]

值得注意的是,这里所规定的责任是相互的;年幼者必须爱戴和尊敬自己的长辈,但长辈也必须值得受到这样的尊重。

家族自然是一个人忠诚度最高的地方。对自己亲属不忠的人不仅会失去他们的帮助,而且还会在其他所有人眼中失去信任,

---

[5] 《诗经·大雅·下武》。
[6] 《尚书·康诰》。

305　因为他连自己的家人都不能相处。这样的人也无法信任其他人，因为毕竟别人是其他家族的成员，其忠诚首先归属于自己的家族。

> 凡今之人，莫如兄弟。
> ……
> 兄弟阋于墙，外御其务。
> ……
> 妻子好合，如鼓瑟琴。
> 兄弟既翕，和乐且湛。[7]

我们发现有些兄弟之间的忠诚甚至到了不惜以死相随的地步。但在这里就像在其他地方一样，我们所面对的都是人类，血缘关系的事实并不总是能阻止那些图谋获取权力的人。尤其是在各国统治者之间，血浓于水的情况似乎颇为罕见。

家族忠诚的最高表现形式便是血亲复仇。如果一个人的父亲或哥哥被人杀害，或在他人命令下被杀害，那么他就相应地有责任去索取对方的性命——如果可能的话就索取凶手的性命，要不然就去索取所能找到的凶手的任何近亲的性命。这样的人被称为雠；在这种情况下，正如《国语》中所说："见雠弗杀，非人也。"[8] 作为一种责任，复仇甚至得到了道德家和哲学家的支持。

在所有制度中，中国古代的传统保留至今最多的很可能当属家庭制度。即便血亲复仇的传统及对其的容忍也并未完全泯灭。以下是路透社刊登在《北平时事日报》(*Peiping Chronicle*)上的

7　《诗经·小雅·常棣》。
8　语出《国语·楚语下》。——译者注

第二十二章　家庭制度

一篇报道：

> 1933年3月14日，南京——今天，政府正式发布命令，特赦在济南火车站月台上杀害前山东督办张宗昌的男子郑继成。
> 命令称，考虑到郑继成的谋杀行为是为了替他的叔叔和父亲报仇，他应当被免除所判处的七年监禁刑罚。

无论这件事背后是否像有些人所说的那样尚有更多不为人知的东西，倘使血亲复仇的观念在公众心中早已泯灭，这样的声明就不会发布出来。

如果一个人的父亲被统治者杀害了，那么他应该首先忠于国家还是家族呢？这是一个被不断讨论的问题，但人们始终没有得出最后的答案。公元前6世纪，当吴国军队入侵楚国时，楚国君主不得不逃往由他的一名封臣所统治的城市。恰好君主的父亲曾因觊觎财产而处死了封臣的父亲。封臣的弟弟希望杀死君主以报父仇，但年长的哥哥却犹豫不决。他说："夫自敌以下则有雠……若皆雠君，则何上下之有乎？……不可。"但他的弟弟却回答说："吾思父，不能顾矣！"于是为了保护君主，哥哥帮助君主跑到了另一座城市。当入侵结束，一切恢复正常时，君主奖励了两兄弟，人们对此惊讶不已。有人进言君主，认为他应该奖励哥哥而处死弟弟，但他却回答说："或礼于君，或礼于父，均之，不亦可乎？"[9]

这种骑士精神固然值得赞赏，但其中也有相当多不切实际之处。倘使这种行为被广泛效仿，那么权威必然会瓦解。然而我们可以非常确定现实情况并非如此。即使名门望族的成员犯下了罪

9　见《国语·楚语下》。——译者注

行，寻仇的习俗也使得毫无后顾之忧地惩罚他们变得非常困难。最终不可避免的结果是：当这类人被杀害时，通常他们的整个家族也会被一起消灭。这种做法冷酷无情，但人们别无选择。留下幸存者就像种下许多颗龙牙（sowing so many dragon's teeth）：[10] 他们迟早会成为复仇者。这样的现实对于强大家族的成员们来说非常危险，他们可能会因为与自己毫不相关或毫不知情的事而随时被消灭。但从政府的角度来看，它也产生了积极的影响，迫使每个想保住性命的人在非常明确的意义上成为自己兄弟的监护人，并设法确保家族里的任何成员都不惹麻烦。如果一个人无法做到这些，那么他还有另一种选择，尽管我只知道一起这样的例子，其发生的时间也晚于我们所讨论的时期。公元前5世纪，晋国的一名大臣，智氏家族的家主，选择了一个儿子作为继承人，但另一位家族成员智果并不赞成。智果警告他，如果让这个儿子继承家主之位，那么整个家族都将蒙受灾难，但他的抗议被无视了。于是，智果找到了太史，并将自己的姓氏从智改为辅。几年后，智氏家族如他所预见的那样被诛灭，只有辅果因为他的先见之明而幸免于难。[11]

人们偶尔也会抗议将刑罚加诸罪犯亲属。但要理解这种情况，我们必须认识到，每个家族在某种程度上都是一个独立的国家，而更大层面上的国家君主也把这些家族当成一个个小国家来对待。

---

10 西方习语，意为挑起纷争，埋下祸根。——译者注
11 《国语·晋语九》："智宣子将以瑶为后，智果曰：'不如宵也。'宣子曰：'宵也佷。'对曰：'宵之佷在面，瑶之佷在心。心佷败国，面佷不害。瑶之贤于人者五，其不逮者一也。美鬓长大则贤，射御足力则贤，伎艺毕给则贤，巧文辩惠则贤，强毅果敢则贤。如是而甚不仁。以其五贤陵人，而以不仁行之，其谁能待之？若果立瑶也，智宗必灭。'弗听。智果别族于太史为辅氏。及智氏之亡也，唯辅果在。"——译者注

家族内的个人应当受到家主的控制，如果他们没有受到控制，那么这就是整个家族的过错，就像如果一个国家的境内发生叛乱，那么这就是该国的过错一样。贵族家庭都有自己的侍从，而在某处曾声明过这样一条原则：如果这些侍从侍奉同一家族达到了三代，那么哪怕与国君作对，他们也有责任支持这个家族。据说，在公元前6世纪，晋国的一名大臣家中的财富相当于国库的一半，并且养护着一支侍从军队，其规模也相当于国家军队的一半。[12]

战争中，每个氏族都作为一个单位一起战斗。某些职位是由特定家族世袭的，几代都由此家族的成员担任。个体在家族中得以融合——如果不是被淹没的话。人们代表家族展现出最真挚的爱国主义。为了封建国家甚至整个中国而自我牺牲并不罕见，但为了家庭或氏族而迸发出的伟大英雄主义每天都有发生。为了维护家族而献出生命被视为好的命数。当然，其中也有自私的成分，因为人在这个世界上的生命无论如何都是短暂的，而死亡却是漫长的。如果一个人死后绝嗣，那么他将无法歆享祭祀。

亚里士多德将国家定义为"家族和村庄的联盟"而非个体的联盟，这与中国的情况非常吻合。理论上，就像每个家族都有侍从一样，低级的贵族家族也是其君主家族的忠实侍从，而各个国家的统治者则是周王家族的依附。但实际上情况并没有这么简单。家族忠诚通过情感纽带和祖先崇拜的制度得以加强，因此它经常与对国家的忠诚相竞争。于是无数问题相应产生。统治者应当把他所能赐予的最好职位给到他的亲属；如果他没有特别关照自己的亲属，那么这将给他的臣民树立一个坏"榜样"，从而可能导致混乱。但这是否意味着他必须任用无能的亲属从而危及国

---

[12]《国语·晋语八》："夫郤昭子，其富半公室，其家半三军。"——译者注

家，并拒绝起用其他可能有才干的人？当国家的军事征召与照顾父母发生冲突时，一个人应当采取什么态度？如果一个人的亲属反抗了建制权威，那这个人应不应该帮助他们？对于这些问题的选择有时倾向于此，有时又倾向于彼。

孔子是国家权威的坚定拥护者之一，然而："叶公语孔子曰：'吾党有直躬者，其父攘羊，而子证之。'孔子曰：'吾党之直者异于是：父为子隐，子为父隐。直在其中矣。'"[13] 这个问题当然存在于所有时代的所有国家之中。但它在中国尤为重要，因为在中国能被视为一个人亲属的人数比其他大多数地方都要多得多。

在所有这一切中，留给个体本身的空间相当有限。我们能观察到中国人的社群性（gregariousness）：他们似乎喜欢生活在大家族群体中，并且拥有一种西方同阶层的人所未有的对集体的归属感。这让我们有时不禁好奇，他们是否从未有过对于完全独处、摆脱其他人——尤其是亲属——的渴望：这种渴望是我们其他人偶尔会产生的。此处，《诗经》再次给出了答案。

> 隰有苌楚，猗傩其枝。
> 夭之沃沃，乐子之无知。
>
> 隰有苌楚，猗傩其华。
> 夭之沃沃，乐子之无家。
>
> 隰有苌楚，猗傩其实。
> 夭之沃沃，乐子之无室。[14]

---

13 《论语·子路》。
14 《诗经·桧风·隰有苌楚》。

第二十三章

生 计

在周代早期的中国，土地是主要的财富形式，也几乎是除了通过个人努力所得产出外唯一的收入来源。不拥有土地就变得富有据说是不可能的。

理论上，所有土地都属于周王。周王会将土地分封给诸侯作为效忠的回报，而诸侯会再将土地分给更小的封臣，后者又可能会进一步分配土地。周王有权从任何诸侯手中夺回土地，并将其赐予他人——从青铜器铭文和传世文献中我们可以看到，周王在周朝早年实力强大时有时会这样做。但就像在中世纪欧洲一样，强大的封臣很快就不再把自己对土地的所有权视为临时的。起初，当一名贵族去世时，周王需要任命这名贵族的继承人继承其封地，并将其财产交给继承人，但这很快就退化成为一种纯粹的形式——前提是这种形式还在维持。现实中，封臣们认为自己的领地是通过继承权获得的，倘若要取代他们，就必须通过战争。随着较小的封臣力量增长，并开始拥有私人军队，类似的情况在各个层次均开始出现，故此如果土地易主，这种情况通常要么是售出或交换的结果，要么就是伴随着暴力而发生。

上级通常会期待，每个从他那里获得土地作为封地的人都将从土地中获得的一部分收入作为贡品缴纳给自己。在整个阶层底部是一类作为某种士绅型农民（gentleman farmer）直接监督农业工作的贵族。这种监督会委任给贵族家中仆人的头目，而实际的农田劳动则由农民、农奴或奴隶完成。

我们没有来自这一时期的关于个人土地平均持有面积、每英亩产量等方面的统计数据，却有对大多数人来说更加有趣的东西——《诗经》中保留的有关那个时代农业生活的生动画面。

> 载芟载柞，其耕泽泽。
> 千耦其耘，徂隰徂畛。
> 侯主侯伯，侯亚侯旅，侯彊侯以。
> 有嗿其馌，思媚其妇，有依其士。
> 有略其耜，俶载南亩。
> 播厥百谷，实函斯活。
> 驿驿其达，有厌其杰。
> 厌厌其苗，绵绵其麃。
> 载获济济，有实其积，万亿及秭。
> 为酒为醴，烝畀祖妣，以洽百礼。
> 有飶其香，邦家之光。
> 有椒其馨，胡考之宁。
> 匪且有且，匪今斯今，振古如兹。[1]

《诗经》中包含好几首这类诗歌，其中一些诗歌重章叠句。这些

---

1 《诗经·周颂·载芟》。

重复的诗句可能引自农民在田间为缓解耕作辛劳而唱的带有节奏感的歌曲。

在这些诗歌以及其他文学作品中，很少提及用于祭祀之外的家畜。当时的人们有牛、羊、猪和狗，这些动物都会偶尔被当作食物，但没有迹象显示它们曾被大量饲养。我们有确凿的证据表明，这些动物至少在国家的部分地区被圈养，但它们不能在乡间成群地自由活动。[2] 狩猎是贵族的主要娱乐活动之一，但似乎并不是获取食物的主要手段。在一处文献里，"食肉"（flesh-eaters）一词被用来指代"高官"（high officials）；[3] 与其他线索一样，这表明当时是以农业为主的时期，肉类在食物中的占比较低。

我们不必从字面上理解上文引用的诗句中所提到的"千耦其耘"（'thousands of pairs' of field labourers），但农耕活动的规模之大可见一斑。有很多处都提及了指导劳工活动的监工。至于是否存在小农户自主经营、自由耕种，只上交部分收成给地主的情况，目前还无法确定。虽然有一些地方提到了"私田"（private fields），[4] 但这个词具体代表什么尚不清楚。

有关中国古代的著作普遍强调了孟子所提到的一种耕田制度。根据此制度，领地会被划分为九个大小相等、呈棋盘状分布的方形地块。外围的八块地由各个家庭耕种以维持生计，而正中央的地块则由这八个家庭合作耕种，其收成归拥有所有土地的贵族所有。但这可能只是孟子自己心中的一种理想方案，从未付诸实践。无论如何，从青铜器铭文和传世文献来看，这种制度在早期很少

---

2 《尚书·费誓》："今惟淫舍牿牛马，杜乃擭，敜乃穽，无敢伤牿。"
3 《左传·昭公四年》："食肉之禄，冰皆与焉。"
4 如《诗经·小雅·大田》"雨我公田，遂及我私"，以及《诗经·周颂·噫嘻》"骏发尔私，终三十里"等。——译者注

甚至几乎没有实行过,我们没有切实的证据能够证明它的存在。[5]

我们发现,基于实际来源于这一时期的书籍和铭文,试图形成关于农耕活动背后财务安排的有序图景几乎是不可能的。有些时候,地主似乎将全部收成收为己有,只给予劳工勉强维持生计的份额。另一些时候,地主似乎只会拿走部分庄稼,但有时拿走的份额可能较大,有时又可能较小。必须记住的是,由于缺乏明确规定,土地的主人可以随心所欲地行事。通常的做法可能会受到不同地区不同风俗习惯的影响,并且始终会因掌权者的性格而有所不同。一些地主会尽可能地获取一切,将他们的下属压榨到绝望、逃亡乃至反抗的境地。另一些地主则会出于人道主义动机和明智的自私因素,以求将自身地位的安稳牢固建立在臣民富裕和满足的基础之上。我们发现统治者会通过减轻或免除税收来寻求民众的支持,尤其是在战事将近而人民的忠诚变得尤为重要时。但即使是规范的轻税制度也无法保证人民免受这类压迫,因为就像中世纪欧洲一样,民众可能在几乎或根本没有补偿的情况下随时被迫修筑城墙,修建道路和宫殿,并参加军事行动。

有一件事我们可以确定:在这种经济体中,君主并非作为一名仁爱的专制者拥有一切,并为每个臣民的幸福和生计负责。诚然,在饥荒和灾害时期会有政府的救济措施,但个人仍有可能陷

---

[5] 有关孟子对井田制的论述,详见《孟子·滕文公章句上》:"使毕战问井地。孟子曰:'子之君将行仁政,选择而使子,子必勉之!夫仁政,必自经界始。经界不正,井地不钧,谷禄不平,是故暴君污吏必慢其经界。经界既正,分田制禄可坐而定也。夫滕壤地褊小,将为君子焉,将为野人焉。无君子莫治野人,无野人莫养君子。请野九一而助,国中什一使自赋。卿以下必有圭田,圭田五十亩。余夫二十五亩。死徙无出乡,乡田同井,出入相友,守望相助,疾病相扶持,则百姓亲睦。方里而井,井九百亩,其中为公田。八家皆私百亩,同养公田。公事毕,然后敢治私事,所以别野人也。此其大略也。若夫润泽之,则在君与子矣。'"——译者注

入赤贫,甚至饿死。《诗经》也为我们描绘了这一幕:

> 民今之无禄,天夭是椓。
> 哿矣富人,哀此惸独![6]

显然,即使在好年景里,贫困也是存在的:

> 彼有不获稚,此有不敛穧。
> 彼有遗秉,此有滞穗,伊寡妇之利。[7]

但是那些贫困的人也并非总是忍气吞声:

> 不稼不穑,胡取禾三百廛兮。
> 不狩不猎,胡瞻尔庭有县貆兮。
> 彼君子兮,不素餐兮![8]

大体上,人们被分为耕种土地的人和统治他们的人——政治、社会和经济结构在这一事实中形成紧密的相互关联。文学和学术(scholarship)在我们所讨论的时期也尚未脱离这一体系。书籍的创作几乎完全是官员们的工作。在政治等级中占有一席之地的教师与学者依附于贵族而存在,大部分承担宗教职能的人亦然。生活于公元前6世纪后半叶的孔子被认为是第一位私人教师,他聚集自己阶层的弟子,而不是以官员的身份教学。但也有

---

6 《诗经·小雅·正月》。
7 《诗经·小雅·大田》。
8 《诗经·魏风·伐檀》。

两个群体——商人和工匠——不属于这一体系。

对于早期工匠的地位，我们了解甚少。显然，制造武器、用具、战车和精美服装等贵族阶层使用的物品需要用到相当数量的工匠。他们居住在城市里，邻近自己所为之工作的贵族。我们无法确定他们获取报酬的方式，但至少在某些情况下，他们并不拥有土地，而是直接凭借劳动获取报酬。工匠们的报酬是根据所制造的物品价值决定，还是说他们接受固定的收入而报之以完成所需的一切工作，这一点尚不清楚；后一种模式似乎可能性更大。他们的生活水平肯定比农民要好得多。《仪礼》中一篇的末章提到，当来自他国的外交使团来访时，客人中最低级别的官员会被安排在工匠和商人家中居住；[9] 因此，这两个阶层的居住水平肯定远高于农民。

还有一些人，我们既不能将他们归为政府官员，也不能将他们看作普通意义上的工匠。医生就是这样一类群体。显然当时医生为数众多，也不乏医学理论。许多宗教和形而上思想的杂糅将这些理论复杂化，但当时人们已认识到食物和死水（stagnant water）是疾病乃至流行病的来源。药物也有使用，但早在周初，人们就开始对内服药持怀疑态度。《易经》中提到了一个疾病案例，但却预测病人会康复——前提是不使用药物！[10]

另一个脱离常规谋生方式的群体是强盗。当然，这里并不是指强盗大亨（robber barons）：[11] 无论在哪儿，这类人在社会地位

---

9 《仪礼·聘礼》："卿馆于大夫，大夫馆于士，士馆于工商。"
10 《易经·无妄》："无妄之疾，勿药有喜。"
11 也称强盗男爵、强盗资本家，原本是19世纪下半叶对一些有钱有势的美国商人的蔑称，到了19世纪末期，也指那些被认为以剥削手段来积累财富的商人。——译者注

第二十三章　生　计

上都占据着受人尊敬的位置。不过在为重要人物到访做准备时，曾提到过一条常规措施，即主管司法的官员要对已知的罪犯进行特别监视。

商人也不受常规体制约束。他们在进行贸易时几乎没有太多限制，只需支付税款和关税。有一种理论认为许多商朝贵族在周人的征服中失去了土地，从而开始从事贸易，其根据在于商朝名字中的"商"字也具有"商人"（merchant）的含义。很难说真相到底是什么。然而我们确实知道，从周代初期开始跨越相当距离的贸易就已存在。

商人有时会变得非常富有，但在我们所讨论的这个时期，他们不被允许拥有头衔。后来，政府因需要资金，突发奇想出售官爵——从那以后，这种手段在中国广为应用，就像在其他地方一样。

商人运输的商品主要是奢侈品，比如衣物和食物，这些东西并不是随处都能轻易获取的。盐、鱼（毫无疑问经过风干）、毛皮、各种类型的布料和丝绸都在贸易品之列。每个封建国家都会在边境收取关税，但齐国取消了这些费用以刺激贸易——彼时，其国君是中国实际意义上的统治者。

青铜器铭文和书籍都显示当时有许多道路存在。这些道路被维护得很好，有时还种有树木。政府为旅行者——至少是为那些出公差的人——提供休息站和客栈。这些道路由途经的封建国家守卫，所以当周王的权力下降时，即使他本人的信使也必须征得许可才能通行。从中国的一端到另一端，商人无处不在，甚至会冒险进入野蛮部落进行贸易；他们拥有无与伦比的机会搜集信息，而且不止一次被他们所在的国家用作间谍。

在周代早期，交换媒介的问题并没有得到完全的解决，尽管

309

当时人们已就此采取了一些步骤。许多贸易是通过物物交换的方式进行的。对于商人来说，这并不是一个太差的制度。他们会将自己所在地区的特产商品装车，然后前往其他地方进行交易，再带着外地的货品回家。后来的文献告诉我们，贡品主要是谷物、丝绸、漆和兽牙等商品，种类具体取决于上贡地区的特产。

贝壳在周代早期被广泛用作礼物，显然也被用作货币。许多青铜器铭文记载了针对东部和东南部蛮夷所进行的多次征伐，[12] 这些蛮族的主要罪行似乎是有贝壳却不愿白白献给中国人。当这些掠夺者获得胜利时，他们会满载着战利品归来。之后贝壳的使用逐渐减少，可能是因为过度供应导致了价值下跌。此外，它们也不具备像金属那样的内在价值。

对金属——特别是铜——的需求一直存在，因为制造武器、祭祀器皿和其他青铜制品都需要用到。由于具有很高的价值、相对容易携带且几乎不会损坏，金属不可避免地会被用作交换媒介。周朝开国之初的青铜器铭文中提到过金属——几乎肯定是铜——被当成礼物，有时用单位"锊"或"锾"来衡量。这个单位的字面意义是一"环"（double handful），[13] 显然是一个重量单位。后来的资料告诉我们，它等于六两（目前中国的一两约等于我们的1.33盎司左右）。这种重量单位又被用作货币单位，尽管没有证据表明那个时期的人们曾像之后那样铸造过此重量的硬币甚至金锭作为货币使用。青铜器铭文中提到过从五锊到三百锊不

12　见前文第十六章注15。——译者注
13　《说文》："锾，锊也。"有时又通"环"字，如《汉书·五行志》："木门仓琅根，谓宫门铜锾，言将尊贵也。"故此处顾氏称，一锊/锾字面意义上为（两只手，double handful）一"环"。——译者注

等的赠礼和交易,[14] 但难以估算其作为货币的价值。税收和刑事罚款有时会用金属支付。《尚书》中的一篇给出了一份详细的罚款表,最高可达一千锾,但这篇文本不应被认真对待;显然它的成书时间远晚于所认为的日期,很可能完全是伪造的。[15]

人们通常认为货币于公元前5世纪后期开始在中国流通。然而,《国语》中的一段文字不仅称公元前524年就有钱币铸造出来,而且明确暗示钱币在当时已非常普遍,在那个时期就早已广为人知。但这段文字的真实性颇具争议。[16]

---

14 具体可见禽簋、师旂鼎、曶鼎、乃子克鼎、庚姬卣等器。——译者注
15 见《尚书·吕刑》:"五刑之疑有赦,五罚之疑有赦,其审克之。简孚有众,惟貌有稽。无简不听,具严天威。墨辟疑赦,其罚百锾,阅实其罪。劓辟疑赦,其罪惟倍,阅实其罪。剕辟疑赦,其罚倍差,阅实其罪。宫辟疑赦,其罚六百锾,阅实其罪。大辟疑赦,其罚千锾,阅实其罪。墨罚之属千,劓罚之属千,剕罚之属五百,宫罚之属三百,大辟之罚其属二百;五刑之属三千。"。——译者注
16 见《国语·周语下》"单穆公谏周景王勿铸大钱"之段落。——译者注

第二十四章

娱　乐

虽然对于这一早期阶段普通民众的生活了解甚少,但我们已掌握的信息足以确定当时的生活尽管充满辛劳,却并非毫无幸福可言。稍晚时期的记载告诉了我们许多主要是宗教性的节日,它们的起源想必非常古老。

《诗经》中的一些篇章向我们描述了庆祝丰收的节日:

> 朋酒斯飨,曰杀羔羊。
> 跻彼公堂,称彼兕觥,万寿无疆。[1]

显然当时还有许多自发性的欢庆活动:

> 东门之枌,宛丘之栩。
> 子仲之子,婆娑其下。
>
> 榖旦于差,南方之原。

---

[1] 《诗经·豳风·七月》。

第二十四章 娱　乐

不绩其麻，市也婆娑。

縠旦于逝，越以鬷迈。
视尔如荍，贻我握椒。[2]

　　中国历史上的这个时期与欧洲的封建时代最具比较性，但后者的出现要晚大约1500多年。如果要比较这两个时期贵族的生活，那么在我看来，中国人的生活无疑是两者中更有趣的。在欧洲贵族的主要娱乐活动中，其中一项包括"站在窗前看雪花飘落"的乐趣；很难想象中国人会花费大量时间在这种消遣上，尽管这种消遣想必也很迷人。一方面，中国贵族的受教育程度要比他们欧洲的同行更高。此外，上层阶级成员所应当熟知的诗歌表现出了对花、风景和自然的热爱与欣赏，这类情感在欧洲人身上似乎并未达到同等程度。

　　与中世纪贵族相比，中国人的宗教信仰毫无疑问给他们增添了更多生活乐趣。欧洲贵族的虔诚常常受到严重质疑，而无论人们如何看待古代中国人的宗教实践，他们进行宗教实践的态度却往往是诚恳勤勉的。中世纪欧洲的宗教仪式在很大程度上由专门的一类人来负责，而中国贵族则需要亲自主持并参与频繁且丰富多彩的仪式。这些仪式构成了他们家庭生活的一部分。

　　古代中国的房屋明显与现在的房屋很相似。从抵御围攻的角度来看，它们肯定不如中世纪的城堡，但从生活角度来看，与那些仅带细长狭窄窗户的阴暗石质建筑相比，它们无疑是宜居的天堂。而那些足够富裕的贵族们则喜欢建造亭台楼阁和游乐园地，

320

2　《诗经·陈风·东门之枌》。

以使其周围的环境更加令人神往。

中世纪贵族有他们的小丑和吟游诗人。中国的领主也有自己的滑稽角色和舞者——后者的职能似乎部分是宗教性的，部分是戏剧性的。以下的诗歌便创自这样一位舞者：

> 简兮简兮，方将万舞。
> 日之方中，在前上处。
>
> 硕人俣俣，公庭万舞。
> 有力如虎，执辔如组。
>
> 左手执籥，右手秉翟。
> 赫如渥赭，公言锡爵。[3]

狩猎和战争是中国和中世纪贵族都沉迷的两项活动。我们已在前文讨论过周朝时期的狩猎方式，以及它被当成训练军队的手段这一事实。由于战争是贵族的主要职责，故此他们自然会沉迷于能使自己保持战斗状态的游戏和比赛。在欧洲，锦标赛相当于狩猎，骑士们两两配对，拿着他们主要的武器相互比拼。在中国，主要的武器是弓，因此射箭比赛对于中国贵族来说是一项重要的仪式。当时有专门的学校训练年轻贵族射箭；一篇青铜器铭文告诉我们，周王曾任命一个人担任这种学校的校长，时间可能是在公元前9世纪。[4] 周王本人有时会对拥有出色射艺的人授予奖励。然而，尽管射箭在当时是一项极为严肃的技能，但它同时也

---

[3] 《诗经·邶风·简兮》。
[4] 详见现藏于纽约大都会艺术博物馆的静簋。——译者注

是一项为了娱乐而举行的运动。周王经常亲自参与射箭比赛。一篇可能来自公元前9世纪的青铜器铭文告诉我们,有一次周王从南方的军事远征归来,途中在他手下一名贵族的府上停留。这位臣子急于招待周王,便为他举办了一场盛宴。之后,周王和这名属臣比赛射箭,然后又饮了一轮酒。周王对臣下提供的娱乐非常满意,于是赠送给这名属臣许多礼物,其中包括四匹马。[5] 除了这种即兴的比赛外,还有各类官方的射箭比赛,参与的人地位官职各不相同。《仪礼》便非常详细地描述了其中一些比赛应举行的仪式。我们无法确定这些正式比赛以及精心设计的固定仪式究竟是何时开始存在的。它们通常在上面提到的射箭学校中举行。

当时的人们使用一种尤为令人愉悦的方法进行计分。竞争的元素为参赛者注入了动力和热情,同时任何人都不会因失败而受到羞辱。射手们分成两两一对,每对同时射击,一个射左边的靶,一个射右边的靶。每一发射击的分数都不计入个人得分,而是计入左边或右边的总分。因此,参赛者们各自为战,不必单独承担失败的责任。我们不由得容易将此视为一个如今中国人具备的非常显著特征的早期例证,这一特征便是极度厌恶对任何个体进行公开羞辱——通常被称为要留"面子",无论是为他人还是为自己。比赛过程会尤其注重维护可能参与比赛的统治阶级贵族的声望。司射会站在贵族的身后,在他射击之前矫正他的准星,而一些对其他人来说会算作未命中的射击,对他来说却会算作命中。在确定了分数后,失败的一方会支付罚款,输掉比赛一方的每个人会轮流上前,喝掉一杯酒。比赛之前或/和之后会举行带有奏乐与畅饮的宴会。《诗经》向我们生动描述了一幅这类场合的画面:

---

5 详见鄂侯驭方鼎。——译者注

>宾之初筵，左右秩秩。
>笾豆有楚，肴核维旅。
>酒既和旨，饮酒孔偕。
>钟鼓既设，举酬逸逸。
>大侯既抗，弓矢斯张。
>射夫既同，献尔发功。
>发彼有的，以祈尔爵。[6]

饮食一直以来都是人类的主要乐趣之一，将来也毫无疑问会是如此。古代中国人没有忽视这个领域，许多青铜器铭文、《诗经》、《仪礼》和其他资料都予以确证。不仅是射箭比赛，祭祀和其他仪式也经常以宴会结束。《仪礼》描述了一种每三年举办一次的酒宴，由一个地区的首席官员为该地区所有重要人物举办。[7] 许多官方场合也会举行其他各类宴会，有些由下级为统治者和贵族举办，有些则作为一种特殊荣誉，由上级为地位较低的人举办。今天那些抱怨要参加太多晚宴的外交官们如果生在古代中国，估计也不会感到任何受益，因为就像今天一样，宴会在当时也是外交的主要手段之一。

无论是外交还是其他性质，这些酒宴都需要遵循非常严格的仪式。每位宾客的座位都由其地位而定，除此之外还有一系列繁复的仪式，涉及许多需要完成的祭祀、拜会和谦让动作。仪式进行过程中伴有音乐，演奏的乐曲也有规定。我们不禁开始好奇，在这样的流程中是否真的会有愉悦感。但到了最后："乃羞。

---

[6] 《诗经·小雅·宾之初筵》。
[7] 《仪礼·乡饮酒礼》。

第二十四章 娱 乐

图版 14
可能属于商代的青铜战车配件

请注意中心轮毂的间隙。
在堪萨斯城柔克义纳尔逊艺术博物馆的慷慨应允下复印。

无算爵。无算乐。"[8]

当时的人们在进餐时并不坐在椅子上,而是坐在席垫上,使用低矮的凳子作为扶手。和现代日本人一样,他们在席垫上用餐并不穿鞋。在我看来,筷子的发明稍晚于我们所讨论的时期。有一个关于商朝最后一位统治者使用象牙筷子的故事,但这似乎纯粹是传说。[9] 据我所知,这个时期从未出土过筷子,而我们还知道当时的肉类有时会大块大块地上桌,根本无法使用筷子这样的工具夹着吃。当时人似乎是通过勺子、刀具和手来用餐的——这些工具直到近期仍足以满足我们自己祖先的需求。

在阅读有关他们宴会的描述时,一个令读者印象深刻的事实是他们会进行大量的清洗。在准备一顿饭时,其中一项必备的物品就是一个装有清水以供清洗的罐子——这些水会根据需要舀到盆中——以及一个用来装用过的水的容器。宾客会在用餐前遵循一些仪式洗净双手。用餐期间,当饮酒完后,人们会清洗杯子——哪怕并非每次饮完都清洗,也基本差不多。洗杯子的人在清洗杯子前会先洗净双手——作为宴会的参与者,他们洗杯子对下一位饮酒者而言是一种荣誉。这种清洁不仅是仪式性的。《仪礼》中一篇的末章规定,在招待外国外交官和他们的随行人员时,应当每三天提供一次一般性的洗浴,每五天提供一次全套的沐浴。[10]

然而,并非所有的宴会都是官方的。亲朋好友,不论是人数众多还是寥寥数人,都会根据愿望和具体情况受到简单或奢华的招待:

---

8 《仪礼·乡饮酒礼》,亦见于《仪礼·乡射礼》。
9 详见《韩非子·喻老》中"纣为象箸而箕子怖"的典故。——译者注
10 《仪礼·聘礼》:"管人为客,三日具沐,五日具浴。"

相彼鸟矣，犹求友声。
矧伊人矣，不求友生。
神之听之，终和且平。
……
酾酒有衍。
笾豆有践，兄弟无远。
民之失德，乾餱以愆。
有酒湑我，无酒酤我。
坎坎鼓我，蹲蹲舞我。
迨我暇矣，饮此湑矣。[11]

从大量的仪式和饮酒活动来看，人们可能会怀疑在这些宴会中食物的地位并不重要，但这种想法是错误的。古代中国人重视烹饪技艺，以至于《诗经》中有两处都将统治者的膳夫列为国家最重要的官员之一。[12] 不幸的是，那个时代的烹饪书籍并未传世至今，但我们知道一些他们所供应的食物和菜肴的名称。以下列表根据文献资料编制。由于食物在书中提及次数较少，故此我们不应认为当时人的菜单仅限于那些恰好在文献中提到的菜肴。可能有一些列在这里的食物直到相当晚的时期才开始被食用，因为它们只在《仪礼》中出现。另外，尽管我已尽最大努力确保准确性，但在古籍中找到的水果和蔬菜名称在每个例子中的具体意义确实很难确定。因此，可以理解的是，以下表格大致反映了中国人在周代早期饮食的情况，尽管大体准确，但仅供参考：

---

11 《诗经·小雅·伐木》。
12 《诗经·小雅·十月之交》："皇父卿士，番维司徒。家伯维宰，仲允膳夫。"《诗经·大雅·云汉》："鞠哉庶正，疚哉冢宰。趣马师氏，膳夫左右。"

谷　物	杂　类
小麦	开胃小菜
米团	酱料
大米粥	盐
小米粥	鱼
煮麻籽	鲟鱼
蔬　菜	鳊鱼
芹菜（?[13]）	鲤鱼
芥菜	鲇鱼
竹笋	龟类
蕨菜（两种）	（以及其他各类不易辨别的鱼）
浮萍	肉
水草	牛肉羹
芋泥碎	羊肉羹
豆类	猪肉羹
腌锦葵	带蔬菜的汤羹
泡韭葱	烤牛肉、牛肉条、牛肉末
腌韭菜	在肉汁中的猪肉、与芥酱一起的猪肉、烤猪肉
腌韭菜花	
腌菖蒲	烤羊肉、羊肉条
咸菜	狗肉

13　此处问号为顾氏在原文celery后所加。理雅各在翻译《诗经·小雅·鹿鸣》时，曾引援卫三畏（Samuel Wells Williams）的解释，将其中"食野之苹"中的"苹"翻译为celery。——译者注

续 表

肚肉和脸肉	鹿肉碎
原味或用香料腌制的干肉	野鸡
螺肉碎	野兔
腌螺肉	鹌鹑
麋肉碎	松鸦
水　果	
野葡萄	橙子
桃子	生食或炖制的枣树果实,也称中国枣
李子	生食或烹制的栗子
柚子	生食或腌制的瓜类

我们已经看到,用餐过程中通常会伴随着饮酒。他们饮用的似乎是无酒精或酒精含量很低的、由各种谷物或果汁制成的浸泡液。通常用于祭祀、餐食以及其他场合饮用的酒则由小米制成,可能是一种小米类啤酒(millet beer)。它的酒精含量想必不会很高,因为人们畅饮完相当数量的酒之后还能继续参加射箭比赛。

周代早期对酒的使用历史相当有趣。早期的周王们似乎是禁酒主义者,或者至少是节制主义的强烈倡导者乃至推行者。根据周代早期书籍以及一篇青铜器铭文来看,商朝末期的人们从统治者开始从上至下酗酒之风盛行,这也是为什么周人会被赋予征服商人的神圣天命。我们可能会认为这只是宣传口号的一部分——这类宣传口号总是伴随着战争而出现——而我个人也认为它在某些程度上的确如此。但有一点似乎也是真实的,即周人作为一个更为粗野、不太文明的族群,对酒的使用却比商人要更少一些。

周人在接触过商代贵族的奢华生活后，将酒精饮料视为罪恶且堕落的。

这样的叙事为周人提供了一个很好的论据，用来在需要时从道德角度为他们的入侵进行辩护。此外，在征服期间以及巩固统治地位的关键时期，周朝的统治者们有充分的理由限制臣民饮酒。中国古代历史中有数起因为将领喝得酩酊大醉无法指挥部队从而输掉战斗的案例。

有鉴于此，我们手头便出现了《酒诰》这篇文献。这份现存于《尚书》中的法令显然是由初代周公撰写于周人完成征服大约十年后。这篇文本是周公写给自己兄弟的，后者作为卫国的统治者被派去管理一大部分被征服的商人。文中宣称，最初酒只被用于祭祀，但后来却遭滥用，成为国家和族群毁灭的祸因。它声称，事实上骚乱往往来自酒，而商人正是因为酗酒的恶习才失去了自己的主权地位。文王强烈反对酗酒。饮酒只应在祭祀以及在特定的场合完成了职责、可以大块朵颐开怀畅饮之时进行。保持高度警惕以防止民众酗酒很有必要。对于殷商旧民应当宽大为怀，因为他们早已腐化；对他们的改造——如果可能的话——应当循序渐进地进行。但就周人而言，"厥或诰曰：'群饮。'汝勿佚。尽执拘以归于周，予其杀"。[14]

一尊名为大盂鼎的青铜器可能是在这份宣言写成后的几年内铸造的。其上的铭文也将商朝的覆灭归因于酒，并称早期的周王不允许过度饮酒。

这些措施在某种程度上类似于美国的禁酒令，两者都只允许在宗教仪式中用酒，但在其他时候却对其进行谴责。然而，周朝

---

14 《尚书·酒诰》。

当时对于社交性饮酒会判处死刑,这比美国实施的任何措施都要更加严厉。不过,即使这些措施的确曾在古代中国实行过,它们持续的时间也很短,因为周人很快就像商人一样变得钟情于奢靡和推杯换盏。哪怕简单的餐饭也会有酒水相伴,而在宴会上酒水更是供应不绝。当然,每顿餐饭都会伴有某种祭祀,相当于西方人会说的"感恩祷词",但要说这能使饮酒变得具有宗教性质,顶多只能算是个借口。在诗歌和仪式中,我们一次又一次地读到豪爽主人的命令:"无不醉!"[15] 这类饮酒并非总会令人喝醉,但下面这首出自《诗经》的诗歌描绘了日常发生的醉酒情状:

> 宾之初筵,左右秩秩。
> 笾豆有楚,肴核维旅。
> 酒既和旨,饮酒孔偕。
> ……
> 宾之初筵,温温其恭。
> 其未醉止,威仪反反。
> 曰既醉止,威仪幡幡。
> 舍其坐迁,屡舞仙仙。
> 其未醉止,威仪抑抑。
> 曰既醉止,威仪怭怭。
> 是曰既醉,不知其秩。
>
> 宾既醉止,载号载呶。

---

15 语出《仪礼·燕礼》。类似的表达,还可见《诗经·小雅·常棣》"傧尔笾豆,饮酒之饫",以及《诗经·小雅·湛露》"厌厌夜饮,不醉无归"。——译者注

乱我笾豆，屡舞僛僛。
是曰既醉，不知其邮。
侧弁之俄，屡舞傞傞。
既醉而出，并受其福。
醉而不出，是谓伐德。
饮酒孔嘉，维其令仪。

凡此饮酒，或醉或否。
既立之监，或佐之史。
彼醉不臧，不醉反耻。
式勿从谓，无俾大怠。
匪言勿言，匪由勿语。
由醉之言，俾出童羖。
三爵不识，矧敢多又。[16]

音乐在古代中国贵族的娱乐享受中占据一席之地。当时有专业的乐师，但普通人也常常乘兴演奏乐器。主要用于这种目的的乐器是通过拨弦演奏的弦乐器；人们用"静好"（quiet and pleasant）一词[17]来描绘其音调。无论欢乐还是忧愁，这种乐器都被认为是合适的陪伴。

音乐为各种仪式和宴会提供伴奏。它在祭祀中占有非常重要的地位，颂诗（hymns of praise）会作为仪式的一部分被演奏并唱出。甚至在射箭比赛中，射击也是根据音乐的节奏进行的，不

---

16 《诗经·小雅·宾之初筵》。
17 语出《诗经·郑风·女曰鸡鸣》："琴瑟在御，莫不静好。"——译者注

按节奏射出的箭不会计分。

乐师通常是盲人。他们受人尊重,并担任官方职务。在宴会上,他们会像其他宾客一样轮流享用食物和酒水。在酒会和类似的场合中,音乐由两种群体负责演奏。一种是一个四重奏(quartet),其中两名成员会弹奏弦乐器,同时四个人会一起伴唱。另一种音乐则由一组使用某种簧风琴(reed-organ)[18]的演奏者演奏,这种风琴有多个管道,通过吹奏来进行表演。

在祭祀及更重要的场合,负责演奏的则是一个管弦乐团,他们演奏多种乐器,其中包括各种各样的钟鼓乐石,[19]以及吹奏乐器。

其中一些乐曲是为《诗经》中诗歌伴奏而作,而其他一些则是纯粹的器乐,没有歌词。所有这些乐曲都已失传。我们甚至无从得知中国古代音乐的大致情况。认为现代中国音乐——尤其是现代中国戏剧中的打击乐交响曲——能够充分展现中国古典音乐特点,堪称大错特错。

在早期阶段,音乐有很强的仪式性。特定的曲目应当在特定的时间演奏,主要客人入场时应使用特定的乐曲,离开时则应使用其他乐曲,等等。但在公元前600年之前的书籍中,并没有出现后来围绕音乐展开的复杂形而上学思想体系。在之后的时期,我们发现了将音乐与术数、巫术以及政府联系起来的复杂理论。据说通过审视一个国家的音乐便可以了解其道德乃至未来的情况,故此君王可以通过这种方式了解他的封侯是否有好好治理自己的领地。但所有这些似乎都是后世哲学的阐发。

---

18 即笙。——译者注
19 即磬。——译者注

第二十五章

宗　教

对于一种宗教，最值得深入探讨的问题并不是"它有哪些神祇"和"它的信仰是什么"，而是"它的目的是什么"和"如何实现这些目的"。要理解一种文化的这个方面，我们首先必须了解人们希望通过宗教满足的需求和欲望，然后再去研究他们为了满足这些需求和欲望所寻求的手段。就商代而言，我们拥有的信息太少，无法进行这样的分析，但对于周代早期，画面就相对较为完整了。

特别是从青铜器铭文中，我们可以很好地窥得作器者欲望的一个断面。即使对于富有和有权势的人来说，铸造一件大型青铜器也称得上是人生中的重要事件。如果这件器皿是用于祭祀的，那么作器者便相信它会帮助自己从全能的神灵那里获得他最渴望的东西，因此他经常会明确地陈述这类愿望。由于人们期待这些器皿能够存在"万年"甚至更久，故此很遗憾的是，它们的铭文使用的是笼统性措辞，并没有表达出作器者在某一特定时刻对于某些方面的具体愿望。

我对自己所记录的332篇铭文进行了分析，其结果显示最为普遍的祈愿是："子子孙孙永宝用享"（May my sons and grandsons for ever treasure and use this vessel）。这句话实际上的意义当然是作器者希望自己的家族能够延续下去，他的后代能够永远祭祀他的灵魂。这是最主要的愿望，它解释了为什么人们有时会愿意为了家族的延续而牺牲个人生命乃至整个国家的福祉。

其次是渴望长寿。在西周的青铜器铭文中，只有大约8%的铭文表达了这种愿望，但却有超过一半的东周铭文祈求长寿。时至今日，中国人对长寿的渴望仍然非常强烈，而对于西方人来说这种渴望并不容易理解——有的西方人认为，自己最大的愿望可能就是在盛年之后能够安详地离世。有人听说，即使年轻的中国女性也会希望自己的年纪大一些，而正值青春的外国女性则有时会因在中国街头听到乞丐称呼她们"太太"（aged dame）而感到震惊——实际上这是一种恭维，部分原因在于中国的敬老文化，以及家庭制度中老年人的地位。在中国，一个人不论实际年龄多大，在他父亲去世之前都算是未成年。按照习俗，他在父亲在世期间仍然必须很大程度上保持服从，而在中华民国成立之前，这样的习俗还受到法律的支持。人们不仅需要赡养父母和祖父母，还必须给他们最好的一切，同时以最大的敬重对待他们。老年人拥有权威，甚至可以像一名暴君一样专横，对此年轻人几乎无计可施——至少对于那些观念传统的人来说是这样的。在这样的制度中，通常只有当一个人变老之后，他才能够开始充分享受生活，成为一名受人尊敬的重要人物。

祈求神灵佑助的笼统性祈愿在青铜器上自然也频繁出现。有时人们会祈求神灵"保我"（protect my person），或降下"吉"（good fortune）。当中也不乏中国版"赐给我们今日所需的饮食"[1]一类的请求。官员们则表达出兢兢业业从事工作的普遍愿望："畯臣天子"（May I long assist the Son of Heaven in the administration of government）。[2]有的人祈求"子孙无疆"（children without limits），还有一些人则希望在活了漫长的一生之后能够"灵终"（come to a good end）。[3]所有这些祈愿或多或少都停留在物质层面，但我们偶尔也会发现一些"精神层面"的请求，比如祈求安宁与拥有智慧。

和商朝时期的人们一样，这些人也渴望了解未来。我们发现他们通过各种方式试图探寻未来：龟甲以及涉及《易经》中的老方法仍然在被使用。同时他们也通过梦、童谣和在这方面有神力的人来预知未来。不只君王，各种不同的人群都渴望得到神谕，比如计划私奔的情侣、盼望外出征战丈夫归来的妻子等。

祭祀——有时伴随着祝祷——是他们祈求神灵保佑的方式。但并非所有的祭祀都需要祝祷。有些祭品是定期供奉的，就像给年迈的父亲提供食物一样，人们希望神灵也像父亲关心儿子一样，对其祭拜者给予持续帮助与保护。但是，当祭拜者面临某些不同寻常的困难或特殊需求时，他就必须通过祝祷的形式告知他的神灵。很可能这类祝祷通常会书写下来并在祭祀时朗读出来，之后便焚烧掉。这种有关各类主题的祝祷在战争中尤为重要。就像我们一样，双方都会祈祷取得胜利，而人们也认为祝祷会对战果产生不小影响。

整体而言，周代的祭品与商代基本相同。但要记住的是，商

---

[1] 原文为"give us this day our daily bread"。基督教主祷文中的一句，语出《马太福音》第6章第9—13节，可以说是基督徒最为熟悉的经文语句。——译者注
[2] 大意为"（愿我能）永做天子之臣"。——译者注
[3] 金文中通常写作"霝冬"，即完好完美、善始善终之意。——译者注

人的祭祀除了酒之外不包括任何农产品。周人从建立周朝开始就献祭谷物，他们所祭祀的祖先甚至还会屈尊吃煮熟了的蔬菜。献祭的物品因社会地位而异，普通民众会向祖先献祭鱼肉。献给神灵的动物必须毫无瑕疵。如果一头公牛被选中作为祭品并得到了卜筮的认可，后来牛角却被老鼠咬了一口，那么这头牛就不能再被献祭了。

关于周代的祭祀，浚县的出土文物提供了一些信息。我们前面已经看到，浚县只出现了一起看起来可能是人祭的案例，这与安阳发现的情况形成了巨大反差。其中一个约三十英尺、长二十英尺深的坑尤其有趣，因为显然它曾用于进行大规模的"车祭"。坑内没有发现人类遗骸。在坑底发现了七十二匹马、十二辆战车和八条狗。很明显这些马在入葬时是被套在战车上的，但战车的车轮已被取下。每条狗的脖子上都挂有铃铛。土壤很可能是从北侧填入的，因为所有的马都位于南侧，显得极为混乱，仿佛有什么东西吓到了它们，导致它们朝那个方向逃窜。狗则位于东、西、南三面墙的底部，明显在土壤填入时曾试图爬出来。当狗和马被埋在土中后，战车的车轮便被扔进坑里，随后坑便被填平。

当时有许多不同种类的祭祀，祭祀时间也各不相同。有些祭祀仅在特定场合下进行，比如庆祝胜利，或是作为外交任务的一部分。其他一些祭祀，比如春秋二祭，[4]则与农业与历法有关。死

---

4 有关四时之祭的具体意义，详见《礼记·祭统》："凡祭有四时：春祭曰礿，夏祭曰禘，秋祭曰尝，冬祭曰烝。礿、禘，阳义也；尝、烝，阴义也。禘者，阳之盛也；尝者，阴之盛也。故曰：'莫重于禘、尝。'古者于禘也，发爵赐服，顺阳义也；于尝也，出田邑，发秋政，顺阴义也。故《记》曰：'尝之日，发公室，示赏也。'草艾则墨，未发秋政，则民弗敢草也。 故曰：'禘、尝之义大矣。治国之本也，不可不知也。'明其义者，君也；能其事者，臣也。不明其义，君人不全；不能其事，为臣不全。"——译者注

者在刚去世时经常被祭祀，但之后次数便逐渐减少，这显然是因为人们认为他们慢慢适应了自己作为魂灵的身份，不再需要那么多的供养。每次用餐时，人们都会为神灵盛出少量席间的食物或饮料作为祭品。

在祭祖仪式中，一个有趣的角色是所祭祀祖先的"尸"（personator）。在当时人看来，"尸"是一名在祭祀时被所供奉的魂灵附体的后代。他会享用祭品中的食物和酒，然后告诉举行祭祀的后人献上的供品可接受，并为这位后人降下祝福。在必要情况下，"尸"可能是一名孩子，甚至可能是一个需要抱在怀里、有人帮助执行这些职责的婴儿。

祖庙是家庭生活和事务的中心。除了祭祀外，与家庭生活中重要事件相关的其他仪式也在祖庙中举行。求婚仪式在祖庙中进行并由女孩的父亲同意，而成婚后的女孩只有在夫家待满三个月，被带到丈夫家的祖先面前并参与家族祖庙祭祀后，才算是完全嫁入该家族。

然而，祖庙并不仅仅是狭义上的家庭中心。围绕着普通贵族的庙堂展开的，不仅有这名贵族自己的事务，还有他所有家属的事务，而他的仆从则会在祭祀中协助他。国君的庙堂是其活动的中心，而在那里协助他的人也都是各家族祖庙的主人。周王的宗庙是全中国所有事务的中心，当他实力强大时，各诸侯国的统治者都会在祭祀中充当他的助手。

国家所有最重要的活动都在统治者的宗庙中举行。新的继承人在这里接受加冕；军事远征前在庙堂举行仪式，返回时则会在这里报告和庆祝胜利。外交事务在此处理，国宴在此举行。官员的任命和赏赐，以及给诸侯封地的仪式，都在这同一座厅堂内进行。显然，在这里人们不仅仅祭祀祖先，有时也会祭天；然而尚不清楚的是,在这一早期阶段,祭天活动是否也是像后来那样在户外举行。

只要国家被视为统治者家族的家产和祖业,宗庙便在一定程度上象征着国家。但国家同时也被视为一个领土实体,一个"祖国"(fatherland),从这个意义上来说,"社"便是它的象征,也就是所谓的"地坛"(altar of the land)。最初,"社"只代表产出庄稼的土地,人们向它祭祀以期获得丰收;在干旱时,人们认为祭祀土地可以带来雨水。在没有任何标示的情况下不好祭祀,于是自然形成的土丘在一开始便被当成了土地的标示。但是人们逐渐开始在每个村庄都堆起这样的土堆——由于象征着那一小块区域的土地,故此它们成了每个社区宗教活动的中心。拥有许多座村庄的贵族有更为高大的土丘,代表着他们的整片领土。对于国家的统治者乃至周王来说,情况也是如此。

这位社神是一名非常古老的神祇。正如我们所看到的,它早在商代就已经存在。在周代早期,它仍被认为是一名农神,人们向它祭祀以祈求雨水和丰收。在这一时期,它经常被称为"社稷",意为"土地与谷物"或"土地与谷物的祭坛"。但它同时也被认为是国家的宗教中心以及象征性中心。帅师出征的指挥官不仅要在宗庙中接受命令,还需要在这个土丘处参加某些仪式,然后才能出征。某些国家层面的行为,特别是对一些罪犯的处决,也在这里进行。现在,我们仍可以在北京紫禁城的西侧看到清王朝的"社"。

作为国家精神象征的中心,宗庙和社的重要性体现在当一个国家或朝代灭亡时,将它们毁掉是很有必要的。此举旨在削弱前朝神灵的庇护力量,降低其潜在的危险。

除了这两个进行祭祀的地方,人们还会根据所尊崇神祇的性质和相关仪式，在都城的郊外和各种户外地点举行其他献祭活动。

现代意义上的神职人员制度在当时并不存在。当时有专门从事宗教职能的官员、随从和仆人。他们负责维护庙堂，撰写并诵读祷词，同时还精通仪礼，常常在举行规定的仪式时协助乃至引导他们的主人。但他们的地位和身份总是比在仪式中扮演主要角色的人要低。在较低层的贵族家庭中，这些职能由并非贵族身份的人甚至奴隶来负责。他们在宗教事务中几乎没有实际权威。教会与国家之间的冲突也不存在，因为在那个年代除了那些手握政治权力的人，并没有其他与教会相当的组织存在。

当然，还有另一类声称可以直接与神灵沟通，甚至被神灵附体的人。他们有男有女，我们可以称之为巫师（wizards）和女巫（witches）。[5] 他们能够召唤神灵，与神灵交流，并进行各种多少带有魔法性质的行为，包括作出预言。他们的预言被采纳，却并未因此获得好名声。通过影响统治者，他们中的某些人有时能暂时获得强大的权力，但整体上人们认为他们声誉可疑。与神灵保持过于亲近的关系是不合适的，就像身居卑位却阿谀奉承自己的统治者并成为其宠臣一样，这种行为没有尊严可言。孔子说的"敬鬼神而远之"[6]就完全表达了这一道理。对神灵不尽职守是不敬且危险的，但过度殷勤诌媚同样会招致诟病。

神灵极为重要，尤其是祖先的魂灵。刻有他们名字的牌位放在宗庙里，当军队出征时，其中一块会被带走随行。这些神灵并不总是寓居于庙堂内，而是在仪式场合才会被召唤至其中。在这

---

5 这类男性通常被称为"觋"，女性通常被称为"巫"。——译者注
6 《论语·雍也》。

种时候，人们会为他们提供席铺和扶手，就仿佛他们是活生生的人一样。祭祀先灵和宴请在世的贵宾所用的称呼是一样的，有时也会用相同的礼器来完成这两种仪式。

总体而言，死者的灵魂——从君王到平民——似乎都被认为生活在天上。但是，在后来的书籍中，还经常提到另一种观念，即死者生活在地下被称为"黄泉"的地方。我只知道一处早期记录提到过它。郑庄公有一名年幼的弟弟，庄公对他非常宽容，乃至这位弟弟想要夺取庄公的国家。他们的母亲偏袒年幼的弟弟，并同意协助他的阴谋。公元前722年，这个阴谋被发现并挫败。庄公对母亲极为生气，发誓只要"不及黄泉"——也就是"不到死后"的意思——便不再见她。但随着时间的推移，恭良的天性和孝心让他后悔此誓，于是一名机智的臣子便提出了一个解决方案。庄公在地下挖了两条隧道，相交于中心；他从一端进入，他的母亲则从另一端进入，二人从而得以在地下相遇，这样也不违背誓言。[7] 这表明，"黄泉"只意指死者在坟墓里的居所，类似于希伯来人的 Sheol。[8]

相信先灵力量的人并不只有他们的后代。公元前660年，狄人给卫国军队造成了毁灭性打击，紧接着便攻下了卫国国都。他们俘虏了卫国的两位高级官员，却被后者告知："我，太史也，实掌其祭。不先，国不可得也。"于是，狄人便让被俘官员前去警告城里居民。[9] 华夏人自己也采取过类似的行动。如果我们相信记载的话，已被征服并可能面临吞并的国家，曾多次由于敌人

---

7 《左传·隐公元年》。
8 古犹太信仰中的阴间，也被翻译为"坟墓""坑""死亡"，通常被视为等同于"地狱"的概念。——译者注
9 《左传·闵公二年》。

惧怕其祖先的愤怒而幸免于难。直到周朝末年，孔子的家乡鲁国仍然存在，尽管它在其历史的大部分时间里都很弱小，而它周围更大更强的国家都已纷纷覆灭——毫无疑问，这在一定程度上要归功于它的创始人周公的威望。

死者的显灵并不仅体现在一般的保护或惩罚。他们有时会附身于不幸的个体，有时则会以幽灵的形式出现，回报恩惠或对过去受到的伤害复仇。据说周宣王就曾被鬼魂射中。[10] 周穆王据说也不是其母之夫昭王的儿子，而是一位古代不务正业的鬼魂的儿子——这名鬼魂曾与穆王的母亲发生过一段风流韵事。[11]

一则最典型的鬼故事与晋国的动荡时期有关。我们或许还记得，晋献公的嫡子申生因不愿令年迈的献公失去心爱的骊姬，于是选择屈服于她的阴谋，自杀身亡。[12] 与此同时，献公另外的儿子都逃离了晋国，客居他乡。此后，各国都密谋想让他们自己袒护的人选登上晋国的君位。公元前651年，献公去世后，他的两个儿子在同一年内先后继位，但都遭到谋杀。第三个儿子成了之后的惠公。他被认为是一个平庸的人，在秦国的支持下上台，因为秦国希望他成为一个有用的傀儡。惠公的傲慢和背信弃

---

10 《墨子·明鬼下》："周宣王杀其臣杜伯而不辜，杜伯曰：'吾君杀我而不辜，若以死者为无知，则止矣。若死而有知，不出三年，必使吾君知之。'其三年，周宣王合诸侯而田于圃田，车数百乘，从数千，人满野。日中，杜伯乘白马素车，朱衣冠，执朱弓，挟朱矢，追周宣王，射之车上，中心折脊，殪车中，伏弢而死。"《论衡·死伪篇》："《传》曰：'周宣王杀其臣杜伯而不辜，宣王将田于圃，杜伯起于道左，执彤弓而射宣王，宣王伏铁而死。'"《国语·周语上》亦言："周之兴也，鸑鷟鸣于岐山；其亡也，杜伯射王于鄗。是皆明神之志者也。"——译者注
11 《国语·周语上》："昔昭王娶于房，曰房后，实有爽德，协于丹朱，丹朱凭身以仪之，生穆王焉。"——译者注
12 见前文第二十二章第296页。——译者注

义很快展现了出来。又过了一段时间，申生的车夫狐突驾车穿过乡间时看到了申生的鬼魂。申生上车与他同行，说："夷吾（惠公）无礼，余得请于帝矣，将以晋畀秦，秦将祀余。"狐突回答："臣闻之：'神不歆非类，民不祀非族。'君祀毋乃殄乎？且民何罪？失刑乏祀，君其图之。"申生答曰："诺。吾将复请。七日，新城西偏将有巫者而见我焉。"狐突同意后，王子就消失了。之后，在约定的时间和地点，狐突被告知："帝许我罚有罪矣，敝于韩。"[13]

四处游荡得不到祭品供奉的饥饿亡魂便会制造麻烦。有时他们会偷走给其他魂灵的祭品；有时他们则会让人生病，直到自己得到供奉。和这些饿鬼狭路相逢是可怕的，但最大的恐惧是自己死后可能也会成为他们的一员。这是一股巨大的道德力量。如果一位臣民企图叛乱，那么失败不仅会导致他自己丢掉性命，还有相当大的可能性会令他的整个家族都被诛灭，而他的祭祀也会随之烟消云散。

隐秘的魂灵无处不在：

无日不显，莫予云觏。
神之格思，不可度思，矧可射思。[14]

除了死者的魂灵，还有守护各种水域和森林的神灵需要祭祀。祭品也被献给如道路和十字路口等各色小神。山川河流尤为重要。黄河就是一个有着特殊能力的神灵，它能赐给祭祀之人以战事的

---

13 《左传·僖公十年》。
14 《诗经·大雅·抑》。

胜利。它钟爱珍贵的玉石和精美的衣物。黄河之神在人们梦中出现,告诉凡人它想要什么,而那些未能将其所渴望之物投入水中的人将会遭殃!

上帝,也就是我们在商代遇到的"至高统治者",此时扮演着主神的角色。显然他是某种上天的统治者。前任周王们"在帝左右",[15] 而帝本人则似乎担任伟大神灵中的首席。但我们也发现,上帝还有另一个名字——天。毫无疑问,在周代,这两个名称实际指的是同一位神祇。另一方面,我们发现,在周代早期的青铜器上,经常提及"天",而"上帝"却很少出现。[16] 但是,天作为一位神祇的名称,在所有成千上万片已知的商代甲骨文中一次也没出现过。很明显,周人在和商人接触之前就有一个名为"天"的主神。在继承了商文化的许多方面后,周人发现上帝的地位类似于他们"天",于是便将这两者等同为一。这类过程在宗教历史中颇为常见。罗马人就曾将他们的几位神祇等同于希腊神祇,如朱诺(Juno)与赫拉(Hera)、维纳斯(Venus)与阿佛洛狄忒(Aphrodite)等。

作为周人的神祇,"天"的起源很难追溯。中文里这个字写作"天",其在周代早期的字形则是 𡗙,明显是一个人的形象。在深入研究文献、青铜器铭文以及比较该字与其他文献的演变后,我提出以下理论:这个词的本义是"大人"(a great man),也就是说,一个有权力、威望且重要的人。这使得这个字尤其适用于统治者和君王。从这个角度出发,当这类人在死

---

15 语出《诗经·大雅·文王》:"文王陟降,在帝左右。"——译者注
16 为数不多的铭文中提及"上帝"的西周青铜器则有史墙盘、逨盘、天亡簋等。——译者注

第二十五章 宗 教

图版15
一件器形为鼎的青铜礼器，铸造于周代中期

　　这是一件异常精美的周代作品。将这件作品与扉页以及其他图版中的商代礼器进行比较将颇具启发意义。从商代到周代中期，青铜铸造艺术逐渐衰落，精致、细腻和复杂性均逐渐降低。这尊鼎目前收藏在北京故宫博物院。

　　影像来自容庚教授的慷慨应允。

后变成更重要的魂灵时，人们便仍然用这个字指代他们；这时，我们便应将其解释为"伟大的魂灵"（Great Spirits），一个由过去的君王和伟大人物的灵魂构成的整体概念。经过一段时间的演变，它也被用来表示"伟大魂灵们的居所"（the abode of the Great Spirits），也就是上天、天空。自此，"天"的概念形成，成为伟大神灵的巨大力量及其居住之地的笼统象征。由于汉语通常不区分单复数，故此人们很容易将这种笼统的至高无上的力量看成一个单一的人物；因此，从"伟大的灵魂们"中，我们又得到了一个单一的"伟大魂灵"（Great Spirit）的概念，一个至大却又超越个人（impersonal）的至上神明——"天"。

这一切背后的证据远比上面的陈述要复杂得多。然而，有许多文本段落在其他任何基础上都无法得出令人满意的解释，同时我也相信我的观点是合理的。虽然目前这一观点只能被称作一种理论，但它已由我以中文发表，并为许多深谙其基础证据的中国学者所接受。[17]

与此相关的有趣的一点是，周王常用的称号是"天子"。如果"天"最初指的是先王们的统称，那么将现任君王称作他们的后裔便是非常合适的。但这很难被称为是这一理论的最终证据，因为我们在其他地方也发现，周王被认为是从未当过凡人的神明的后代。我们已经看到，"王"（Δ）这一头衔——后来人们眼中专属于整个中国统治者的称号——最初只是一个用来指代领土酋长（territorial chieftain）的称呼。从青铜器铭文中我们可以看到，周王似乎也容忍某些忠实的诸侯使用"王"的称

---

17 此指顾立雅发表于《燕京学报》第18期的《释天》一文，见本书附录。——编辑注

号。[18] 但"天子"的头衔就并非如此了。这样的称号只能有一个,一个人拥有这个称号就意味着他公开宣称打算成为整个中国的统治者。这个称号显然意味着对整个帝国的统治,诸侯的君主是不敢僭用它的——他们无疑是受到了宗教敬畏和实际政策的制约。

无论在哪里,随着人道主义精神和社会良知的增长,宗教的焦点会逐渐向伦理道德转移,对单纯的仪式的关注则会减少。在周代中国我们就发现了这种情况。当时涌现出许多提倡新观点的学者和政治家,会令人联想到希伯来人的先知。他们宣称,要想获得神明的青睐,美德比祭祀更为重要。一个行事不端的人领导军队上战场,其结果必然是失败的。他们尤其坚持认为,压迫民众的统治者无论献上多少谷物或者多么肥美的牺祭,都不可能享受到上天降下的繁荣。而商代普遍存在、周初也不鲜见的人祭,受到了越来越强烈的谴责。人的生命——哪怕是极为无关紧要的人的生命——的神圣性,成为官僚阶级的伦理和宗教中的一大原则。

与任何其他宗教一样,在这里,关于邪恶的问题令人烦恼。时人坚决宣称邪恶行为在这个世界上必定遭受惩罚,如厄运、蒙羞或早逝。在中国本土宗教中,恶人在死后不会受到惩罚,除非因家族灭绝从而导致其祭祀中断。但除非他已经绝后,否则恶人的灵魂会与善人一起被祭祀,而倘使家族被灭门,善良的祖先也会

---

18 对此,很有趣的一个案例是现藏于中国国家博物馆的乖伯簋的铭文,其中周王称呼被益公击败的乖国为"它邦",同时乖伯眉敖也称自己的父亲为"乖幾王",故此周和乖之间似乎更像是级别上平等的外交关系。除此之外,许多青铜器,如夨王鼎盖、夨王簋盖、夨王觯、同卣、散氏盘等,也都提到过"夨王"的称号。——译者注

与邪恶的祖先一起受难。这种情况不太令人满意。而且人们也意识到，有些彻头彻尾的恶人一直过着肆意妄为的生活，寿终正寝，奢靡厚葬，死后还享受着后代绵延不断的祭祀。但即便如此，这样的人也并非就一定能免于厄运。《国语》中记载这样一则故事：一个顽固败坏礼仪的人下葬后，人们看到他的坟里冒出烟来：他的棺材燃烧了起来，他的罪孽甚至在他入土后也如影随形，最终还是找上了门。[19]

---

19 见《国语·鲁语上》："展禽曰：'夏父弗忌必有殃。夫宗有司之言顺矣，僖又未有明焉。犯顺不祥，以逆训民亦不祥，易神之班亦不祥，不明而跻之亦不祥，犯鬼道二，犯人道二，能无殃乎？'侍者曰：'若有殃焉在？抑刑戮也，其夭札也？'曰：'未可知也。若血气强固，将寿宠得没。虽寿而没，不为无殃。'既其葬也，焚，烟彻于上。"——译者注

第二十六章

法　律

直到1912年中华民国成立，中国的政府都一直在缺乏成文宪法的情况下运作。然而，许多重要的书籍和文件综合起来却可以说包含了中国国家一直以来建基于上的根本法律与原则。如果将这样一批文献汇集起来，我们会发现其中很大一部分撰写于周朝或其后不久。如果再列出中国早年宪法的各种原则和条款，我们又会发现其中有相当一部分在周朝时期就形成了与现在颇为相似的形式。

如果研究《周礼》和《礼记》等描述中国政府形式和程序的古代书籍，我们会惊讶于其制度之复杂，组织之精密。一些中外学者都错误地以为这些繁复的构架为我们提供了早期强大的周王统治的真实画面。但是，从当时的记录来看，很显然那个时代不可能有如此广布的官僚体系去行使有序的统治。正如我们所见，当时的政府把国家的治理分配给了一个个封建领主；这些封建领主可以自行支配所分到的领土，只要他们能向自己的直接上级——无论是周王还是其他封建领主——提供军事支持和所需的贡品。只有当这些领主与其他贵族发生冲突，或者他们的人民因压迫过度而叛乱时，上级才会干预地方事务。在这样的情况下，行政方式的变化多端是不可避免的。

那么，那些提到中央政府将权力下放这种复杂且不实际的管理模式的书籍又从何而来呢？这个问题不难解释。我们已经看到，公元前771年后，周王的权力几乎消弭无踪，取而代之的是各个国家之间长期而血腥的权力斗争，这种斗争局面显然不是有识之士所期望的。相形之下，西周早期那个在许多方面都更加原始的时代，那个周王仍对整个中国行使着一定程度主权的时代，就显得十分理想。官员和哲学家们在事实的基础上开始构想一个理想的政府体系，并声称该体系在此之前就实行过。结果是，尽管这一体系以前从未存在过，但后来各个时期的中国政府都尽可能多地采纳其中实用的部分。甚至有人说，最近新建立的"满洲国"在有些政制方面也根据是"周制"——实际就是根据这些理想化的书籍。

就算周代早期的中国没有书面宪法，就算后世学者所认为的来自周代早期的复杂政府构架实际上并不属于这个年代，但这并不意味着那个时代就没有法律和行政基础。在任何地方，习俗都是书面法律的基础和先导，而世界上没有哪个国家比中国更加尊崇与坚守习俗和传统。

中国人不仅现在崇古，而且在非常古老的年代就已如此。早在周代初年的文学作品中，对于"学习和遵循古代贤王的道路"[1]以及"效仿古人"的劝告，就是最为常见的主题之一。

《尚书》《诗经》、青铜器铭文以及其他各种材料都证明了

---

[1] 最典型的例子可见《尚书·康诰》中"往敷求于殷先哲王""别求闻由古先哲王""我时其惟殷先哲王德"等。——译者注

这一点：

> 我思古人，俾无訧兮。
> ……
> 我思古人，实获我心。[2]

习俗及前任统治者的榜样约束着当前统治者的愿望或一时的心血来潮——我们不止一次看到此原则得以阐释。当然，这一原则遭到过统治者的抵制，而且常常成功。然而统治者们无法完全忽视它，而那些一意孤行的人有时会因此丧失权力乃至生命。

公元前601年左右，陈灵公倾举国之力，要为他的情妇打造一座瑰丽的亭台以供游乐。人民被强制进行劳役。虽然统治者的逸乐满足了，田野却逐渐荒芜无人打理，国家整体上走向衰败。但当时的人们对这位国君所提出的最严厉的批评之一却是"是废先王之教也"。[3]

必须记住的是，坚守传统的原因远不仅是习惯使然。前任统治者是现任统治者的祖先，不守祖先之道几乎就是不孝的表现。更重要的是，前任统治者是强大的神灵；藐视他们就是给自己树敌，没有人会冒这个风险。另一方面，传统的力量也并不是绝对的。楚成王宣称："夫邮而效之，邮又甚焉。"[4] 在任何重要问题上都可以找到不止一种传统观点，有时这些观点又相互矛盾，因此不可能全都遵循。在这种情况下，当时的人们承认，必须选择并遵循最有价值的先例。

---

2 《诗经·邶风·绿衣》。
3 见《国语·周语中》。——译者注
4 见《国语·晋语四》。——译者注

349　　因此，传统在很大程度上具有法律效力。然而，试图证明周代早期存在成文法典将是一项艰巨的任务。的确，在最早期的且相当真实可靠的文献中，我们能看到一些像"罚蔽殷彝"[5]这样的片段。[6]在《诗经》中，我们读到：

> 文王曰咨，咨女殷商。
> 匪上帝不时，殷不用旧。
> 虽无老成人，尚有典刑。[7]

这里的"典"（statutes）毫无疑问指的是书籍。[8]

《尚书》中《费誓》一章，是一名封建贵族在发起军事远征时对他的军队发表的演讲。在演讲过程中，他说：

> 马牛其风，臣妾逋逃，勿敢越逐。祗复之，我商赉汝。乃越逐，不复，汝则有常刑！无敢寇攘，逾垣墙，窃马牛，诱臣妾，汝则有常刑！[9]

这无疑暗示着当时存在一套明确且为人所广泛理解的军事法律体

---

5 《尚书·康诰》。
6 此处原文为"We have, it is true, in the earliest and quite authentic literature passages which have been translated as 'the punishments will be determined by the regular laws of Yin（i.e., Shang），' etc."。为了方便中文读者理解，这里便直接将所引语句还原成《尚书》原文。——译者注
7 《诗经·大雅·荡》。
8 此处原文为"The term here translated as 'statutes' definitely refers to books"。顾氏这里引用的是理雅各的译本，"尚有典刑"被译作"You have still the ancient statutes and laws"，"statutes"对应"典"字。——译者注
9 《尚书·费誓》。

第二十六章 法　律

系。同时我们从其他文献片段中也得出一种印象，即类似的法律体系也被应用于处理平民人口的刑事犯罪。然而这些法律是不是成文的？这是一个难以回答的问题。对于周代早期的中国这样一个钟情于书写的文明，否定的答案看上去难以想象。

然而，如果说要试图给出关于这种成文法的明确证据，我们可能又会感到不知所措。《尚书》中有一篇名为《吕刑》，传统认为是公元前10世纪上半叶的著作。我们曾期待在其中找到一部法典，但实际上我们没有获得任何相关的内容。其开篇概述了刑法起源，但可靠性存疑，接着又专门讨论了在审理案件时所应遵守的公正原则，只有在详细列出赎抵各种惩罚的罚款时才变得具体起来。这篇文本预设了一个高度精细复杂的刑法体系：

> 墨罚之属千，劓罚之属千，剕罚之属五百，宫罚之属三百，大辟之罚其属二百。五刑之属三千。[10]

如果这篇文章确实出自周代早期，那么毋庸置疑当时已经存在一套非常详细的刑法法典。但将这篇文本与其他早期文献进行对比，可以发现它是在我们所讨论的时期结束很久以后才写成的。

就我所知，在周代早期文献中，没有出现过哪怕一句明确规定特定罪行应当受到何种惩罚的陈述。经常提及的所谓"先王之刑"（laws of the former kings）[11]似乎实际上是一些关于行为准则和原则的宽泛格言，而具体的措施则由每位统治者自行决

---

10 《尚书·吕刑》。
11 相关概念可见《尚书·无逸》："乃变乱先王之正刑。"《诗经·大雅·抑》中亦有："罔敷求先王，克共明刑。"——译者注

定,以确保那些在他统治下的人实践这些原则。据我所知,《左传》中最早提到了具体的法典:公元前536年,郑国铸刻了刑法——想必是刻在了一件或多件青铜器上。郑国铸刑鼎时,晋国的一位官员向负责此事的大臣发出了抗议信。这里值得摘引一下这封信,因为它体现了当时对于法律的态度。信中的部分内容如下:

> 始吾有虞于子,今则已矣。昔先王议事以制,不为刑辟,惧民之有争心也。犹不可禁御,是故闲之以义,纠之以政,行之以礼,守之以信,奉之以仁,制为禄位以劝其从,严断刑罚以威其淫。惧其未也,故诲之以忠,悚之以行,教之以务,使之以和,临之以敬,莅之以强,断之以刚。犹求圣哲之上、明察之官、忠信之长、慈惠之师,民于是乎可任使也,而不生祸乱。
>
> 民知有辟,则不忌于上,并有争心,以征于书,而徼幸以成之,弗可为矣。夏有乱政而作《禹刑》,商有乱政而作《汤刑》,周有乱政而作《九刑》。[12]

这里提到的三部法典并未传世至今,它们是否真的存在过仍是一个很大的问题。但所表达的观点非常清晰,它似乎也代表了中国古代的观点。这一观点的理论依据是,一般性法律很难令具体案例得到令人满意的处理,而且明文规定的一般性法典实际上反而会诱发不道德行为,因为它表明无论一种行为是多么反社会,只要其行为人能足够聪明地将其置于法律规定的界限内,他

---

12 《左传·昭公六年》。

就可以不受到惩罚。的确，古代中国这种对于利用法律漏洞行不义之事的抗议，到了今天我们仍然可以理解。但如果一个社会不建立法律法规，那么唯一的选择就是把裁决权完全交给法官；这位法官同时还必须决定谁应该被起诉，应该施以什么样的刑罚，以及以何种方式判决。在古代中国，所有这些职能都由统治者本人或被他委以权力的官员来执行。

这样的体系只有在两种情况下才能彻底实行。首先，每一位手握权力的人所统治的人数必须很少，这样他才能轻松了解到他们的行为活动。在某种程度上，这种情况在中国古代确实存在。哪怕是对于他统治下的人的生死，每一名小贵族也都是无可争议的仲裁者。他本身也同样受到自己上面的贵族的支配。不过较低层贵族所统治下的人民却并不是他的上级所需要关注的。在每种情况下，直接的上级都拥有最终决定权，同时也不存在上诉的权利。因此，呈现在我们面前的是一种金字塔形的体系，在这个体系中，单一个体直接管辖的人数并不算多。此外，古代中国就像今天一样，许多对我们而言属于公共法律事务的情况都是在家族内部解决的。直到最近，家族或宗族在认为有必要的情况下甚至仍会对其成员处以死刑——在某些地方，这样的做法可能如今依然存在。

要使将立法、司法和行政权力集中在一个人手中的体系正常运行，还需要第二个条件，那就是统治者必须非常明智且绝对正直。记载表明，古代中国人与现在的中国人、欧洲人或美国人相比，在明智与正直方面无甚差别——这意味着这个体系有时运行得十分良好，有时则非常糟糕。各种贿赂，包括美女，都曾被献给官员乃至君王，以影响他们在法律案件中的决策。

上级通常不会干涉或否决封臣在具体案件中作出的决定，但周人也足够聪明地意识到，除非他们能够为自己领土上的人民提供合理水平的正义，否则对新建立政权的愤恨将上升到危险的程度。因此，我们在早期文献乃至青铜器中都不断看到对封臣的训诫，劝告他们要不偏不倚，并在判决时要小心谨慎，甚至宽大处理。封臣被要求明确区分故意行为和非故意行为。早期的周王为了防止封臣滥用权力，便提醒他们行使的只是一种委托权：

非汝封刑人杀人，无或刑人杀人。[13]

在早期文献中，我们可以找到以下惩罚方式：铐镣、枷项、斩趾、刖足、聅、劓，以及各种方式的死刑，包括活烹等。罚款有时赎以金属，有时赎以武器或盔甲。军事法律下的刑罚尤为严厉。即使在和平时期，驾驶战车的人如果在演习中没有保持队形，也有可能被处以死刑。

一篇较晚的著作中曾提到"刑不上大夫"。[14] 这无疑表达了官员阶层的一厢情愿；无论级别高低，犯错之人都会受到惩罚。但事实是，位高权重的人比普通人受到的惩罚要少，原因很简单，那就是惩罚他们更为困难。每个颇具地位的人都有保护自己的私人军队以及会为他复仇的家族。因此，他们一般不会受到什么惩罚，除非情节非常严重且时机适宜——在这类情况下，不仅犯人可能会被处死，而且为了不留后患，他的亲属也通常会被杀害或奴役。我们手头有一篇青铜器铭文，作器者便在其中夸耀周王的官员无法制裁他。[15]

---

13 《尚书·康诰》。
14 《礼记·曲礼上》。
15 见前文第十九章第256—257页。——译者注

第二十六章 法　律

民事法律仅涉及差不多等级人之间的争端。上下级之间是不存在诉讼的——如果上级在权力和名义上高于下级，那么他理所应当就是对的。同等地位人之间的争端由两方的共同上级——贵族或由其指定的官员——来处理。青铜器铭文和文献中记录了一些此类争端，其中大部分都涉及土地纠纷，但在一起案例中，我们还发现了对商业交易的审查。我们听到的大多数贿赂自然都发生在这类案件之中，因为关涉方有能力为有利于己的判决付费。

因此很明显，那个时候确实存在一些法律程序、犯罪惩罚以及诉讼审理。然而，有一个在我们谈论"法律"时所意味的要素是缺少的。在当时，一个罪行之所以成为罪行，是因为某个当权者选择将其视为罪行。杀人本身并不一定是犯罪，它之所以成为犯罪，是因为某个拥有足够权力的人判处并惩处之。简而言之，那时并不存在这样一种"法律"的概念，即无论高低贵贱，法律面前人人平等，法律的惩罚可以在没有个人干预的情况下自动进行。当然，即使现在，法律也只不过看似如此，而且在许多仍有发生的重大司法失误案例中，它甚至连看起来都不是这样。但至少我们现在有这样一个司法理论，而这一理论在早期中国——以及公元前600年前的世界其他地区——几乎是不存在的。

人的生命当时犹如草芥。《国语》中有一个尤为冷血的故事很好地说明了这一点。晋国一位名叫赵宣子的大臣利用自己的影响力，让韩献子被委以掌管军纪的职务。为了确定韩献子是否值得委任，赵宣子等待机会，然后在一场战斗中命令他指挥的一名战车御者干扰军队行列。这名御者服从照做，于是韩献子立即将他逮捕并按照军纪处死。赵宣子随后赞扬韩献子的正直，因为他敢于惩罚举荐他的人的随从。然而对于那位被刻意牺牲的御者，却什么也没说——他只是这场游戏中的一枚棋子。[16]

当怀疑食物被下了毒时，人们会先将其喂给一只狗和一名仆人；如果他们死了，食物就是有毒的。有一次，一名女仆（也许是一名妾——不甚明了）向后来晋国国君的夫人报告了她偷听到的自己主人的对话内容。为了防止对话泄露出去，她的女主人立刻将这名女孩杀害了。[17] 当时的太监就像之后的一样，也是有一定权力的角色。但当晋厉公的太监对一位大臣不敬时，这位大臣当场便杀死了他。据记载，这一行为激怒了厉公。[18]

这种杀人并不仅仅是高阶层的人对平民的蔑视和压迫。普通人可以被随意解决；地位较高的人也可以用类似的方式被杀死，但杀人的代价会更大。不过，暗杀也经常用以除掉棘手的大臣和诸侯，甚至用以除掉种种原因令人厌恶的统治者。在这一点上，我们不必对古代中国人感到特别恐惧。直到最近为止，政治暗杀还一直是西方的一种常用手段，而在当前，随着独裁政权势力的扩张，它正重新获得人们的青睐和实践。

---

16 见《国语·晋语五》。——译者注

17 《国语·晋语四》："子犯知齐之不可以动，而知文公之安齐而有终焉之志也，欲行而患之，与从者谋于桑下。蚕妾在焉，莫知其在也。妾告姜氏，姜氏杀之，而言于公子曰：'从者将以子行，其闻之者，吾以除之矣。'"此处一开始进行对话的是子犯（狐偃）与从者，晋文公并不在场。这样一来，按照顾氏原文表达，子犯便应该是这位蚕妾的主人（her master），但后面又提到姜氏（文公之妻）是蚕妾的女主人（her mistress）——如果后者成立，那么蚕妾的主人就应当是晋文公，《国语》原文中的整体表达也更支持这种理解。故此顾氏这里所言"a conversation by her master"疑为其所误。——译者注

18 《左传·成公十七年》："厉公田，与妇人先杀而饮酒，后使大夫杀。郤至奉豕，寺人孟张夺之，郤至射而杀。公曰：'季子欺余！'"

第二十七章

官僚阶层

周朝是通过军事征服建立的,其政治统治建立在军事统治之上。领土被分封给各个军事首领,他们随即成为大封建领主,然后他们又依次将封地分给在战场上表现突出的追随者。军事功绩是最主要的荣誉,而在大多数情况下,强权即是公理。平民百姓以及所有缺乏军事支持的人在生活中的地位与奴隶相差无几,而他们的统治者由于掌控军队,则可以随心所欲地统治、征税、没收财产以及强制劳动。

然而,在周朝建立几个世纪后,我们发现一种截然不同的政府理论开始盛行——这种理论在一定程度上也是实际情况。这种理论认为,政府并不属于那些背后有军队支持的人,而是那些为人民谋求最大福祉的人。政府中的重要职位也主要由士人而非战士担任——这些士人接受当时的思想,走上内政官员的职业道路。

这是一个显著的变化。如果不研究其内在机制,这一变化看上去几乎不可能发生。看起来古代中国人的想法好像发生了一些转变,统治者——或者说其中的一部分——似乎开始表示:"我们错了。我们不应该只追求自己的奢侈而压迫百姓。政府唯一公正的基础在于它应当为被统治者带来福祉。因此，我们会将行政管理交给受过教育的人，这些人将令我们的收入降低，却会使人民受益。"周代早期那些务实而喜好享乐的封建统治者们或许看起来曾有过这样的想法，但对于任何熟悉人性的人来说，这似乎不太可信。这一变化并非源自情感。它脱胎于严峻的必要性，以及官僚阶层的成员对这种必要性的利用。

中国的官僚阶层传统起源于中国迷雾重重的历史背景之中。其成员——有些仍然存在——甚至声称它出现于商朝以前，而我们则可以将其上溯至周朝初年。因此，毫不夸张地说，它是人类历史上同类传统中最悠久的一个。它一直延续到清朝的末年，而随着南京政府于1934年重新开始祭孔，我们甚至可以称它一直延续到了现在。

这一中国官僚阶层的传统与历史较短的英国公务员制度之间的相似之处绝非止于表面。与英国一样，它的职位经常由那些专门从事政府工作的家族成员代代相传。据说这种家族传统赋予了英国公职官员一种在其他地方不常见的正直，而同样的情况也出现在中国。另一方面，不管在英国还是中国，职位的担任很少单单取决于血统，能力以及所受的训练都是最主要的资质。

在为那些注定要从事政府职业的人所提供的教育上，英国和中国之间存在着一个有趣的相似之处。就像现代英国一样，早在我们所讨论的时期，中国的课程体系就给予了"古典"（classical）学科相当重要的地位，同时又侧重于传统，非常类似于我们所知的"人文"（humanistic）教育。两种课程都没有给"职业"培训本身留出太多空间。

《国语》仍然为我们保留了公元前7世纪末某位官员为楚国

太子规定的课程。[1] 其中历史、诗歌和其他文学作品——特别是古代文学——占据重要的地位。政府文件和律法也是需要学习的课程。这些也都被认为是适合准备从政的牛津或剑桥的学生学习的科目。中国人还会学习仪式和礼节——这些在英国人看来可能属于课外内容，但也是必要的。中国的教育比英国更为广泛，因为它还包括音乐——就这方面而言，它符合柏拉图时代的教育理念。

这样的教育是否实用？就中国的记载而言，我们可以这么说：延续这一教育传统的人们一直维系着它，并成功统治了地球上最大的帝国之一，而这种统治在没有经历根本性变革的情况下，持续的时间比其他任何统治都更为长久。其他制度的代表也曾一次又一次地进行统治，最终却相继失败。像汉朝的建立者那样未受过教育的乡下人曾登上过帝位——他们看不起儒家学者，认为后者是不切实际的书呆子。中国文化圈以外的部落也曾征服过天朝上国（celestial kingdom），入主中原。但他们最终都乐于召集士人，继续用历史悠久的方式治理中国。有人指责这一制度不切实际，它的拥护者则可以回答，实际上它比其他任何制度所取得的成果都要多。

中国古代存在过压迫人民、短视自私、采取只会自取灭亡的政策的统治者——这在世界历史中既不令人瞩目，亦非不同寻常；与此同时，也有视野广阔的人物，他们在和平而持久的政府所提供的宽广平台上提出造福百姓的政策——这同样也谈不上引人注目或不同寻常。然而困难在于将这些人聚集在一起，说服前者将权力交到后者手中，有意去减少统治者宫廷的奢侈无度与统

---

[1] 见《国语·楚语上》中"庄王使士亹傅太子箴"一段。——译者注

治的傲慢自大，以求统治稳固，国家昌盛，百姓安康。通常情况下，只有通过血腥的革命才可能实现这一点，而革命的缺陷就在于它很少能令那些最适合统治的人当权。在古代中国，针对政府政策的革命确曾发生，然而它是悄无声息、兵不血刃的。它到来的方式非常有趣。一切情况看起来都不利于最终获胜的士人一方，而反对他们的强大统治者和军职人员则似乎手握所有王牌。

在周代早期的文件中，我们可以找到士人取得斗争胜利的关键因素之一。这些文件以"王若曰……"这样的短语开头，意味着此诏令不是由周王（或其他贵族）亲自撰写，而是由秘书官员在他的命令下撰写。虽然这些诏令表达了周王的意愿，但具体措辞由士人决定。在较长的诏令中，我们经常会发现文士（scribe）以周王的名义写下的几句关于道德准则的小说教。周王本人对此感到很得意，因为这些冠冕堂皇的措辞都是以他的名义说出的，他可以根据自己的意愿选择是否按照这些劝诫来规范自己的行为处事。但对于他的子孙来说，这就成了一个问题。如果某名后代想要以大臣们认为不明智或不道德的方式行事，那么这时大臣们就会引用他自己祖先的声明来对付他。如果拒绝遵守，那么他就犯下了不孝之罪。更糟糕的是，他可能会得罪自己祖先的强大魂灵——这些魂灵可以选择降下最为可怕的惩罚。

士人夺取政府控制权的另一个强有力武器，是他们对教育的垄断。与中世纪欧洲的情况不同，在古代中国，贵族以通晓诗书为荣。君王和贵族并不希望子女成长为无知者，而唯一能找到的导师则都是些或多或少受到过士人传统影响的人。因此自然而然地，小王子们会被教导以官僚阶层的伦理道德及其著述，他们往往也乐于在之后雇佣官僚阶层的门徒担任自己的大臣。

然而，士人获胜的主要原因，在于他们的学说在实践中真正起到了作用。他们称诚实是最好的政策——当有机会这样做时，他们证明了这一点。他们能够举出数不胜数的案例来证明，统治者的压迫和暴政必定会导致他的垮台。他们声称，倘使他们的政策得以实施，那么从长远来看，这将能够带来最大程度的成功——他们证明了自己所言不虚。

在我们所讨论的时期，这个群体中最著名的人物当属生活在公元前7世纪的管仲。他显然并非出生于贵族家庭，可以肯定的是，他年轻时颇为穷困，但之后却成为齐公的谋士。正如大家所记得的，西周崩溃后，王室东迁，周王的统治名存实亡。各大国纷纷开始吞并其周边的弱小国家，企图取代周王的位置。然而没有一个国家强大到能够对抗其他所有国家。结果就是一种"力量均势"，各国之间互相提防，中国陷入群龙无首的境地。这给了边境的夷狄梦寐以求的机会，他们在没有遭到联合抵抗的情况下，就入侵到了中国领土的核心区域。这样一来，个别国家肆无忌惮的征服政策就面临着以中华文化的灭亡而告终的威胁。

管仲建议齐桓公改变这一政策。他表示，如果齐国想要称霸中国，那么首先必须把自己通过征服赢得的领土归还给邻国。这主意听起来愚蠢，但实际上它使得齐国能够置身于友邦而非敌国之中，同时还能自由地向境外派遣军队以抵御夷狄入侵，并"征讨"（punish）那些不服从周王的国家——不尊周王实际上就意味着不尊齐国，因为齐国就是以周王的名义称霸的。公元前667年，周王正式承认齐桓公"第一贵族"（First Noble）[2]的地位；甚至在此之前，齐桓公实际上就已经成了当时中国所知的最接近成为统治者的人。管仲的建议——即放弃征伐是获得领土控制权

2　即"霸"。见前文第十七章第236页。——译者注

的最佳方式——的正确性得以充分证明；人们承认，在拯救中国文化于危急存亡之秋的过程中，管仲发挥了巨大的作用。

官僚阶层的行为准则中包含了几个要素，其中之一是仆从对其主人的个人忠诚，这种忠诚非常坚定。中国人十分崇拜英雄，可以为自己认定的领袖做出任何自我牺牲。尤其是在较早的时期，社会观念普遍认为封建领主的仆从或臣子必须保护主人的人身安全，哪怕为此丧命也在所不惜，而对于被敌人杀害的贵族追随者而言，唯一光荣的命运就是战死沙场或自尽。同样，未能完成使命或者是以任何方式令君主蒙羞的大臣，都常常会选择自杀以挽回荣誉。中国这种对君主个人忠诚的传统，是日本武士传统和现代日本人对其天皇忠心不二的基础。中国古代为了挽回耻辱而自杀的习俗，至少是日本切腹文化（hara-kiri）的部分起源。

这种对君主的个人忠诚在封建社会中是理所应当的。然而在官僚阶层的传统中，我们发现它并没有导致士人对上级每一个命令都盲目顺从。官员的职责是提出建议并坚持己见；这并不是君主所乐见的，但从长远来看这却是对官员而言最明智且有益的策略。"好好先生"（a "yes man"）只会招致鄙视。然而有时直言不讳需要真正的勇气。曾经有一位公爵，对他手下一名大臣的规劝不胜其烦。最后，公爵警告大臣，再敢劝谏就将其处死。然而大臣却回答说，为了君主的利益，他完全愿意赴死。因此，不少大臣因为自己坚持进谏而被刺杀。当然，也有许多人选择了最简单的策略，即赞同主人的每一个计划。

有时我们会发现，大臣的主要职责并不是针对君主个人，而是针对整个国家。作为对一片特定领土的感情，爱国主义在中国的地位远远低于世界上的大多数地方，但是我们在中国古代偶尔也会发现它的存在。

第二十七章 官僚阶层

然而最重要的是,我们发现了如下一种概念:大臣的职责是协助和影响统治者,使其用一种可以给全体民众带来福祉的方式进行治理。这是一个明显的事实,乍一看几乎无法解释。全体民众,也就是贵族阶层以下的人们,是完全听从统治阶层指示的。他们其中许多人是奴隶和农奴。他们手中甚至没有"选票"能令政治家们同情他们。士人阶层的成员是否仅仅是出于善良之心才支持这些民众?毕竟他们自己也不是出身非常卑贱的人。君王们又是否纯粹是出于仁慈,才允许自己作为民众的代表受到影响呢?有人可能会对此表示怀疑。

的确,有关关心人民福祉的整个论述很难让人信服,人们很容易认为这是后世儒家学者出于宣传目的而写进古书的。但事实并非如此。不仅在早期传世至今的真书中,我们在早期的青铜器铭文里甚至也能找到这类情感的表达,而这些铭文是不可能被篡改过的。

我提出过三个主要原因来解释为什么人道主义是构成中国官僚阶层基本要素之一。第一个原因是,人民如果选择使用的话,其力量是不容小觑的。军队大部分均非职业化,而是征集自农民和普通百姓,由贵族指挥。军队最常使用的武器是反射弓,其威力之大足以穿透贵族们所穿戴的最坚固的甲胄。因此中国古代贵族无法像欧洲中世纪骑士那样占绝对优势地位:后者可以穿上盔甲骑着披甲战马在农民和步兵面前耀武扬威,而在古代中国,甚至公爵和君王都经常被弓箭所伤。这一事实引出了两个结论。首先,当民众对统治者不满意时,他们可以抛弃他,而且事实上这也经常发生,令统治者陷入孤立无援的境地。其次,如果人们因受到太多压迫而爆发众怒,他们手中是拥有反抗的力量的,而贵族无法抵挡他们的联合反抗。与现代中国的军阀不同,当时的贵族并没有机关枪，能让区区几十个雇佣军就可以屠杀成千上万农民。鉴于此，让人民感到满足，或者说至少将他们的反抗情绪控制在一定程度内，至关重要。

第二个原因，对于建立官僚阶层传统的士人而言，治理国家是他们的职业和兴趣所在。在大多数情况下他们都不是好战之人，他们的主要兴趣不在于为统治者开疆拓土——这类扩张意味着战争，而战争则意味着人民受苦受难和抱怨政府，这不利于维护稳定有序的统治。因此，我们发现官僚阶层普遍反对领土扩张和战争。同样地，尽管大多贵族可能钟情于豪奢华贵，但这些东西对他们的官员来说意义不大，而且它们所需的高税收容易削弱国家并招致怨言，至少会使治理变得更加困难，而最坏甚至可能会引发叛乱。当然，官员们自己可能也的确经常会对积累财富产生兴趣。但即使在现代商业中，那些对自己工作兴趣浓厚的人，也会将他们所建制度的成功置于巨额个人财富的聚集之上。许多这类官员更关注自己正在创建的政府的稳定性，而不愿令贪婪危及它。他们并非完全无私，但他们的自私行为能够带来利他的后果。他们足够明智，也足够了解历史，他们明白，人民富足是建立稳固持久政府的唯一坚实基础，因此他们将人民的福祉视为自己的主要目标之一。

第三个不容忽视的因素——尽管我们可能会对此表示否认——在于，在每个正常人心中都流淌着人道主义情感。如果我们可以轻松地使别人感到幸福，我们也会快乐。如果所助之人是下级或依附者，我们可以在为他们提供福祉时感到一种优越感和家长式关怀，那么采取这种行动的倾向就会变得非常强烈。谁能抵抗得了中国皇帝"民之父母"这样的称号呢？在我看来，中国官僚传统中的人道主义很大程度上源自人性天生的同情，这一点不容忽视。

　　这样的传统必然会围绕着某些人的名字具象化，这些人用一生行事以及可引用的言辞对自己的原则进行总结。儒家传统的创始人通常被认为是周公。在周公和孔子的时代之间，有些人的言辞曾被他们之后不久的人们所引用，就像孔子的教导一直被引用至今一样。孔子只是这些人中的最后也是最著名的一个。孔子成为这一传统的杰出代表，部分原因在于他出现于此传统早期发展阶段的末尾而集其大成。但出于同样的原因，他也并非像人们常常认为的那样，是这一传统的创始人。事实上，孔子的哲学思想中，很少有什么观点是在他之前的人的言辞中找不到的。

第二十八章

天 命

天命是中国国家和政府权威的基本理论。天命之于中国,就如同君权神授之于欧洲,以及"政府之正当权力是经被治理者的同意而产生的"之于美国。这一理论古老到可以上溯至周朝伊始。它至今仍然具有生命力——这一点可以从终结满洲王朝的运动被称为"革命"这一事实中得以体现。[1]

这一理论的本质十分简单。它认为统治者是由天——也就是最高神明——任命来统治世界,以实现人民的福祉。统治者只有在切合他臣民的利益时才能合法地统治。一旦他停止为人民提供福祉,另一个人就有权利和使命起义推翻他,承接天命并为了公众利益管理政府。这里不存在人民投票的问题,除了通过支持前

---

[1] 原文为"That it is still alive is shown by the fact that the revolution which ended the Manchu dynasty is known as 'the changing of the Decree'"。此处顾氏明显是在解释英文中revolution所对应的"革命"一词在中文中的原意。《尚书·多士》有云"乃命尔先祖成汤革夏,俊民甸四方","惟殷先人,有册有典,殷革夏命";《易经·革》亦云"天地革而四时成,汤武革命,顺乎天而应乎人"。故此,"革命"原意为"革改天命",直到19世纪才开始与西方政治概念中的revolution相挂钩。——译者注

任政府或叛乱者的方式来"投票"。上天会选择统治者,上天也会选择取代他的人,但"天不言"。[2] 这个问题必须通过战争和流血来裁决。

可以看出,此理论一个关键在于,它明确表示君王只不过是一名公仆(public servant),是被上天委任为民造福的侍从(steward)。在这样一种观念下,据称是路易十四所说的"朕即国家"的言论是不可能存在的。根据中国这一理论,君王的确只不过是国家机器的一颗齿轮,一旦不再正常运转就应该被丢弃并用新的替换。

很难想象这样的理论是由君王及其身边的人提出的。人们自然会认为这一理论必定是士人——也就是上一章提到的官僚阶层成员——的创造。我们会以为,这一理论是在周朝早期的几个世纪内,随着这一阶层的影响力增长而逐渐获得青睐的。但事实却是在周朝建立初年,这一理论的所有基本要点就都已成熟,而且它显然是由与王室密切相关的人——或许是王室的成员——发展起来的。

为了研究这一相当引人注目的事件是如何发生的,让我们首先来看一下中国历史的正统画像——这幅画像由中国传统学术绘制,围绕着"天命"理论而构建。这是中国官方版本的历史,至今仍被大多数中国学者所接受——直到最近为止,也为几乎所有的中国学者所接受,大多数外国学者也或多或少对其表示接受。

这段传奇般的历史将我们带回到非常久远的古代,但它在公元前2500年前的某个时期开始变得具体起来。我们被告知,到

---

2 《孟子·万章上》。

了这一时期或稍晚,中国已经在一位圣明帝王(emperor)[3]的统治下得到了统一。当时几乎没有战争,因为即使是夷狄部落也心甘情愿接受他的统治。当时的人们纯真善良,和睦相处,无需法律,没有律师,不用刑罚。几位这样的帝王没有将王位传给自己的儿子,而是从天下选择最有德行和才干之人并禅让王位。但这种情况显然太过美好而无法持续。人们(从夷狄那里——此处是对外族人的精明一击!)学会了做恶事,因此不得不制定出惩罚规则。王位的世袭原则也得以确立,夏朝随之建立(传统上认为其存在于公元前2205年至前1766年)。由于对统治者的选择不再是根据他们的统治能力而只是出于世袭,德不配位的君王就成了不可避免的现象。这个朝代在统治者的日益奢靡中走向衰落——这一过程在全世界的君主制政权中都司空见惯——直到最后君王完全忘记了其职责应是人民的仆人和他们福祉的守护者。于是上天开始寻找继任者。最终的选择落在了商人世系的汤身上——他以"成汤"之名而为人所熟知。成汤征讨并打败了夏朝的末代君主,从而建立了商朝。商朝又重复了夏朝的历程,直到商人世系的最后一位君王陷入骄奢淫逸之中。他荒废政务,压迫人民,甚至怠慢祖先和其他神祇。于是上天再次开始寻找能够接替这位商王的候选人,并最终选择了周人——后来的历史我们就都知道了。

这是中国历史非常有趣的一个版本,发挥着极其重要的作用。但作为残酷的事实,这个版本漏洞百出。第一,许多事实表明,关于早期帝王的记载只是传说。有关他们故事的早期版本在关键点上存在分歧,甚至在这些统治者的数量和顺序上也存在着

---

3 见前文第五章注32。——译者注

分歧。夏朝作为一个"朝代"的情况也是如此。当时确实存在一个夏国,但它并没有统治整个中国。商王的后代在《诗经》中所提供的历史版本声称,商人曾经统治整个中国,而统治时期正好是正统历史所宣称的夏人统治时期。[4] 这两种说法都是错误的:直到很久以后,中国才实现了大一统。

第二,商人的传统似乎完全忽略了这么一点,即最后一位夏王是邪恶的,故此商朝的创始人是在上天的委任下惩罚并取代他的。显然,从这个意义上来说,商人对于天命的观念并不熟悉。他们只是在自己的传统中叙述成汤征服了许多国家或部落,而夏只是其中之一。

第三,我们没有理由相信,在周人的征服之前,任何单一的统治者或群体有能力像周朝那样控制广阔的领土。但是天命观所伴随着的,是对整个中国——理想情况下,对全天下——进行单一统治的观念。很难想象在这个广阔帝国——至少是这个梦想——存在之前,这样的观念就已经可能存在了。但我们知道,策划征服的周文王曾有过这样的梦想,因此他的儿子可以宣称:"我咸成文王功……丕冒海隅出日,罔不率俾。"[5] 此外,虽然这只是一个细节,但值得注意的是,这里"天"字实际上是一位神灵的名称,而这位神灵似乎只是伴随着周人才得以到来。

我们同样也没有任何证据来支持周人所说的,最后一位商王是一个沉溺于骄奢淫逸的堕落败类。关于是否有来他统治时期的现存甲骨文,专家们各持己见,都有各自的证据。如果答案是肯定的,那么我们可以说这位商王曾亲自参与占卜,热衷于履行宗

---

[4] 具体可见《诗经·商颂》中所载诗篇。——译者注
[5] 《尚书·君奭》。

教职责，并且看起来并不像周人所描绘的那样邪恶。无论答案如何，周人有关最后一位商王的邪恶故事，都很可能只是另一个政治宣传的案例——这种宣传历来都与战争息息相关，并且一定也总是如此。

如果将整个"天命"理论视为历代王朝用来统治中国的委托书，那么我们很难想象在周人的征服之前该理论就存在的。另一方面，我们知道的是，它的确在周人完成征服的几年后就已经存在了。我确信这个理论源起于周人自己，或者说至少主要由他们发展出来——为了令中国文化圈心甘情愿地顺从于他们的统治，这是周人所做努力的一部分。这是一场和平的、心理上的征服，试图使最初军事征服所取得的成果永久稳固——在很大程度上它获得了成功。

让我们设想一下在军事征服之后，周人及其结盟部落的情况。就周人转向商人传统以之为标准而言，周人自认为文化较低。许多被他们征服的人想必认为他们是粗鲁的野蛮人。周人的军队可能是在商人暂时衰弱的时候趁机在战斗中击败了他们。然而，在第一波征服中顺风顺水是一回事，谋求人民的忠诚和合作则是完全另一回事——只有后者才能实现周人所希望建立的对广袤帝国的稳定繁荣统治。历史经验反复表明，通过驻军的方式永久统治充满敌意的人民是不可行的，尤其当相比人民能获得的武器士兵的武器不占绝对优势时。"凡动刀者，必死于刀下。"[6] 周人明白这一点，他们意识到必须使自己的地位合法化，并将其建立在可以被武装起义推翻的军事力量以外的东西上。在完成征服的几年之后，商人的起义让周人对自己的危险局势有了深刻的

---

6 《圣经》典故，语出《马太福音》26∶52。——译者注

第二十八章 天 命

印象——这次起义差点颠覆周人。

我一点也不认为当时的情况是周王的主要顾问们召开了一次会议，在会议上有人说："我们需要的是'天命'的理论。让我们制定并宣传它。"这样的想法是荒谬的。我也不认为周人在这件事上言不由衷。每一个前去征服世界或世界的一部分的民族，都真诚地相信自己正在执行一项神圣的使命。毫无疑问，天命理论的要素存在于周人自己，同时也存在于商人的传统中，而理论本身则是在潜移默化中形成的，这一点同样也毫无疑问。但它却被周人满腔热情地发展并运用，其理由很充分，因为它完全契合他们的形势所需。

这个理论将周人的征服从一次由一群野蛮人开展的掠夺性袭击，转变为一场在最高神明的明确命令下勉强进行的神圣之战。它使得周人不再是压迫臣服民众的征服者，而是人民的卫士，将他们从人神共弃的堕落君王的暴政中解放出来。它也使得周人及其盟友不再是一群以粗暴的军事力量威胁摧毁中国文化璀璨之花的粗鄙野蛮人，而是这种文化的卫士，胸怀骑士般的奉献以及神圣的愤怒前来涤荡权贵之座，让中华文明的火炬再次燃起往日清澈纯净的火焰。这一理论将周王和封建领主描绘成上天派来的仁慈君主，其唯一目的只在于将正义、和平和繁荣的福祉还复于民，而不是沉湎于搜刮战利品和奴役民众的残酷暴君。

中国历史全都是由那些相信天命论与中国文化一样古老的人书写的，因此我们几乎无法指望在三千年后能留下任何确凿的证据表明它是——或者说很大程度上是——周代初期的一项创新。不过，仍然存在些关于这一事实的迹象。

人们可能会认为，周人自己都很难指望能让被征服的商朝官员们相信，他们的覆灭是因恶贯满盈而咎由自取。这种政治宣传——确切地说这就是政治宣传——想必主要是为了赢得那些曾与商朝交好或受其统治的族群，而不是商人本身的支持。然而我们却发现，这种政治宣传在周公对商朝官员发表的讲话中以最简单直白的方式得以陈明。周公劝告商朝官员要忠于他们的征服者，并警告他们如果坚持反抗的话将会面临严重的惩罚。他告诉他们，就周人征服他们而言，商人自己朝代创始人的所作所为就是一个很好的先例。"惟尔知，"他在名为《多士》的演讲中说道，"惟殷先人，有册有典，殷革夏命。"[7] 周公说，商人的"先人"有这样的记载，为什么他不说商人自己有这些记载呢？正如我们可以从其他文献中看到的，商人并没有这种传统——直到周人为他们杜撰出来。

《尚书》中有数篇满是天命论、据说可以追溯到商代的著作。其中一些被认为是商朝贵族所写的篇章以最激烈的措辞谴责了最后一位商王及其政府，甚至宣称："殷罔不小大，好草窃奸宄。卿士师师非度。凡有辜罪，乃罔恒获，小民方兴，相为敌仇。今殷其沦丧……"[8] 这些篇章中存在着各种矛盾之处，我们不难判断，它们几乎肯定是周朝时期的伪作，很有可能是出于前文提到的政治宣传目的而捏造的。

的确，我们有理由相信，周人的行动远不止于以商人名义创造体现其政治学说的新书籍。周人不仅以商人的口吻写书表达政治观点，他们甚至可能还毁掉了当时留存下来的商朝时期的真实书籍。这听起来可能有些离奇，但让我们来看一下证据。我们从甲骨文中得知，在商朝时期除了骨刻契文之外，还有常规的

---

7 《尚书·多士》。
8 《尚书·微子》。

第二十八章 天　命

书籍。早期周代文献曾多次提及商代甚至更早时期的书籍。然而，我们手中没有任何一本真正来自周代之前的作品。另一方面，我们有大量来自周代伊始的真实文献——《尚书》中的八篇、《易经》的经文，以及《诗经》中的部分诗歌。这一事实令人注目，它至少让我们可以合理地怀疑这种情况不是纯粹偶然造成的。

天命论一开始为周王提供了巨大的帮助。在很大程度上，它确实成功地为其统治披上了合法性外衣，这极大地有助于将周王广阔领土上的人民从被征服的敌人转变为忠诚的子民。它在中国官僚阶层的发展过程中也扮演了相当重要的角色——从那时起直到本世纪，此阶层一直都是中国政府的支柱。但事实证明，天命论是一把双刃剑，甚至可以说是一支回旋镖。

因为天命论使得中国的君主肩负起世界上其他任何个人都从未担负过的责任。与中国君主的忧虑相比，西方的贵族义务（noblesse oblige）[9]简直不值一提。首先，中国的统治者要为中国发生的一切问题负全责。随着这一理论的发展，他不仅要为人民贫困或者叛乱四起负责，甚至还要对干旱、洪水和瘟疫负责。在文献作品中，最动人的段落就是那些比较有责任心的中国皇帝，在完全揽下某一巨大灾祸的责任却无法找出自己所犯的错误时，恳求上天只惩罚他们本人而不要殃及无辜的人民。

根据这一理论，皇帝存在的唯一理由便是他应当促进人民的福祉，而这也是他拥有皇位的唯一理由。如果他未能或停止履行这一职责，实质上他就不再是皇帝了，尽管他可能仍会顽固地

---

[9] 欧洲一种起源于中世纪封建制度的传统社会观念，认为贵族阶层有义务为社会承担责任。——译者注

继续占据皇位。只要能让人民普遍安居乐业，他这个人就是神圣的，而一旦情况不再如此，那些自认为天命在身的人就有权甚至有责任篡夺皇位，取而代之。其后果便是，天命论成为任何人无论何时都能发动革命的完美借口。

它还产生了另一个后果。它使得中国统治者从理论上来说——有时在实际中亦然——成为非常诚恳的个体。当然，任何真心相信自己肩负如此重大责任的人都是诚恳的。大多数中国君王从幼年时期起就被深受官僚传统影响的导师灌输以天命论。有些君王对整个理论逆反剧烈并沉迷于轻浮之事，这不足为奇，但并非所有君王都会如此。而这种严肃性在官僚阶层中得到了更大程度的体现。虽然在庞大的官僚群体中总会有个别人心术不正，但恪尽职守的人总比预期的要多得多。

376　　在天命观念出现的同时，很可能还出现了一种新的世界观。我们已经看到，直到周朝之前，即使是中国北部的领土也由各个小国或部落割据。很可能当时有关一位单一的、由上天任命的统治者——这位统治者统御全世界，就像是至高神明在俗世的代表——的概念也尚未诞生。但是周人确实梦想过这样一种统治，并成功地将所有完全浸淫在中国文化里的族群统一了起来。他们国家之外的所有族群都是生活在边境上的野蛮人。这些人微不足道，本应服从"中部国家"（middle country）的统治，但未完全开化的他们又不够聪慧，故此只能模糊地承认中国的权威。于是，中国——中部国家（the Middle Country）——的观念应运而生。中国人至今仍根据这一观念称呼自己的国家。

这个名称准确地反映了它的意思。根据至今仍被大多数中国人所信仰的古老理论，中国在地理、政治和文化上都是整个世界的中心。我们在古代书籍中读到，当离开中国的首都而接近华国

（the Flowery Kingdom）[10] 边境时，被流放边疆国家的人会看到文化逐渐凋零。最后，在几天的行程后，他们会"对看到的任何类似人性的东西都感到惊讶"。必须记住的是，根据这一理论，欧洲人和美国人也不过是来自外面黑暗世界的野蛮人。还必须记住的是，比较不到两个世纪前中国和西方的文化，其结果也很大程度上支持中国的理论。许多14世纪到18世纪学识渊博、所知甚广的欧洲人，都曾坦率地仰视在他们看来更为优越的中国文化。据说在1750年之前，以中文出版的书籍数量超过了其他所有语言出版数量的总和。总而言之，不管是真是假，中国人一直都秉持中国文化至上论，他们至今仍很大程度上这么认为。这种信仰是中国国情的一个重要因素。

到了我们所讨论时期的末尾，也就是大约公元前600年左右，中国的所有基本要素都已形成。因为中国不只是世界地表上的一个区域，不只是一个族群，也只是一种文化，而是据有一片特定疆土、共享一种文化，并被根据特定观念所形成的一种共同历史凝聚在一起的一群人。如果没有那些将他们联系在一起的观念，我们可能仍然会看到这个族群、这片疆土，甚至这个共同的文化，但我们不会看到中国。从根本上说，那些将中国人聚集起来并一直凝聚在一起的观念有三个：首先，中国政府受命于天，在理想上统治着整个世界，且除了短暂的混乱时期外，它一定统治着所有文明族群——也就是所有那些共享中国文化的族群。其次，中国政府的唯一目的是保证人民的福祉；当政府未能做到这一点时，人民有权利和义务反抗，并支持那位受到上天指

---

10 也称"中华国"（Middle Flowery Kingdom），西方近代对中国的诸多别称之一。——译者注

定重新带来德政的人。最后，为了正确地进行统治，君主必须召集国内最有才干的人来辅佐他，这些有品德的人通过深入研究历史以使自己胜任治理的任务，他们能将过去的教训应用于当下的问题。

正是这些基本观念造就了中国，它们在公元前600年左右就已相当成熟。中国就这样诞生了。但是，这些观念直到公元前2世纪才在一个统一的政府中得到了具体体现。我们可以说，等到后面这个时期，中国就进入了成年期。

对中国知之甚少的人以及对中国有很多了解的人都有一种普遍印象，即自汉代以来，中国基本上没有发生变化，没有取得任何进步。这种印象完全是错误的。而很多人如此认为，出于两个原因。

首先，迄今为止研究中国的外国人对于公元前6世纪至公元2世纪之间的研究超过了对中国历史其他时期研究的总和。他们有充分的理由这样做：这是一个重要的时期，其间中国文化的许多要素得以形成。中国人自己——古典教育的坚定信奉者——也已经详尽地研究了这一时期，并使之比任何其他时期研究起来都更容易。

外国人之所以认为中国在两千年间没有发生变化的第二个原因在于，他们将中国文化与欧洲文化进行比较，并忽略了某些事实（这些事实对我们西方人而言并不值得称赞）。必须记住的是，中国大约在公元前2世纪就已然成年，并一直保持着这种状态。在那之后，她没有经历过文化连续性被中断以至于整个体系几乎都需要从头开始构建的时期。她已经建立起了一种文化和政府体系，令她哪怕在被蛮族征服时也能够将其吸纳到她的文化和政治体系中，以使中国基本保持完整。她不像欧洲曾分崩离析并跌入

第二十八章 天 命

黑暗时代。

中国可能在周朝早期以及中后期的封建时期经历过黑暗时代，这比欧洲出现类似情况早了一千多年。即使在中国的黑暗时代，其贵族阶层的文化和读写水平也远远高于出现时间要晚得多的欧洲同类贵族。当中国摆脱了这些事情后，她就真正地和它们一刀两断了。中国曾经历过动荡和分裂的时期，但当考虑到中国就像欧洲一样大时，我们必须承认她在和平和统一方面表现得比欧洲要好得多。

人类在所能达到的文化和复杂性上似乎有一个极限。那些沉浸于文化民族古代文学作品——无论是希腊人的、罗马人的，还是中国人的——中的人们，通常都会证实这样的信念：两千年前或更早的明哲圣贤情感如此充沛，如此能洞察并应对人生中最重大的问题，如此温文尔雅且娴于人情世故——生活于今天的人们又有多少能够企及？如果孟子、司马迁、柏拉图、爱比克泰德（Epictetus）、[11]西塞罗和莎士比亚穿越到今日，并被展示以我们如今所谓的伟大成就，他们是会赞叹不已还是会觉得好笑呢？

中国在公元前2世纪就达到了相当高的文化水准，并且从未完全倒退。中国经历了变革，但其发生过程只是逐步的演进，而不是突变。然而，近几个世纪的一些中国哲学家在处理问题的方式上与孔子时代相比，其差异之大，更甚于柏格森（Bergson）、[12]怀特海（Whitehead）[13]和杜威（Dewey）[14]的哲学与

---

11 古罗马新斯多葛主义哲学家。——译者注
12 法国哲学家，1927年的诺贝尔文学奖获得者。——译者注
13 英国数学家、哲学家，历程哲学（process philosophy）的奠基者。——译者注
14 美国哲学家、教育家、心理学家，美国实用主义哲学的重要代表人物，也被认为是现代教育学以及机能主义心理学（functional psychology）的创始人之一。——译者注

柏拉图时代之间的差异。中国艺术在几个世纪中取得了巨大的进步，文学亦然。中国在物理科学方面的成就不如最近的西方，但西方的物理学成就大部分都是很近期才发生的事情。

当谈起现代西方的文化进步时，我们并不是在拿我们的现在与古代的辉煌时期作比较。我们更多地是将其与文艺复兴之前欧洲所陷入的文化深渊作对比。但若我们将今天的纽约、伦敦、巴黎或柏林与伯里克利时的雅典以及奥古斯都时的罗马相比较，我们能理直气壮地说我们在文化上取得了进步吗？在某些方面答案是肯定的。而在某些方面，以及在同等程度上，北平作为现代中国的文化之都，也代表着其相较于汉朝都城的进步。

另一方面，20世纪的北平并不能像今天的伦敦相较于13世纪的伦敦那样，代表着其相对于13世纪中国都城的进步。但是，如果因为中国人从未沉沦堕落，因而没有反差巨大的迅猛崛起，我们就说他们是落后的，这难道公平吗？

中国文化的起源和早期历史非常值得研究。尤其是因为在中国，早期的文化成就并没有丢失，因此如果我们想要理解中国后来的历史研究，早期和古典时代就特别重要和必要。但千万不要忘记，在研究中国文化时，我们所面对的是一个活生生的而不是业已消亡的文明，研究其过去的最主要目的是为能更好地理解其现在与未来。

附　录

《中国之诞生》的诞生[*]

顾立雅

西127街8716号

帕洛斯公园（Palos Park），伊利诺伊　60164

当被告知这次会议将纪念《中国之诞生》[1]出版五十周年时，我脑海里立刻浮现的是一部莎翁喜剧的剧名：《无事生非》(Much Ado About Nothing)。这本书或许是向普通读者介绍中国早期历史变革的第一部著作，但它充斥着大量此类初步尝试难以避免的错误。在其出版后的五十年里，有关这一主题已经积累了大量的研究和考古发掘。在任何迅速变化的领域，每一本书在出版问世之前至少已经部分过时。面对《中国之诞生》，唯一正确的做法就是像五十年前我所做的那样：忘却它。

我提议应当如是处理，但被否决了，大家坚持认为我应当在这个场合发言。因此，我就谈一下是何种情景促使我创作此书。

---

[*] 此演讲发表于1986年3月21日在芝加哥举行的亚洲研究学会（Association for Asian Studies）年会早期中国研究会（Society for the Study of Early China）圆桌会议上。英文原稿由夏含夷教授提供。——编辑注

[1] London: Jonathan Cape, 1936.

它主要是两个因素的产物：误打误撞与机缘巧合。

最重要的误打误撞发生在我还是芝加哥大学的研究生时。在研究宗教与哲学史的过程中，我对孔子产生了浓厚的兴趣，并决定遣此余生探究中国文化的历史——至今我仍在努力。这很困难，因为当时大学里没有任何有关中国语言的师资、课程或书籍。我决定自学这门语言，而幸运的是，我得到了一位同样也是研究生的优秀中国学者的帮助。

当时在菲尔德博物馆（Field Museum）[2]有一位非常杰出的汉学家——贝特霍尔德·劳费尔博士，我希望从他那里获得一些建议。不巧的是，我去找他那天正好他休息。他花了五分钟就把我打发走了，说："喏，你是个学生，你难道没有老师吗？我可不打算浪费我的时间。"我告退后，决心再也不登门相扰。大约一年后，我需要一本《墨子》，而只有通过菲尔德博物馆才能获取。我打电话告诉接线员，我愿意跟劳费尔博士以外的任何人谈，但她却错误地把我接通给了劳费尔博士。如果那位接线员没有犯那个错，今天我可能就不会在这儿了。

劳费尔博士说："克利尔先生——我好像听过你的名字？"我没有告诉他，他曾经几乎是把我赶出了他的办公室。他说请进，随后像对待失散多年的侄子一样问候我。他问我在拿到博士学位后打算做什么，我告诉他我得到了一份工作，在下州[3]某个小学院教书。他说："噢，别把时间浪费在教书上，我帮你弄份研究奖学金。"我心想这听起来不错，然后就跑去教西班牙语、英语

---

[2] 全称"菲尔德自然历史博物馆"（Field Museum of Natural History），1893年创立于美国芝加哥，是世界上最大的自然史博物馆之一。——译者注
[3] Downstate，一般指美国一个州的南部，其中又特指相对于北部芝加哥的伊利诺伊州南部。——译者注

和心理学了。

劳费尔博士在当时美国学术团体理事会新成立的中国研究委员会（Committee on Chinese Studies）担任主席；令我惊讶的是，他真的为我争取到了一份相当不错的奖学金。我去了哈佛大学，很想跟着梅光迪深造，他在古典学问上造诣颇深。不过我不认为他多么看重我的资质：在大约一个月的时间里，他对我进行了一系列类似入会仪式（hazing）的考验。当我通过考验后，他说："好吧，你够格了。现在我们可以开始干正事儿了。"

在接下来的两年里，我们快速而广泛地涉猎了大量的文献。这样的节奏没有把我整崩溃。美国学术团体理事会和哈佛燕京学社轮流通过年度奖助支持我。对我而言非常幸运的是，1932年，就在我准备去中国几周之前，梅教授也回到了中国。学术界里他几乎谁都认识，也当面或者通过书信把我介绍给了很多人。因此，很快我就认识了我所从事领域里的众多领军人物。

自然我也认识了中央研究院的工作人员，尤其是董作宾和梁思永。董作宾成了我最亲密的朋友之一，当年我访问安阳时就是他负责当地的考古发掘工作。对于其他一些我所熟识并给了我很大帮助的人，在此我只能随口提及其中几位：容庚、顾颉刚、刘节、商承祚、孙海波、唐兰、汤用彤，当然还有很多人。这些学者的真挚和乐于助人令人惊佩。

我开展研究的情形简直不可思议。当遇到一个无法解决的问题时，我只需骑上自行车跑到某位该领域权威专家的府上，在品茶的同时寻求他的建议。我问自己：怎么会有如此令人难以置信的慷慨？毫无疑问，这是我所认识的最友好的一群人。此外，我有种感觉，他们似乎认为我对"科学方法"有一些独到的见解。我非常坦率地告诉他们，我对科学方法了解甚少，并且就算是了解一点儿，我也无法将其传授给他人。但显然他们不信我说的。这是他们的误解，也是我的好运。

在我看来，当时北京最重要的研究机构不仅完全谈不上正式，甚至可能无人意识得到：学者们频繁在饭馆里举行的晚餐。我听说一些教授在招待朋友上花掉了一半的薪水。在我的记忆中，我每周至少会收到一次参加这类晚餐的邀请。

这些晚餐通常持续约四个小时。八名——很少超过十二名——学者围坐在一张大桌边，其中有历史学家、考古学家、古文字学家、艺术专家、文献学家，甚至偶尔还会有诗人。实际上，这些晚餐就像是重要的研讨会，但外面听的人，可能只注意到频繁的笑声。交谈从家长里短开始，然后四处发散：最近出土的青铜器、对经籍中某段的新解读、女性（也许是某位特定的女性）、某人为什么要发表那篇毁掉自己声誉的最新论文，甚至偶尔也会提到政治，不过不常有——他们对此兴趣不大，以及总是有绍兴酒这种最为温和的佳酿润和着交流。

所有这些谈话都疾如烈火，往往很专业，还时时包含精妙的双关语。你们或许会好奇我是怎么听懂的。其实我听不懂。我到北京的时候，我的中文口语只停留在基础的游客水平。在将近一年的时间里我备受煎熬，别人说的话，我能理解的很难超过两成。然后，突然间，就像某个闸门打开了一样，我从几乎什么都听不懂变成几乎什么都能听懂了。我依然记得自己有一次在谈话中还算精妙并显然成功地使用了一个双关语时的情景，当时仿佛有一道电流传过桌子周围，绕场整整一圈。我感觉自己算是登堂入室了。

我开始意识到我生活在一个历史性的时刻。在攻读博士学位以及之后与梅教授的相处期间，我对西方和中国之前对于早期中国历史的概念有了颇为清晰的了解。但是北京的这些学者们正摸索着塑造一种全新的史观。这一史观有许多源头与迹象。对商代甲骨文的研究直到1920年代才开始逐渐结出硕果。安阳遗址的科学发掘始于1928年，但直到1930年代才真正顺利展开。《古史辨》——九卷瑰丽珍宝的内容正反映了当时发生于北京学术界的那类思辨——于1926年开始出版，到1935年已进入中期。

然而暮色已近。有段时间，日本人的战壕只在燕京大学外几英里处。日本战机经常飞过城市上空，虽然从未投下过炸弹。哈钦斯校长（Hutchins）[4]给我发来了一份工作邀约，邀请我从1936年开始在芝加哥大学建立中国研究。我立即接受了，以免他改变主意。

我深知在踏上学术之途前，我得写点什么。我开始撰写后来于1937年出版的《早期中国文化研究》(*Studies in Early Chinese Culture*)。[5] 我请朋友们读了最开始的几页，他们说："这无疑有学术价值，但没人读得下去。"我从十六岁开始就为报社供稿，当时已在报纸上发表过洋洋数百万言。我还在1929年出版过一本书——一本非常糟糕的书，不幸的是，有些喜欢它的人觉得写得还算可以。但是在过去的五年里，我除了研究什么都没干，已然完全丧失了写作的能力。为了练练生硬的笔头，为严肃写作做好准备，我写了一本通俗读物——《中国之诞生》。

我写其他的每本书都花费了好几年的时间。但是对于《中国之诞生》，我的素材满满当当，直接喷涌而出。从早到晚我运笔

---

4 罗伯特·梅纳德·哈钦斯（Robert Maynard Hutchins），美国教育哲学家，1929年至1945年任芝加哥大学校长。——译者注
5 American Council of Learned Societies，*Studies in Chinese and Related Civilizations*，no. 3. Baltimore: Waverly Press，1937.

如飞，直至夜深人静。六个星期，书写成了。

　　再多说一句。我绝不把自己看成是什么权威宿儒，不过我确实认为以自己这稍微还算可敬的八十一岁高龄，我有资格主动给年轻学者提供一些建议。我的建议是，如果你想出版一本较为成功的书，只要你喜欢，努力工作准没错；但有一点你绝对不能忽视，无论如何都不能，那就是：要有好运！

释 天[*]

顾立雅

中国古代之宗教思想,其起于本土者,以天神观念为主要问题。然三千年来,此天神观念之起源及其发展,学者尚未能明言之。余意非谓学者中未有解释其义者,惟其解释皆不甚适当也。但诸说之中,求其较普遍者,有三义焉,或足以代表一般学者之意见,述之如下。其一,谓天字从一大,故有大一之义。(段玉裁《说文解字注》:"至高无上,是其大无有二也,故从一大。于六书为会意。")然此字在铜器中,若盂鼎,若周公殷,皆作 ⼤ 而时代较早,则从一大之说不能成立矣。其二,谓一象天,大象人,一在大上,故为天。(吴大澂《字说》:"天,人所戴也。")然此说亦不可信,⼤ 字本象人形,从•者并非所戴,乃人头也。其三,欧洲之中国学者,若 H. A. Giles,谓天字乃象人形之神。于是一般耶教牧师皆谓中国古代之天神观念乃世界最普遍之一神教,与犹太教、耶稣教所信仰之神或上帝相同。然事实所昭示吾人者,天字并非绝对人格神,与帝字之意义稍有区别也。或谓天确为人格神,其见于

---

[*] 本文首刊于《燕京学报》第18期,1935年12月。

《诗》《书》者，如：

> 一、《诗·小雅·巧言》："悠悠昊天，曰父母且。"
> 二、《书·高宗肜日》：[1] "天监下民。"又《诗·大雅·大明》："天监在下。"
> 三、《书·酒诰》："弗惟德馨香祀，登闻于天。"

是可证民呼天曰"父母"，天可以监视下民，而又能闻祭祀时之馨香[2]则为人格神审矣。然此三证皆未足以证明天确为人格神，与《诗》《书》及金文中言上帝者迥殊。例如：

> 一、《叔夷钟》："虩虩成唐有严在帝所。"
> 二、《毕狄钟》："先王其严，在帝左右。"又《诗·大雅·文王》："文王陟降，在帝左右。"
> 三、《诗·大雅·皇矣》："帝谓文王，无然畔援。"

以此例彼，则天非可亲近之人格神，故《论语》曰："天何言哉！"《孟子》亦云："天不言，以行与事示之而已。"帝字在甲骨文字中常见，殷人言帝或上帝，其见于孙海波氏之《甲骨文编》者有六十三处。然帝之本意，即明义士氏所谓古代祭祀之名，其后即以此字为神之名；此与古代印度 Agni 之名有相同者。Agni 者，本义为火，以火祭神者，故其字后亦为神之名。帝与燎本为一，故祀帝之礼即以火祭神。在甲骨文中无天神之观念，以作者

---

1 据作者之意，《高宗肜日》非商代之文，乃周人所作。
2 此天字作天神解亦可。或谓"于天"即"在天"，则非天神之意。

释 天

考察，恐天字亦且无之。孙海波氏《甲骨文编》谓甲骨文字中有天字。其字共见十二次。《文编》未出版之前，承孙氏惠示稿本，尤所感谢。以作者考察，只见十一次。(《前》八、九、二，孙氏言有二天字，今考只一字。) 在孙氏所引诸书以外，若《殷契佚存》《殷契卜辞》《殷虚书契续编》三书中，作者曾遍索，只得一字。(《续》六、二十一、四。又一字在《续》五、十三、七，但此字已见《前》四、十五、二。) 由是此象天字之体，在甲骨文字中共见十二次，分在九块甲骨之上 (《前》二、三、七与《前编》四、十五、二本是一块。) 此十二字分属五种体制：

甲 𤯨
乙 𠬝
丙 𠬝
丁 天
戊 𢍏

此五体中，甲与丙各见一次，(《铁拾》十、十八。《续》六、二十一、四。) 丁共见二次，(《前》二、二十、四；二、二十七、八。) 乙共见四次，(《前》二、三、七；四、十五、二；二字在一块。《甲》一、二十七、八。此块共见二次。) 戊共见四次。(《铁拾》五、十四，《前》四、十六、四，共见二次，八、九、二。) 此十二字是否作天字解，尚待研究。甲丁戊三体与金文中所见之天字相同，甲与《无𤰔𣪘》之天字，丁同《颂鼎》之天字，戊同《齐侯壶》之天字。乙体在甲骨文字中可视作天字，盖因甲骨文字之丁字作▱，金文之丁字作●，则甲骨文字中之𠬝字可代金文中之𢙷矣。丙体与乙体相近。由是观之，此

383

五文在甲骨文字中，以体制言，解为天字亦未始不可；但从意义上立论，则此十二字未必即天字。其中有三处，意义不甚明了。

　　一、"弗来天"。(《铁拾》十、十八。) 此三字并非连合成文，以意测之，天或为一地名。
　　二、"卜天"。(《前》八、九、二。) 此天字或为卜人之名。
　　三、"子天"。(《续》六、二十一、二。) 此天字或亦为人名。

此外尚有九处，其中二处作地名解。

　　四、"徙于天"。(《前》二、二十、四。)
　　五、"王田天"。(《前》二、二十七、八。)

又有六处代大字用，其中四次曰"大邑商"。

　　六、(《前》二、三、七。)
　　七、(《前》四、十五、二。)
　　八、(《甲》一、二十七、八。)
　　九、(同上。)

其余二处作"大戊"用：

　　十、(《前》四、十六、四。)
　　十一、(同上。)

尚有一次文曰：

释　天

十二、"叀于天豕"。(《铁拾》五、十四。)

此文似可解为祭天之意。然则甲骨文字中有天字矣。虽然，亦未可信也。天神观念始大显于殷周之际，周人克商之后，天为最主要之神，较之上帝尤为显赫。假定商人亦有天神观念，在甲骨文字中必不止发现一次，且祭天之礼亦不止用一豕，则此文中之天字不必作天字解，其理具见下文。今按此文断续相离，不能成读，此天字是否即作天字解，确成问题。即就"叀于天豕"四字连文言，天字亦可作地名解。甲骨文字中有"叀在兹"(《前》四、二十七、五)之文，于即在，例如"田于○"(《前》二、二十八、二)之类，则叀于天即叀在天之义，此天字可作地名用，其理一也。复次，丁体之天字确作地名解，则此天字如为天字之别体，亦可作地名解，其理二也。戊体可代大字用，大亦地名，(《前》二、二十八、一。)然则此天字又为大之别体，古文大与天本通用，大既然为地名，则此天字亦地名矣，其理三也。若以此天字作天神解，则商代已有天神观念，何以万片甲骨中不见其他祀天或以天为神之文？足证此天字当作地名为是。盖商代之人未有以天字作上帝之别名也。

或谓商人已有天神观念，其见于《诗经》中之《商颂》五篇，即甚显著，则前说似非定论。而余以为此言亦未足以破我说。余从甲骨文字中考察之，商人无天神观念，而《商颂》五篇乃西周中叶以后宋国人之所作，此在中国学者已成定谳。[3]《今文尚书·商书》凡五篇，其中天字共见十八次。然吾人细加考察，知此五篇亦周人所作。《汤誓》之文法与西周金文相近，其

3　见王国维《观堂集林》卷二《说商颂》，《古史辨》第一集，第61、67页。

所函之意义亦与西周人之言论相同。《盘庚》三章之文法则同东周时之金文，其文气甚顺、多用"之"字为连接词，不仅非商人之文，且不能视为西周初年之文。在此文中，已有显著之天命观念。假令此文确为商人所作，则甲骨文中非有天神观念不可矣。《古史辨》第一集，顾颉刚先生谓《盘庚》为《商书》中之唯一可信者，[4] 至于近年，顾氏之意见已与前日不同。顾氏曾与余言，《盘庚》乃周初人所作，至东周以后曾经学者所修改，则《盘庚》亦非商代文字。《高宗肜日》不见帝字，天神为其中之重要观念，如言"天监下民典厥义"及"非天夭民，民中绝命"等语。[5] 如据此立说，则武丁或祖庚之世已有天神观念，此与事实亦不相合，足见此篇颇有可疑之点。盖此文如为武丁时作，则祖己对其父所陈说之词，于礼亦不合。如以为在祖庚时作，则是时祖己恐已去世，因其弟祖庚已继位为王。王国维氏所引二说[6]亦不可信。《家语·弟子解》言高宗以后妻之言杀孝己，则是时祖己已被杀。若训杀为放，亦觉费解。学者又谓祖己为殷臣，其说又有牴牾。在甲骨文字中，称祖者恐皆指已故之人，未有名在世之臣。故王国维氏亦指此文必为后人所追述。吾人今读此文，其矛盾既如许之多，则不能不别求解释。盖此文为周人所作，因其文法与西周金文相近，其中故事亦周人所杜撰，周人但知祖己之名贸然引用，而不知祖己乃王子而未就位者，故文中措词屡有失当之处。《西伯戡黎》乃周人对于殷代灭国事之宣传，假殷臣祖伊之言以出之，谓殷社将绝，乃曰"天既讫我殷命"，又曰

---

4 《古史辨》第一集，第201页。
5 《史记·殷本纪》作"唯天监下典厥义"及"非天夭民，中绝其命"。今据《隶古定尚书》文。
6 见《观堂集林》卷一《高宗肜日说》，第4页。

"殷之即丧",又曰"今我民罔勿欲丧"。凡此数语,皆非殷臣对天子所应陈述之词。且此处言殷者二次,殷字为周人名商之词,此字甲骨文字中所未见。且文中述祖伊生时之言而称之曰祖,亦可证其出于后人所追述。是此文作时在殷社既屋之后,故王国维氏亦谓此文乃宋人之作。然宋为商后,何必咒诅其先人;若此文作于周初之臣工则甚合理矣。《微子》为周人攻击商人更激烈之文字,在《微子》中言商人无一可取,又文中屡用殷字。其所用语辞如"微子若曰""父师若曰",据金文以证之,"若曰"之词皆出史臣之笔,如此重要言论不能出之史臣,亦可证《微子》非商代之文。据上述数证,虽《商颂》及《商书》五篇中有天神观念之痕迹,而不能据之为商人已有天神观念之证。虽然,商人确无天神观念,而至周代初年则天神观念甚发达,上帝之名反而减少。据作者研究所得,于《周易》卦爻辞中,帝字作上帝用者一次,《益》六二曰"用享于帝,吉",而天字之用凡见七次:

一、《乾》九五:"飞龙在天。"

二、《大有》九三:"公用亨于天子。"

三、《大有》上九:"自天佑之。"

四、《大畜》上九:"何天之衢,亨。"

五、《明夷》上六:"初登于天,后入于地。"

六、《姤》九五:"有陨自天。"

七、《中孚》上九:"翰音登于天。"

此七天字惟二、三两项作天神观念之用,虽不为多,然是时已有神观念,则可论定。在《诗经》中所有天字之作天神观念用者凡一百零六次，而帝字作上帝用者只三十八次。《尚书》中有七篇可定为周开国时之作者。[7] 在此七篇中天字凡见九十七次，帝字只见二十次。金文中可信为西周之作，而见于郭沫若《两周金文辞大系》及吴其昌《金文疑年表》者凡二百十九篇，其中天字共见七十五次，帝与上帝共见四次。其中天字大半数作天子用，其余三十四次与帝字相较，尚多八倍。据此论之，天字虽始见于周初人之文，其字之用作昊天或天日之意，如西洋人所称之sky者，例如《周易》言"飞龙在天"，又曰"初登于天，后入于地"，又曰"有陨自天"，又曰"翰音登于天"，皆是也。其见于《诗经》者，《大雅·旱麓》"鸢飞戾天，鱼跃于渊"，《卷阿》"亦傅于天"，《云汉》"瞻卬昊天，有嘒其星"，皆其例也。而《尚书》七篇及金文中恐无作此例用者，或因《尚书》及现存金文诸篇中未见"昊天"或"天日"之用，故亦不传其义耳。天字本作人形如𡗢，与"昊天"或"天日"之义相去甚远。在周初时天字已作"昊天"或"天日"之用，可见其字自其本义至于引申义，已经相当时日，则始用者非商人，亦必为未克商以前之周人矣。

　　据此，或谓上帝为商之部落神，天为周之部落神；故商之武乙，及宋之元王偃皆蔑视天神。《史记·殷本纪》言："武乙无道。为偶人，谓之天神。与之博，令人为行；天神不胜，乃僇辱之。为革囊，盛血，卬而射之，命曰射天。"《宋世家》言："宋君偃自立为王。东败齐，取五城。南败楚，取地三百里。西败魏军，乃与齐魏为敌国。盛血以韦囊，县而射之，命曰射天。"元王偃在《战国策》作宋康王，亦曰："射天笞地，斩社稷而焚灭之，

---

7 《大诰》《康诰》《酒诰》《洛诰》《多士》《君奭》《多方》，此七篇皆周代最初数年之作。

曰:'威服天下鬼神。'"是可证天为周人之神,故殷人视为仇敌,因而射之也。而作者以为未必然,此故事盖指宋康王而言。宋为殷后,故追溯其祖先,因而附会武乙亦有射天之事。吾人细察宋康王射天之事,并非专对天而施,同时有"笞地,斩社稷"之言;其意在威服天下鬼神。其实吾人于古史中并不能得到商人仇天及周人仇帝之事。《商颂》中天字共见五次,帝字亦见五次,且言:"天命玄鸟,降而生商。"周人用帝字虽少,而并非绝对无之。在周初之文中,亦见帝字,且见佑助周人之意。《书·君奭》曰:"在昔上帝割申劝宁王之德。"又曰:"闻于上帝,惟时受有殷命哉。"又《文侯之命》:"惟时上帝,集厥命于文王。"《师訇毁》:"皇帝无斁,临保我有周。"又《诗·大雅·文王》曰:"有商孙子。商之孙子,其丽不亿。上帝既命,侯于周服。"又《周颂·执竞》:"丕显成康,上帝是皇。"据此可知上帝或帝与天并用,无相对之意。如《书·大诰》"已,予惟小子,不敢替上帝命;天休于宁王,兴我小邦周"则上帝与天同一意义。《康诰》亦言"闻于上帝,帝休,天乃大命文王",《诗·大雅·云汉》曰"昊天上帝",更可证天与帝同义。据此:帝为商人之神,天为周人之神;至殷周二民族接触之后,知天、帝乃一神之异名。此事如希腊之 Hera 与罗马之 Juno 本二神,Aphrodite 及 Venus 亦二神;名虽异,其后二民族日见同化,皆认为同一之神,帝与天字之关系亦如是。

然则天字之来源如何?请详言之:虽然,吾人于此时期,并无多量资料可供参考。其可信为周代开国以前之周人史料者,或于《周易》卦爻辞中可以求之而已。若考此字之线索,以大字与天字通用之点求之,是为捷径。前言甲骨文字中有十二似天字之文;其中一半为大字之别体,其中更有四字为"大邑商",在《周书·多士》作"天邑商"。在甲骨文字中"大戊"作"天戊"。甲骨文字中"商汤"亦名"大乙",而于《世本》《荀子》《史记》中皆作"天乙",[8] 古宗庙作"太室",在甲骨文字中作"大室"。(《前编》一、三十六、二)周金中常见"太室"之文,例如《师奎父鼎》"格于大室"之类,而《大豐殷》[9]则曰"天室"。同器中有二大字与天字皆异体,足见在殷中天字与大字已不同。王国维、罗振玉二氏皆言天作大字用者,因其体相近也。[10] 据作者之意,理犹未尽。在甲骨文字中,大字作 介:(《前编》三、十九、三)其下二∩象人之膝盖,故知为人形。再以"立"字及"亦"字互证,更可知大字确象人形,其时已有大字之本义。在甲骨文字人字作 ᧈ,(《前编》六、二十五、二。)此有一显著之现象其字代表一般人侧立俯身之形。他如俘虏女奴之属,则象跽形。[11] 以此观之,立体正面之人形,非一般之人,其初即有大人之义。然后用之日久,仅存大字之义矣。大字之下加一即立字,如 ᧈ [12]。立字在金文中每作位字用,[13] 可知此大人即有地位之人。其后加以人旁字,则二字亦分用矣。尚有一字与此二字形似者,即"王"字在甲骨文字中作 ᧈ (《前编》七、三十八、二)。王亦大人,乃有地位不可侵犯之人也。据作者就其字体言之,"王"之与"立"本为一字。然在初期之甲骨文字中已有分别。其最常见之区别,王字上画象两臂平放,立字

---

8 《经典释文·书·汤誓篇》,引《世本》《荀子·成相篇》《史记·殷本纪》。
9 郭沫若、吴其昌二氏皆言此器作于武王之时。
10 见《观堂集林》卷九,第8页;《殷虚书契考释》卷一,第2页。
11 《前编》五、二十九、五,又一、二十八、三,又四、二十六、五,诸处。
12 《前编》七、二十二、一。此字在甲骨文字中颇难断定本义为何,而其体与金文之立字相似。在此处可以作立字解,而不能作王字用,因本句中已有王字而字体不同也。
13 见《颂鼎》及《师晨鼎》。

释　天

上画象两臂稍垂。虽然，此种区别亦并不十分显明，故晚期之字于两臂上又加一横，以代人头之形，如玉。[14] 据作者考查之结果，立字、位字在古文字中，其上并无一画如王字之形。商代之时，字体本未一定，可以随便改动，例如矢字，(《后》下四、十四。)奴字，(《前》四、二十六、五，又《后》下三十四、四。)卿字，(《前》四、二十二、六，又《殷卜》第五八八。)有时添一头在上，有时则无之。盖平常之字可添可不添，至两字分别之时，则添上一画，如王之与立。其后添一画之体成为普通之字矣。

据上数例观之，然后得知天字之来源：在周人克商以前，其民族有一习惯，凡王及有地位之人，皆名之曰大。及至王死之后，即为神，可以操民命；其威权犹胜于在世之时，因此亦可名先王为大。迨周人接受商人用字之习惯时，即以大字代大神之意。然其时大字已引申作大小之义，故于大神之大，其上添一画如头形，以分别之。其字与王字之上添一画之意义相同。[15] 自此以后，大字作大小之义；其上添一画之天字，则作大神之义。王国维氏用《说文解字》"天，颠也"之义，以天为至高之意；在甲骨金文中作 或 ，而"独坟其首者，正特著其所象之处也"。其义犹有未尽。盖坟首之义，不必特取诸人，亦可取诸物。其取诸人者，应又有他故在。即如前所言数点，天字可代大字用。以王氏之说解之，亦有未尽。其最要者，又因经籍及铜器中所用天

---

14 《前编》一、四十、五。此项分期可用董作宾氏《甲骨文断代研究》为证，见该文第412—413页。
15 天字上一画在金文中作圆形，如 ；与甲骨文字中作 ，如 ，其义相同。例如子字在保字之边旁，甲骨文字中作 头，见《龟兽甲骨文字》一、二十四、十七；在金文中则作 ● 形。人字普通皆不作头状，而亦有作 者，见《攈古录金文》卷二之一《虎父戊卣》，第11页。

391

字之处，有非王氏之义所能解决者。

吾人先论天字作天然之义所自出，此事并非难于说解。吾人知商人与周人皆以神之所居在上。例如"帝降若"，(《前》七、三十八、一。)又云："降余多福。"(《宗周钟》)据此可知天本为在天之神，故因其名而名其所居之地。据作者研究，天为多神之公名词，凡祖先大神皆在其内。此团体可以管理人群一切之事；因此团体之观念而予人类以最伟大之印象者，即天也。由此多神造成之团体观念，逐渐予吾人一意识，天且变为非人格神矣。故曰："天何言哉！"商人文化与周人文化接合之后，周人之天与商人之上帝合而为一。后人想象，遂以为天与帝乃一神之异名。周人克商之后，其民族几忘天字之本义。然在周初人之文中，其见于经籍及铜器中者，亦偶尔透露天字之本义。《诗·大雅·瞻印》：

藐藐昊天，无不克巩。无忝皇祖，式救尔后。

据此，知天与祖字有相连之关系。又《仪礼·少牢馈食礼》曰：

皇尸命工祝，承致多福无疆于女孝孙，来女孝孙，使女受禄于天，宜稼于田，眉寿万年勿替引之。

此言"受禄于天"，其实乃"受禄于皇尸"。"皇尸"乃代表其先人，是天与祖先又有相连之关系矣。《尚书·君奭》曰：

公曰："前人敷乃心，乃悉命汝作汝民极，曰：汝明勖偶王，在亶。乘兹大命，惟文王德丕承，无疆之恤。"公曰：

释　天

"君！告汝，朕允，保奭。其汝克敬，以予监于殷丧大否，肆念我天威。"

此处所谓"我天威"，非一般之解说。"我天威"即"我祖先之威"。天之上加以我字，知天乃其民族之神。《宗周钟》曰：

> 我隹司配皇天王。

此"皇天王"即天上之神，作者以为即大神王之意义。又《周颂·我将》曰：

> 我将我享，维羊维牛，维天其右之。仪式刑文王之典，日靖四方。伊嘏文王，既右飨之。我其夙夜，畏天之威，于时保之。

此诗第一章言"维天其右之"，而第二章又言"伊嘏文王，既右飨之"，是文王乃天神之一矣。又《大豐殷》曰：

> 王祀于天室，降天亡尤王。

此器之天字非大字之别体，因本器中尚有大字。然则"天室"即"大神之室"。郭沫若氏读降字断句，不词。此处应于室字断句。"降天"按普通详解不可通，降天即天降，乃大神降临之义。例如《诗·小雅·楚茨》"神保是格"，《大雅·抑》"神之格思，不可度思"，《大雅·文王》"文王陟降，在帝左右"，皆其义也。据上述各点，天既为大神王，则天子迨为此大神王之嫡嗣矣。

总而言之：天之本义为大人之象形字，即有地位之贵人。其后即以此名祖先大神，而此天字乃代表多数之祖先大神，执掌生民之事。其后用之既久，因多数之神所造成之集团，亦名之为天，而忘其本有多数之义矣。在上之神名之曰天，因是名其所居之地亦曰天：此皆周人克商以前所用之义。及与商人文化相接之后，上帝之于商人，其性质如天之于周人。其后两民族日渐同化，以为上帝与天乃一神之异名。故周人之文字中同言一神，或名为天，或名为上帝：其意义之沿革如是。

原道字与彝字之哲学意义[*]

顾立雅

余读中文,每有所得,多以英文达之。虽有志出以中文,因不谙中文作法之故,未敢贸然从事也。客秋来平,从中国学者游,练习为文。因将旧作"I(彝)As Equivalent to Tao(道)"一文,曾刊于1932年3月号《美国东方学会会报》(*Journal of the American Oriental Society*)者,加以补充,遂成此篇。措辞用字,有不明者,多请教于张玉衡先生。文成,复请李翊灼先生(证刚)加以改正。但区区之意,有与李先生不同者,仍用原文。故海内君子,谓此编文义有乖违者,非李先生之过也。兹将付刊,爰缀数语,并谢李张二先生教正之至意。

中西学者之言上古中国人之宇宙观也,有谓发原于一神教,有谓发原于道之意。按后说颇确。但近来学者谓道字有哲学之意义非古也,其证有二:(一)《诗经》内道字无哲学之意义;(二)《书经》虽有道字且有哲学之意义,然不可据。引顾颉刚先

---

[*] 本文原刊于《学衡》第79期,1933年7月。

生《古史辨》(卷四十七)说,《今文尚书》十有三篇为真而可信,其他则付阙疑。《尚书》道字有哲学之意义者,顾先生所谓可信十三篇中,皆无之。故上古中国人之宇宙观,与其谓发原于道之意,不若谓发原于一神教也。愚谓是亦不然。

案《论语》曰"诗言志",是诗乃志所之之言也,自非哲学专书。其于道字即无哲学之意义亦无足怪也。(《诗经》哲学类诗,不过三耳,《相鼠》《考槃》《衡门》。)至顾先生所谓《尚书》之真伪,姑不论,其所信之十三篇,有无道字,由研究哲学思想者观之,原非重要。所最要者,在《尚书》中有无道之意思耳。

考《诗》与《书》之十三篇虽无哲学之道字,但常有其意,有以数字明其意者,有以他字代其字者,《诗·鹿鸣》用行与哲学之道同。(古文道字有用行作之,如衞。)又《白华》用天步与道同。《尚书》以他字代道者,数见不鲜。如迪之代道,人所习知。而十三篇中又常以彝字代道,惟注解家以道诂彝者不时觏。于是彝与道之连谊,晦而不章耳。兹据所知,通其训诂。

道字之义,其演进也,有四阶段:(一)本义,路也,如径、畛、途、道、路,皆所以通车徒于国都也;(《周礼·遂人》"凡治野"注)亦有作动字用者,如道道。(二)引伸,行为也,如人道、王道、盗亦有道之道;亦有作动字用者,与教义同,或加手(指之意思)作导。(三)特指,正路也,如"邦有道,谷;邦无道,谷"。(《论语·宪问》)(四)现实,道路之道物也,进而用其意作抽象字,再进用抽象字作现实字,如一阴一阳之谓道,(《易·系辞》上)道生天地(《管子·四时》)是也。

彝字之义,其演进也,与道同,而无第四阶段:(一)本义,盛酒器,如《说文》"彝,宗庙常器也"。(二)引伸,恒常之意。用彝字与用恒、与平常、与理、与道同。(按彝、爵、尊等字,本义皆祭器也，引伸或为常，或为贵，或为上，皆有美德。盖古人重祀，故重视祭器。有重视祭器之心理，斯有彝、爵、尊等字为常、为贵、为上之引伸义，于此可见字义演进之原理。）如"罚蔽殷彝"。（《书·康诰》释，详下）（三）特指，常道之意，如"厥若彝及抚事如予"。（《书·洛诰》释，详下）《尚书》中彝字多有特指之义，故用代道字。

汉儒有不知彝字来原者。《说文解字》云："宗庙常器也。从糸；糸，綦也。廾持米，器中实也。彑声。"如《说文》说，义似迂远。殷甲骨文有彝字如作 （《殷虚书契后编》上第十叶）者。 或为鸟，或为鸟形器也。 以两手持之。金文作 ，犹与甲骨文相似也。小篆作 ，以鸟头为彑，尾为糸，以点为米，（此点之本义不明。案点乃奠酒之点。）是曲解金文矣。

金文亦有不作鸟形之彝字如作 者。盖后世以彝为器名，器或作鸟形，或不作鸟形，皆以彝字名之。如《尔雅》"彝、卣、罍，器也"。郭璞注"皆盛酒尊，彝其总名"，是也。宗庙之器多以彝名，以宗庙之器常用也，故彝字有常之义焉。古者行政多在宗庙，故著《尚书》者惯用彝字焉。

《诗》与《书》有二十彝字，止一有本义。《益稷》"宗彝"，《孔传》云："宗庙彝樽。"二有引伸义。《康诰》"罚蔽殷彝"，《孔传》云："用殷家常法。"《酒诰》"无彝酒"，《孔传》云："无常饮酒。"余十七皆有特指义，与常道相同矣。

《诗·烝民》"民之秉彝"，郑笺云："民之所执持有常道也。"《书·洛诰》"厥若彝及抚事如予"，《孔传》解彝云"常道也"。《康诰》"天惟与我民彝大泯乱"，《孔传》云："天与我民五常……而废弃不行，是大灭乱天道。"《洪范》"我不知其彝伦攸叙"，又"不畀洪范九畴，彝伦攸斁"，又"天乃锡禹洪范九畴，彝伦攸叙"，又"皇极之敷言，是彝是训"。（《史记·宋世家》彝作夷，下讲夷字。）注家解是四彝者（《孔传》、郑玄、《史记·宋世家》、《孟子》赵岐注）云常也。《孔传》解"彝伦攸叙"云"常道理次叙"，孔颖达云"常道伦理所以次叙"，是释彝为常道也。《书》中警告非彝者，《汤诰》"无从匪彝"，《酒诰》"诞惟厥纵淫泆于非彝"，《召诰》"其惟王勿以小民淫用非彝"，《孔传》皆云"非常也"。《吕刑》"率乂于民棐彝"，《孔传》云"循道以治于民辅成常教"。《洛诰》"棐民彝"，《孔传》云"辅民之常"。《书》中有三句之彝字，用作训与宪之形容字者。《酒诰》"聪听祖考之彝训"，《蔡仲之命》"率乃祖文王之彝训"，《冏命》"永弼乃后于彝宪"，《孔传》解是三彝云"常"也。

注解家惯用常字解彝字。试问常之义何耶，平常欤，恒常欤，常道欤。如"聪听祖考之彝训"，彝字固不能作平常解，但解为恒常意亦未足也。考常字之义不一，有与道相似者。如《论衡·问孔》"五常之道，仁义礼智信也"，又《物势》"五常，五常之道也"。《法言·问道》，李轨注"天常，五常也，帝王之所制奉也"，《国语·越语》注"常，典法也"，《文选·东京赋》注"常，旧典也"，《汉书·百官公卿表上》集注引应劭曰"常，典也"。

《君奭》"兹迪彝教"，《孔传》云"此道法教"。《康诰》"非彝"，《孔传》解为"非常法也"。法字之义与道，有相似者。佛家惯以法字翻译梵文 Dharma 字，亦有用道者，如梵文 Dharma-lābhasamtustah 翻译"得知法足"，亦翻译"以道得以知足"。

彝字之特指义，虽与道字之特指义不全相同，然精义不大异，二者皆有宇宙之公理之意思，重其行则称之为道，重其常则称之为彝也。彝字虽与道非一字，然能代之矣。

彝字有作夷者。《毛诗·烝民》云"民之秉彝"，《孟子·告子上》引"民之秉夷"，《礼记·明堂位》云"灌尊夏后氏以鸡夷",郑注"夷读为彝"。据此夷即彝字,可无疑焉。《说文解字》:"夷,平也。从大从弓,东方之人也。"据此夷为东方之人,至诂夷为平,未加解释。考"至日所出为太平",又曰"太平之人仁",或东方之人有平之义欤。谨案夷原为二字:(一)东方之人也,或者从大从弓。(金文有作🔲与作🔲。)(二)彝也。殷甲骨文彝作🔲,与夷相似也。(甲骨文字多与今文相似,而与篆文异。)或者以彝有平常之义,故夷有平之义也。

综考彝与道二字之源流,以予未能遍览中文,仅就所知,总如下述。道字有哲学之意义,(即特指义也)似非甚早。《易经》虽有人谓为道家之本原,然卦解似无哲学义之道字,(卦辞、爻辞有四句有道字(《复》《小畜》《履》《随》)。《复》之卦辞"反复其道",《象》曰"反复其道,七日来复,天行也",是道即天行,有哲学之义,本可无疑。但象辞为春秋时之作品,春秋时道字已有哲学义,是以今义诂古文也。今玩"反复其道"之道字,有无哲学之义,疑莫能明。盖春秋以后之书,道字多具哲学之义,而春秋以前之书,则不时见也。)而后作之《十翼》多有焉。《诗经》中道字,如《桧风》之"顾瞻周道",《小雅·四牡》之"周道倭迟",《小旻》之"是用不得于道",《大东》之"周道如砥",《大雅·韩奕》之"有倬其道",有谓有哲学义者,窃不敢信。盖"周道""有倬其道",道上加周、加倬以况之,则道或为引伸义也。《今文尚书·洪范》以前亦无哲学义之道字,《洪范》以后有而不甚多,《古文尚书》则常见。至战国以后之书,则皆有焉。

彝字不见在《易经》卦解,但有两夷字(《丰》《涣》),孔疏云"平也"。《诗》有一彝字,且有哲学之义。《今文尚书》内有十三彝字有哲学之义,而《古文尚书》止有三也。至战国以后之书,有哲学义之彝字则鲜矣。"四书"除《孟子》引诗外,无彝字。《春秋》

无之，而《左传》与《礼记》虽有彝字，不过本义或引伸义耳。

据此，中国古时已有常道之意矣，但每以多字言之。《今文尚书》多以彝字言之，盖彼时尚无专门哲学家，故属事措词，任音缀字。至春秋末叶，始有专门哲学家，遂渐有一定之哲学名词，于是有常道之意者，辄用道字。此战国以来诸书中彝字等，所以罕有常道之义也，而后世注解虽于本文无道字，然凡有道之意思者，多以道字注之矣。历时既久，人皆知道有常道义，而他字能代之者或忽之焉。后世知彝字有常之义，而有忘本义者焉。如左氏昭十五年传"故能荐彝器于王"，杜氏注"彝，常也，谓可常宝之器"。又后世知彝字有常之义，而有似不知其特指义者焉。如《酒诰》"聪听祖考之彝训"，《孔传》"彝，常也"，斯则杜氏过之而孔氏似不及焉。

《孟子·告子上》引旧语云"《诗》曰：天生蒸民，有物有则，民之秉夷（即彝也），好是懿德"，引新诂云"孔子曰：为此诗者，其知道乎"，则懿之为道，既无可疑，而上古时有道之哲学之义，尤极显著矣。

此下二篇，均转录天津《大公报·文学副刊》第二百四十七期（民国二十一年九月二十六日出版），以资参考，以当介绍。编者识。

附录一
顾立雅论中国之宇宙观

吴宓 述

美国人顾立雅（Herrlee Glessner Creel）君，通汉文，研究中国学，于一九二九年著书曰 *Sinism: A Study of the Evolution of* the Chinese World-view，译云《中国教》或《中国人之宇宙观》，美国芝加哥 Open Court Publishing Co. 发行，北平北京饭店内法文图书馆代售，取价国币十圆。顾君后此尚多著作，未印行。顾君在芝加哥大学得博士后，即入哈佛大学研究院，从该大学汉文教授梅光迪君学。顷顾君偕其夫人来中国，拟居北平专治中国学。吾人以顾君已到北平，则吾国人于其所著书不可不知，爰述其略。

顾君以为中国古人，在佛教未传入及未受任何外国影响之前，已自有其特殊之宇宙观，此可称为"中国教"或"中国人之精神"，顾君特造 Sinism 一字以名之。此种宇宙观，乃古代中国农村生活经济之产物。其视宇宙，乃和谐而有规律之整体，人为宇宙之一部，故人生亦和谐而有规律之整体。宇宙与人生，实谐和一致而互相影响者。然宇宙、人生皆非静止而运行不息，宇宙、人生乃是一种历程而非一个境界，常久进化以企于无穷。故宇宙、人生至善之"和"，乃如一机器之各部协调按照规律而运行工作。以是，阴阳之外更有五"行"，而宇宙之本原及人生之究竟曰"道"。道即自然之法则，亦即天理天运天命。人能行道，即与宇宙和谐而完成其在宇宙中一部分之职务，即得幸福。惟自实际人生言之，社会亦宇宙之一部，故社会亦为通体和谐而按照规律运行不息之一大组织。其组织如网在纲，如臂使指，封建实本此意。而帝王为社会之中心，王者之职务厥为行道，即整理人事使与宇宙之运行相因应而共和谐是也。又农民多守旧，故众咸信古之王者实有顺天理而能行道者。以上乃中国古人共具之观念，而孔子、老子、墨子之教所从出之源泉也。

当孔子之时，纲纪凌夷，社会紊乱，故孔子亦如其他之人，主张效法先王，以求行合乎道。则天法古，为孔老墨等之所同。

惟以孔子最近人情，最富常识，其人格又最伟大，故影响独巨。而后人乃以则天法古为孔子所始创或独擅，实非然也。又孔子之功，在整理文献，编辑书典，俾后人易明悉古圣王之行事，而得合乎道焉。（按顾君书中第四章，论孔子之人格极透彻。此章拟另译述，今不详及。）

孔子所主张之礼，巨细千百，皆非以古有前例，乃因如是始合于道，始于宇宙谐和一致，效法先王，即法天，亦即完成生人之本性也。孔子坚信宇宙为善，又坚信人性为善，其道德之训教，实以一宏大精深之形而上学为之背景，故绝无浅隘偏狭之弊。孟子继之，发明孔子之道，仍为性善之说。惟其时世局日益险恶凶残，而孟子亦无孔子之深广宏大光明俊伟之人格，染后世学者辩士之风，虽称亚圣，难救孔教之衰焉。至于荀子，对孔教实为异端，为叛徒。盖最大分别，即荀子完全抛弃形而上学之根据，完全脱离中国古人共信之天人和谐之宇宙观。荀子乃一经验派之合理主义者。荀子抛弃旧信仰旧宗教，而为知识论。荀子使天人分离而主张人性恒恶。其救世之法，惟欲由书籍中求得关于先王之知识及经验，以其所得，用之于教育及政治，强制人性，束缚之，驱迫之，使就规范。从荀子之教，道德不免为专制之桎梏，非人性之自然。而议政施教，仅为根据历史之龟鉴，凭权宜，图利益而已。其与古人之教及孔子之宗旨相去天渊矣。（述者按，孔子及中国古教，盖一多兼取，荀子则弃一而存多，此乃根本差别，故有精粗大小之殊。从来以信仰与智识合一者胜，但凭经验与实际知识而无信仰者败。又以形而上学宇宙观为道德政治之根据，如柏拉图、亚里士多德者优。但究历史偶然之迹，而以功利主义为道德政治之目的，如穆勒、边沁、孔德者劣。此其大较，不可不察。又按已故诗人吴芳吉君，坚信性善之说。论者许为真得儒教之精神，诚是。又按荣成姜忠奎君，著有《荀子性善证》一书，谓荀子实主张性善。而本志第六十九期译述之美国人德效骞（H. H. Dubs）君所著书，则谓荀子乃孔教之在功臣。凡此诸说均存，读者取而并观之可也。述者附识。）

后世儒家之徒，率遵荀子之教，莫明古圣及孔子之真意，惟务恪守旧典，严行古制。其幸而未使中国人思想精神陷于绝境者，则老子之功也。老子亦信所谓道，亦慕先王，与孔子同。但老子主张道既弥纶宇宙，必可以其自力运行于人间社会，不假外力。人之知识能力极为渺小，小人不自量而强来替天行道，结果非徒无益，反增纷乱而长祸害。古之明王率由自然而世治，今之为君者亦宜如此。返乎自然，即是无为，则道自行，世立治。是故老子之无为主义与孔子之礼治主义，其方法途径相反，而其信天法古则一也。但孔子之真传既未显于后世，流为荀子之道德专制及复古主义，益之以老子之放任无为，其影响于中国之国民性实至不良云。

墨子亦信古人之所谓道，则天法古，与孔子老子同。而其主张积极救世之态度，尤与孔子近似，而与老子相反。不幸儒家之徒，以末节琐事（如葬体）之主张不同，痛攻墨家（孟子亦其一例），于是儒墨相争无已。实则孔老墨皆秉承古来之"中国教"，惟老子为颖慧而激烈之革命派思想家。若夫荀子之徒，乃有韩非、李斯等，惟机智是用，争夺是务，但求成功，不计损道，此与真正纯粹之中国精神相反，而乃大行于后世，（按近世西洋，以及今日国内国外，皆充满此种理想精神。）诚可悲叹之事也。

孔老墨等，皆属于智识阶级，然更研究古代中国之民俗及种种迷信、传说、歌谣、祭典等，则知中国古代之平民亦皆具有上言之宇宙观，而"中国教"或"中国之精神"实为一致，且又为中国特产，非自外国外族传入者也。

自汉以后，此"中国教"忽显忽绝。如汉之荀悦，即从荀卿而主张自然主义之道德说。在如大儒朱熹，实笃信"道"之存在者。惟后世之儒者，崇尚思辩，遂时流于释老，而儒者亦屡受帝王摧残。但应注意者，即兹所言之"中国教"或"中国之精神"托根于远古之中国社会，功久绵延未绝，在今犹支配中国人之生活态度，故其关系极为重要。且其根本信仰为人文主义，谓人类之幸福及繁荣乃善能适应环境之结果，凡此均与西洋近世之哲学理想及最近之趋势相类似，故尤可称也。

附录二

孔诞小言

吴宓 述

明日为阴历（八月二十七日）孔子圣诞。孔子为吾国人所崇敬者二千余年。吾国之文化精神，寄托于孔子一身。今虽时移世异，然孔子仍为中华民族之模范代表人物，非任何人所能否认。关于孔子之人格及其立教之旨，中外名贤学者已多论列。吾人今所欲申明者，即世间万事成于模仿，而每人一生之功业成就亦视其平日所倾心模仿者为何等人，所模仿者或中或西或左或右或新或旧或圣或狂虽各不同，然其不能自脱于模仿则一。当今中西交通，文明合汇，在精神及物质上毫无国种之界，但有选择之殊，是故中国少年尽可模仿释迦、耶稣、苏格拉底、葛德、白璧德以及马克思、列宁等等，而欧美人士亦不少模仿孔子、孟子、司马光、朱熹、王守仁、曾国藩者。中国人今欲挽救国难振起人心，必须每人"取法乎上"精勤奋勉，所取法者不必为孔子。苟能自立自达益国益世，虽不知有孔子之名可也。反之，西国学者研究孔子及中国古学者日众，若美国白璧德先生等。其所提倡之新人文主义盖欲融汇世界圣贤之教化及人类经验智慧之结晶，更用实证批评之方法，针对近世社会之需要，本兹立言，以为全世界人类（中国亦在其内）受用之资，其所取于孔子者亦不少焉。是故孔子已成为世界的人物，而中国之精神文明从兹亦非中国人之私产，可以自豪而不能独占者，势为之也。又按近世研究古人古事，首重了解与同情，而其法不外（一）考证（二）批评二者。顾考证事实必求其精确，而批评义理必求其允当，否则未能了解，安有同情。专就孔子而论，近若干年来，吾国人士之立说劝众者，大都由于感情之刺激，为过度之反动。对于孔子，一切归狱，惟事诋諆，众亦未察，欣然向从。然试静心细究之，则知此种诋毁孔子之说，考证既未精确，批评尤非允当，一因未能洞悉中国之历史，二因未能周知世界之文化，故其说似信而多误，似新而实陋。若本期所介绍之二书，可资启发，可促反省，其裨益吾人者实多。夫（一）崔述乃时贤所认为二千年来一个了不得的疑古大家，其《洙泗考信录》又被推为极伟大又极细密的著作。而据张昌圻君所考证（张昌圻著《洙泗考信录评误》一册，列入"国学小丛书"，商务印书馆发行，民国二十年六月初版，定价大洋四角）则崔氏书中主观武断，感情用事，凭空臆测，违反事实之处极多。崔书考证之不精确如此，则据崔书以诋毁孔子者其为冤诬可知。张君非欲为孔子辩护，但希望真正之科学精神考证方法能实现于中国学术界而已。至于（二）顾立雅君之书，尤系纯粹学者之观察。然以异国之人，但凭读书所得，无利害之纠纷，感情之驱使，其了解孔子同情孔子，乃似过于今日之中国人，而其批评之允当，尤足称道。盖以西人论述中国事，不难于材料之搜罗普遍，而难于义理之体会精微。是故负盛名之伯希和以下之西洋汉学者，皆只能为考证，而如顾立雅君之不废考证而进于批评，能以了解与同情获得孔子为人立教之真象者，实不易数觏也。吾人敢断言，若张昌圻君所为之考证，在中国今后必更进于精确，而如顾立雅君所事之批评，在西国今后亦必更增其允当。中国、西洋固同其休戚，而孔子之更为人认识崇敬，亦文化昌明学术进步必然之结果矣。

梅迪生——君子儒[*]

顾立雅

> 顾立雅博士（Dr. Herrlee Glessner Creel），美国芝加哥大学东方语言文学系主任，著有《中国文化》一书，其论文散见于美国权威刊物中。迪生先生谢世后，博士尝为文悼之，今迻译如左。
>
> ——译者识

迪生先生是一个生命力充沛的人，他的死耗传来，友人们不仅感觉悲痛，而且不胜惊骇。同时我们追忆当年从先生那里得来的教益，到了今日，还未能加以发扬，更觉遗憾！

---

[*] 本文为顾立雅撰写的纪念梅光迪文章，译者不详。原刊于《思想与时代（梅迪生先生纪念专号）》第46期（1947年6月）。梅光迪（1890—1945），字迪生，又字觐庄，安徽宣城人。现代著名学者、学衡派代表人物。1909年，考入清华留美预备学校学习。1911年赴美，先后就读于威斯康星大学、西北大学。1915年，考入哈佛大学研究生院学习，师从白璧德，接受其人文主义思想影响。1919年毕业回国，先后在南开大学、南京高等师范学校、东南大学等任教。1922年与吴宓等人创办《学衡》杂志，以"昌明国粹，融化新知"为宗旨，阐述中国文化建设的理论主张。1924年至1936年，先后任美国哈佛大学中文讲师、副教授。1936年回国后任浙江大学教授，并兼任多职。1945年12月病逝于贵阳。1924年至1926年顾立雅在哈佛大学师从梅光迪研修中文。——编辑注

迪生先生的年龄，虽和我相差无几，但足够做我的"老师"，他为我阐释中国文学的奥妙与优美，于理智和性灵二者，兼顾并详，实属难能可贵。至于他的教授方法，是师仿孔子的，我信先生确含有深意。当他讲说文章时，除坚持每个字义，必须充分了解外，更注重诠释文字中所涵蕴的观念和旨趣，甚至每每旁及有关中国之文化及其思想等各方面的情形，帮助我们的了解。他虽然责人愚昧，但依旧非常仁慈，他实是一个严厉而又令人敬佩的师长。

他而且宽宏大度，当一九三二年我到中国去，他带着家小从南京到上海来迎接，同我在海船上晤面，以后便介绍我认识了南京方面许多学者，又写了好几封信给我，得有机会和北平的通儒见面。

他给予学生的知识，固然不少，但大家对先生印象最深的还是他的品格。他常说真正的学者须具有嶙峋的气节，这是他对"廉"字的解释。他并引澹台灭明为例，子游说："有澹台灭明者，行不由径，非公事，未尝至于偃之室也。"他不仅津津乐道这种做人的道理，而且躬而行之。他又谨慎小心，不肯逢迎献媚，更不曾作一个随俗浮沉的乡愿，照流俗人的看法，假使先生稍能表襮他的固有伟大可爱的风度，其成就当不止于此。过分的隐藏，有时难免成了一种过错，然"人之过也，各于其党，观过斯知仁矣"。如先生缺乏对一切伪善之鄙视与憎恨的勇气，那么便不成其为梅先生，同时我觉得宇宙间也太空虚了。

迪生先生虽然严厉，若因此说他偏狭，那是大大的错误了。他学问的渊博，实令人惊异。我知道他对中国文学，创见很多，即就对西方之了解而论，中国人能胜过他的，似乎寥若晨星。他的英文写作，既达且雅，比之西方名著，也毫无逊色。有一次他把将要付印的手稿,嘱我校阅一遍,结果发现只有一句,可略加更动。

先生气度汪洋如千顷波,实因他是一个忠实的孔子信徒,继承孔子所说"居天下之广居"的精神。他不愿仅作一个穷则独善其身的教授,更希望达则兼利天下。但因他富于理想主义,不肯随众附和,所以无缘篙展他的抱负,竟以教学终其身。我们能够亲炙先生的教诲,真是十分荣幸,为了不忘先生栽培之恩,希望保持他的热情正直的精神,继续他的工作,对中国传统文化的至高至善处,加以爱护与阐扬。

很少有人和先生一样,能真正地实行孔子告勉子夏的话:"汝为君子儒"。

在顾立雅教授追思会上的发言[*]

---

[*] 追思会于1994年11月3日在芝加哥大学邦德礼拜堂举行。原文见芝加哥大学顾立雅中国古文字学中心（Creel Center for Chinese Paleography）网站。

夏含夷

芝加哥大学

朋友们、校友们、同学们、同事们：

今天我们齐聚于此，追思我校和我们汉学领域的巨匠顾立雅教授。顾立雅教授出生于1905年，十六岁时就开始担任报社记者——无论是技能上还是心智上，他都能完全胜任这份工作。他的技能，当然是指其清晰而引人入胜的写作能力，这项技能贯穿于他笔耕不辍的一生中，哪怕当他的写作主题转向学术也是如此。我相信今日在座各位，由于阅读顾立雅教授《中国之诞生》而激发研究古代中国之热望的，我当非唯一。这本书如此生动，将古代中国栩栩如生展现在了读者面前。使顾立雅教授适合从事新闻和学术工作的心智禀赋（intellectual trait），则在于对新知识的无尽渴求。正是这种好奇心促使他在1930年代探索安阳，也正是这种好奇心让他在与我最后一次对谈中告诉我，他认为自己一生中写的最后一篇文章才是最有意思的。

当然，顾立雅教授八十九年的人生远远超越了他早年当记者的时光。负笈芝加哥大学期间，他学会了如何赋予知识以更为长远的视野。就像顾立雅教授在我们大学开始了解，并倾其一生研究的孔子一样，他意识到世上存在着某些永恒的真理，并致力于传播它们。他确实做到了——四十余年教学生涯，传播给这所大学的学生，也广泛传播给整个西方世界的读者。虽然我怀疑顾立雅教授不太会被我们今天对他的追怀所打动，但我非常确信，他会对我们——不管是学生还是学者——通过每天不断阅读他所传播和创作的著作来纪念他而满心欢喜。

余国藩[1]

芝加哥大学

1940年代末，当时我正在香港跟着祖父[2]和一名私人教师学习中国古代经典。家父[3]首次访美归来，给我带了一套书。他告诉我，他买这些书是因为据说它们代表了教授文言文——中国古代的书面用语——的最新方法。"我不清楚顾立雅是何许人，"我父亲说，"不过我发现这些书好像有很多页字号挺大的中文文本，还有很多英文注释和注解。既然你在学习儒家经典，我想你可能会用得上，或许还能有助于你的英语。"

翻看那三本又大又重的大部头时，我的确在里面找到了《孝经》的全文。《孝经》是我最早正式学习的古人著作，对于我之前无数中国年少男女的教育来说也是约定俗成的规矩。收到父亲礼物的时候，我已经开始了对儒家"四书"进行简单解释和死记硬背的阶段。我兴奋地发现，这套书中还包括大段用大字印刷的《论语》和《孟子》——与我学校教材上密密麻麻的小字形成鲜明对比。单纯因为这一版式上的特征，我反复阅读书中的中文文

---

[1] 余国藩（Athony C. Yu，1938—2015），国际著名比较文学和宗教学学者，芝加哥大学巴克人文学讲座教授，美国人文与科学院院士。祖籍广东新宁县六槐，1938年生于香港，1956年赴美，先后就读于加州帕萨迪纳的富勒神学院、芝加哥大学神学院，1969年获博士学位。以英译《西游记》饮誉世界。——编辑注

[2] 余芸（1890—1966），曾任香港教育司署高级视学官，在国学方面造诣颇深。——译者注

[3] 余伯泉（1910—1982），余芸长子，曾留学剑桥大学，并以黄埔陆军军官学校第八期学生身份入英国皇家陆军军官学院、皇家炮兵专门学校和防空高射炮学习，曾任国民革命军第四路军司令部参谋、高炮营长等职，对国民党军事学术改革贡献颇多。著有《陆军战术详记》《战略研究》等。——译者注

本。又过了几年,我的英语知识才熟练到能够理解书中的某些注释和注解;又过了更长的时间,我才开始意识到,为了提供一份具备启迪性(luminous)的有关古代汉语学习归纳法(inductive method of learning classical Chinese)的教材,这三卷书背后付出了多少辛劳。当我终有机会亲眼见到这套书的编写者时,它们已作为我的同伴和老师,陪我走过了超过四分之一个世纪。我对此深感欣喜。

若按我大胆却无意冒昧的看法,我之有幸与顾立雅建立这种早期而有益的接触,或许可以视为其学术跨越国别、跨越文化的杰出标志。就美国学界而言,他的职业生涯始于汉学的萌芽期。带着令人羡慕的勇气和决心,他一头扎进了困难重重使人望而生畏的古典语文、历史、考古和思想等领域。然而同样显而易见的是,他最早的作品不仅直接引起英语读者的注意,还给他学术生涯所倾力服务的那片土地和文化中的同道中人(collegial audience)留下了深刻印象。根据我们大学的档案,这座校园对中国的学术研究在顾立雅之前就开始了。但可以这么说,他的存在和工作无疑使本校的耕耘结出硕果。故此,在他辉煌的职业生涯里,有那么多中国学生都漂洋过海前来侍其座下,也就不足为奇了。

尽管我从未有幸在他的正式指导下受业于他,不过我还是足够幸运,在成为系里教员之后,我成了他的年轻同事。我仍清晰记得我们初次见面的情景:他温文尔雅的举止及对我工作表现出的真诚兴趣,迅速消除了他的威名——一位直率到甚至有些尖锐的学者——所带给我的紧张。在那之前不久,系里的另一位资深教师已经告诉过我,我计划花些工夫研究并完整翻译一部白话小说纯属浪费时间。面对顾立雅,我非常担心自己会遭遇类似的反应，毕竟我当时拜读过这位同事的大作，其主题和时代均与我的兴趣所在相去万里。故此，当他在得知我的计划后不仅没有提出非议，而且还兴趣盎然，并立即开始向我提出各种意想不到的问题时，我的惊喜和愉悦之情也就可想而知了。直到后来，我才从他那里得知，当年他在北京聘请了一位老师教他中文，最初几节课使用的文本就是《西游记》。[4] 不仅如此，顾立雅还补充说，他一直认为儒家经典比这部小说的前几回读起来容易得多！

自打我们初次见面的那天起，顾立雅就一直是一位宽容、周到、与人为善的同事——他热衷于聊一些系里的琐事或我们共同感兴趣的学术话题，从不吝惜时间，慷慨地为提交给他的文稿或译稿提出批评意见，一次次耐心地应允向资助机构提供推荐信的请求。当我得知另一名学者在进行与我完全相同的项目并领先很多时，我沮丧万分，甚至考虑全盘放弃《西游记》。是顾立雅（还有英语系的埃尔德·奥尔森[5]）恳促我——的确如此，要求我继续前进。他们二位坚称，治学之刚毅坚韧，在于即使面对越来越大的困难，也应加倍努力精益求精，而非放弃。这条忠告，我希望自己勿失勿忘。

我会深切怀念他。退休后，他仍定期驱车前往海德公园（Hyde Park）。有时和他一起游园会让原本说的简短午餐变成几个小时欢快而激动人心的讨论。在他还未苦于视力衰退时，寄到他府上的抽印本或打印稿总会不可避免地引来他的一张便条或是

---

[4] 余国藩最著名的成就之一就包括1977年至1983年间出版的英文译本《西游记》，内含大量学术注解。2012年芝加哥大学出版社又出版了修订版。——译者注

[5] 埃尔德·詹姆斯·奥尔森（Elder James Olson，1909—1992），美国诗人、文学评论家，芝加哥文学批评学派（Chicago School of literary criticism）的创始人与领军人物之一。——译者注

一通电话，这些回复总是以这样的声明开场："我是顾立雅。我觉得你那儿有个问题挺有意思……"当我有次向他表示，我对另一名同事在几条脚注中对他的恶毒攻击感到愤怒和尴尬时，顾立雅如是安慰我："但这些批评也不是毫无道理。我可能确实忽略了一些东西。"纵是在一个致力于培养跨学科跨年龄同仁精神（collegial spirit）的社群中，顾立雅的正直和仁慈也是足堪称扬的典范。作为对他最后的哀悼和纪念，我从他最为钟爱并奉为人生之道的一篇文本中找到了一则训诫——我想不出还有什么言辞能比这更为贴切了：

博学而笃志，切问而近思，仁在其中矣。
——《论语·子张》

钱存训[6]

芝加哥大学

四十七年前的十月，我从中国来到芝加哥，第一次见到顾立雅教授。那时他还是个年轻人，引人注目、衣着考究、风华正茂。这些年来，他成了我的上司、老师、同事，及近半个世纪的密友。我欠他太多，不仅因为他对我和家人充满善意，还因为他教会了我如何做研究，并对我在这所大学所从事的各种领域的工作给予指导。他是我的导师，也是影响我职业和生活最大的人。

我来芝加哥，最初计划是工作和学习两年。但第一年结束后，顾立雅先生要求我留下教书。我犹豫了。首先，我没有教学经验。其次，我的家人都还留在中国。再次，我带着中国政府颁发的公务护照，任务是前往华盛顿特区，运回二战前寄存在国会图书馆安全保管的中国善本。我的临时签证甚至不允许我从大学领取薪酬，于是顾立雅先生自掏腰包支付了我整整一年的薪水。经过顾立雅先生再三劝说，我同意留下来。他随后与大学行政部门进行安排，向国会提出了一项特别法案，要求给予我居留身份，使我能够在大学里工作和教学，还将我的家人接来芝加哥。所有这些，我和家人永怀感激。

从那时起，我就在图书馆全职工作，同时在东方语言文学

---

[6] 钱存训（Tsien Tsuen-hsuin，1910—2015），字公垂，号宜叔，北美最具影响力的东亚图书馆学家，享誉世界的中国书籍史、印刷史专家。江苏泰县（今泰州市）人，1947年赴美，师从顾立雅，1957年获芝加哥大学图书馆学博士学位，1947年至1978年任芝加哥大学远东图书馆馆长。著有《书于竹帛：中国古代的文字记录》《中国科学技术史：纸和印刷》等经典著作。——编辑注

系兼职教学，并在该系与图书馆研究生院（Graduate Library School）[7]的一个联合项目下进行非全日制学习。我参加了一些顾立雅教授的研讨课程，从他那里学到了许多研究方法。他对所有学生都非常严格，对我却耐心友善。在座各位可能有人读过我最近的文章，关于古代文本《战国策》的流传，刚发表在一部名为《中国古籍导读》（Early Chinese Texts）的专著中。其实这篇文章是基于大约四十年前我在顾立雅教授一门课上的期末论文写成的。我的博士论文——后来以《书于竹帛》（Written on Bamboo and Silk）之名出版——也是在他的指导下完成的。正是他的学术研究和教学对我的启发，使我将兴趣转移到了早期中国文明。我通常会把自己的论文和书稿发给他和顾乐贞夫人，征求他们的批评和意见。他们夫妇对我工作给予的持续鼓励和帮助，我感激不尽。

彼时，中国项目由一小部分从事教学、研究、教材汇编和图书馆管理等工作的教职员工组成。除了顾立雅教授外，这个最初的团队还包括已故的柯睿格（Edward Kracke, Jr.）教授、邓嗣禹教授、来自中央研究院的访问教授董作宾和研究助理兼秘书琼华（June Work）小姐。我今天在这里提起他们的名字，是因为我与他们都建立了深厚友谊，并从他们那里获得了很多帮助。不幸的是，他们都已仙去。

1936年建立的远东图书馆是顾立雅教授为我校东亚研究作出的诸多重要贡献之一。1947年我来到芝加哥时，其藏书已达

---

[7] 芝加哥大学于1928年成立的一座学院，建立的初衷是将图书馆学教育进行专业化改造，培养从事规范科研活动的图书馆学人才。20世纪30年代至50年代期间，其师生引领的芝加哥学派图书馆学为学科引入了规范的社会科学研究方法，在将其打造成现代社会科学分支学科的过程中功不可没。——译者注

十万册。尽管现在这个图书馆藏书已发展到近五十万册，但资源基础仍为顾立雅教授奠定的核心收藏。馆藏不仅涵盖了古典文献的主要领域，还包括许多珍本孤本。它们经过系统的挑选与整理，为大学的教学和研究项目提供支持。

顾氏伉俪曾于1939年至1940年间前往中国，亲自指导购置藏书，后来又委任北京图书馆的一名人员专门负责关于中国古籍的挑选工作。尤其值得一提的是儒家经典方面的馆藏：在中国境外同类收藏中，我们的馆藏规模最大，质量最优。这一遗产应归功于我们今天在此悼念的顾立雅教授，归功于他的远见、对中文文献无与伦比的学识，还有对书籍的热爱。

我有幸在顾立雅教授的指导下在这座图书馆工作了三十多年。朋友们经常问我为什么我会在芝加哥呆这么久。是的，如果没有我对顾立雅教授的崇高敬意，以及顾氏伉俪和我及家人之间美好友谊，或许今天我就不会在这里向各位讲述我的故事了。让我们永远铭记一位伟大学者和先驱——顾立雅教授，他值得我们的敬重和悼念。

西德尼·罗森[8]

加州旧金山

无论是在芝加哥还是其他地方，我上过的最令人兴奋且开阔视野的课程莫过于我第一年——尤其是在冬季和春季学期（quarter）[9]——的中文学习。那些早八点的课每天都在最大限度地拓宽我们的想象力。在愈发紧张的氛围里，我们坐在上帝般威严的老师面前进行翻译——或者说试图进行翻译。这位上帝会不断督促催赶着我们，偶尔给出一点提示，但直到快结束时我们才能真正松一口气。这太痛苦了。那一年，我瘦了十二磅。但这门课程绝对引人入胜而激动人心。

冬季学期，我们开始阅读那本薄薄的红色书籍：由顾立雅、鲁隐福[10]和Chang Tsung-ch'ien合编的《论语》（我怀疑很大程度上就是顾立雅编辑的，尽管他否认了这一点）。公元前6世纪的中国开始内化于东方研究所（Oriental Institute）[11]那个小房间里。所选段落对典籍原文作了重新排列，孔子这一圣像在此版本中得以具象化、人性化。慢慢地，一个甘于奉献、循循善诱的人师形象出现在了我们面前：他对于美好生活与美好社会有一套复杂的理论，

8　Sydney Rosen（1925—2006），在芝加哥大学获得远东研究博士学位，毕业后任教于美国科尔比学院（Colby College），后离开学术界，在《萨克拉门托蜜蜂报》（*Sacramento Bee*）担任记者，之后前往旧金山投身律所行业，直到退休。——译者注
9　芝加哥大学一个学年分为四个学期（quarter），春夏秋冬各一。——译者注
10　Richard C. Rudolph（1909—2003），美国加州大学洛杉矶分校中国文学与考古学教授。——译者注
11　2023年更名为西亚和北非古代文化研究所（Institute for the Study of Ancient Cultures, West Asia & North Africa）。——译者注

满怀热情地试图说服一个极其冷漠的世界去按照他构想的方式生活，而当世界自行其道时，他又因自己的失败而痛苦不堪。

为了了解这样一个人并弄懂他说的话，我们学得头晕眼花。那些不愿付出努力的人离开了。随后几年，我多次向顾立雅提议出版一本带注释的双语版《论语》，不过他毫无兴趣。这实在可惜，它本来会是本科生课堂上关于前现代中国的绝佳入门。然而，对我们这些新晋研究生来说，这本书和这位颇具儒家风范的教授在课堂上的完美结合形成了一种独特的学习体验。汉代以前的中国就这样融入了我们的血液。

与顾立雅共事并不总是一种令人积极向上、振奋人心的经历，有时候与他共事令人麻木。顾立雅教授有着愤怒的能力——他像大师一样操控怒火来达到自己的目的。我三十多岁时回到大学攻读博士学位，之前在报社工作了十年。除了在语言课上以外，我一点也不谦虚，面对任何人都不感到敬畏。写完第一篇研讨课论文，我觉得不错，便毫不掩饰骄傲地在班上宣读了一番。在一次私底下的"批斗会"（critique session）上，顾立雅教授觉得有必要就此事"关切"一下。

他边说边在办公室里踱步，语气里满是讥诮。他把每一个想法、每一句话、每一个字都单独拎出来评价。他从未见过这么蠢的论文。我坐在那里呆若木鸡。当他宣称，从未有人给他看过如此糟糕的论文时，我表示没有什么可说的了，然后走了出去。

我酝酿了两天，然后，在没有预约的情况下，我回到顾立雅教授的办公室，坐到他桌子对面，开始竭尽全力一条条回应他的诋毁。然后，我小心措辞，告诉这位教授，我适合怎样被教导——或者说我适合怎样学习——以及怎样不适合。顾立雅一言不发，面无表情。他只是坐在那儿看着我。突然，我感觉自己的行为怪诞无比，于是我开始大笑。我提议我们重头来过，并问他能否在下个学期选一门课程。我还提议君子协定，永远不要在同一天相互发脾气。顾立雅咕哝了一声——也许他是做了个布鲁克林式的咂舌（Brooklyn raspberry）——然后祝我好运。但我们达成了共识。三十多年来，我们一直遵守着这项协定——我认为这么多年的支持和友谊就始于那一天。当他跟在我后面走出办公室时，我听到他很小声地说："你也不想我让你太轻松，不是吗？"

他不必担心。一切从来都不轻松。顾立雅的期望会对学生施加微妙的压力，促使他们全神贯注地工作。但顾立雅本人更加努力。他在课堂上花费了巨大的精力。他是一个纤瘦的人，个子不高，从体型上看不像是能够掌控教室的类型。然而，当他走进教室门时，他确实可以震慑全场。所有人都感觉得到他对研究散发出的能量与热情。如果说课堂教学是演出，那么对于顾立雅而言，每次上课都是明星出场。无论是在大讲堂中给五十个人讲课，还是在办公室里给一个人辅导，他都同样活力四射。在面对那些专攻他研究领域的个别学生时，他拥有无限的时间和充沛的精力。

当顾立雅收下一名专攻他研究领域的学生时，他会提供慷慨而无私的支持。当一名学生缺钱买一件急需的冬季外套时，他会焦虑不安。他会在部门的午餐桌上讨论一篇以某种原创方式真实打动人心的译文或者一篇他喜欢的论文。他为争取到足够的奖学金而不懈努力。当我三次在医院接受重大手术的时候——一次是在芝加哥读书时，两次是作为校友身在加州——顾立雅都打电话来问我是否需要钱。我从没向他借过钱，但我知道有两名年轻小伙子都靠顾立雅提供的个人贷款度过了财务危机。我相信他们不是个例。

有一个学期我正在上《庄子》的辅导课,我的一位密友突然患了严重的中风。她完全瘫痪,虽然明显还清醒,但无法说话。我因在医院陪她而错过了周二的课,周四又是直接从她的病榻边赶到教室,身上穿着已经穿了三天的衣服。这是我第一次经历重病,朋友无法说话尤令我恐惧。我估计当时我的脸上写满了惊恐。我告诉顾立雅发生了什么。"你能说几分钟话吗?"我问道,"我只是想听到一个人的声音。"于是在两个半小时的时间里,顾立雅一刻没停地大谈《庄子》。他站在窗前凝视着树梢,一只脚踏在某个东西上——我猜是一把椅子——然后滔滔不绝。我蜷在座位里,让自己沉浸在他的声音中。我还记得自己当时在想,他谈到了一些我应该记下重要的内容,但我只能听到他的声音。最后,他转过头看向我,告诉我现在没事了,让我回家好好睡一觉。后来我们俩都不记得他当天说了什么,但我们都确信各自遗失了一些重要的思想。在接下来的那堂课上,我们本来要一起朗读并讨论的课文变了。我们跳到了另一个段落,那个讲述惠子向庄子吊丧并与之讨论死亡的段落。[12] 我们就此讨论良久。

顾立雅偶尔会对我说,"其实我是个道家",我总是会笑话他,哪怕他活到200岁也没法成为道家。他太过于投入了——对他深爱的中国,对他视为密友的孔子,对自己学生的期望,对学术研究,对教学任务。

---

12 见《庄子·至乐》:"庄子妻死,惠子吊之,庄子则方箕踞鼓盆而歌。惠子曰:'与人居长子,老身死,不哭亦足矣,又鼓盆而歌,不亦甚乎!'庄子曰:'不然。是其始死也,我独何能无概然!察其始而本无生,非徒无生也,而本无形,非徒无形也,而本无气。杂乎芒芴之间,变而有气,气变而有形,形变而有生,今又变而之死,是相与为春秋冬夏四时行也。人且偃然寝于巨室,而我噭噭然随而哭之,自以为不通乎命,故止也。'"——译者注

顾立雅教授诲人不倦。获得学位相当长一段时间后，我在一次会议里分享了一篇关于管仲在行政治理方面对中国统一之贡献的论文。台下的一名学生站起来声称，《左传》里有一段我没有提及的文字会打破我的理论。我回答说我没有找到那段文字，但如果他能告知我出处，我会查阅并重新考虑自己的观点。会议一结束，顾立雅就在大家离开房间时站在门口对我进行了严厉的批评。"你明明已经看过《左传》的所有内容，你知道不存在这样的文字。现在你留下了一个悬而未决的问题，"他怒气冲冲地说道，"这不是学术。你得仔细认真地工作，运用你的想象力去发现所有可以找到的东西并准确地表达出来，然后你就会对自己的知识产生勇气。摇摆不定不是学术。"说完气氛就变了。他目光温和了起来，并邀请我同他还有顾乐贞一起喝一杯。

多年来我们都通过信件保持联系。他视力衰退后，我们就通过电话联系。我们写信或交谈，就图书、政治、社会问题以及芝加哥大学（他始终对之保持关注）展开激烈的辩论。顾立雅的观点常常极端而坚定。但当有人逼着他追根溯源解释自己的观点时，人们几乎总能发现，这些观点源于他特有的正直与诚实。

正直与诚实几乎是顾立雅身为一名学者、一位老师、一个男人做一切事情的核心准则。当他的正直诚实与他的善良发生冲突时，正直诚实会胜出。当他的正直诚实与他的情感不一致时，正直诚实会占据上风。可能他是从《论语》中学到了这一点，也可能正直与诚实是最初吸引他去学习《论语》的原因。

我认为顾立雅是一位儒家，因此他无法达到自己有时想要拥有的道家式的超脱。但在对待死亡的态度上，顾立雅是一位道家。如果他现在能派自己的魂魄来到这个房间，他会指示我去拿本《庄子》，重新阅读那段描述惠子向庄子吊丧的文字。惠子惊讶地发现庄子正在鼓盆高歌。庄子解释说,他妻子的死就像出生、成长和季节变迁一样,是一个自然且必然的事件。"读一读并想一想,"顾立雅的魂魄会说,"人皆有一死。无论以什么方式,每个人都会有这么一天。这是生命必然的终点,是人生的一部分。"然后他的声音会带着熟悉的严厉口吻说:"那你为什么不停止无谓的伤逝,继续做自己的事呢!"

而我会回答:"这说起来容易,做起来难。"

吉德炜[13]

加州大学伯克利分校

我与顾立雅教授不算熟识，但通过其学问，我感觉自己对他非常了解。在准备这段发言的过程中，我回想起来顾立雅的世界和我的世界至少曾有的两次交集，颇受触动。这些交集发生在我接触到他令人印象深刻的学术研究之前。

《金璋[14]所藏甲骨卜辞》(*Hopkins Collection of Oracle Bones*)的"引言"是1939年在英格兰黑斯尔米尔（Haslemere）[15]写的。那一年二战开始，我被送去黑斯尔米尔的寄宿学校。当时我并不知道自己离甲骨文如此之近——为了向西方学界介绍这种文字，顾立雅做了大量工作，厥功甚伟，这种文字后来也成为我工作的核心。（事实上，顾立雅教授在北京为芝加哥大学图书馆采购书籍应该也是在这一年。）

十年后，我从埃文斯顿镇高中（Evanston Township High School）毕业。那一年里，顾立雅教授出版了《孔子：其人与神话》。然而，我再次没有意识到，我南边不远的芝加哥所发生的事情会在我未来职业生涯中扮演如此重要的角色。

13　吉德炜（David N. Keightley，1932—　），加纳大学伯克科分校历史系教授，西方汉学研究甲骨文和商周历史的巨擘。著有《商代史料——中国青铜时代的甲骨文》等。——编辑注

14　Lionel Charles Hopkins（1854—1952），英国汉学家，1874年作为外交人员到达北京，1910年退休回到英国。在中国期间收藏了大量甲骨，后捐赠给剑桥大学图书馆。不过经后来鉴定，其骨甲收藏中许多都是伪品。——译者注

15　英格兰南部萨里郡的一座城市，位于萨里郡和汉普郡、西萨塞克斯郡的交界处。——译者注

在哥伦比亚大学攻读研究生时,我耗费了相当乏味的三年时间研究现代中国和毛主席的著作。正是在那时,我意识到,真正重要的问题存在于古远的过去。当我转向过去,我高兴地发现,有顾立雅教授的著作在那儿等着启发我。事实上,我记得自己曾有幸在上世纪60年代的一次亚洲研究学会(AAS)会议上听到顾立雅教授发表他的论文《中国官僚制的诞生》("Birth of Bureaucracy in China")。这篇文章的丰富性、重要性和独创性对我启迪良多。

自顾立雅教授开始写作以来,学术界无疑发生了许多变化,变得更加技术化,二手文献数量众多。顾立雅教授是一名先驱——他着手于大事因缘,使它们富含洞见。他的学术生涯充实不虚。他打造出自己的学问之体——其中相当一部分也在技术上日渐精进——这些都倍受尊敬,至今仍具影响力。

套用中国的说法,顾立雅教授就像大宗,是我们正在从事的文化理解这一伟大事业都植根于其中的学术传承之正道本原。他是我们所有人的楷模。

鲁惟一[16]

剑桥大学

我只有幸当面见到顾立雅两次：一次是1967年，在密歇根安娜堡，另一次是几年后，在台湾。尽管这种会面短暂少有，但已足以能让我对这位学者——其著作我早已熟稔——产生更深入的了解。

顾立雅是一名先驱，西方世界为数不多的先驱之一——他们致力于发现并评估有关一个文明的基本事实，而这些事实，西方学术圈几乎完全陌生，甚至刻意忽视。

我们谈论的是1920年代至1930年代。今天的我们或许很难想象，当时许多身居高位的决策者其视野有多狭隘。然而正是这些人主导国策，塑造思考方式，监管下一代的教育。彼时，东亚各国尚未展现出对其他国家政策产生重大影响的能力，西方也鲜有学者具有足够的知性想象力或专业能力关注欧洲之外的人文成就。我们说，顾立雅是一名先驱、一个例外，他带着与生俱来的强烈兴趣，冷静而仔细地探索一个族群的起源。这个族群的工匠艺作在博物馆里随处可见却少有解释，他们的文献通过英语和法语译本逐渐为人所知。

当时，对中国的关注主要有两类：一种来自半吊子（dilettante）或业余学者，他们相信中国文化的黄金时代在大约三千年前，他们无法或不愿区分事实与虚构，或者分析神话的价值；另一种是活跃的传教士、商人或记者表现出的兴趣，他们人生的成功倚赖于

---

16 鲁惟一（Michael Loewe，1922— ），剑桥大学教授，西方汉学界著名先秦史和秦汉史专家。合编有《剑桥中国秦汉史》，著有《汉代行政记录》等。——编辑注

自己所看到的对中国的理解。顾立雅属于极少数人，这些人认识到有必要用与研究《圣经》文本、苏美尔石板、希腊哲学或埃及墓葬一样严谨和批判的态度来深入全面研究中国的文化历史。

顾立雅并不单单满足于惊叹中国青铜器陶器的精美，也不满足于不带任何疑问地对欧洲语言刊物上开始出现的有关出土发现的新闻全盘照收。顾立雅知道，相关证据必须得到文献和语文学研究的支持；它必须被视为一个整体的一部分，这个整体的各种元素可以给出一个全面的文明观，并消除一些当前的误解。

顾立雅在1930年代的学术研究和出版物与沙畹、[17]伯希和、高本汉、亚瑟·伟利[18]等大师的优秀学术工作交相辉映。除了为中国文明的起源和发展提出了一个值得深入探究的主题，顾立雅还有另一个更为宝贵贡献——他出版的研究成果所采用的方式，能吸引非专业人士的注意，抓住学生新燃起的兴趣，并向学术界展现出中国研究值得采取一种积极的学科方法。在深怀敬意与感激回顾他的工作时，我们要记住，他当时手头所拥有的设施极其有限，书架上几乎一片空白。用西方语言写成的专著少到在书桌上摆不满一排，我们今天视为当然的中文词典和参考资料还未出现，与饱受战乱之苦的中国知识界保持联系相当不易；与日本学者的合作尚未展开。然而在这样的条件下，顾立雅坚持工作，并将其贡献留给未来的学生，把一笔宝贵的遗产赠与学界。我们今天站在他的肩上，对他的成就心怀感激。

17　Édouard Émmannuel Chavannes（1865—1918），19世纪末20世纪初最有成就的汉学大师之一、法国敦煌学研究的先驱者，开启了欧洲现代汉学的先河。——译者注

18　Arthur Waley（1889—1966），英国学者，曾将多部中国和日本文学翻译成英文。——译者注

夏含夷

芝加哥大学

虽然今天的追思会即将告一段落,但纪念顾立雅教授一生功业的篇章远未终止。事实上,我认为顾立雅教授会对今天人们来到芝加哥大学向他致敬感到无比自豪。首先,这里有来自北京、牛津、剑桥以及美国各地的十二位早期中国研究领域的顶尖学者。对我们大学——无疑也对我们的汉学领域——来说更为重要的是,我还看到了十几位日复一日在这里学习古代中国文化史的研究生。得益于今天在场许多人的慷慨捐赠,我也很高兴能在此宣布:顾立雅教授在早期中国研究领域的杰出弟子之一,匹兹堡大学、香港中文大学和台北"中央研究院"的许倬云教授,将于1995年5月来校演讲,作为顾立雅教授纪念讲座系列的首场。

为了向顾立雅教授致敬,从今往后,让我们所有学生和学者都以孔子之言共勉:

> 父在,观其志;父没,观其行;三年无改于父之道,可谓孝矣。
>
> ——《论语·学而》

让我们重新投入到对古典中国的研究之中,君其勉之!

记美国汉学家顾立雅教授*

钱存训

在1930年代以前，美国虽有少数大学开设有关中国的课程，但大都效法欧洲学术传统，聊备一格；而主要教授如果不是来自欧洲，便是曾在中国居留通晓中国语文的传教士。对中国文化作高深研究而有特殊成就的美国学者，实自1930年代才开始。当时，由于美国学术团体的提倡和基金会的资助，美国学者开始前往中国留学访问，从事专业的学术研究。他们回国后在各大学或学术机构从事教学、研究和著述，并培养第二代和以后的青年汉学家，对中美文化交流作出了一定的贡献。顾立雅（Herrlee G. Creel，1905—1994）教授便是其中之一，他是美国学术界最早对中国语言和文化作精深研究的一位启蒙大师，也是西方研究中国古代史的权威汉学家。

---

* 本文原刊于《历史月刊》1997年1月号，2005年6月增订。此据《钱存训文集》第3卷，北京：国家图书馆出版社，2012年。经钱孝岳（Mary Dunkel Tsien）女士授权收入。——编辑注

一、学历与经历

顾先生于1905年1月19日出生在芝加哥,中学毕业后即任新闻记者,对于写作有特殊的天才和历练。他曾就读美国中部两所大学,继转入芝加哥大学,攻读哲学和宗教史,先后取得学士(1926)、硕士(1927)和博士(1929)学位。在校时,因对孔子学说发生兴趣,曾从一位中国同学学习中文,并以中国思想为题写作博士论文。毕业后曾任伦巴德(Lombard)大学英文及心理学助教授,因偶然机遇与在芝加哥自然科学博物馆任职的德籍汉学家劳福(Berthold Laufer)博士相识。由于他的推荐,获得美国学术团体联合会的奖学金,于1930—1932年入哈佛大学进修,从梅光迪学习中文,开始研读中国古籍。1932—1935年得哈佛燕京学社奖助到中国留学,从北平图书馆金石部主任刘节研究中国古文字学、甲骨文及金文,并曾数次赴安阳参观殷墟考古发掘,结交甲骨学者董作宾和其他古史专家。自此搜集文献和实物,开始以考古资料诠释中国古代史,写作专书并在中外学术刊物发表论文。

顾先生于1936年回美,受聘为芝加哥大学东方语言文学系及历史系讲师,开设中国语文、哲学及历史等课程。1937年升任助教授,1940年任副教授,1949年任正教授。其间并创设远东图书馆,于1939—1940年再度访问中国,采购中文图书,经朝鲜及日本回国。第二次世界大战期间,他被征调从军,任国防部陆军上校情报官,同时在芝加哥大学设立预备军官讲习班,教授中文口语,直至1945年大战胜利后再返校任教。1954—1962年,他受聘为东方语言文学系及其后改组的远东语言及文化系主任,并兼任由各系合组的远东研究委员会(后改称东亚研究中心)主任。1964年被授予马丁·雷尔森杰出讲座教授荣衔,直至1973年退休。他先后在芝加哥大学服务37年,对开创中国及东亚研究和东亚图书馆有重要的贡献。

二、著述与研究

顾先生著作等身,出版专书八种和发表论文数十篇,有中、日、法、意、西等语文译本。其著述不仅立论严谨,资料丰富,而文笔清晰流畅,尤为学术界所推崇。他对中国研究的兴趣,从写作博士论文《中国世界观的演进》(*Sinism: A Study of Evolution of the Chinese World View.* Chicago: Open Court, 1929)开始。其后在中国留学期间先后发表《原道字与彝字之哲学意义》(《美国东方学会学报》,1932;《学衡》,1933)、《释天》(刘节译,《燕京学报》,1935)、《商代铜器的制作与装饰之原始》(《华裔学志》,1935)、《近年中国考古学之进展》(法文《亚洲美术评论》,1935)及有关中国古文字学等论文多篇,可见其最早就勤于写作及对中国古代文化研究的兴趣和趋向。

他的成名之作,当以《中国之诞生:中国文明的形成期》(*The Birth of China: A Survey of the Formative Period of Chinese Civilization.* London: Jonathan Cape, 1936; New York: John Day, 1937)一书开始。此书是他在中国留学期间所撰述,根据当时所见资料,对商周社会、政治、经济、文化、艺术等作全面介绍,为最早在西方风行的一部论述中国古代史的权威之作。这本书虽是学术性的著述，却是以通俗文笔写成，内容深入浅出，目的在引起一般读者的兴趣，以增进西方人士对中国古代文明的了解。为了写作此书，他对其中所引用的原始文献以及考古资料都曾详加考订，如甲骨文的引证、《诗经·商颂》和今文《尚书》中若干篇章的阐释、夏代及史前的探索，以及对商代种族、地理、文化等问题的商讨，都收入他的《中国古代文化研究》第一集（*Studies in Early Chinese Civilization, First series.* American Council of Learned Societies, 1938），为研究中国古代史各个专题的重要参考资料。

顾先生的著述，从商周历史到先秦诸子都有独到的见解。先后出版的专著还有：《孔子：其人与神话》（*Confucius: The Man and the Myth.* New York, 1949; London, 1951; Tokyo, 1961; 王正义译，台北，2004）、《中国思想：从孔子到毛泽东》（*Chinese Thought: from Confucius to Mao Tse-Tung.* New York, 1953; London, 1954; Paris, 1955; Rome, 1973; Madrid, 1976）、《什么是道家？及其他中国文化史研究》（*What is Taoism? and other Studies in Chinese Cultural History.* Chicago, 1970）、《中国政制的起源：两周王朝卷》（*The Origins of Statecraft of China: Vol.1, Western Chou Empire.* Chicago, 1970）和《申不害：公元前四世纪的中国政治哲学家》（*Shen Pu-Hai: A Chinese Political Philosopher of the Fourth Century B. C.* Chicago & London, 1974）。他对申子的考释乃是他多年来研究中国思想史的副产品，书中不仅对这位少为人注意的法家之祖的政绩多加表扬，且广集佚文，逐字逐句加以英译并详细注释，成为他的最后研究之作。他在他的各种著作中，对我提供的资料和意见，以及对文锦所写的汉字小楷，都有热情的致谢。

三、教学与活动

此外，为了中国语文的教学，顾先生曾编制了一套《归纳法中文文言课本》(Literary Chinese by Inductive Method，Ⅰ—Ⅲ，Chicago，1938—1948)，先后由芝加哥大学出版社出版三册，采用中国传统启蒙所读的《孝经》《论语》《孟子》三种经典著作，系统地将书中单字，以甲骨文、金文、《说文》、通行书体及其读音、部音、英文释义，逐一加以解释，再分别举例，以示每字的用法（见书前插图5），书后附有句法、练习、原文、书写顺序、单字和复词的拼音与英译索引。这是采用科学方法学习古汉语的一套实用课本，融合语文、思想及历史于一体，为西方各大学所普遍采用。

当时芝大的中文教学从文言开始，注重阅读，由《孝经》启蒙，两年内读完《论语》和《孟子》，就可掌握古籍常用字汇约3 000个，以后再选读《左传》《史记》和其他古书（先秦古籍每种字汇均在1 000至3 000个左右），即可利用古典资料从事专题研究并写作论文。学生还需背熟以214个符号所代表的部首，遇到生字，随时检索字典，速度奇快，证明这套课本及其教学方法对研习中国古籍确有一定的效果。

顾先生于教学、研究和行政工作以外，也参加一些校外的学术活动。他于1954年被选为美国东方学会会长，任期二年，并在1956年年会中以《何为道教》为题作会长致词。1980年他曾参加在台北由"中央研究院"召开的国际汉学会议，并宣读论文《道家的变型》，讨论老、庄、列子各书的内容及其影响，这是他回美后唯一的一次远东之行，获得良好的印象。自1958年以来，由于美国联邦政府颁布的国防法案中，对非西方语文的重视，使美国学术界对中国研究的观念也产生了很显著的变化。如语文教学从文言到白话，研究对象从古代到现代，研究范围从人文到社会科学，课程水平也从研究院下放到大学本科。为适应这一潮流，他曾邀请各大学负责人，召开一次研讨会，商讨大学本科是否应加授有关中国文化的课程，并将讨论经过和各方意见编印《通才教育与中国文化》（Liberal Arts Education and Chinese Culture，Chicago，1958）一册，将这一意见，加以肯定。

芝大对中国语言和文化的教学，大致分为古代、中古和近代三阶段。当时除顾先生教授第一年汉语、古代史和思想史外，另有柯睿格（Edward A. Kracke, Jr., 1908—1976）教授担任第二年中文、中古史和政治制度等课程。他专攻宋史，著有《宋初文官制度》（1953）、《宋代职官衔名英译》（1957）等书，也是"国际宋史研究计划"的创始人。另一位是邓嗣禹教授，讲授中国近代史和现代中文，编有《报刊中文》《中文会话》《高级中文会话》等课本作为教材。再有访问教授董作宾先生，曾开设中国考古学、金文及古文字学等课程（我另有专文记述他访美经过，见《董作宾先生访美记略》）。此外，还有一位研究助理工六月（June Work，董先生曾为其取名琼华）小姐，主管系中杂务，她为人热诚，对中国学者和学生尤特别照顾。

我于1947年秋间应顾先生之邀来芝，整编图书馆十余年来积存的古籍约10万册，并供研究咨询。1949年起又兼任东方系教授衔讲师（Professorial Lecturer），担任"目录学"和"史学方法"等课程，为博士生的必修科目。不久文锦也受聘为现代中文讲师，深受同学的欢迎。当时系中专修中文的学生约有二三十人，师生相处融洽，不时聚餐，有如一个大家庭。

我在工作之余，同时在校选课进修，因为是图书馆学和东方学双重专业，也曾从顾教授作专题研究，以《战国策》版本传承问题写作论文（修正稿发表于《中国古籍导读》，*Early Chinese Texts: A Bibliographical Guide*，ed. by Michael Loewe. Berkeley，1993；同书亦收入顾先生的《申子》一文），并对《战国策》英译本中误译处曾加以评正（见《亚洲研究学报》第24卷，1965年，第328—329页）。其后以《印刷术发明前的中国书和铭文起源》为题写作博士论文（后改题《书于竹帛》，*Written on Bamboo and Silk*，由芝加哥大学出版社于1962年出版；有中、日、韩文译本先后在香港、北京、台北、上海、东京、汉城等地发行），也得到他的指导。他对我的论文中选词、用字、修辞、译释和引用文献的考订都非常注意，仔细修改，一丝不苟。这对我以后写作的要言不烦和治学方法，都有很重要的启发。他的态度严肃，做事果断，对一般学生的要求都十分严格，但对中国学者却礼贤下问，优遇有加，因此我们之间亦师亦友的关系维持了将近半个世纪（见书前插图6）。

四、纪念与追思

1975年，为庆祝他的70岁寿辰，我和当时东亚系主任芮效卫（David T. Roy）教授曾共同邀请世界各国学者撰写有关先秦及汉代哲学、文学、历史、考古学等专题论文16篇，编成《古代中国论文集》(Ancient China: Studies in Early Civilization. Hong Kong, 1978)一册，为他祝寿，并举行酒会将此册呈赠，以表扬他一生对中国文化教学、研究和培植人才所作出的贡献。1986年，芝加哥大学为纪念东亚系及东亚图书馆创立50周年，特别举行庆祝晚会，由校长汉娜·格雷（Hanna Gray）特别致词，感谢他对东亚研究的提倡之功。我也是早期参加这项工作者之一，得附骥尾受到表扬。

同年，美国亚洲研究学会在芝加哥召开年会，其间特别举行小组讨论会，为顾先生的《中国之诞生》一书出版五十周年表示庆贺，并研讨此书对国际学术界所产生的影响。顾先生曾在会中发表演讲，题为《〈中国之诞生〉之诞生》，回忆他如何与劳福博士相识以及由他推荐获得奖学金前往哈佛学习中文的经过，并称此书实为当年在中国时所作，以六个月时间完成，因新的考古资料陆续发现，在出版时内容就已经陈旧，其价值实不足道也。这是他生前最后一次受到美国学术界对他在这一枯燥的园地多年来苦心耕耘所获得的一项特别荣誉。

顾先生曾将他收藏的商周铜器、骨器、蚌器、玉器、陶片和甲骨，全部捐赠芝大司马特美术馆（David & Alfred Smart Gallery）。这些古物大部来自殷墟，是他当年自中国携回供教学之用，但从未公开，故知者甚少。芝大美术馆曾将这批藏品特别陈列，公开展览，照片收入该馆馆刊第1期（1987—1988）及特别编印的《礼仪与崇敬》(Ritual and Reverence, 1989) 展览图录中。另由夏含夷（Edward L. Shaughnessy）教授将他所藏甲骨43片释文发表在《中国图书文史论集》（台北，1991；北京，1992），因此顾先生的藏品得以公之于世。

顾先生没有儿女，也少亲人，因此他与顾夫人对我和文锦以及三个女儿都很关切。顾夫人乐真[1]（Lorraine Johnson Creel，1915—1995）博士是芝大的中文高才生，曾以《早期儒家对社会秩序的观念》为题写作博士论文（1943）。他们婚后曾于1939—1940年间周游中国。她取得学位后，一直作为家庭主妇而未工作，但她精于理财，从事投资而颇有积蓄。他们原住校园附近的公寓，因喜好安静，于1958年迁居郊区Palos Park自建的一所住宅，屋外有茂林、垂杨和小溪，屋内陈设简单，没有空调和电视等现代设备，颇有"结庐在人境，而无车马喧"的隐士之风。

顾先生自退休以后，仍从事著述，但体力日衰，不久双目失明，行动不便，终于1994年6月1日在寓所逝世，享年89岁。顾夫人也于次年12月12日相继而去，令人伤痛。顾先生故世后，《纽约时报》立即发出讣告，称誉他是国际汉学界的一位巨人，对他称道孔子为一革命家及民主导师，尤为推重。芝加哥大学于11月3日举行追思会，由东亚系现任古代史教授夏含夷主持，有来自世界各国的学者及顾先生的生前友好及学生200余人参加。当时东亚系主任余国藩教授和英国剑桥大学鲁惟一（Michael Loewe）教授曾发表悼词，中国社会科学院历史研究所李学勤所长亦到场致悼并撰文追思（见《美国顾立雅教授及其旧藏甲骨》，载《文物天地》1995年1月号），我也曾致辞悼念，追忆40多年前初抵芝城和他会晤时的种种感想。那时他正年富力强、衣履整洁、言谈风趣、做事果断，令人敬佩。当年我原受教育部派遣赴华盛顿公干，携带官员护照，临时应顾先生之邀

---

[1] 顾立雅夫人的中文名，钱存训先生在《书于竹帛》"中文第四次增订本自序"中作"顾乐贞"，此写作"乐真"，抑或两名并用。先哲已逝，无从考知。——编辑注

来芝工作，不料外国官员不能支取美国薪金，因此由他私人垫付，并殷情挽留，又设法在国会提一特别法案，准予改变身份长期居留，再为我安排接眷来美。他对我的爱护提携，为我后半生的家庭生活和事业，产生了十分重要的影响，如今永别，不胜唏嘘。

顾先生故世后，他的生前友好曾募集基金，设置纪念讲座，以鼓励对中国古代史的继续研究。第一年由顾先生的得意门人美国匹兹堡大学及香港中文大学历史系讲座教授许倬云博士主讲，题为《重访古代中国》，对近年考古新发现中原以外文化的渊源与演变及其对中原文化交流所产生的影响加以阐释。今后将继续邀请中国古史学者担任讲座。他和夫人的遗产已全部捐赠芝大，将在校中东亚语言文化系设立一永久性的讲座教授职位。我也在图书馆为他和顾夫人设置纪念基金，购置古代中国研究资料，作为对他们夫妇的永久纪念。

1996年6月顾先生逝世二周年纪念

孔子与芝加哥大学：神话与人[*]

夏含夷

年长的读者，特别是熟悉芝加哥大学的人，会意识到我的题目化用的是我们学校顾立雅的《孔子：其人与神话》。[1] 这本书向上一代芝加哥人乃至整个英语世界的读者介绍孔子，贡献良多。顾立雅是我们学校马丁·A.瑞尔森杰出贡献名誉教授；根据最权威的信息源维基百科的说法——如今即便是我也很难避之不用——他"被研究早期中国文明的专家们视为巨匠，并在各种圈子里被尊为'美国汉学界的元老'"。该条目进一步称赞顾立雅在把芝加哥大学建设为东亚研究的重镇方面功不可没，至少这一点是毫无争议的。顾立雅的一生都在芝加哥大学度过，并分别于1926年、1927年和1929年在这里获得了学士、硕士和博士学位。1936年，在中国待了几年后，他受聘于本校。他同年出版

---

[*] 本文作于2010年6月1日芝加哥大学孔子学院建成之际。
[1] Herrlee Creel, *Confucius: The Man and the Myth* (New York: The John Day Company, 1949; London: Routledge & Kegan Paul, 1951); 后来的平装版则以《孔子与中国之道》(*Confucius and the Chinese Way*, New York: Harper Torchbooks, 1960) 为题出版。

的著作《中国之诞生》使他在学术界和受过教育的大众读者中早享盛名，该书介绍了当时在安阳——中国第一个历史王朝商朝的最后一座都城——周边所开展的考古工作的首批成果。在大学任教的近四十年中，顾立雅的关注点越来越多地转向哲学与政治制度问题。他最后的著作，于1973年他退休之后一年，由芝加哥大学出版社出版，题为《申不害：公元前四世纪的中国政治哲学家》(Shen Pu-hai: A Chinese Political Philosopher of the Fourth Century B. C.)。在书中，他运用了一种准考古学（quasi-archaeological）的方法来论证中国官僚治理的起源。我们还会有其他机会详谈顾立雅教授的学术成果和遗产。今天，只讲讲他于1949年二战复员返回大学后写成的著作《孔子：其人与神话》似乎更合时宜。

我在此引述一下这本书初版护封上的文字，以令诸位能够对它的内容，以及更重要的是，它的笔调有所了解。或许如此能让大家原谅前面我对维基百科的引用：

> 这本独特的传记揭露了历史上最恶劣的诽谤之一。二千年来，孔子一直被引用，以为保守、反动和威权政府辩护，号称出于其口的言论被暴君用来压迫人民。如今，长期的原创研究显示，孔子其实是一名民主的乃至革命性的改革者和个人主义者（individualist）。在他的时代，他的声音是荒野中回荡的"对民主的高声疾呼"。他的教诲变得如此流行，以至于一个威权政权在公元前213年将儒家著作列为禁书。但中国的平民百姓将孔子的众多教义强加于统治者。因此，汉武帝以儒家保护者的姿态，试图将其学说转化为专制主义的工具。

大约公元前100年，一部实际上诽谤孔子的传记就在这位皇帝的朝堂上写成。从那时起，它一直广为接受，视为对孔子的最佳描述。在其他著作中，孔子的哲学被曲解，他从未说过的话被说成出自他之口。17世纪，满人继承了这种扭曲的儒学，作为控制被征服中国人的治术。在现代，它被军阀用来剥削人民。这一巨大的骗局从未被揭露过。

让我们翻到护封的背面。顾立雅教授的著作得到了同行的赞誉，其中包括主管国会图书馆中文藏书的恒慕义，[2] 以及《远东季刊》(*The Far Eastern Quarterly*) 的首批编辑之一厄尔·H. 普里查德（Earl H. Pritchard）——这本杂志是《亚洲研究期刊》(*Journal of Asian Studies*) 的前身，也是美国东亚研究领域的旗舰期刊。这本书还获得了诺贝尔文学奖得主赛珍珠（Pearl S. Buck）的褒赞。她写道，孔子"是一个蕴含原创力量的人，大胆而富有创造力，具备革命性和现代性。我们应当感谢顾立雅先生带来的启示，他让我们第一次得悉孔子的真实面目。"

正如护封所言，顾立雅笔下的孔子确实称得上是"一名民主的乃至革命性的改革者和个人主义者"。在倒数第二章"儒学与西方民主"（Confucianism and Western Democracy）中，他甚至设法将孔子与托马斯·杰斐逊[3]进行比较：

---

[2] Arthur W. Hummel Sr.（1884—1975），著名美国汉学家，《清代名人传略》的作者，美国亚洲研究学会（Association for Asian Studies）的创始人和首任会长。早年曾在中国进行基督教传教活动，后回国主管美国国会图书馆亚洲部，对美国亚洲研究的整体发展帮助颇大。此处应注意区分他与其子美国外交官、前驻华大使恒安石（Arthur W. Hummel Jr.，1920—2001）。——译者注

[3] Thomas Jefferson（1743—1826），美国开国元老之一，1801年至1809年间任第三任美国总统，《独立宣言》的主要起草人。——译者注

> 他们的共同之处，在于对形而上学不甚耐烦，对穷人而非富人施与关切，对基本的人类平等的坚持，对人（包括野蛮人在内）性本善的信念，以及对"每位诚实本分者的头脑和心灵"而非外在权威的呼唤。杰斐逊所言"治国之术全在于诚信之道"，与《论语》（12.17）惊人相似，还有其他类似的例子可供引用。（第275页）

《论语》（12.17）简要记录了季康子问"政"于孔子时得到的回答："政者，正也。子帅以正，孰敢不正！"值得注意的是，汉语里"政府"（government）的"政"字发音为zheng，其字形是"正直"（upright）的"正"字——发音也为zheng——和一只持杖的手"攵"组合在一起。由此，或许可以得出结论：孔子对为政的基本看法是汉语本质中所固有的，在他之前很久就已存在。无论如何，有时这类事情还是需要说出来。

指出下面一点或许多此一举：顾立雅笔下的孔子在很大程度上受到了战后美国志得意满的精神格调（triumphalism）影响，但这并不意味着一切就都出于想象。例如，当顾立雅随后指出，杰斐逊总统1806年发起的修改宪法建立"国家教育机构"的议案很可能是直接受到了中国——哪怕不一定是"儒家"——先例的影响时，他引用了芝加哥大学的一名学生唐纳德·F.拉赫（Donald F. Lach, 1917—2000）[4]和同事邓嗣禹（1905—1988）的详实研究。拉赫当时刚完成芝加哥大学博士学位论文《中国对德国文明的贡献（1648—1740年）》，[5] 还发表了一篇颇具影响的文

---

4 芝加哥大学历史学教授，主要研究领域为亚洲对现代欧洲历史发展的影响。——译者注
5 Donald F. Lach, "Contributions of China to German Civilization, 1648-1740" (PhD diss.: U. of Chicago, 1941).

章《莱布尼茨与中国》。[6] 他回到本校任教后，撰写了多卷本《欧洲形成中的亚洲》。[7] 我们中许多人都知道，莱布尼茨发现自己的二进制数字系统与《易经》中的卦象明显吻合，但中国对莱布尼茨思想的贡献远不止 0 和 1。莱布尼茨对中国的了解大部分来自 17 世纪初到达中国的耶稣会传教士；这些传教士的报告涵盖了中国的方方面面，尤其是孔子和儒家思想，并在接下来的两个世纪里对欧陆思想产生了巨大影响。众所周知，他曾宣称："应当派遣中国传教士来教导我们自然神学的目标和实践，就像我们派遣传教士去教导他们启示神学（revealed theology）一样。"拉赫这篇讨论莱布尼茨的文章结尾给我留下了深刻印象，它对于今天的典礼而言颇为切题：

> 在他关于普世文明（universal civilization）的伟大构想中，这位哲学家将地理上遥相对立的中国和欧洲描绘为知识上的盟友。思想和哲学，以及机械发明，都成了莱布尼茨构想的链条中的环节，而人们至今仍未能打造出这根链条。他的链条并非对与"迷人"（enchanting）东方联合的神秘主义向往，而是一个精心策划的方案，旨在将东西方汇聚在一起，达到智识上的和谐——后来吉卜林[8]声称这永远不会实

---

6 Donald F. Lach, "Leibniz and China," *Journal of the History of Ideas* 6.4（Oct. 1945）: 436–55.

7 Donald F. Lach, *Asia in the Making of Europe*, *Volume One: The Century of Discovery*（Chicago: The University of Chicago Press, 1965）; *Volume Two: A Century of Wonder*（1970, 1977）; *Volume Three*, with Edwin J. Van Kley, *A Century of Advance*（1993）.

8 约瑟夫·鲁德亚德·吉卜林（Joseph Rudyard Kipling, 1865—1936），英国作家及诗人，1907年诺贝尔文学奖获得者，19世纪英国帝国主义文学代表人物。——译者注

现。(第455页)

实际上，在拉赫撰写这篇文章时，东西方就已经在邓嗣禹身上相遇了。邓嗣禹是负有盛名的北京（当时称为北平）燕京大学历史系首批学生之一。1938年，他来到美国协助恒慕义撰写《清代名人传略》(Eminent Chinese of the Ching Period) 并很快取得了哈佛大学博士学位，又于1941年来到芝加哥。1943年，他在《哈佛亚洲研究杂志》(Harvard Journal of Asiatic Studies) 上发表了题为《中国对西方考试制度的影响：一、引言》[9]的文章。如标题所示，该文是一项广泛的调查，展示了中国著名的科举制度最早对法国，然后是英国，最后是美国公务员考试的直接影响。所有这些东西方的接触都被详细记录在了邓教授和拉赫教授以及顾立雅教授的研究中。邓教授还详细记录了一个顾立雅教授孔子研究中没有提及的接触领域，可能会引起芝加哥大学及其孔子学院的兴趣。中国对17世纪和18世纪欧洲的影响绝不仅限于政府官僚机构的运作，甚至也不仅限于政治哲学；它还在新兴的经济领域产生了影响，正如重农主义学派（Physiocratic School）[10]——也就是经济学家（Économistes）——之父弗朗索瓦·魁奈（François Quesnay，1694—1774）[11]的著作所示。重

9　Ssu-yü Teng, "Chinese Influence on the Western Examination System: I, Introduction," *HJAS* 7.4 (Sept. 1943): 267–312.
10　诞生于启蒙运动时期法国的一种经济理论，认为国家财富的根本来源应为土地生产及土地发展，注重农业而非工商制造业，倾向于降低关税及经济自由放任主义。该主义者自称为"经济学家"（les Économistes），但后世更多称之为"重农主义者"（physiocrats），以将他们与其他学派的经济学家作区分。——译者注
11　法国经济学家、政治经济学体系的先驱，对中国的经济有所研究，著有《中华帝国的专制制度》(*Le Despotisme de la Chine*) 一书。——译者注

农主义学派是最早的自由贸易提倡者,所以我想我们也可以在大学新近成立的米尔顿·弗里德曼[12]经济研究所(Milton Friedman Institute for Economics)中为中国谋得一席之地。

让我回到一些至少我了解的话题上。顾立雅的《孔子:其人与神话》在近半个世纪内一直在西方孔子研究领域保持着至高地位。的确,考虑到这期间学界兴趣的变化,此书几乎是唯一一部西方研究孔子的著作——除了一个例外。这个例外就是赫伯特·芬格莱特(Herbert Fingarette)的小册子《孔子:即凡而圣》,[13] 发表于顾立雅著作问世二十年后。对于此书,以不轻言褒赞闻名的顾立雅曾说:"在我研究孔子的五十年中,我不记得曾发现过任何其他学者的作品比芬格莱特教授的更令人兴奋。"[14] 又过了二十年,兴趣再度转移,孔子重新成为西方学界——或许我应该说西方"想象界"(imaginary),尽管我对此术语的使用无疑并不合适——的研究课题。有关这种新的兴趣,首个发表出来的例子是詹启华(Lionel Jensen)在《早期中国》(*Early China*)杂志上刊登的一篇文章:《孔子:野生的圣人、感孕而生的神话典型》。[15] 在这篇文章里,作者声称孔

---

12 Milton Friedman(1912—2006),美国著名经济学家,芝加哥大学经济学教授、第二代芝加哥经济学派领军人物,1976年诺贝尔经济学奖获得者,被誉为20世纪最重要且最具影响力的经济学家之一。其政治哲学强调自由市场经济的优点,反对政府干预。——译者注

13 Herbert Fingarette, *Confucius: the Secular as Sacred* (New York: Harper & Row, 1972).

14 Herrlee G. Creel, "Discussion of Professor Fingarette on Confucius," *JAAR Thematic Studies: Studies in Classical Chinese Thought*, *Journal of the American Academy of Religion* 47.3 (September 1979): 414.

15 Lionel Jensen, "Wise Man of the Wilds: Fatherlessness, Fertility, and the Mythic Exemplar, Kongzi," *Early China* 20 (1995): 407–37.

子（Confucius），或者他更愿意称之为Kongzi，很可能完全是一个神话——其历史性是"有争议的"。在罗列了一系列令人印象深刻的晚期材料后，詹启华的结论是，甚至连孔子这个名字都"更像是一个神话般的文学虚构，很可能开始于……一个象征性的神灵，在其许多战国时期化身之一身上被历史化。"[16] 两年后，詹启华出版了他备受争议的著作《制造儒家：中国传统与全球文明》。[17] 此书将孔子（Kongzi）——书里称孔夫子（Kongfuzi）——神话的发明又推后两千年，到了17世纪耶稣会传教士的手中：正是这些传教士向欧洲提供了关于中国的最早信息。用漫画（caricature）勾勒出詹启华笔下的孔子形象很容易，就像用漫画勾勒出顾立雅笔下的孔子形象一样，它也是其时代的产物。

彼时还有另一部研究孔子——或者至少是研究其著述——的书：白牧之与白妙子夫妇（E. Bruce and A. Taeko Brooks）的《论语辨》。[18] 白氏夫妇的书旨在为《论语》二十章中的每一章提供精确日期，这些日期大致平均分布在公元前479年孔子去世至公元前249年他的故国鲁国灭亡的230年间，从实质上否定了《论语》代表着任何孔子本人的观点。再将目光移至封底简介，我们可以看到来自两位算得上是我的老师的推荐。倪德卫（David S. Nivison）称这本书"代表了一种令人耳目一新的研究模式，这种模式需要学界对之前大部分有关古代中国哲学的学术

16　Jensen, "Wise Man of the Wilds," abstract, p.xxxiii.
17　Lionel Jensen, *Manufacturing Confucianism: Chinese Traditions and Universal Civilization* (Durham, N.C.: Duke University Press, 1997).
18　E. Bruce and A. Taeko Brooks, *The Original Analects: Sayings of Confucius and His Successors* (New York: Columbia University Press, 1998).

成果进行重新评估"，吉德炜（David N. Keightley）则认为"它重塑了对这一过去长期以来都基于传统假设的主题的历史尊重"。

几乎可以确定的是，"之前大部分有关古代中国哲学的学术成果"将会得到"重估"，不过这不是什么新鲜事；传统从未停止过演变和自我更新。至少，这是新近出版的一本关于孔子的著作的论点：戴梅可（Michael Nylan）与魏伟森（Thomas Wilson）合著的《幻化之龙：两千年中国历史变迁中的孔子》。[19] 与詹启华和白氏夫妇一样，戴梅可教授彻底放过孔子本尊，而转向司马迁（前145年—前89年前后）笔下的孔子。在她这本书的一开头，司马迁就被誉为"中国历史上最伟大的历史学家"（第2页）和"中文写作史上最伟大的故事讲述者"（第4页）。它指的正是顾立雅曾提到的那篇"诽谤孔子"的传记，但从《幻化之龙》中却很难了解到这一点，因为这本书并未涉及孔子的生平。

世易时移，兴趣也在变化，而今我们看到"孔子生平"研究的回归。我认为芝加哥大学在这一发展中发挥了一定作用，即便参与其中的学者任职于别处。最先表现出对孔子本人生平重燃兴趣的是印第安纳大学的伊若泊（Robert Eno）的文章《鲁国孔氏的背景与儒家起源》。[20] 就像詹启华最早有关孔子的作品一样，这篇文章也论及了孔子的出生，也刊登在长期在我们学校编辑的期刊《早期中国》上，而且这篇文章最初还是在这里举办的一次会议上发表的。在查阅有关孔子时代前后的详细叙事《左传》中

---

19 Michael Nylan and Thomas Wilson, *Lives of Confucius: Civilizations' Greatest Sage through the Ages* (New York: Doubleday, 2010).

20 Robert Eno, "The Background of the Kong Family of Lu and the Origins of Ruism," *Early China* 28 (2003): 1-41.

的记载后，伊若泊认为孔子的父亲叔梁纥是鲁国强大的臧氏家族的家臣（associate），该家族负责保卫鲁国的南部边界。这使得孔氏与邻近的邾国或称邾娄国以及颜氏联系密切，后者是身为东夷或南蛮的邾国最显赫的家族，至少是之一。事实上，孔子的母亲来自颜氏，至少有七名他最亲近的弟子，包括他最喜欢的颜回，也来自颜氏。伊若泊接着得出了一些关于邾娄颜氏和东夷文化对儒家思想（Confucianism）——或者他所称的Ruism——发展所作贡献的大胆结论。他认为，孔子在鲁国从某种程度上而言是一名"文化外来者"。在某些人看来，这种论断可能有些太过牵强，我对此倒颇感几分个人层面的满意，因为这也是我的中文名所代表的含义之一。无论如何，伊若泊的论点是牢牢建立在山东西南部地理基础之上的。

地理和传记在孔子生平中的交汇也是我们最近一次顾立雅纪念讲座的主题，由北京大学的李零教授主讲。[21] 李零教授为追溯孔子的真实"足迹"——无论是在鲁国还是在他晚年周游列国的十四年里——付出了巨大努力，并用幻灯片向我们展示了沿途可以找到的文物。诚然，这些文物均不早于宋代（960—1278），但仅仅走过他曾游历的乡间就足以提醒我们：孔子曾真实存在过。

正是这种精神激发了最近一部有关孔子本人（而非想象中的各种孔子）的传记创作——金安平（Annping Chin）的《孔子：喧嚣时代的孤独哲人》。[22] 金安平教授在书一开始讲述了她对位

---

21 Li Ling, "In the Footsteps of Kongzi: The Cities and States Where Kongzi Lived and Visited," Herrlee Creel Memorial Lecture, The University of Chicago, 19 October 2007.

22 Annping, Chin, *The Authentic Confucius: A Lie of Thought and Politics* (New York: Scribner, 2007).

于山东省西南部邹城村的访问,以及她与那里一群高中学生的讨论。她说:"学生们想知道,我对中国政府最近推动'和谐社会'以及与外在世界的'和谐纽带'有何看法:这项政策是否与孔子的学说有任何关系?在创建和谐社会的过程中,反复称引孔子之名是否就能与历史上的孔子产生联系?"(第9页)在试图回答他们的问题时,金安平指出:"过去二十年来,越来越多的观光客前往曲阜等地游览,然而对中国人来说,儒家遗址观光业的蓬勃发展,与在报纸上读到领导人称扬儒家社会美德,以及政府在非洲、欧洲、东南亚与南北美洲着手设立教授汉语的孔子学院,感觉毕竟大不相同。"(第11—12页)她接着表示:"孔子或许从未想到自己会跟语言学习扯上关系。《论语》曾说孔子朗诵诗书'皆雅言也',即便如此,也只能说明他感兴趣的是比较高深的语言层次。"在提到"(孔子认为)教导他人说话必须极为谨慎:言语是思想的延伸,说出来的话必须妥当适切"后,最终她表示,"最近孔子再次受到关注主要还是因为国际语言机构的推广,而这一点并非毫无可取之处"(第12页)。在不对孔子作任何曲解的前提下,我想就此作一番结语:这不仅"并非毫无可取之处"(not completely absurd),而且是大有可取之处(not absurd at all)。[23] 七十五年来,我们在芝加哥大学教授中文时一直都非常用心。事实上,我们甚至以关注《诗经》和《尚书》的"雅言"(the correct pronunciation)而闻名。我们期待与芝加哥大学孔子学院以及国际孔子学院办公室(international Confucius Institute office)合作,继续教导我们的学生如何去表达——以及思考。

---

23 本段对金安平书中引用的译文参考了黄煜文所译的《孔子:喧嚣时代的孤独哲人》,桂林:广西师范大学出版社,2011年。——译者注

选定参考书目

I. 石器时代

ANDERSSON, J. GUNNAR.
（1）*Children of the Yellow Earth*（London，1934）.
（2）'Cave-deposit at Sha Kuo T'un in Fengtien, The.' *Palaeontologia Sinica*, Series D, Vol.1, Fasc. 1（Peking, 1923）.
（3）'Early Chinese Culture, An.' *Bulletin of the Geological Survey of China*（1923）, 5, 1.
（4）'Preliminary Report on Archaeological Research in Kansu.' *Memoirs of the Geological Survey of China*, Series A, Number 5（Peking, 1925）.

ARNE, T. J.
'Painted Stone Age Pottery from the Province of Honan, China.' *Palaeontologia Sinica*, Series D, Vol.1, Fasc. 2（Peking, 1925）.

BISHOP, CARL WHITING.
（1）'Beginnings of North and South in China, The.' *Pacific Affairs*（1934）, 7, pp.297–325.
（2）'Neolithic Age in Northern China, The.' *Antiquity*（1933）.
（3）'Rise of Civilization in China with Reference to its Geographical Aspects, The.' *The Geographical Review*, 1932, Vol.22, Number 4, pp.617–631.

BLACK, DAVIDSON.
（1）'Human Skeletal Remains from the Sha Kuo T'un Cave Deposit in Comparison with those from Yang Shao Tsun and with Recent North China

Skeletal Material, The.' *Palaeontologia Sinica*, Series D, Vol.1, Fasc. 3（Peking, 1925）.

（2）'Note on the Physical Characters of the Prehistoric Kansu Race, A.' *Memoirs of the Geological Survey of China*, Series A, Number 5（Peking, 1925）.

（3）'Study of Kansu and Honan Aeneolittuc Skulls and Specimens from Later Kansu Prehistoric Sites in Comparison with North China and Other Recent Crania, A.' Part 1. 'On Measurement and Identification.' *Palaeontologia Sinica*, Series D, Vol.6, Fasc. 1（Peking, 1928）.

LI CHI 李济

《西阴村史前的遗存（清华学校研究院丛书第三种）》（1927）

LI CHI, LIANG SSU-YUNG, and TUNG TSO-PIN, editors 李济、梁思永、董作宾（编）

《城子崖，中国考古报告集之一》Ch'eng-tzu-yai, *Archaeologia Sinica*, Number 1, 附梁思永所作英文概要（南京，1935年出版，日期为1934年）

LIANG SSU-YUNG 梁思永

'New Stone Age Pottery from the Prehistoric Site at Hsi-yin Tsun, Shansi, China.' *Memoirs of the American Anthropological Association*, Number 37, 1930.

LICENT, TEILHARD DE CHARDIN, and BLACK.

'On a Presumably Pleistocene Tooth from the Sjara Osso Gol.' *Bulletin of the Geological Society of China*（1927），5.

PALMGREN, NILS.

'Kansu Mortuary Urns of the Pan Shan and Ma Chang Groups.' *Palaeontologia Sinica*, Series D, Vol. 3, Fasc. 1（Peking, 1934）.

PEI, W.C. 裴文中

'Preliminary Report on the Late Palaeolithic Gave of Choukoutien. A.' *Bulletin of the Geological Society of China*（1934），13，3.

TEILHARD DE CHARDIN and LICENT.

'On the Discovery of a Palaeolithic Industry in Northern China.' *Bulletin of* the Geological Society of China（1934）3，1.

TEILHARD DE CHARDIN and C. C. YOUNG 杨钟健

'Preliminary Observations on the Pre-Loessic and Post-Pontian Formations in Western Shansi and Northern Shensi.' *Memoirs of the Geological Survey of China*，Series A，Number 8（Peking，1930）.

WEIDENREIGH，FRANZ.

'Sinanthropus Population of Choukoutien（Locality 1），with a Preliminary Report on New Discoveries, The.' *Bulletin of the Geological Society of China*（1935），14，4.

II．商周发掘

《安阳发掘报告》（*Preliminary Reports of Excavations at Anyang*）（Four Volumes，1929-1933）

《成立三周年工作概况及第二次展览会展品说明》（1935）

III．甲骨刻辞

《铁云藏龟》，刘鹗编（1903）

《契文举例》，孙诒让著（1904）

《殷商贞卜文字考》，罗振玉著（1910）

《殷虚书契前编》，罗振玉编（1912）

《殷虚书契菁华》，罗振玉编（1914）

《铁云藏龟之余》，罗振玉编（1915）

《殷虚书契后编》，罗振玉编（1916）

Oracle Records from the Waste of Yin，by James Mellon Menzies（Shanghai，1917）.

《殷卜辞中所见先公先王考》及《续考》，王国维著（《遗书》初集卷九）（1917）

《殷周制度论》，王国维著（《遗书》初集卷十）（1917）

《戬寿堂所藏殷虚文字》，姬佛陀编（1918）

《戬寿堂所藏殷虚文字考释》，王国维著（1919）

《簠室殷契类纂》，王襄编（1920）

《龟甲兽骨文字》，林泰辅编（1921）

《殷虚文字类编》，商承祚类次（1923）

《殷契钩沉》，叶玉森著（《学衡》第二十四期）（1923）

《说契》《研契枝谭卷甲》，叶玉森著（《学衡》第三十一期）（1924）

《铁云藏龟拾遗：附考释》，叶玉森编著（1925）

《簠室殷契征文》，王襄著（1925）

《增订殷虚书契考释》，罗振玉著（1927）

《甲骨文断代研究例》，董作宾著（《庆祝蔡元培先生六十五岁论文集》）（1933）

《甲骨学文字编》，朱芳圃编著（1933）

《殷契佚存》，商承祚编纂（1933）

《殷契卜辞》，容庚、瞿润缗合著（1933）

《殷虚书契续编》，罗振玉著（1933）

《福氏所藏甲骨文字》，商承祚编纂（1933）

《殷虚文字存真》，徐敬参著（1933）

《卜辞通纂》，郭沫若著（1933）

《甲骨文编》，孙海波撰集（1934）

Ⅳ. 青铜器铭文

《历代钟鼎彝器款识法帖》，薛尚功编（宋代，1633年重刊）

《积古斋钟鼎彝器款识》，阮元编（1804）

《攟古录金文》，吴式芬撰（1895）

《愙斋集古录》，吴大澂编（1896）

《周金文存》，邹安编（1916年以后连续印行）

《殷文存》，罗振玉类次（1917）

《金文编》，容庚撰集（1925）

《殷周青铜器铭文研究》，郭沫若著（1931）

《贞松堂集古遗文》，罗振玉撰集（1931）

《贞松堂集古遗文遗补》,罗振玉撰集(1931)
《两周金文辞大系》,郭沫若撰集(1932)
《两周金文辞大系图录》,郭沫若编(1934)
《贞松堂集古遗文续编》,罗振玉撰集(1934)

Ⅴ. 历史文献及注疏

《十三经注疏》:《周易》《尚书》《毛诗》《仪礼》《春秋左传》
《国语韦氏解》
《史记集解索隐正义》合刻本
《今文尚书经说考》(《皇清经解续编》卷千七十九至卷千百十六),陈乔枞著(1862)
《尚书孔传参正》,王先谦著(1904)
《古史辨》,第一至第五册,顾颉刚编著(1926—1935)
《汉石经碑图》,张国淦著(1931)

Ⅵ. 译本

LEGGE, JAMES.

(1) The Chinese Classics:

Vol. Ⅰ, *Confucian Analects*, *The Great Learning*, and *The Doctrine of the Mean* (and ed., Oxford, 1893).

Vol. Ⅱ, *The Works of Mencius* (and ed., Oxford, 1895).

Vol. Ⅲ, *The Shoo King*, or *The Book of Historical Documents* (London, 1865).

Vol. Ⅳ, *The She King*, or *The Book of Poetry* (London, 1871).

Vol. Ⅴ, *The Ch'un Ts'ew*, with *The Tso Chuen* (London, 1872).

(2) *The Yi King*, Sacred Books of the East, Vol. ⅩⅥ (Oxford, 1882).

STEELE, JOHN.

The *I-li*; or, *Book of Etiquette and Ceremonial* (London, 1917).

索 引

Accomplished King（周）文王，227-229，251-252，268，328，349，370
Age，value of 敬老，333
Agriculture 农业，43，72，81，280
    division of fields 农田的分配，312-313
    implements of 农业的实施，88
    of Chous 周人的农业，310-314
    of Shangs 商人的农业 81-89，195
    regarded as work of men 农业被当作男性的工作，88
American Indians 美洲印第安人 46-47，98，122
    Northwest Coast 西北海岸印第安人，122，146，205
Analects of Confucius 孔子的《论语》，143
Ancestor-worship 祖先崇拜，28，126-128，162，174-175，178-180，185，204，262，290，304，308，311，335-341
    'personator' at sacrifice 祭祖过程中的"尸"，335-336
Andersson，J.G. 安特生，40，43，44，45，60，81，96，97，123，147，210
Annals of Lü Shih《吕氏春秋》，254
Anyang 安阳，22，57-59，72，86

    excavations at 安阳的发掘，26，29-36，60-71，75-76，78-79，86，87，88，97，106，110，113，123，125，136-137，145，147，148，150，173，175，181
Archives，Keeper of 主书，254
Armour，defensive 护甲，146-149
Arrowheads 箭头，60，97-98，141-142
Artisans 工匠，284，315
Aryan religion 雅利安宗教，182-183
Badger 獾，75，314
Bandits 强盗，30-31
Beacon signals 烽火，242
Bear 熊，75
Bells，bronze 青铜钟，263
Bird，wind deity pictured as 描绘成鸟，117
Bishop，Carl Whiting 毕安祺，29，72，76，79，85，88，176
Bits，snaffle 嚼子，150
Black，Davidson 步达生，51
'Black Pottery' culture 黑陶文化，48，50，59，70，79，123，141-142，186
Boar，wild 野猪，74，79，200
Boats 船，102
Bone carving 骨雕，95，101
Bone utensils 骨制用具，43，69，99

---

* 此处页码均为英文原书页码。——译者注

armour 骨制护甲，147
　　arrowheads 骨制箭头，97-98
　　hairpins 骨制发笄，69，99
　　ladles 骨梄，69，99
　　weapons 骨制武器，146
Book of Changes《易经》，76，187，267-269，285，315，334，374
Book of Etiquette and Ceremony，见 *I Li*
Book of History，见 *Document Classic*
Book of Poetry《诗经》，64-66，72-74，83，89，142-143，154，208，220，221，239，240，256，270-272，280，282，285，286，287，290，293-300，302，304，305，309，311-312，314，319，321，323，325，329，331，341，348，349，369，374
　　'interpretation' of 对《诗经》的"解读"，272
Books，burning of 焚书，260
　　Chou 周代书籍，376
　　Maker of 作册，258
　　Shang 商代书籍，171，173，374
Bow and arrow 弓箭，43，46，60，73-74，97，133，141，154
　　archery contests 射箭比赛，139，321-323
　　'composite' bow "复合型"弓，46
　　Manchu archery examinations 满人箭术考试，142
　　pellet bow 弹丸弓，143
　　reflex or 'Tartar' bow 反射弓或称"鞑靼"弓，133，142-145，364
Breuil，Abbé 步日耶，40
British civil service 英国公务员制度，358-359
Bronze 青铜器，29，30，31，32，36，49，69，75，95，96，108-125，176，213，248（亦见 *Li* tripod）
　　armour 青铜护甲，147-149，176
　　bought by Japanese financiers 日本金融家购得的青铜器，120

　　casting 青铜器铸造，49-50，68，94，97，108，111-113，122-125，250
　　casting，origin of technique 青铜器铸造技艺的起源，122
　　chariot-fittings 青铜战车配件 32，149-15
　　chüeh vessel 青铜爵，118，262
　　classification of Shang 商代青铜器分类，113-119
　　dating of 青铜器定代，266
　　discs to support house pillars 支撑房屋柱子的青铜盘，62
　　formula of Shang 商代的青铜构成配方，111
　　hsien steamer 青铜甗，44，206
　　inlaid with black pigment 填有黑色颜料的青铜器，113
　　inscriptions on 青铜器铭文，24，89，91-93，100，122，124，144，145，149，222，238，247，255，261-267，280，282，287，316-317，321，322，323，328，332，333，343，348，351，353，354，364
　　ku vessel 青铜觚，113，116，117-118
　　ore 用于铸造青铜器的矿石，94
　　patination 青铜器上的铜锈，114
　　ting tripod 青铜鼎，118-119，262，264，282
　　weapons 青铜武器，110，119，145-146
Bronze Age in China 中国的青铜时代，49，123
Buffalo，water 水牛，74，76，80，86
Burial customs 葬礼习俗，27，176
　　Chou 周代葬礼习俗，248
　　Shang 商代葬礼习俗，175-177，203
Buttons 纽扣，96
Carpenter，Sir H. C. H. H. C. H. 卡朋特爵士，30，111
Cattle 牛，49，50，57，76-81，82，100，117，200，312
Cellini，Benvenuto 本韦努托·切利尼，112

Ceremonial Records《礼记》，274，281，346
Ceremonies of Chou《周礼》，274，346
Chao, King（周）昭王，238
Chao Hsüan-tzu 赵宣子，355
Chao Ke 朝歌，229，234，247
Chariots 战车，32，49，59，69，72-73，76，102，119，133，143，146，149-154，248，335
Ch'en Tzu-k'ang 陈子亢，208-209
Ch'en state 陈国，348
Cheng state 郑国，258，263，339，351
Ch'eng, King（周）成王，233-235，251
Ch'eng of Ch'u, King 楚成王，348
Ch'eng Tzu Yai 城子崖，48，141
Ch'i state 齐国，153，207，215，243，244，286，316，361-362
Chiang Kai-shek 蒋介石，35
Ch'iang people 羌人，213-216
Chin state 晋国，77，152，153，191，239，243，286，293，307，308，340-341，351，355
Ch'in, First Emperor of 秦始皇，209，260
Ch'in state 秦国，208，213，340-341
Chinese civilization, origins of 中国文明的起源，38-53
Chivalry 骑士精神，156，306
Chopsticks 筷子，324
Chou, Duke of 周公，228-229，231，233-235，246，251，254，328，340，366，373
Chou Dynasty 周朝，70，88，89，91，92，96，98，99，100，130，135，138，144，148，149，150，151，152，154，157，171，211，215-216，219-366
    archaeological excavations 周代考古发掘，246-253
    aristocracy 周朝贵族，278
    artistic inferiority to Shang 周朝与商朝相比在艺术上的粗劣，250
    conquest of Shangs 周人对商人的征服，227-231
    decline of Western 西周的衰落，240-243
    Eastern 东周，243-244
    feudalism 周朝封建制度，231-232，237-239，310，346，357，362
    inheritance 周朝的继承制，222
    land tenure 周朝的土地保有，276-277，310
    laws 周代律法，346-356
    literature 周代文学，251，254-275
    race 周人种族，221
    religion 周代宗教，332-345
    social system 周朝社会体系，276-287
    tombs 周墓，251-253
    wars with barbarians 周人与野蛮人之间的战争，238，239
Chou K'ou Tien 周口店，40
Chou Li，见 *Ceremonies of Chou*
Chronology, traditional 传统纪年法，36-37
Ch'u state 楚国，152，156，187，192，207，243，306，359
Chuang of Cheng, Duke 郑庄公，339
Chuang of Lu, Duke 鲁庄公，259
Chuang Tzu 庄子，186-187
Chung Kuo 中国，376
Chung Shan state 中山国，254
Cicada 蝉，114，117
Cinnabar 朱砂，100，145
Cire perdue process（bronze）失蜡过程（用于铸造青铜器），111-112
Classical Period 古典时期，220
Climate of ancient China 古代中国的气候，74，86
Clothing 衣着服饰，95-96
Cloud pattern 云纹，116
Coinage 硬币，317-318
Conch-shell ornaments 螺壳制成的装饰品，101
Concubines 妾，130-131，284-285，292，

301，355
Confucius 孔子，137，143-144，208-209，220，233，258，271，272，273，309，315，338，358，366
Copper 铜，111，317
Court historians 宫廷历史学家，259
Courtship 求爱，295-300
Cowries 贝壳，69，90-94，187，317
　　imitation 对贝壳的仿制，92
Dagger-axe 戈，145
Decree of Heaven 天命，367-380
Deer 鹿，74，76，100
Discourses of the States《国语》，98，12 152，161，240，273-274，275，282，305，318，345，355，358
Divorce 离婚，291
Document Classic《尚书》，98，147，220，254，255-256，259，266，269-270，318，328，348，349，350，373，374
Dog 狗，43，75-78，303，312，355
　　as food 狗作为食物，77，326
　　sacrificed 狗作为祭品，200，335
　　used in hunting 用狗狩猎，77-78
Dragon 龙，161，240-241
　　deity 龙作为神灵，117
'Dragon bones'"龙骨"，见 Oracle bones
Dreams 梦，196，197
Drill 钻头，102
Drum 鼓，102，153，155，207
Earth, sacrificed to 向土地祭祀，180-181，203
Education 教育，358-359，361
Elephant 大象，74-76，116
Entertainment 娱乐，320-321
Eunuchs 太监，288，293，355-356
Eye, symbolic use of 对眼睛的符号性使用，129
Family relations 家庭关系，126-128，301-309，333，353
　　fraternal 兄弟间的关系，304-305

responsibility 家庭责任，307-308
Feasting 宴饮，323-330
Feminine deities 女性神灵，180
Fen River valley 汾河流域，136
Feng, early Chou city 周代早期城市丰，220-221
Feudalism 封建制度，135
Figures of speech, agricultural 农业性修辞，83
Filial piety 孝，303，304
First Noble 第一贵族，244-245，362
Floods 洪水，87
Foot-soldiers 步兵，154，364
Forgery, of books 伪造书籍，260，269，374
　　of oracle bones 伪造甲骨文，25-26
Fowl, domestic 家禽，76，200
Freer Gallery of Art 佛利尔美术馆，30，43
Fu Kuo 辅果，307
Fur garments 毛皮服饰，72，97
Gate towers of city walls 城墙上的城门塔楼，70
Geological Survey of China 中国地质调查局，40，43
Goat 山羊，76，78
Gold 黄金，69，73
Grave-robbers 盗墓者，28-29，31，35，107，110，145，147，176，211，248
Graves, regard for 对坟墓的重视，27-28
Greek architecture 古希腊建筑，67
Grindstone 磨刀石，97，215
Hairpins 发笄，69，99
Han Dynasty 汉朝，106，121，359
Han Hsien-tzu 韩献子，355
Hao, early Chou city 周代早期城市镐，221
'Harangue at Pi'《费誓》，147，349
Hare 野兔，76，326
Harvard University 哈佛大学，50
Heaven, deity 上天作为神灵，342，343，

367，370，377
Hemp 麻，87，319，326
History，Chinese regard for 中国人对历史的重视，259
Honan Archaeological Association 河南古迹研究会，43，247
Horn and antler utensils 牛角和鹿角制成的用具，100
Horse 马，49–50，72–74，76，77，149–151，200，282，335
Hou Chi 后稷，225–226
Hou Kang tomb，excavation of 后岗墓葬的发掘，210–212
Hsia 'Dynasty' 夏"朝"，52–53，87，161，225，240–241，351，369，370，373
Hsiang of Sung，Duke 宋襄公，156
Hsiang，King（周）襄王，301
Hsiao T'un 小屯村，22
Hsien of Chin，Duke 晋献公，302–303，340
Hsüan，King（周）宣王，239，243，340
Hsün Hsien，excavations at 浚县的发掘，211，246–250，335
Huan of Ch'i，Duke 齐桓公，215，244–245，361–362
Huan River 洹河，22，59
  sacrifice to 祭祀洹河，180，203
Hui of Chin，Duke 晋惠公，340–341
Hui，King（周）惠王，244
Human life，cheapness of 人命的轻贱，355–356
Human sacrifice 人祭，106，177，180，198，210–214，335，344
  by Greeks，Romans，Aztecs 古希腊人、古罗马人和阿兹特克人的人祭，206
  in Neolithic China 新石器时代中国的人祭，210
Hunting 狩猎，43，59，71，72–74，78，195，199，312，321
I Ching，见 Book of Changes
I Li《仪礼》，144，147，149，255，257，274–275，280，290，315，322，323，324，326
Intercourse between states 国家间的往来，138
Iron Age in China 中国的铁器时代，45，123
Irrigation 灌溉，86
Ivory，boar's tusk 野猪獠牙，67，78，100，101
  elephant 象牙，100
Jade 玉石，69，89，98–99，108，146
K'ang，King（周）康王，251
K'ang Shu 康叔，234，247
Ku Chieh-kang 顾颉刚，52
Kuan Chung 管仲，361–362
Kuan Shu 管叔，233–234
Kuan Tzu 管子，281–282
Kuo Pao-chün 郭宝钧，247，248
Kuo Yu，见 Discourses of the States
Lao Tzu 老子，220
Larson，F. A. F. A. 拉尔森，186
Laufer，Dr. Berthold 贝特霍尔德·劳费尔博士，80–81，146，271
Letter-writing，Chou 周代书信写作，256
  Shang 商代书信写作，173
Li of Chin，Duke 晋厉公，355–356
Li，King（周）厉王，238–239，241
Li Chi，Dr. 李济博士，30
Li Chi，Lady 骊姬，302–303
Li Chi，见 Ceremonial Records
Li tripod 鬲，44，47–48，50，119
Liang Ssu-yung 梁思永，50–51，101，104，148，150
Ling of Ch'en，Duke 陈灵公，348
Ling of Ch'u，King 楚灵王，192
Liquor 酒水，85，325，327–330
  in sacrifices 祭祀的酒水，200，201–202，203
Lodestone 磁石，68
Loess cave dwellings 黄土窑洞式居所，60
Loyang 洛阳，235，243，246，251，270

Lu state 鲁国，273，286，302，310
　　Duchess of 鲁公夫人，302
Malachite 孔雀石，111
'Manchukuo' 满洲国，317
Marriage 婚姻，131，289-300，336
　　age of 结婚年龄，289
　　gifts 结婚时赠送的礼品，262
Martial King（周）武王，221，227-233，246，251-252
Matting 席垫，64，96
Mealing-stones 磨石，43
Medicine 药物，315
Mediums of exchange 交换媒介，90-94，317-318
Mencius 孟子，220，312-313
Menzies，James M. 明义士，26，182
Merchants 商人，284，315，316-317
Milk as food 牛奶作为食物，80-82
Millet 小米，43，77，84，85，225，326
　　liquor made from 由小米酿成的酒精饮品，85，327
Mo Tzu 墨子，220
Moats 护城河，71，133
Money 金钱，90-94，317-318
Mongoloid races 蒙古人种，41，46，51
Mongols, divination by 蒙古人的占卜，186
Monkey 猴子，76
Mortar and pestle 臼杵，97
Mother-of-pearl 珍珠母贝，69，94，96，101
Mu of Ch'in, Duke 秦穆公，208
Mu, King（周）穆王，340
Music of Chous 周人的音乐，330-331
Musical instrument, bone 骨制乐器，101
Musical sounding stones 乐石（磬），97
Mussel-shell ornaments 蚌壳制成的装饰品，101
　　saws 蚌壳制成的锯子，101
Names, special, for the dead 死者专用的名讳，179，204
　　of Shang kings taken by Chou kings 周王采用的商王名讳，224
National Research Institute 史语所，30，32，35，43，48，75，107，145，148，150，247
Needles, bone 骨针，43，96
　　Bronze 青铜针，96
Nelson Gallery of Art 纳尔逊艺术博物馆，148，206
Neolithic culture in China 中国的新石器时代文化，42-53，59-60，72，78，79，81-82，85，86，87，90，92，96，97，98，99，123，141，147，173，186，210
'North-eastern culture area' "东北文化区域"，44，45
Official class, Chinese 中国的官僚阶层，357-366，375
Oracle bones 甲骨文，22-26，34，36，49，50，62，70，71，74，76，79，80，82，84，85，86，88，90，96，97，100，117，128-129，135，137-139，144，149，154-157，160，162，163，167，178，185-196，200，203，205，209，212-215，222，251，261，268，269，334，370，374
　　influence of 甲骨文的影响，190-192
　　inlaying of inscriptions 甲骨契文的填涂，100
　　manipulation of 对甲骨文内容的操纵，190-192
　　method of interpretation 甲骨文的解读方法，189-192
　　method of use 甲骨文的使用方法，188-189
　　not the only Shang literature 甲骨文并非唯一的商代文献，171
　　preparation of bones 对甲骨文所用骨甲的制备，186-188
　　records kept 对甲骨文记录的保存，190
　　subjects asked about 甲骨文问卜的主题，192-196

Ordos region 鄂尔多斯地区，42
Owl depicted in bronze 青铜器上刻画的猫头鹰，116
Pa 霸，见 First Noble
Pacific culture centre 太平洋地区文化中心，46-47，97
Pacific islands, art of 太平洋岛屿上的艺术，47
Pacifism, traditional, of Chinese 中国人传统上的和平主义，141
'Painted Pottery' culture 彩陶文化，47-48，59
Palaeolithic culture in China 中国的旧石器时代文化，42
P'an Keng 盘庚，57
Panther 豹，75
Pao Szu 褒姒，242
Pao state 褒国，161，240，241
Pasture lands, disputes over 关于牧地的争端，79-80
Peiping Chronicle《北平时事日报》，305
Peking Man 北京人，40-42，76
Pheasant 野鸡，74，200，326
Pig 猪，43，76，78-79，81，200，312
P'ing, King（周）平王，243
P'ing Tzu 平子，207
Pit-dwellings 窑穴式居所，60，221
Polychrome painting 多彩图绘，66-67，100，177
Polygamy 一夫多妻制，131，291-292
Populace, power of 民众的力量，304
Pottery 陶器，43，69，173
    black 黑陶，48
    coil process 盘筑工艺制陶，103
    glazed 上釉的陶器，104
    inscriptions on 陶器上的铭文，104
    kilns 烧陶用的窑，104
    made in almost all the forms of ceremonial bronzes 制作出来的陶器几乎包括所有青铜礼器的器型，105
    painted 彩陶，44-46，47-48，59，102，123，173
    Shang 商代陶器，50，102-105
    Shang tombs, in 商墓中的陶器，176
    use of wheel 使用陶轮制造陶器，48
    white, of porcelain clay 用瓷土制成的白陶，49，50，103，176
Priests 祭司，204，281，338
Progress of Chinese civilization 中国文明的进步，377-380
Punishments 刑罚，350，353-354
'Punishments of Lü'《吕刑》，350
Rabbit 兔子，74
Rain, Shang prayers for 商代求雨，85，117，204
Rat 老鼠，76
    Bamboo 竹鼠，76
Religion as governing force 宗教作为统治力量，134
Revenge, blood 血亲复仇，305-307
Rhinoceros 犀牛，74
Rice 大米，51，85-86，326
Rostovtzeff, M. M. 罗斯托夫采夫，115，121，136
Sacrifice 祭祀，24，74，77-79.83，85，117，119，126-127，130，175，178-183，187，194，197-216，224，262，270-271，281，290，329.334-336，339（亦见 Human sacrifice）
animals preferred to other offerings 在祭祀中倾向于使用动物而非其他祭品，199
by burial 通过埋葬祭品祭祀，198，203
by fire 燎祭，198，203
by throwing into water 通过将祭品投入水中进行祭祀，203
eating of, by worshippers 敬神者对祭品的食用，197-198
of grain 祭祀谷物，334
of liquor 祭祀酒水，198，200，201-202，203
of money 献祭钱财，201

of semi-precious stone 祭祀半宝石类物品，200-201，202
origin of 祭祀的起源，197
Scapulomancy 甲骨占卜，49
Score-keeper in archery contests 箭术比赛里的计分员，139-140，258
Sculpture, marble, 大理石雕刻，21，36，66，99，106-108，176
Scythian art 斯基泰艺术，120-121
'Semi-lunar' knife "半月形"刀具，46，97
Shang 'Dynasty' 商"朝"，23，57-216，220，369
  archaeological evidences, destruction of 商代考古证据的毁坏，32-34
  archaeological excavations 商代考古发掘，27-37
  decoration of houses 商代对房屋的装饰，66-67
  domestic animals 商代家畜，76-84
  enemies 商人的敌人，156-157
  feudalism 商代封建制度，135-136
  house plan 商代房屋构造，63
  houses 商代房屋，61-68，82
  laws 商代律法，349，352
  literature 商代文学，171-173
  religion 商代宗教，174-216
  ruling family 商朝统治家族，127，232-235
  territories, extent of 商朝疆土规模，132-137
  trade 商代贸易，89-94
  treasure-pits 商代宝藏坑，69，90
Shang, Great City 大邑商，57-59，72，132，246
Shang Shu，见 *Document Classic*
Shang Ti 上帝，见 Ti, deity
Shao, Duke of (brother of Duke of Chou) 召公（周公的兄弟），254
Shao, Duke of (time of King Li) 邵公（周厉王时期），239

She altar 社神的祭坛，337
Sheep 羊，57，76，78，79，200，213，312
Sheep-raisers feud with cattlemen 放牛人与牧羊人之间的世仇，215
Shen Wu-yü 申无宇，207
Shen state 申国，242
Shen-sheng, ghost of 申生的鬼魂，340-341
Shih Ching，见 *Book of Poetry*
'Shovel-shaped' incisors "铲状"门牙，46，51
Shu Ching，见 *Document Classic*
Shu-hsiang 叔向，293-294
Shun 舜，52
Silk 丝绸，69，88，173，282
  culture of, women's work 丝绸文化与女性工作，88，286
Sinanthropus pekinensis 北京猿人，40-42，76
Skeletal remains, Chou 周代骨骼遗骸，248
  Palaeolithic 旧石器时代骨骼遗骸，42
  Pleistocene 更新世骨骼遗骸，40
  Shang 商代骨骼遗骸，33，35，51
Slaves 奴隶，61，89，129-130，210，214，255，280，281-283
  female 女性奴隶，130，284
'Son of Heaven' 天子，74，244，343-344
Spinning whorls 纺轮，96
Spirits 魂灵，23，27，126，155，175，177-178，194，196，197，240，334，338-345
  ancestral tablets for 祖先魂灵的牌位，338-339
  receive written communications 魂灵通过书面沟通，161-162
Stone in construction 用石材建造，67-68
Stone implements 石器，40，42，43，46，97

ornaments 石制装饰品，98，99
weapons 石制武器，97-98，146
Suicide to redeem honor 自杀以挽回荣誉，362
Sung（officer）颂（官员），264-265
Sung state 宋国，156，207，235，246，270
Sweden, Crown Prince of 瑞典王储，43
T'ai Hang mountains 太行山脉，136
'Tailored' clothing "量身定做式"衣物，46，97
T'ang 汤，369，370
T'ao-tieh design on bone 骨器上的饕餮纹，101
　on bronze 青铜器上的饕餮纹，110，114-117
Tapir 貘，76
Tattooing of slaves 奴隶身上的刺青，130
Teilhard de Chardin, Pierre 德日进，75-76
Temples 庙，201，252，336-337
Textile fabrics 纺织面料，69，96
'Thunder pattern' 雷纹，116
Ti barbarians 狄人，339
Ti, deity 帝，神灵，181-184，256，341，342
Tiger 老虎，72，75
Tortoise-shell 龟壳，24，34，69，71，268，334
　preparation of, for divination 为了占卜而制备龟甲，186-188
Travel 旅行/出行，316
Treaties, method of solemnizing 使条约神圣化的方式，161-162
　recorded on bronze 青铜器上记载的条约，263
Tribute 贡品，94，98
Ts'ai Shu 蔡叔，233-234
Ts'ao, Earl of 曹伯，191
Tseng, Viscount of 鄫子，207
Tsing Hua University 清华大学，43

Tso Chuan《左传》，77，147，152，207，263，273，285，292，301，351
T'u country 土方，80
Tung Shu 董叔，293-294
Turquoise 绿松石，100，119，145，212
T'zu Chou 磁州，103
Umehara, Sueji 梅原末治，105
Walls, pounded earth 夯土墙，48，50，59-60，68，69，71，142
Wang Ching-wei 汪精卫，35
Wang Kuo-wei 王国维，92
Warfare, of Shang people 商人的战争，58，138，141-157，195
　punitive expeditions 征伐，91，238，244，317
Washing 洗涤，324
Weaving 编织，43（亦见 Textile fabrics）
Wei Tzu 微子，235
Wei River 渭河，220，252
　valley 渭河流域，228
Wei state 卫国，108，208，234，247，254，339
　archaeology of 卫国考古，249
Weidenreich, Dr. Franz，弗朗茨·维登雷希博士，40-42
Wen, King 文王，见 Accomplished King
Wen-po 文伯，302
Whale 鲸鱼，76，94
Wheat 小麦，85，326
Wheels, spoked 带辐条的车轮，151
Wind deity 风神，117，181
Witches and wizards 女巫和巫师，338
Women, position of 女性的地位，130-131，284-288（亦见 Marriage）
　authority of dowagers 寡妇的权威，302
　burial with husband 女性与丈夫合葬，208，212
　education of women 对女性的教育，286-287
　political alliance by intermarriage 女性与政治联姻，223

political influence of women 女性的政治影响力, 259, 287
sacrifice to spirits of women 向已故女性魂灵的祭祀, 179-180, 285-286
work of women 女性的工作, 88, 284, 286
Wood-carving 木雕, 67, 95, 177
Woodwork, Shang 商代木制品, 102
Writing 书写, 21, 23, 158-173
bamboo tablet for 供书写的竹笏, 257
beginnings of Chinese 中国书写系统的开端, 160-161
brief formulae on oracle bones 甲骨文上的简要书写句式, 164
Chou use of 周代对书写的运用, 251-261
Chous learned from Shangs 周人从商人处学会书写, 220-221
edicts 书写谕令, 257-258
Egyptian 古埃及的书写, 39
explanation of Chinese 对中国书写系统的解释, 163-169
ideographic 表意型书写, 158-160, 170
materials, Shang 商代书写材料, 173
method, ancient Chinese 中国古代书写方法, 172-173
phonetic 语音型书写, 158, 159, 169

religion stimulating force in 宗教对于书写的驱动力, 162
resemblance of Shang to modern Chinese 商代书写与现代中文书写的相似之处, 170
vocabulary of Shang 商代书写词汇, 160
Wu of Wei, Duke 卫武公, 257
Wu, King 武王, 见 Martial King
Wu state 吴国, 306
Wu Ting, King 武丁王, 79, 100, 149, 178-179, 188
Yang Shao culture 仰韶文化, 44-45, 86, 103
Yangtse River 长江, 238
Yao 尧, 52
Yellow Emperor 黄帝, 40
Yellow River, valley of 黄河流域, 39, 42, 137
worship of 对黄河的崇拜, 342
'Yellow Springs' 黄泉, 339
Yin 'Dynasty' 殷"朝", 见 Shang 'Dynasty'
Young, Dr. C. C. 杨钟健博士, 75-76, 79, 80
Yu, King (周) 幽王, 242
Yü 禹, 87
Yüeh state 越国, 289

译后记

自打小学起,"中华文明"和"灿烂辉煌"就作为一组绑定的搭配频繁出现在我所受的教育中。的确,这一点对每个中国人不言而喻。但少年时期的我从未认真"体验"过这种伟大性,未曾通过深入的阅读与探索,些许了解骨甲铜器的工艺,琢磨孔孟老庄的哲思,思索秦汉帝国的构架,感受韩柳文章的内蕴。而今我约略知道,若要对作为一个整体的中华文明的伟大性展开探索,种种切面,尚须进一步融会贯通,加以统合,并置于更广阔的人类历史文明层面上予以理解。

这个中感悟,均是如今求学多年的我站在历史学家所谓"后见之明"(historical hindsight)的角度,回顾所得。当时的我并不觉得自己有这种体验上的缺失,也未曾料到,反而是对西方古典世界的研究给予了我认真探究中华文明的视角。欧洲自希腊罗马以降的发展轨迹,正好成了中国历史的一个完美参照。这类比较带给我们的,绝不应是单纯的某种独特主义(exceptionalism),而是能够欣赏不同文明独特伟大性的能力,正如罗马通过高度自治的地方社群所维系的帝国,与秦汉通过中央集权下复杂庞大的官僚机构治理的帝国,都代表着多样化的人类文明样态。正是两者间的相互比对,才能够更好地衬托出彼此的"灿烂辉煌",从而产生一种交相辉映的效果;对我而言,这也恰恰是沉浸研习历史的诸多意趣之一。

如今的我们对于本民族的历史文化已有足够的自信，上面这番赘言也只是我个人层面的一些体悟。即便脱离中国立场的主观语境，我身边的外国师友们也都一致认可中华文明的伟大，鲜少质疑之辞。然而，近一个世纪前的情况却迥然不同。20世纪初，西方对中国的态度是高傲与鄙夷杂糅的。知识分子们大体上仍深受黑格尔、兰克等人的影响，对中国历史偏见颇多。一些人认为中国是一个永远停滞的民族；一些人认为中华文明古老而僵死，既缺乏历史价值，也缺乏写作意义；拉克伯里（Terrien de Lacouperie）与安特生（Johan Gunnar Anderson）等学者，则干脆提出中华文明可能是西方舶来的产物。社会层面，黄祸论喧嚣日上，美国颁发的一系列排华法案、英国作家萨克斯·罗默（Sax Rohmer）笔下的傅满洲皆为此例。或许难以想象的是，西方中国学研究恰是在这样的大环境下经历了一个蓬勃发展的阶段。在19世纪的先驱理雅各（James Legge）、威妥玛（W. A. P. Martin）、卫三畏（Samuel Wells Williams）、丁韪良（William Alexander Parsons Martin）等人之后，沙畹（Edouard Chavannes）、阿瑟·韦利（Arthur Waley）、福兰阁（Otto Franke）们怀揣着真挚的热忱与好奇，对中国文化的诸多方面展开研究。他们的很多著述至今仍出现在中外大学的书单上，启迪着一代代志在研究中华文化的学子，而他们本身也成为西方对中华文明逐渐产生客观公允认识过程中几座最重要的早期桥梁。

顾立雅先生就称得上是这些桥梁之一。论资辈，顾立雅比阿瑟·韦利等人晚了半代有余；他真正的学术巅峰期是在20世纪中后叶，即二战后他在芝加哥大学任教的岁月，彼时新中国早已成立。之所以将其归入20世纪前期之列，就是因为这本1936

年在西方出版的读物——《中国之诞生》。这本书的定位并非专业著作，里面的很多内容在今天看来可能并不新鲜，个别地方甚至会有些许谬误，但仍不应低估其阅读价值。首先，撇开主题内容不谈，这本书本身对于了解西方中国观的演变就具有一定意义。彼时欧美学人对中国历史的看法，面对最新出土的考古资料的态度，乃至民国本身的社会风貌，从中均可窥得一二。其次，顾氏成此书之时，中国现代考古学尚处于初期开展的阶段。彼时，对商周的了解，仍多是依靠传世典籍中的记述。故此，此书在当时算得上是一本新鲜的一手信息汇编。与主持安阳发掘的梁思永等诸多中国学人的友谊，使得年轻的顾立雅有机会接触到当时最新的一些文物发掘信息与初步研究。这些研究信息被顾立雅取之与传世文献互相参对，努力呈现出较为全面的古代中国图景，在《中国之诞生》中予以充分体现。后来，顾立雅的弟子许倬云教授在《家事、国事、天下事》一书中回忆，《中国之诞生》出版之迅速，曾令李济先生颇有微词："我们还没有发掘报告，他已经写了一本书了。"不过此般迅速并没有以牺牲学术质量为代价：将近一个世纪后，我们回顾这本书时仍会发现，里面的观点大体上都是正确且颇具洞见的，这也令我们不得不叹服于顾立雅扎实的学术功底与敏锐的思维与洞察力。

然而在我看来，这本书最重要的价值，在于顾立雅为中国"正名"所作出的努力和背后蕴含的人文关怀。就像毕安祺在序言中所提及的：

> 尽管与西方古代文明存在种种相似之处——这些相似之处无疑指向两者在史前时期某种程度上的接触——但大约

> 三千年前在黄河流域存在的文化类型是典型且特征显著的中国文化类型。无论什么来自外部的思想、发明和技术，都已在文字记载的历史开始之前完全融入了这片新的环境。因此，中国逐渐成为一个文化传播的中心，其功能在某种程度上与更早的时候在近东地区形成的另一个中心类似。在文明的传播过程中，中国在东南亚地区扮演的角色与巴比伦、埃及、希腊和罗马在西方地区所扮演的角色相当。这一事实，即在古代世界存在着不止一个而是两个进步中心，是顾立雅博士在他的新书中所明确阐述的诸多有趣观点之一。

在毕安祺眼中，这样的观点是"有趣的"。诚然，顾立雅就"中国文化西来说"作出的多方面驳斥算是本书的一条主线之一，但他对于消除傲慢与偏见的努力更体现在诸多微小细节中。令我印象最深的是，当提到殷商墓葬中发现的人祭痕迹时，顾立雅并没有简单粗暴地谴责商人的野蛮，而是花了一整段告诉读者，这种行为曾广泛存在于不同的古代文明，甚至一向以"人文"（humanitas）著称的希腊罗马社会也出现过类似事件。通过商代建筑与希腊神庙之比对，西周与罗马的政治文化发展之比对，甚至青铜器与文艺复兴时期欧洲的铸造工艺之比对，他温和而坚定地告诉读者：西方对中国历史文化的轻蔑与鄙夷是滑稽而可笑的；中国人拥有不逊色于世界任何民族的伟大文明。从这个层面上来说，顾立雅是在学术探索的过程中，将华夏文明放在全人类的历史维度上，切身"体验"到其灿烂辉煌的。而他并不满足于此：通过这本书，他向整个英语世界的读者分享了自己的这一体验。我们无法量知究竟有多少西方读者是因为《中国之诞生》而开始慢慢改变对这一古老东方国度的成见，但我丝毫不怀疑它在促进文化理解与交流的过程中所产生的积极作用，正如夏含夷教授在顾立雅的追悼会上所言："我相信今日在座各位，由于阅读顾立雅教授《中国之诞生》而激发研究古代中国之热望的，我当非唯一。"

就算是我这样一个非科班出身、半路入门的中国史研究者，也素闻顾立雅大名。作为美国汉学界的元老，他一手把芝加哥大学打造成西方中国研究的重镇；而他的学问对我本人而言也有一层特殊意义：正是他1970年出版的《中国治国之道的起源·卷一：西周帝国》，启发了我博士论文的问题意识，让我以"原初帝国"（proto-empire）的视角重新审视周王朝，并将之与罗马共和国作比较。1994年顾立雅先生仙逝之时我甚至还没出生，翻译此书，却让我感觉穿越时空与他相交相谈。那个蹬着自行车出入北平大街小巷间如我一般年轻的学者仿佛坐在我对面，神采飞扬地向我述说他心中无比璀璨的中华文明，邀请我陪他思绪共回商周之际。正当我着迷于他对古今中外的旁征博引，对经书典籍的信手拈来时，他又会突然穿插两句时事，把我拉到那个战火纷飞却大师云集的民国。甚至每当他提及古代地中海时，我都会有一种讶异的惊喜，仿佛他是在特意讲给我听。小普林尼在信札里的一番感叹，最能概括那段时间顾立雅和他的文字带给我的感受："quanta potestas, quanta dignitas, quanta maiestas, quantum denique numen sit historiae, cum frequenter alias tum proxime sensi."这份相识感在翻译夏含夷教授所作中文版序言、顾立雅后来的回忆，以及友朋学生对他的追思之辞时，又加深了一层，就好似我也亲历了他的严格、慷慨、风趣，见证了他在生活中给周围带来的积极影响。2023年就在这样奇妙的时空错位感中飞逝而过，如今《中国之诞生》行将出版，心中又略怅然不舍，就好像自己要挥别一位故人。但同时我也充满期待，期待广大读者朋友们通过这本书也能获得同样的奇妙感受，也能结识那位对中国文明拥有无限热情的学者，并且也能在他的介绍下从更广阔的角度重新"体验"中华文明的灿烂辉煌。

我还记得去年初春凌晨两点写试译稿的心情。兴奋激动之余，我发现自己留学数载，外语没长进到哪儿去，母语的笔头功夫也没练出来，加之之前没有太多相关经验，很多话翻译出来觉得别扭，想改，却又投鼠忌器地怕扭曲了顾立雅一些细节处的原意。就这样摸爬滚打了大半载，总算勉强完成稿件，纵是之后又来回修改数遍，也愧于只能保证译文之"信"而未敢称"达"，更遑论有"雅"。故书中若有因小子才疏学浅而表达欠佳之处，万望读者诸君海涵。顾立雅此书主要是写给大众读者，很多地方未注出处，我在翻译过程中尽我所能进行了补充，以便读者参酌。以今日学术视之，顾氏书中个别未妥未尽之说，以及一些我认为有必要补充说明的信息，也都依愚见尽力注出，如有疏误，敬请方家赐正。

这一年多里，我得到了很多亲朋好友师长前辈们的帮助，此处囿于篇幅，无法一一致谢。感谢所有在这个过程中曾陪伴过我的人，你们对我而言意义良多。感谢东方出版中心的朱宝元先生，感谢他愿意委我以此般重任，耐心地解答我诸多技术上的疑惑，也感谢他和陆珺编辑对稿件的认真修改与为之付出的诸多心血。最后，尤其要感谢我的父母。感谢家父在学术及译法方面的指点建议，感谢家母认真读完每一章节稿件并提出意见。此书非我所作，我本不应喧宾夺主，但还是想至少把这份译文献给他们：是他们对我一如既往的坚定支持，才让我得以在一个安心舒适的环境中一边求学一边完成这项工作。

于歆砚
2024 年 5 月于爱丁堡

出版后记

2022年12月，我们在出版钱存训先生《书于竹帛：中国古代的文字记录》（六十周年纪念版）后，即计划出版顾立雅（Herrlee Glessner Creel，1905—1994）教授 The Birth of China: A Survey of the Formative Period of Chinese Civilization（London: Jonathan Cape，1936；New York: Frederick Ungar，1937；New York: Reynal & Hitchcock，c1937）的中译本。此书为顾立雅成名之作，对西方汉学家和大众读者认识了解中国产生了重要且持久的影响，1936年出版已近九十年，仍无中译本。

我将出版计划告知钱孝文先生后，他从芝加哥大学不远万里托友人赠送了钱存训先生收藏的该书钤印本（Frederick Ungar 出版公司1967年第六次印本）。由于顾立雅没有子女，他还不嫌周折，与钱孝岳（Mary Dunkel Tsien）女士多方探询该书版权归属，但终无所获。我们便以"Orphan Work"（孤儿作品）对待，着手翻译，所据版本即是钱存训先生的钤印本。在翻译过程中，于歆砚根据可能的阅读需求作了很多译注，以便读者更好了解相关知识背景。

翻译完成后，我们约请夏含夷（Edward L. Shaughnessy）教授撰写了《我与顾立雅》一文，作为该书中译本的代序。他同时建议收录顾立雅1986年3月21日在美国亚洲研究学会早期中国研究会纪念该书出版五十周年会议上的演讲《〈中国之诞生〉的诞生》、钱存训等1994年11月3日在顾立雅教授追思会上的发言，以及他在2010年6月1日芝加哥大学孔子学院建成之际发表的演讲《孔子与芝加哥大学：神话与人》。钱存训与顾立雅亦师亦友，曾于1996年6月顾立雅逝世二周年时撰文《记美国汉学家顾立雅教授》，经孝岳女士授权收入了该文2005年6月的增订本。此外，本书还附录了顾立雅用中文撰写的发表于《学衡》第79期（1933年7月）上的《原道字与彝字之哲学意义》（附录吴宓述《顾立雅论中国之宇宙观》《孔诞小言》两文）和《燕京学报》第18期（1935年12月）上的《释天》两篇论文，以及发表于《思想与时代（梅迪生先生纪念专号）》第46期（1947年6月）上的《梅迪生——君子儒》中译文。书前插图，经孝文先生建议，收入了芝加哥大学图书馆藏顾立雅的照片、顾立雅编制《归纳法中文文言课本》的内文书影，并经孝岳女士授权，收入顾立雅与钱存训1947年3月的合照、芝加哥大学中文教授1948年的合影、顾立雅签赠钱存训的英文版《中国之诞生》书影，以及顾立雅夫妇1957年和1961年分别写给钱存训的两封信件原文，孝文先生还提供了顾立雅的签名和相关释文；经夏含夷教授建议，收入了顾立雅1934年和1935年两次在殷墟考察时的照片。这些附录和书前插图，从多个方面为读者了解顾立雅的人生、学问提供了更为立体的信息。

正如吴宓先生在《孔诞小言》中所言"中国、西洋固同其休戚"，中西文化间的交流、认识、理解、包容、互鉴、融合，很大程度上缘于人与人之间交往的好感与温暖。顾立雅从上世纪二十年代开始对中国文化发生兴趣，与陈受颐、梅光迪、刘节、顾颉刚、吴宓、傅斯年、董作宾、李济、梁思永、郭宝钧、徐中舒、张鹏一、陈寅恪、胡光炜、关百益、柳诒徵、容庚、缪凤林、孙海波、唐兰、汤用彤、袁同礼、张玉衡、李翊灼等诸多中国学人密切交往，与钱存训、许倬云、余国藩等谊兼师友，使他进入了中国文化的堂奥，并终生保持着对中国文化的研究与热爱，这其中有中国文物、书籍和大地等物质载体的因素，而更重要的可能是他从这些学人身上感受与感染到的"斯文在兹"的中国精神。顾立雅的《中国之诞生》推动了美国中国研究的兴起，让更多西方学人开始研究中国、更多西方读者开始认识了解中国。顾立雅也通过建设芝加哥大学东方语言文学系（今东亚语言与文明系）和远东图书馆（今东亚图书馆），为海外中国研究培养了众多人才，提供着文本资源。近一个世纪以来，经过中外一代代学人的不断交往与著述，海外中国研究已根深叶茂，蔚为大观，与国内研究的互动越发紧密。两年多来，我们在策划出版"时刻人文"中国研究系列的过程中，深切感受到海外中国研究虽然出版在海外，但研究的物质基础在中国，对象载体也是中国，海外从事中国研究的学人与中国诸多学人亦师亦友，保持着紧密的交往与合作。他们对中国的温情与热望，展现于言谈举止之间、流动于文字段落之中、洋溢于茶酒饭菜之上，相信这种趋势会持续扩大并不断深化升华。

此书问世已近九十年。九十年前，殷墟等科学发掘推动的中国现代考古学才刚刚奠基。九十年间，中国的考古发掘如雨后春笋，层出不穷，不断丰富乃至改写着古史，对早期中国的研究也更加深入并走向全景，而顾立雅在有生之年并未根据后续发现的文物和史料对此书加以修订，转而埋头研究中国古代思想史和治理史。九十年后，该如何评价此书，出版此书中译本的价值何在？夏含夷教授在给笔者的回信中有句贴切的评论："当然这本书的内容已经过时了，但是仍然可以作为20世纪汉学的里程碑。"在笔者看来，这句话有两层含义。第一层含义，古史研究的重要基础是考古发现，因新材料而有新方法与新视野。顾立雅此书正是对当时新发掘殷墟的最新历史学研究的总结。他在此书出版五十年后的演讲《〈中国之诞生〉的诞生》中即已指明："这本书或许是向普通读者介绍中国早期历史变革的第一部著作，但它充斥着大量此类初步尝试难以避免的错误。在其出版后的五十年里，有关这一主题已经积累了大量的研究和考古发掘。在任何迅速变化的领域，每一本书在出版问世之前至少已经部分过时。""后之视今，亦犹今之视昔"，相信现今的读者自有辨别。第二层含义，一代人有一代人的事业。此书作为经典著作，其根据当时最新考古发现，结合中国传统文献，对商周文明的系统论述，于今而言，又不只剩学术史的价值，还是对当下考古发掘与新文物新史料涌现之际，应尽快加以新方法而形成新论述的一种学术研究的示范与通俗写作的呼唤。虽然"先生之学说，或有时而可商"，但是顾立雅在书中对"中国文化西来说""白人种族优越性"的驳斥、对中国文明伟大与独特性的"同情之理解"，在当时西方主流社会卑视中国的情境中弥足珍贵，即使在今天亦可以正视听；他所指明的中国研究的方向——"千万不要忘记，在研究中国文化时，我们所面对的是一个活生生的而不是业已消亡的文明，研究其过去的最主要目的是为能更好地理解其现在与未来"——持续推动、长久影响着西方的中国研究。所以，我们又请上海大学文化遗产与信息管理学院副院长徐坚教授和武汉大学历史学院副院长郑威教授分别撰写了推荐序，对此书中译本在今天出版的价值和局限作了解读。"旧学商量加邃密，新知培养转深沉。"正如出版《书于竹帛》一样，我们今天出版《中国之诞生》中译本,仍然期望循旧章、求新意、开新篇,促进中外学人的中国研究与大众读者的历史阅读。

此书书名有多种译法,我们采用钱存训先生在《记美国汉学家顾立雅教授》一文中的翻译——《中国之诞生:中国文明的形成期》。

付梓之际,顾立雅的学生许倬云先生慨允推荐,吴学昭先生慨允同意收入吴宓先生文章。

此书从计划到出版,钱孝岳女士、钱孝文先生、夏含夷教授、林雅华教授、于亭教授、徐坚教授、郑威教授、裴亮副教授、常绍民先生、陈洁女士、冯俊文先生和王泽先生等提供了诸多帮助。在此谨致谢忱!

朱宝元
2024年10月9日初稿于京华
2025年5月4日修订于沪上